陈鼓应著作集

道家哲学主干说

陈鼓应 著

中华书局

图书在版编目（CIP）数据

道家哲学主干说/陈鼓应著. —北京:中华书局,2023.5
（陈鼓应著作集）
ISBN 978-7-101-16181-6

Ⅰ.道…　Ⅱ.陈　Ⅲ.道家思想–研究–中国　Ⅳ.B223.05

中国国家版本馆 CIP 数据核字(2023)第 060067 号

书　　名	道家哲学主干说	
著　　者	陈鼓应	
丛 书 名	陈鼓应著作集	
责任编辑	刘浜江	
责任印制	陈丽娜	
出版发行	中华书局	
	（北京市丰台区太平桥西里 38 号　100073）	
	http://www.zhbc.com.cn	
	E-mail:zhbc@zhbc.com.cn	
印　　刷	三河市中晟雅豪印务有限公司	
版　　次	2023 年 5 月第 1 版	
	2023 年 5 月第 1 次印刷	
规　　格	开本/920×1250 毫米　1/32	
	印张 13½　插页 3　字数 260 千字	
印　　数	1-5000 册	
国际书号	ISBN 978-7-101-16181-6	
定　　价	60.00 元	

汤一介、施舟人、侯宝垣、陈鼓应在一起

陈鼓应在北大汉简研讨会上发言

出普世的情怀,即老子的贵柔及其宽容心态、孔子的恕道及其家庭伦理、墨子的兼爱与非攻思想、庄子的艺术人生和齐物精神。

四

我们这一代都在内忧外患中度过重重的困境,我生长在动荡时代的福建客家山区。从我有记忆开始,日本军机就在我的家乡频繁轰炸,导致平民死伤无数,给我留下难以磨灭的深刻印象。

由于长时期目击了强权带给人类灾难的战争,逃难、流离、思乡之情始终扰动在我的生命中。然而,尼采的酒神精神、日神精神和《庄子》的"任其性命之情"、"安其性命之情"的洒脱心境,却赋予了我在困境中思索与写作的动力,使我能够在尼采的思想中,寻找到精神的家园,在《庄子》的天地中,寻找到心灵的故乡。

五

台大校园和北大校园是我这一生学术活动的中心点。我从台大哲学系退休之后,晚年又重返北大哲学系任教,有赖于北大哲学系主任王博教授的邀约和学校领导的大力支持。鹏程瀚宇公司孙宝良总经理帮我安顿入住到北大中关新园寓所,使我有了一个良好的环境,可以安心从事教学和研究工作。这一套著作集系列的筹划和出版,是由北京中华书局顾青总编辑积极促成的。对于上述诸位的雅情高谊,我在此一并致谢。

书的内容,又可以说是"安其性命之情"的展现。

三

《陈鼓应著作集》共二十本,它们分别在海峡两岸不同的时空中写成。有关尼采哲学和存在主义的介绍以及老、庄的注译,都是二十世纪六七十年代在台大校园里完成的。1973年春夏,因为参与台大校园内的保钓运动、发表时论,我和王晓波在"台大哲学系"事件中首遭整肃。自此以后,我的学术人生被迫中断十余年,直到1984年才在北京大学重启学术生涯。

在北大哲学系执教期间,我除了陆续完成道家各派典籍的诠释,也针对当时大陆学界的研究现状,着力于围绕以下三个议题表达不同的观点,并在《哲学研究》等刊物上陆续发表相关论作:第一是中国哲学开端的议题;第二是《易传》的学派归属问题;第三是理学开山祖的问题。这三个重要的议题构成了我的《道家哲学主干说》的中心议题,这将是我的最后一本学术专著。

"9·11事件"之后,整个世界更加动荡不安,就像司马迁所说"天下共苦,战斗不休",也像泰戈尔《演讲集》中对西方思维方式的描述:"西方人习惯于按照人们所归属的半球不同,而将人类世界断然划分为好的和坏的。这种傲慢的分裂精神严重地伤害了我们,给我国自己的文化世界造成巨大危害。"事实上,战争与冲突的根源多在于东西方文化上的差异。为此,我更愿意站在地球村的视角思考问题。中国哲学儒、墨、道、法各家,传承数千年而蕴涵着中国文化的内涵,各有其普世的价值。这种普世价值,是指在人文精神的照耀下,老、孔、墨、庄的思想都散发

《陈鼓应著作集》总序

一

我一生大部分时间都在校园中度过,这期间,两岸历经对立与交流的种种曲折。我的现实人生与学术人生亦颇多波折,两者交互抵触,有时又能相互彰显——现实人生的坎坷,常使学术路途中断,但我"困"而知之,不断激发求知的动能,进而丰富着我的学术人生。

我的著述主要分两类:一是学术专著,二是时感性的文章。后者将以《鼓应文存》为名,另外编成一个系列,包括《失落的自我》、《言论广场》、《台大哲学系事件》、《走进白色恐怖》、《台湾民主运动的脚步》等著作。这一系列反映着我所处的境遇与时代的路痕。

我的专业著作,主要集中在道家各派及三玄四典的研究。《悲剧哲学家尼采》是我的第一本书,这本小书奠定了我学术的基础,接着是《庄子浅说》,用力较深的则是费时多年的《庄子今注今译》。可以说,从尼采到庄子,是我学术路程的一条主线。借着他们,我将现实关怀与学术人生联系在一起。

二

大学期间,受先师方东美中国哲学史课程的影响,我体会到,如果不能了解一个民族的灾难,也就不能理解这个民族文化的深层底蕴。个体生命也是如此,正如叔本华所说:"一定的忧愁、痛苦或烦恼,对每个人都是时时必需的。一艘船如果没有压舱物,便不会稳定,不能朝着目的地一直前进。"我的现实人生与学术人生就是在这样矛盾的状态下并行演进着,恰恰体现了老子祸福相依的哲理。

中青年期间,我常处于逆境中,尼采的冲创意志和庄子在"困苦"中保持定力与超越的心境,对我产生了深远的影响,激励着我迎难而进,永葆生命的昂扬气概。

台湾在二十世纪六七十年代经历了白色恐怖,我在这一时期的学术著作反映了我内心对于自由民主的渴望。到了七八十年代,我在文献和学术论著方面打下基础。作为一个知识分子,在那段时空中,我虽然经受着现实环境的冲击,却还能积极地参与学术、文化上的反思。透过古籍文献的整理与诠释,我不仅得到传统人文思想的熏陶,还表达了对极端化与绝对化的神权思想的反感,阐发了对威权体制下的人身崇拜和造神运动的批判。这一时期,我以尼采和庄子为主的论著,都反映了"任其性命之情"的倾向。接下来,《道家的人文精神》和《庄子的人性论》两

　　最后,我要说明的是:除了少数的几部书稿,著作集中的大部分书稿都曾在两岸出版过,此次汇编再版,都以最新或经过修订的本子作底本排版;除了少数几部新作外,凡旧稿中的前言或序言皆一仍其旧,予以保留,不再另行撰写。

陈鼓应

2015 年 4 月 21 日

于北京大学道家研究中心,时年八十

目 录

导 言

方法论

概 论

史　论

序

一

1990 年 1 月，我发表《论道家在中国哲学史上的主干地位——兼论道、儒、墨、法多元互补》，提出"道家哲学主干说"，这个观点引了学界很大的关注，随之而来，出现了不少正、反两方面的回应文章。以至于后来每当我参加学术会议及活动时，有些主持人介绍我时就会这样说："陈鼓应先生主张中国文化的主干是道家。"我每次都要说明一下："我从来没有这样说过，我是从专业哲学的角度来讲道家哲学是主干，并没有说中国文化的主干是道家。"

我的意思是，"道家哲学主干说"主要是从专业哲学方向进行讨论，并没有扩大到文化方面，专业哲学主要思考形上学的理论建构、思想方法的推衍以及重要概念的分析，我是从这样的角度来讨论的。

我认为,在文化方面,儒家是主导、主流;但在专业哲学方面,道家是主体、主根。

二

自从 1990 年提出"主干说"这一观点之后,我前后经历了三十三年,从史论、概论和方法论等方面进行了系统地论证,形成了现在的这本书,这是我多年来理性思维的结晶,我为此花了很多心血,下了很大功夫。

我觉得我们做学问的人,应该具备两方面的能力:一方面是理性的思维,另一方面是感性的同通。从理性思维而言,我在大学所接受的就是理性思维的训练,学士论文是《洛克知识论:观念与经验的评述》;研究生时期则主要研究尼采。尼采认为,两千多年来西方哲学注入了过多神学血液,还说到康德是"概念的木乃伊"。

从感性的同通而言,由于人生的际遇,我从尼采转向庄子。当读到《庄子·则阳》篇"旧国旧都,望之畅然",便激起我浓厚的家国情怀;《庄子·徐无鬼》篇中的"越之流人""去国数日,见其所知而喜",唤起我生命中最深沉的游子怀乡之情。

三

2018 年 4 月 23 日,我在世界读书日——"第十三届文津图书奖"活动上做公开演讲,主题是"传统文化与现代生活";2019年春天,我接受《中国青年报》访问并刊登《我的文化传承从陈家村的"尊尊亲亲"开始》;同年秋天,在厦门筼筜书院发表《孔

老对话的时代意义》;之后在世界哲学大会上提出《老子与孔子
的"天下观"》(刊于《道家文化研究》第三十三辑)。这些文章
都是从文化的角度去写的,是感性的同通。这是我步入晚年时
发生的转向,我更加倾向于在感性的同通方面去感受生命的生
动与丰富,获得精神的滋养。

我越来越感受到,理性思维与感性同通是相辅相承、涵容互
补的,两者是共存互养的关系。

就我个人而言,那个从福建长汀陈家村走出来的少年,家族
血缘、宗亲乡情的儒家文化根植于生命,后来远离故乡出走大半
生,以道家哲学研究为毕生志业,如今感性回归,乡情更浓,我越
来越认可儒家和道家的和合相融,两者共同滋养了我,我想这正
是我这一生真实的生命状态。

陈鼓应

2023 年清明节

于北大哲学研究所

导　言

论道家在中国哲学史上的主干地位
——兼论道、儒、墨、法多元互补

目前学界流行这样一种说法:孔子是中国哲学的创始人,儒家是中国哲学史的主干。这个观点,盖基于汉武帝以后"独尊儒术"之现象,沿袭近两千年封建经学的习惯,似是而实非。它主要是从政治伦理的观点出发,而削弱了哲学的其它更主要组成部分——如形上学、知识论及方法论等,这就将哲学史狭义化,因而造成严重的偏颇。如果抛开历史的和学派的成见,实事求是地看待中国哲学发展史,那我们就必须承认:中国哲学史实际上是一系列以道家思想为主干,道、儒、墨、法诸家互补发展的历史,而绝不是像一些学者所描述的主要是一部儒家思想发展的历史。

一

中国哲学的系统发生是在春秋战国时期,即公元前六世纪左右,这同时也是古希腊及印度等地的哲学发生的时期。因此,德国哲学家雅斯培曾称公元前八世纪到前二世纪的几百年间为世界历史的"轴心时代"。从中国当时的情况来看,周天子在政治及文化上都失去了统治权威,作为统治基础及象征的礼乐系统已趋于崩溃,整个社会正处于深刻的变化之中。当时一部分掌握知识的人们,基于"救时之弊"的动机,依据不同的文化背景,纷纷提出自己的主张,使当时的思想界呈现出诸子百家争鸣的局面。这是一种多元的文化状态,有不同的价值取向及标准。以地域言之,有邹鲁文化、燕齐文化、三晋文化、荆楚文化、吴越文化、巴蜀文化……,以学派言之,则有道家、儒家、墨家、法家、名家、阴阳家……。

　　关于先秦诸子学派之分,后人虽有详略之别,如司马谈只列阴阳、儒、墨、名、法、道德六家;《汉书·艺文志》则增纵横、杂、农、小说四者而为十家,其中去小说家,又称"九流"。但人们几乎一致认为,道家和儒家在诸子中影响最大,在中国哲学史上的地位最高,如《刘子·九流》云:"道者玄化为本,儒者德教为宗。九流之中,二化为最。"今人金春峰先生更将先秦诸家归结为儒道两大家,他说:"在先秦,按传统的说法有六家,即儒、道、墨、名、法、阴阳。然而按最基本的思想体系来区分,本文认为只有两大家,即儒家和道家……在先秦,各家思想的对立,主要是儒家思想与道家思想的对立。"① 从历史上来看,在先秦及两汉,学者们就曾探讨过谁是中国哲学史的主干这个问题,只不过当时

---

① 　金春峰:《汉代思想史》,北京:中国社会科学出版社,1987年,页618。

这问题是以哪家学说更全面的形式表现出来的。对此问题,学者们的意见是不同的,或以为孔子儒家经纬天地,或以为道家学术范围宇宙。前说的代表可推战国末的荀子,后说的代表则是西汉的司马谈。

荀子学本儒家、宗孔子,曾作《非十二子》《天论》《解蔽》诸篇,于诸子多有批评而独尊孔学。司马谈学本黄老,曾著《论六家要指》,于阴阳、儒、墨、名、法、道德皆有评说,其中除道家外,余五家皆有可有不可。"阴阳之术,大祥而众忌讳,使人拘而多所畏,然其序四时之大顺,不可失也。儒者博而寡要,劳而少功,是以其事难尽从,然其序君臣父子之礼,列夫妇长幼之别,不可易也。墨者俭而难遵,是以其事不可遍循,然其强本节用,不可废也。法家严而少恩,然其正君臣上下之分,不可改矣。名家使人俭而善失真,然其正名实,不可不察也。"唯有道家,司马谈以为已兼具众家之长,最为全面,"道家使人精神专一,动合无形,赡足万物。其为术也,因阴阳之大顺,采儒墨之善,撮名法之要,与时迁移,应物变化。立俗施事,无所不宜"(《论六家要指》)。如此之道家,非只为诸家中之最全面者,且直可以取诸家而代之了。

武帝以降,"罢黜百家,独尊儒术",儒学成为正统,道家等则居在野地位。在历史上,儒家和道家更有分别成为官方思想和民间思想的倾向。在这种情况下,儒家和道家究竟谁更根本之讨论自然是无法公开进行与继续下去了。但是,问题只是处于隐而不显的状态,并没有从根本上得到消除。一俟儒学独尊之情形发生改变,这个问题就必然会被人们重新提起。在现代,这种情况果然出现了。

　　一方面,仍旧有人承继荀子的说法,以儒学为中国哲学的主要部分,被称为新儒家的学者都持此说,曾创立"新理学"哲学体系的冯友兰先生就是一个代表。他在三十年代出版的《中国哲学史》"始于孔子,终于廖平的经学;一部中国哲学史竟变成了一部儒家思想发展史"①。冯先生的《中国哲学史》影响甚大,一直到现在的大部分中国哲学史教科书都沿袭他的框架。

　　但是,司马谈的说法也有新的表述者。本来,在儒家的独尊地位失去之后,就有一种高举其余诸子的倾向,道家作为最重要的学派之一,当然更在人们重视之列。第一部现代形态的中国哲学史——胡适的《中国哲学史大纲》——就以老子为中国哲学的开端者,鲁迅亦有"中国根柢全在道教"②的说法。而吕思勉则表达得更清楚明显,他在《先秦学术概论》中指出:"道家之学,实为诸家之纲领。诸家皆于明一节之用,道家则总揽其全;诸家皆其用,而道家则其体。"③并批评《汉书·艺文志》列道家于儒家之下。

　　就目前大陆学界而言,关于中国哲学史主干问题的讨论,仍未能达成一致的意见。大概说来,有三种不同的看法,一种仍以儒家为中国哲学史的主干,持此说者甚多,李泽厚可为一代表。在谈及其所著《中国古代思想史论》时,李泽厚曾说:"本书着重

①　转引自詹剑峰:《老子其人其书及其道论》,武汉:湖北人民出版社,1982年,页2。
②　鲁迅:《鲁迅全集》第11卷,页353。
③　吕思勉:《先秦学术概论》,页27。

讲了孔子和儒家,以其作为主轴"、"儒家为中国文化的轴心或代表"。第二种意见以为儒家和道家共同构成中国哲学史的主干,只是在不同的历史时期儒道的地位有所变化而已。持此说者有方克立、张智彦、赵吉惠等,他们批评仅以儒家为中国文化主流的观点"多少有些偏狭"①。事实上,儒家和道家在先秦以后互相影响,互相渗透,都对构成和发展中华民族的传统文化做出了积极的贡献。第三种意见以道家为中国哲学史的主干,持此说者较少,《哲学研究》1986年第9期发表的周玉燕、吴德勤的文章《试论道家思想在中国传统文化中的主干地位》可为代表,文章认为,"中国传统文化从表层结构看,是以儒家为代表的政治伦理学说;从深层结构看,则是道家的哲学框架"。其具体表现就是道家思想既建构了中国传统文化的框架,且其直觉的认识方法也构成了中国传统思维不同于西方思维的特色。

二

以道家为中国哲学史的主干,并不是什么新的见解,在古代、现代及当代都有持此说者,可惜都没有充分地论证。本文主要是从中国哲学史自身的发展及比较哲学这两个方面来说明道家在中国哲学史上的主干地位。

(一)从中国哲学史自身的发展看道家的主干地位

1. 道家的创始人老子是中国历史上第一位哲学家,他在中

---

① 参见方克立等:《笔谈老子研究》,《求索》1986年第6期。

国哲学史上第一个建立了相当完整的形上学体系。其学说对先秦诸子有广泛影响。

老子是中国最早的哲学家,老学先于孔学,这在唐代以前本来是不成问题的史实,在先秦及两汉的典籍中都有"孔子问礼于老子"的明确记载。然自唐儒韩愈起,开始怀疑"孔子问礼于老子"之事,后经清儒汪中、崔述及今人梁启超、冯友兰等的论断,竟以问礼之事为非,而以为孔子早于老子。这种说法在现代虽影响甚大,但其论据却十分薄弱,我在《老学先于孔学》一文中曾辨此说为非,此不赘言。

老子和孔子哪一位是中国第一位哲学家,是直接与以道家还是儒家为中国哲学史主干的问题联系在一起的。韩愈怀疑"老居孔前"固然是尊儒心切、排斥佛老所致,冯友兰主张"孔在老前"也是出于以儒家为中国哲学史主干的需要。冯先生在《中国哲学史》中把老子摆在孔子后,并不是基于历史的实际,而是依据先在的动机,他后来曾说:"我当时写孔丘,有一目的,要证明孔丘是第一个私人讲学的人,第一个以私人资格提出一个思想体系的人,第一个创立一学派的人……因为要给孔丘这三个'第一',这就需要把与孔丘同时的别的讲学立说的人都说成是不存在的。"[①]因此,要以道家思想为中国哲学史的主干,就必须把被颠倒了的先秦学术顺序再颠倒过来,还老子以中国第一位哲学家的本来面目。

但是,严格说来,确立老子为中国第一位哲学家对于以道家

---

① 转引自詹剑峰:《老子其人其书及其道论》,页3。

为中国哲学史主干的主张并不具有十分关键的意义。我们的考察就不能停留于此,而应主要集中到老子哲学本身上去。

作为中国最早出现的系统哲学,老子哲学的全面与深刻是许多同时及后代的哲学所不及的,将其与先秦两大显学——儒家和墨家的创始者孔子与墨子的学说作一比较,就可以很清楚地看到这一点。老子哲学既有对宇宙本体的探讨,又有对社会人生的洞察;既有系统的认识论学说,又有丰富的辩证法思想。而孔子学说的主要内容则是政治道德说教,孔子"罕言天道",形上学思维几乎是一片空白,在孔学中既无系统性的认识论,也无丰富的辩证法思想。墨子本人的思想关怀范围亦主要限于人生领域,这从其学说重心——兼爱、非攻、尚贤、尚同、天志、明鬼等即可看出。就思想之深刻性而言,老子以自然无为之道来贯通天、地、人,视宇宙为一整体,取消人格性的上帝及天之存在,这较孔子之天命、墨子之天志无疑要进步得多。现代儒家代表人物亦不得不承认此点,如钱穆说:"孔墨均浅近,而老独深远。孔墨均实质,而老独玄妙。"但钱氏由此得出"以思想之进程言,老子断当在孔墨之后"[①]的结论,则未免太囿于学派成见了。

老子为先秦诸子中第一人,其学说对诸子都有不同程度的影响。就道家系统而言,由老子直接发展出了杨朱、列子、庄子、稷下道家及《易传》学派。而儒家创始者孔子曾问礼于老子,其"无为而治"的观点即来自于老子,"天何言哉"亦合老子"无言"之旨。《论语·宪问》谈到"以德报怨"时,还直接引用《老子》

---

① 钱穆:《老子辨》,北京:中国书店,1988 年影印本,页33。

六十三章的文句。孔子以后儒家两大分支——思孟学派的天道
观以及荀子的自然观都受到老学的深刻影响。至于法家,其与
老子的关系更为明显,"《史记》以老子与韩非同传,则法家与道
家,关系极密也"①。韩非子的《解老》《喻老》是最早的《老子》
注,其学说中"君道无为,臣道有为"的观点,即源于老子。老
子"道可道,非常道;名可名,非常名"的观念于名家亦有深刻影
响,故吕思勉在《先秦学术概论》中称名、法二家相通,而皆不与
道家相背("法因名立,名出于形,形原于理,理一于道,故名法之
学,仍不能与道相背也")。金春峰亦以名家和道家同属一大系
统,道家巨擘庄子与名家代表惠施相喜或可为此说法之一注脚。
兵家与老学亦有密切关系,《老子》书曾被一些学者视为兵书,事
实虽未必如此,但老子因任自然、守约、以静制动等观念,确为兵
家所采纳而为用兵之法,此点前人已多有述及②。

　　总之,老子作为中国第一位哲学家,创立了中国最早的哲学
体系。诸子之学虽不能说皆出于老学,但受到老学的深刻影响
却是一个显而易见的事实。以此功绩,老子足以被尊为"中国哲
学之父"。

　　2. 中国哲学中的重要概念、范畴多出于道家,道家对中国哲
学史上的每一个重要阶段都有深刻影响。

　　哲学概念和范畴是构成一个哲学体系的最基本成分,纵观

---

① 　吕思勉:《先秦学术概论》,页90。
② 　关于老子对兵家的影响,吕思勉在《先秦学术概论》中略有言及,见其书页134—
　　135,严灵峰更著《老子思想对于孙子兵法的影响》(载《无求备斋学术论集》)详
　　加论述。

中国哲学史，大部分形上学概念、范畴，如先秦哲学讨论的"道"和"德"，魏晋玄学讨论的"有"和"无"，宋明理学讨论的"理"、"气"、"太极"、"无极"、"心"、"性"等，都为道家首创，而这些概念及范畴正是各阶段中国哲学的中心概念和范畴。

中国哲学的概念、范畴以及哲学体系的建立，始于老子，而博大精深于庄子。庄子在中国哲学史上的地位，就其哲学意境的高超性和思想内涵的多样性、丰富性及艺术性而言，都可以说是空前绝后的。庄学的影响，不仅限于哲学史，它在文学史、艺术史和美学史上的地位，也是其它任何一家所无法比拟的。中国哲学始于先秦诸子，最初呈多元横面并起之局势，但在一个相对统一的地域中发生的多种思想，其互相影响、互相渗透是一种不可避免的情形。所以，自战国中后期始，中国哲学的发展就是一个不断汇合、融会各家的过程，而哲学史上每一重大阶段或学派莫不深受道家学说的影响，例如：

（1）战国"稷下学派"。稷下学宫汇集了道、法、儒、名、阴阳等各家之学，成为芸萃各派并逐渐形成一定倾向的学派，其中居于主导地位的是稷下道家学派。《史记·田齐世家》云："宣王喜文学游说之士，自如邹衍、淳于髡、田骈、接予、慎到、环渊之徒七十六人，皆赐列第，为上大夫，不治而议论。"其中，田骈、接予、慎到、环渊"皆学黄老道德之术"。所以郭沫若说："（稷下学宫）派别可以说是很复杂，或者也就是很自由，然而这里面没有墨家，而道家是占最大多数的。"[①] 荀子其时曾任"稷下先生"，其

---

① 郭沫若：《十批判书》，页135—136。

天道观即来自于早期道家。

（2）《易传》学派。先秦哲学可以说有两大高峰，一为庄子学派，一为《易传》学派。庄子学派属道家自不待言，说《易传》学派为道家之学却很难令人接受，因为它向来被视为儒门典籍，有人还视之为孔子亲作。但以《易传》为儒家之说仅仅注意到了或者过分重视其伦理道德方面，却忽视了其理论构架、思维方式、基本范畴及主要命题，而这些方面都是属于道家的或受道家影响的。关于这点，我在《〈易传·系辞〉所受老子思想的影响》一文中已作过详细论证[①]。

（3）《吕氏春秋》。战国秦相吕不韦招集门客，以网罗百家、"集腋成裘"为旨，辑合百家学说编成此书。全书以"无为"为纲纪，道家的影响十分突出。

（4）黄老学派。发源于战国晚期而兴盛于汉初的黄老学说，体现了当时道法合流的趋势，而以道家无为及辩证法思想为其理论基础。

（5）《淮南子》学派。《淮南子》集汉初新道家之大成，采先秦各家之长而以道家为主。

（6）《论衡》作《问孔》、《刺孟》，"伐孔子之说"的王充，是东汉最杰出的思想家，他公开声明自己的哲学是依道家而立论，"虽违儒家之说，然合黄老之义"。他的《论衡》强调"疾虚妄"，"重效验"，尖锐批判儒生所迷信的谶纬神学及"天人感应"的目

---

① 参见陈鼓应：《〈易传·系辞〉所受老子思想的影响——兼论〈易传〉乃道家系统之作》，《哲学研究》1989 年第 1 期。

的论。他以早期道家的自然观及气论为思想武器,而建立了中国哲学史上第一套有系统的批判哲学。

(7)魏晋玄学。这一思潮有人称为"魏晋新道家",主要借《易》《老》《庄》来发挥己见。其思想以道家为主,承袭老庄,是大部分学者都承认的。

(8)东晋时期玄学与佛教趋于合流,显示了佛学传入后道家的接引之功。在老庄及玄学的影响下,首先产生了般若学,而庄、禅是相通的,两者在破对待,空物我,泯主客,齐死生,反认知,重解悟,亲自然,寻超脱等方面,特别是在艺术领域中,常常浑然一体,难以区分。

(9)宋明理学。以程朱及陆王为代表的宋明理学,是先秦以后中国哲学发展史上的又一个高峰。它曾被称为"新儒家"。但究其实,则宋明理学并不是纯粹的儒家,它乃是儒释道三教合一的产物。就政治伦理层面而言,理学固然是主要继承了先秦儒家的传统①,但从思辨哲学方面来看,则理学与道、佛二家更为接近。宋儒使用的一些重要概念如"无极"、"太极"、"无"、"有"、"道"、"器"、"动"、"静"、"虚"、"实"、"常"、"变"、"天"、"理"、"气"、"性"、"命"、"心"、"情"、"欲"等,大都来自于道家的传统,如周敦颐所用"无极"一词,即首出老子,而后庄子亦常加使用(见《老子》二十八章,《庄子·在宥》)。后来陆九渊即指出周子言无极出于老氏,而黄绾亦持此说,且奉老子"无名天地之始"

---

① 然继承中亦有变异,先秦儒学尚身体力行,而宋明理学则多坐而论道。

以证之 ①。又如被程颢认为是自家体贴出来的"天理"范畴，最早却是见于《庄子·养生主》。而程朱论天理，更与老庄论道无大殊异，如朱熹所谓"宇宙之间一理而已，天得之而为天，地得之而为地……若其消息盈虚，循环不已；则未始有物之前，以至人消物尽之后，终则复始，始复有终，又未尝有顷刻之或停也"（《文集》卷七十）。此段前句似老子，后句则类庄子 ②。又朱子云："有此理，便有此天地。若无此理，便亦无天地，无人，无物，都无该载了。"（《语类》卷一）此颇似老子论道之旨。故王廷相云："老、庄谓道生天地，宋儒谓天地之先只有此理，故乃改易面目立论耳，与老、庄之旨何殊？"（《雅述》上篇）他还批评理学家讲"理一而不变"为"庄、老之绪余也"（同上）。颜元著《朱子语类评》，于朱子之援道、佛者辨之甚详，认为其"参于禅老庄列者深矣"。

不惟一些重要概念如此，就是宋儒的一些具体说法，亦与老庄相类，如程颢所谓"天人本无二，不必言合"（《遗书》卷六）之说，最早见于《庄子·大宗师》"其一也一，其不一也一，其一与天为徒，其不一与人为徒"。而"天地中如洪炉，何物不消铄了"（《遗书》卷十五）语，与庄子所谓"今一以天地为大炉，以造化为大冶，恶乎往而不可哉"（《大宗师》）更是何其相似 ③！这表明

---

① 黄绾《明道编》卷一："象山以濂溪言无极，谓出于老氏，又谓出于禅宗，其说皆有据。'无名天地之始'，此老氏之言也。'有物先天地，无形本寂寥'，此禅宗之诗也。"
② 《老子》三十九章："昔之得一者，天得一以清，地得一以宁。"《庄子·秋水》："消息盈虚，终则有始。是所以语大义之方，论万物之理也。"
③ 庄子及程子此说，盖皆本于《老子》五章："天地之间，其犹橐籥乎？虚而不屈，动而愈出。"

程朱思想确实受到道家的重大影响，所以后人才有"朱子道"的说法。

与"朱子道"相对，还有一句是"陆子禅"，讥讽陆九渊的儒学实际上已禅学化了，实则程、陆俱受禅学的重大影响。此点前人早有述及，如明代黄绾称："宋儒之学，其入门皆由于禅。"（《明道编》卷一）全祖望指出："两宋诸儒，门庭径路，半出于佛老。"（《鲒埼亭集外编·真西山集》）陈建则谓：陆王心学乃"阳儒阴释"（《学蔀通辨》后编卷上）。顾炎武亦云："今之所谓理学，禅学也。"（《亭林文集》卷三，《与施愚山书》）只不过陆子以言心为主，故表现得更为明显而已。而庄禅的相通，几为儒学公认，甚至更有学者以为禅即庄。如此，则心学便不能不与庄学相关。即以其"心"之概念而言，就有不少庄学的成分。如庄子常用"灵府"、"灵台"来形容虚静之心，而王阳明亦以为人心只是一个灵明（见《传习录》下，《全书》卷三）；庄子以"灵府"、"灵台"喻心，一方面用以表达心体作用之奥妙，另一方面亦形容心镜含藏之丰富，而阳明以"灵明"言心，亦兼具此两种意义。即此一端，已足见庄学于心学的影响。

从上述分析可见，宋明理学在理论构架方面受道家（及佛学）的侵染颇深，前人有称之为"外儒内佛老"者，就思辨哲学方面言之，亦非为无据。所以，侯外庐先生主编的《中国思想通史》亦称："宋儒的世界观与佛老的世界观接近，这是不容讳言的。"[1]

总之，就整个中国哲学的发展来说，虽然自战国以后就形成

---

[1]　侯外庐主编：《中国思想通史》第 5 卷，页 343。

道、儒、墨、法、名、阴阳等各家思想相互渗透的局面,而其中起主导作用的则是道家。即便某些体系因其伦理道德方面明显的儒家倾向而被学者们视为属于儒的,如《易传》学派及宋明理学,但构成其伦理道德学说基础的理论构架、思维方式等仍然是由道家所确立的。这种情形更能说明道家思想是中国哲学史的主干。

(二)从比较哲学的观点看道家在中国哲学史上的主干地位

从中国哲学自身的发展中,我们可以看出道家实居于主干地位。那么,从世界其它地区的哲学——比如说西方哲学——的观点来看,情形又是如何的呢?

著名的西方哲学史专家韦伯曾说:"哲学是对自然界的全部的研究,是期望对事物作一个普遍性的解释。"韦伯这里显然是根据西方哲学的历史来规定哲学的。韦伯还提到希腊哲学"从自然主义出发"。依据韦伯的意见,则孔子的学说既不能被称为哲学,更不能被当作哲学的开端。然而老子的学说则不然,老子贯通天、地、人的道,无疑正是对宇宙人生的"普遍性的解释",而其"法自然"的观念亦与"自然主义"之旨相通。所以,黑格尔认为"孔子只是一个实际的世间智者,在他那里思辨的哲学是一点也没有的——只有一些善良的、老练的、道德的教训,从里面我们不能获得什么特殊的东西",但老子"却说到了某种普遍的东西,也有点像我们在西方哲学开始时那样的情形"①。

另一方面,从西方哲学发展的历史来看,其主流一直是形上学与知识论,而政治伦理学只是其中的枝节部分。这样,自

---

① 黑格尔:《哲学史讲演录》第1卷,页119,127—128。

西方哲学的观点视之，则以政治伦理学为主体的儒家显然不能正当地担起哲学之名。但道家则不然，它既有自己系统的形上学——道论，又有自己以直觉（"玄览"）和静观为特点的认识学说（这两点是任何其它一个学派所不具备的），这就足以使道家思想处于与西方哲学同等且对立的层面上，而被西方的思想家们视为真正的哲学，并且认它为中国文化及哲学的主干。著名的中国科技史专家、英国学者李约瑟博士就曾经说过："中国如果没有道家，就像大树没有根一样。"①

西方传统哲学的主流是形上学或思辨哲学，这相当于中国古代的玄学。本文就主要是从思辨哲学即玄学的意义上进行讨论的。就人生哲学方面来看，个人也以为老庄无论是在思想的开阔性，还是在意境的深刻性上都胜于孔孟。

三

确立道家思想为中国哲学史的主干，并不是要贬低或抹煞其余诸家的历史作用，而把中国哲学史写成一部道家思想发展史。事实上，战国以后中国哲学的发展一直是诸子百家互相融合的过程，只不过道家思想在这种融合中起主导作用而已。

诸子百家，无论道儒墨法，皆有长有短，此为客观之事实，古人亦多有言者。如《庄子·天下》云"天下多得一察焉以自好，譬如耳目口鼻，皆有所明，不能相通，犹百家众技也，皆有所长，时有所用，虽然，不该不偏，一曲之士也"。《汉书·艺文志》

---

① 李约瑟:《中国之科学与文明》第 2 册,台湾:台湾商务印书馆,1973 年,页 255。

亦言九流之学，"各引一端，崇其所喜……譬犹水火，相灭亦相生也"。《庄子》及《汉志》皆指明诸子相反相成、对立互补之性质，故呼吁"舍短取长"，和合百家。此等认识及呼吁实基于其时各家已互相融合之事实。各家融合之一显例，可称黄老之学。

司马谈《论六家要指》认为道家"因阴阳之大顺，采儒墨之善，撮名法之要"，此处道家实指兴起于战国末而流行于两汉初的黄老之学，王充《论衡·自然》云："黄者，黄帝也；老者，老子也。"顾名思义，则黄老之学当与老学有极密切的关系。事实也正是如此，老子的虚无无形的道正构成了黄老之学的理论基础，但是，黄老之学最大的理论特点并不在于此，而在于它虽以老子之道论为理论基础，却又如司马谈所说，兼采了诸家之长，并冶之为一炉，成为汉初占统治地位的思想体系①。其受儒家影响者，如《黄老帛书·十六经》中表达的"受命于天"，"顺天者昌，逆天者亡"，"德积者昌、殃积者亡"，"优未（惠）爱民，与天同道"，"并时以养民功，先德后刑，顺于天"等观念；而"兼爱无私，则民亲上"（《经法·君正》）则是墨家影响的表现；"法者，引得失以绳，而明曲直者也"（《经法·道德》），"法度者，正（政）之至也。而以法度治者，不可乱也"（《经法·君正》）等则是采纳了法家的主张。此外，名家的"审名"观念及阴阳家的阴阳刑德理论，也都被黄老之学所吸收而纳入自己的体系中。

黄老之学之融合各家思想，并不是机械拼凑，而是以道家思

---

① 此处以下一段参考了吴光《黄老之学通论》（杭州：浙江人民出版社，1985 年）中引用的资料。

想为主来贯穿各家的,"其因大顺也好,采撮善要也好,都是把各家理论主张采入道家理论体系之中,都置于最高的'道'的统率之下"[①]。黄老之学的这种特点正是整个中国哲学史以道家为主干,道、儒、墨、法诸家多元互补发展的一个缩影。事实上,先秦的庄子学派就已经融合了名家、阴阳家及儒、墨等各家,而以道家思想为主干。而黄老之后的《淮南子》,也继承了庄学博采众家的传统。从庄子到《淮南子》,可以看出道家表现着广大涵容性的特色。

中国哲学发展的历史当是各家互补,未来新文化的建设也应该是如此。对传统文化的反思绝不能限于一家一派,而应该从现实的观点出发,对诸学派尤其是影响较大的道、儒、墨、法各家给以新的解释,取其长,去其短,在诸家多元互补的基础上来创造现代文化。

儒家在历史上是最为保守的一派。在汉武帝"独尊儒术"之后,它由诸子百家中之一家而变为官方唯一的意识形态,在近两千年的时间内一直与封建政治联系在一起。这种政治意义上的儒学,与现代生活的冲突最大,阻力也最大。但是,我们还是可以从原始儒家那里抽象地继承很多优良的人文传统,例如积极救世的心怀,民贵君轻的观念,以及重视教育、重视个人品操、重视知识分子的社会作用等等,都是值得肯定的。

墨家站在"农医工肆之人"的立场上,维护"万民之利",认为"官无常贵,民无终贱"。墨子在各家中最具有利群观念,"兼

---

① 吴光:《黄老之学通论》,页228。

爱"的主张,是伟大的人道主义精神的表现。墨派勤俭刻苦的投入精神,在今天读来仍是很激动人心的。墨子批评儒家的"亲亲政治"——指责血缘之亲"无故而富贵",至今仍有其现实意义。

严复说:"自由为体,民主为用。"在传统文化中,道家的自由度最广,"民主性"也以道墨两家为最浓。在思想的格局上,儒家是主张"天无二日"和"君子思不出位"的,而道家的庄子却相反地主张可以出很多太阳("十日并出"),千百种不同的声音可以同时表达("吹万不同")。道家的自然无为及其不干涉主义,对于专制政体具有很大的消解作用,它的叛逆精神及其"一切价值重估"的观念,对于僵固思想具有极大的激荡力。

法家固然在箝制言论等方面有很多缺点,但在反对人治,主张法治,反对贵族特权,鼓励发展生产,强调因时适世的变革等方面,以及其积极入世,改造社会的雄心,在今天尤其具有不可忽视的意义。

我认为,各家的长短可以互相补足。儒、法、墨积极入世,顽强奋斗的精神,可以补道家无为之不足;而道家的艺术心态可调剂法家的泛政治主义与儒家的伦理绝对主义;道家的开放性心灵和主体性的觉醒可冲破儒家封闭式的人际关系,培育真诚互爱的道德意识;道家天道自然的观点,也可用来纠正儒家的天命论和墨家的天志论……总之,从中国现实政治、经济、文化的建设的需要出发,只有取各家长而补各家短,才能创造出全面的有利于中华民族健康发展的意识形态。

(本文原刊于《哲学研究》,1990 年第 1 期。)

方法论

从"得意忘言"的诠释方法
到谱系学方法的应用

一、前言

先秦属中国文化哲学之开创期,诸子抒发己见,偶而征引文献,仅仅意在见信于人并广开思路(如《庄子·天下》云:"以重言为真,以寓言为广。");汉魏、宋明之后,属传承时代①,各家多藉"我注六经"的诠释方式建立自己的理论系统。

中国历代哲学家多采经典诠释方式申论己说。自王弼开始

---

① 徐复观先生言及诸子曾出现"六经注我"方式,引经典以助己说。其言曰:"先秦诸子引用文献上的材料时,全是为了自己的思想作证。若用陆象山的话说,这是'六经注我';因此,他们对文献的原义,常常是作一种转移或引伸的应用;若站在严格的注释家的立场来看,可以说多是不合格的注释。再说一句,在以传承为主的时代,仅由传承而来的思想,多是不生产的思想。严格地说,这并无精神性可言。在以开创为主的时代,传承也成为思想的生产性的一种动力;这才真正是人类精神的呈现。"参见徐复观:《中国人性论史·先秦篇》第14章《精神文化在开创时期的诸特性》,台中:东海大学,1963年,页459。

"我注六经"和"六经注我"两者并用,藉解说古代经典而建立自己的玄学体系。

中国哲学史上最早大规模地诠释经典的活动,始于战国中后期《易传》各篇作者之诠释《易经》。而《易传》作者群皆不自觉性地使用"得意忘言"的诠释方法来牵经以伸己说。

《易传》作者群之牵经以伸己说,兹举《乾》卦卦辞"元亨利贞"为例,古经本义为大亨通,占问有利。经中之"贞"皆训为"占",大量甲骨文出土可以为证,而《易传》则诠释为"正"。《易传》各传中《彖》传最早(当在孟、庄之后),《彖》传取老子"道生万物"说(见《老子》第四十二章、五十一章),而以乾元生物诠释卦辞"元",并以自然界"云行雨施,品物流形"描述卦辞"亨",末了由自然界的繁茂说到人间的昌盛("各正性命,保合太和")以释卦辞"利贞"。这段好似老庄思维模式的"道生万物"的生动景象,把古经的占辞的本义作出了"创造性的转化"。《文言》继《彖传》之后,对乾卦卦辞又作了"四德"的不同诠释("元者善之长也,亨者嘉之会也,利者义之和也,贞者事之干也")。各传对古经的诠释,虽然没有提出一套诠释理论,如果我们从王弼所使用的诠释方法来察看,它们确符合于"得意忘言"的诠释旨义,差别在于王弼是自觉性地使用"得意忘言"的方法对各经典进行系统性的诠释①,而《易传》作者群则是不自觉地进行"得意忘

① 汤用彤于《魏晋玄学论稿》谓王弼言意之辩,为玄学家所发现之新眼光新方法。其论点曰:"……新时代之托始,恒依赖新方法之发现。夫玄学者,谓玄远之学。学贵玄远,则略于具体事物而究心抽象原理。论天道则不拘于构成质料(cosmology),而进探本体存在(ontology)。……依言意之辩,普遍推之,(转下页)

言"的诠释活动。

二、得意忘言的诠释方法

（一）王弼的经典诠释首创"得意忘言"的诠释方法

1. 庄子到王弼言意论的发展脉络：境界层次转化为诠释方法

王弼（226—249）是魏晋玄学的主要创始者，他以三玄作为体系建构的素材，从而开启了极富思辨性的玄学思潮。他的著作有《老子注》、《老子指略》、《周易注》、《周易略例》、《论语释疑》（已佚）。《老子注》和《周易注》是随文注解，《老子指略》、《周易略例》是他对《老子》和《周易》思想的通论。表面看来，王弼在解读《易》、《老》，事实上他是藉经典诠释进行玄学理论体系的建构。

在中国哲学史上，以老、庄及《易传》为主体的思辨哲学，属于先秦哲学的开创期，两汉哲学则依循着先秦道家的宇宙生成论而在宇宙构成说方面有着更具系统化的建树，魏晋之后，王弼开创了宇宙本体论建构的重要时期。王弼玄学体系中有无体用的学说，成为宋明以后各学派探讨的一条主线。这里我们只讨

（接上页）而使之为一切论理之准量，则实为玄学家所发现之新眼光新方法。……忘言得意之义，亦用以会通儒道二家之学。汉武以来，儒家独尊，虽学风亦随时变，然基本教育固以正经为中心，其理想人格亦依儒学而特推周、孔。三国、晋初，教育在于家庭，而家庭之礼教未堕。故名士原均研儒经，仍以孔子为圣人。……辅嗣……虽阳尊儒道，而阴已会道夺儒家之席矣。玄学人注经，以为解释，大率类此，不必详举。虽然孔子重仁义，老庄尚道德；儒书言人事，道家谈玄虚，其立足不同，趣旨大异。……不得不求一方法以救之。此法为何？忘言得意之义是矣。"参见《汤用彤全集》第4卷，石家庄：河北人民出版社，2000年，页22—23。

论有关王弼的言意问题,如何由庄子境界层次的意涵转化而为经典诠释的方法。

关于言意问题,老子时期只是隐含性地提到,还没有被显题化。这个议题到了《庄子》才被显题化,许多篇章皆多所论及(如《天道》、《秋水》等),尤其《外物》篇提出"得意而忘言"之旨,成为历代由哲学到文学、美学各领域所阐发的一个核心的哲学命题。而"象"的概念,已成为《易》、《老》、《庄》三玄四典的重要范畴。而在《易传·系辞》当中,作者在说明"书不尽言,言不尽意"① 时,又提出了"立象以尽意"的命题,将"象"和"言"、"意"作了关联。

王弼在《周易略例·明象》中,综合了《庄子》和《系辞》有关"言"、"意"、"象"的观点,提出了"寻言观象"、"寻象观意"、"得象忘言"、"得意忘象"四个重要的命题。王弼谓"言者所以明象"、"象者所以存意"②,他以层递的方式指出语言在于说明象(如说明卦象的象辞、爻象的爻辞),象是存意的,若不透过言与象,则"意"终是无法获得。存言立象的目的在于得"意",反之言与象亦为获得"意"必要的媒介。

王弼的言意论,正是庄子同一思想脉络之发展,而王弼更将庄子作为境界意涵的"得意忘言"之旨,转化而为对古典的诠释态度与方法。

---

① 这个观点来自于《庄子·天道》篇末。
② 王弼著,楼宇烈校释:《王弼集校释》,北京:中华书局,1980 年,页 609。下文引用王弼《老子注》、《老子指略》、《周易注》、《周易略例》、《论语释疑》原文皆出自《王弼集校释》,为节省篇幅,下文仅注篇章或页码。

"得意忘言"之旨,自庄子到王弼由境界层次转化为哲学方法,主要因着魏晋玄学思潮的激发。玄学要在探讨超言绝象的宇宙本体,遂导致"得意忘言"作为一种特殊的哲学方法,此一方法用以诠释经典,并藉之而建立玄学体系;用以会通儒道,并藉之而提升理想的人生境界。

王弼首创"得意忘言"的诠释方法,以会通三玄,融道、易于一体。下文先举证说明王弼注《老》较切合文本本义之范例,再举例说明王弼如何藉诠释经典以建立其玄学体系。

2. 王弼注《老》——"我注六经"之范例

孔子所关心的问题,主要属于社会文化层面,从《论语》里面可以看出,他的话题经常使用常识性的语言进行讨论。而老子所探讨的问题,已经由政治文化进入到哲学的领域,所以《老子》书中经常出现专业术语。如果我们用常识语言来解读专业术语,就容易望文生义而乖离原意。王弼注《老》,则颇能阐发老学文本的意蕴。兹举王弼诠释老学核心概念"自然"、"无为"为例证:

第一,通行本《老子》第五章"天地不仁,以万物为刍狗……",这一段特殊用语,导致不少望文生义者的误解。王弼注曰:"天地任自然,无为无造,万物自相治理……无为于万物而万物各适其所用。"(页13)此处王弼以"自然"、"无为"之义作解,十分恰切。

第二,《老子》第二十五章:"域中有四大,人法地,地法天,天法道,道法自然。""四大",既指道、天、地、人,却又说"道法自然",若"自然"属名词,则成"五大",如何圆其说,关键在于"道法自然"一语。学者多从河上公注:"道性自然,无所法也。"① 而王弼则注说:"法,谓法则也。……道不违自然,乃得其性,〔法自然也〕。法自然者,在方而法方,在圆而法圆,于自然无所违也。自然者,无称之言,穷极之辞也。"(页 65)王弼的解说在于:道以自然作为它自己的法则;道以自然为法则,所以不违背它的本性。王弼提示道以自然为性,从而强调各物的殊异性、自为性,因而反对枘圆凿方。

第三,王弼以自然即道。"自然者,无称之言",这观点多所表述,如十七章注谓:"自然,其端兆不可得而见也,其意趣不可得而睹也。"(页 41)这就等同于对"道"的界说,如《论语释疑》中王弼说:"道者,无之称也,无不通也,无不由也。"(页 624)王弼认为道以"自然"为法则,因而在"道法自然"的解说中,强调道的自然性——亦即强调道的自为性、自发性②。

第四,王弼在"道法自然"的特殊意境中,将"自然"等同于"道",而道以自然为法则,亦即突显了道的自发性、自为性。此外,王弼还在十二章注中,以顺性与"自然"相联系③;在注二十章及《损》卦中,更以《庄子·骈拇》凫短鹤长之喻,阐发质分之自然④。王弼注《易》《老》突显各物的自性,他一再强调"因物

---

① 王卡点校:《老子道德经河上公章句》,北京:中华书局,2006 年,页 103。

② 请参看陈鼓应《道家的人文精神》:"人法道的自然性,实即发挥人的内在本有的自发性、自由性。……道也者,自由国度,人法其自性,则人人处于自由自在的精神乐园。"收于《道家文化研究》第二十二辑,北京:三联书店,2007 年,页 106。

③ 其文曰:"夫耳、目、口、心,皆顺其性也。不以顺性命,反以伤自然。"(页 28)

④ 二十章注:"自然已足,益之则忧。故续凫之足,何异截鹤之胫?"(页 47)《损》卦象辞也说:"自然之质,各定其分,短者不为不足,长者不为有余,损益将何加焉?"(页 421)

之性"①。因物之自性,即尊重各物的殊异性,亦甚合老子原义,而"自然之质,各定其分"之说,则对郭象有直接的影响。

第五,老子另一个特殊概念"无为",王弼亦以"自然"释之②。而王弼注《老》的言论中,对自然意蕴的阐扬,最为精辟的莫过对十八章的解说:"六亲不和,有孝慈;国家昏乱,有忠臣。"王弼注曰:"若六亲自和,国家自治,则孝慈、忠臣不知其所在矣。鱼相忘于江湖之道,则相濡之德生也。"(页43)此处引《庄》释《老》,使老子"相濡之德"达于庄子的忘境,则孝慈忠信之德,为老子的"人文自然"提升到庄子的"境界自然"。

第六,除了阐发"自然"之哲学精神,王弼也颇能掌握老学真、朴、根、本之旨意。如三章"常使民无知无欲",王注:"守其真也。"(页8)六十五章"古之善为道者,非以明民,将以愚之",王注:"明,谓多〔智〕巧诈,蔽其朴也。愚,谓无知守真,顺自然也。"(页168)又如二十二章"少则得,多则惑",王注:"自然之道,亦犹树也。转多转远其根,转少转得其本。多则远其真……少则得其本。"(页56)

第七,《易经》《老子》"通"字未得一见③,《庄子》始言"道通为一"(《齐物论》)、"同于大通"(《大宗师》),使个体生命在宇宙大化中相互会通。《易传·系辞》承继庄学同通之义,于现

---

① 如三十六章注:"因物之性……而物各得其所。"(页89)又如二十九章注:"圣人达自然之性,畅万物之情……而物性自得。"(页77)

② 如二章"处无为之事",王注:"自然已足。"(页6)三十七章"道常无为",王注:"顺自然也。"(页91)

③ 《老子》通行本十五章"微妙玄通",郭店简本及帛书甲、乙本"玄通"均作"玄达",可证祖本作"达",后人改为"通"。《郭店楚墓竹简》,北京:文物出版社,1998年。

实生活中发挥变通精神,曰"变通者,趣时者也"、"穷则变,变则通"。王弼深得庄学同通之旨以注《老》,如四十章"弱者道之用",王注:"柔弱同通,不可穷极。"(页110)又如十四章老子描绘道体:"视之不见名曰夷,听之不闻名曰希。"王注曰:"无状无象,无声无响,故能无所不通,无所不往。"(页31)对于老子形上之道的玄味,王弼深得其奥义,以"通"意会之,更能使老学精神由深幽而广达。

3. 王弼玄学建构——"六经注我"之创举

道、德,有、无,动、静,一、多,是老子及道家学派的基本范畴。王弼在"以无为本"及"举本统末"的理论架构下,运用其"得意忘言"的诠释方法,进行了全面性的、系统性的转化。

王弼悄然地以"无"代称"道"与"自然",并混同了老子形上之道的有、无和现象界之有、无的差别,一概将老子的"无"提升为形上之道,将"有"下降为"万有",使"无"、"有"关系成为本体界和现象界的关系。

有关动静的问题,老子固然认为"归根曰静",但他同时宣称道体是恒动的("反者道之动"),老子强调道体恒动这一点,常被老学研究者所忽略,王弼正是如此。比如,他在解释《复》卦的时候,便强调"静"的绝对性,宣称动静并非相对的,而断言本体的"无"是寂静不动的("寂然至无是其本矣",页168)。

老子的一、多问题,以四十章和四十二章为例,谈论的是道和万物关系的生成问题。而王弼在注《老》时,则以一为多(万物)的存在根据,这样就把老子的生成论问题转化为本体论的解读。王弼在《周易略例·明象》篇中有一段很重要的话,其中说

"物无妄然,必由其理,统之有宗,会之有元"(页591)。此处王弼统宗会元之理,可以视为程朱"理一分殊"的先声。

纵观王弼的"我注六经",阐发老子的玄思之余,也带进了庄子的境界和黄老的治世理念,而玄思、境界及治世理念,这三层意蕴在他进行"六经注我"时,也贯通到他的玄学建构的系统中。这里我们只以"无"、"有"关系为例,来论证王弼是如何地运用诠释老学而移向他的玄学体系的建构。

第一,老子以"无"、"有"指称形上道体——以其无形、无限性而简称为"无",以其实存而称为"有","有"、"无"同出于道而不同名称("同出而异名"、帛本:"两者同出,异名同谓"①)。王弼十分清楚第一章和四十章之作为道体的"无"、"有",正如他在十四章注中说:"欲言'无'邪,而物由以成。欲言'有'邪,而不见其形。"(页32)

第二,王弼非常了解老子因道之"不见其形"故以"无"称之;又因"物由以生",复以"有"称之。但他注解《老子》从第一章开始就将作为道体的"有"下降为"万有",王弼注说:"凡有皆始于无。"(页1)他将"无"指称未形无名之道,而悄悄地把"有"下降为有形有名之万物。

王弼注四十章更为重要。他在注解老子"天下万物生于有,有生于无"时说:"天下之物,皆以有为生。有之所始,以无为本。将欲全有,必反于无也。"(页110)这句是说,天下万物都是由有形之物所生,有形之物的出现,就要以无形的道为本根。

---

① 高明:《帛书老子校注》,北京:中华书局,1996年,页227。

如果要保全万有,一定要返回本根的"无"。王弼这章的注解强调了现象界的万有是要以无形的本体为本根,因此他提出了"以无为本"的重要命题。

第三,王弼解释有无关系时,将有无关系转化成本体与现象关系。同时,又在体用关系中提出了体用不离的观念。《老子指略》说:"四象不形,则大象无以畅;五音不声,则大音无以至。"(页195)这里隐喻本体(大象、大音)是要凭借现象(四象、五音)得以彰显。王弼解释《系辞》大衍之数章说:"夫无不可以无明,必因于有。"(页548)他认为无形的本体,还是必需要凭借有形之物来彰显。

王弼借注《老》来强调"以无为本"(四十章注)、"以无为体"(三十八章注),同时也一再强调"以无为用"(如一章、三十八章注)。王弼如此强调体用的议题,将老子隐含性地谈道的体、用(如《老子》十一章、四十章、四十五章等)问题发展成显题化的议题。

第四,中国哲学史上首次出现宇宙生成论的文献,见于《老子》四十二章"道生万物说"。有关本源论和生成论的议题在《老子》书中都得以显题化,而万物存在依据的问题则似乎未被显题化,王弼注《老》乃将本体论(本根论)的议题,给予显题化。如《老子》四十二章云:"道生一,一生二,二生三,三生万物……。"王弼注说:"万物万形,其归一也。何由致一? 由于无也。由无乃一,一可谓无? ……以一为主。"(页117)王弼藉"以无为本"的有无关系彰显其一多关系("万物万形,其归一也")——"以一为主"亦同于"以无为本",这样,王弼悄然地将老子生成论问题转向了本体论。

第五,王弼玄学最基本的两个命题:"以无为本"和"崇本息末"①。此中所蕴含的有无本末的论题,成为了魏晋玄学的中心议题,随着自然与名教这一文化议题也被纳入玄学体系中而成为以自然为本、名教为末的一个议题。

玄学被称为魏晋新道家,担负了以道为主体而融合各家学说的时代新课题②。王弼的"崇本息末"与"举本统末",所崇的本便是道,所举的末主要便是儒。当代学者常说儒道互补,这话用在魏晋玄学便是以儒补道——哲学的道家与文化的儒家之互补,也就是以道家的形而上及其精神境界为主体的玄学吸纳伦理为主体的儒家文化。

(二)王弼和郭象"六经注我"之诠释适度与诠释过度的对比

王弼在使用"得意忘言"的诠释方法建立起"以无为本"的玄学体系时,许多读者几乎并未察觉他悄然地将老子作为道体的"有",移转为万有,从而将无有关系转化成为本体与现象关系

---

① 现存的王弼文献中"崇本息末"出现 6 次,"举本统末"出现 1 次(《论语释疑》)。"息末"中的"息"有止息与生息两个全然对反的意义,在王弼的行文中是运用"歧义",随着语境不同两种意义都包含在内,此处的论述乃"崇本息末"与"举本统末"义涵一致。

② 《老子指略》一段文字充分显示了将老子道家与诸子的关系列为本末关系,其文曰:"《老子》之书,其几乎可一言而蔽之。噫!崇本息末而已矣。"(页 198)"崇本以息末,守母以存子……而法者尚乎齐同,而刑以检之。名者尚乎定真,而言以正之。儒者尚乎全爱,而誉以进之。墨者尚乎俭啬,而矫以立之。杂者尚乎众美,而总以行之。夫刑以检物,巧伪必生;名以定物,理恕必失;誉以进物,争尚必起;矫以立物,乖违必作;杂以行物,秽乱必兴。斯皆用其子而弃其母。……夫途虽殊,必同其归;虑虽百,必均其致。"(页 196)。

以及体用关系。而老子哲学中原本就将形上之道境与形下之现实界有着层次之分,在形而上中屡言道体之"无",在现象界中又倡言"有无相生",而道物之体用性亦在老子思想中隐含性地提及;王弼之诠释老子,将体用本末关系由老子之未显题化而给予显题化,两相对应,不至于有突兀之感。

相形之下,郭象虽然在"独化于玄冥"的主题上深化了庄子的意涵;郭象深得王弼"得意忘言"之旨,使用"寄言出意"的诠释方法,但郭象注《庄》在重要议题上却出现过度诠释,甚而"粗暴诠释"。且举两个显著的例子为证,一是对于《逍遥游》"小大之辨"的过度诠释;二是对于《秋水》"天人之分"的粗糙诠释:

庄子《逍遥游》鲲鹏展翅意在突显"小大之辨",但郭象注《庄》却说"小大虽殊,逍遥一也"[①],如此则将庄子小大之别一举泯灭。而溟海巨鲲的深蓄厚养、积厚之功和大鹏的远举之志及其层层提升的精神境界,全数一举扫落。郭象的小大均平的思想[②],不仅将庄子高远的心境予以矮小化,而且将功夫与境界拾阶而上的历程也消解殆尽。

《秋水》篇河伯与海若的对话讨论天人之分时,庄子说:"牛马四足,是谓天;落马首,穿牛鼻,是谓人。"这里庄子指出人类往往以自我中心去刻、烙、羁、绊牛马,做出危害他物的举动,所以此处乃呼吁人类应打破自我中心。但郭象却粗暴地将马首之

---

① 郭庆藩辑,王孝鱼整理:《庄子集释》,北京:中华书局,1961 年,页 9。

② 如郭象注《逍遥游》"蜩与学鸠"一段曰:"对大于小,所以均异趣也。"《庄子集释》,页 10。

被羁、牛鼻被穿说成是"天命"如此,人类不仅经常伤害他物[①],而且还同类相残,尼采说:"人类是病得很深的动物。"早于尼采二千年的庄子对人类自我中心之弊害已提出沉痛的反省! 郭象不仅丝毫不体恤庄子的心意,竟说牛马之命乃受人服、乘、穿、落,这不仅粗暴地扭曲庄子的原意,亦为后代"六经注我"的不良学风首开恶例。此一恶例,可为当代好些"指鹿为马"式的经典诠释者借鉴!

历代哲学家在解释经典时,几乎都使用"得意忘言"的诠释方法来建立自己的思想体系。有感于郭象解《庄》,以及当代学界经典诠释时"得意忘言"的随意性过度膨胀,个人乃提出谱系学方法的应用。例如,我个人对于《易传》学派属性的探讨,以及目前在进行的宋代哲学之理论建构及其观念丛的探讨,都运用文献与哲学解释并进的谱系学方法。

三、谱系学方法的应用

谱系学方法的应用,在于文献与哲学并重,探讨学术源流的发展、哲学问题的由来、理论系统的建构以及哲学概念命题的形成,以解析各学派间思想观念的脉络关系[②]。

---

① 郭注曰:"人之生也,可不服牛乘马乎? 服牛乘马,可不穿落之乎? 牛马不辞穿落者,天命之固当也。苟当乎天命,则虽寄之人事,而本在乎天也。"《庄子集释》,页591。

② 多位学者强调概念命题分析的重要性,如张岱年先生说:"任何学术理论都是由命题组成的。……在哲学发展过程中,概念范畴也有一个演变、转化的过程。"(见氏著:《中国哲学史方法论发凡》,收入《张岱年全集》第4卷,石家庄:河北人民出版社,1996年,页148、152。)汤一介先生也说:"在哲学史上,比较重要的哲学家在建立其哲学体系时,必然要使用一系列的概念、范畴;因此研究(转下页)

谱系学方法的运用可以打破儒家一元化的解释系统,从而还原文化的儒家与哲学的道家之间的学脉关系。

(一)"谱系"与"系谱"概念

由于当代哲学中出现了谱系学(genealogy)方法,因此首先必须交代一下我所使用的方法和当代西方谱系学方法的差别。当代谱系学的方法,主要是出自尼采晚期著作中《道德谱系学》。晚近学者在介绍谱系学时,都将"谱系"翻译成"系谱",并为港台学者习用,由于概念内涵相同,故两种译词可并存互用。

"谱系"一词,在汉语中原为记述宗族系统之书,《隋书·经籍志》:"氏姓之书,其所由来远矣。……今录其见存者,以为谱系篇。"① 所录除帝王、世族家族、姓谱之外,并有竹谱、钱谱等。本文则着重于学谱研究——即探讨各学派间之学脉关系。

(二)尼采的谱系学

谱系学这一概念来自尼采,尼采用谱系学来探索西方道德观念的起源与流变。尼采在《道德谱系学》等著作当中,他应用

（接上页）其概念、范畴相互之间的关系,是我们深入解剖其思想体系的基本要求。"(见氏著:《论中国传统哲学范畴体系的诸问题》,《新轴心时代与中国文化的建构》,南昌:江西人民出版社,2007 年,页 8。)陈来先生亦谓:"哲学史与思想史的基本分际就是,思想史更多地关注思想与时代及社会环境之间的互动,而哲学史则注重思想本身的意义,概念命题的分析,学派、观念的流变传衍。"(见氏著:《现代中国哲学的追寻:新理学与新心学》,北京:人民出版社,2001 年,页302。)此外,吴如钧提出文献与哲学并进的方法,"学术研究必须走哲学与文献学双轨并进的道路"。又说:"文献学方法是一种客观精神的表现。……哲学方法即是透过哲学概念的分析来把握其思想的一种研究方法。"(见氏著:《佛学研究方法论》,台北:台湾学生书局,1996 年增订版,页 103、125。)

① 魏征等撰:《隋书·经籍志》,北京:中华书局,1973 年,页 990。

谱系学方法的三种进路：即历史分析、语源分析及心理分析，藉以探讨基督教道德形成的根源。

尼采认为不同的民族有不同的价值观，道德的形成主要出于社会环境的习染，他并不采用先验的或形而上的进路。尼采从希腊历史上说明"好"与"坏"的判断建立在生命力强弱的基础上，凡是生机蓬勃、意志坚强者被认为"好"，而懦弱无能者被认为"坏"。其后基督教把自我肯定谴责为"恶"，把"善"赋予顺从怜悯的人，基督教随着教义的传播逐渐将希腊的"好"与"坏"转化为"善"与"恶"的道德观。在《超越善与恶》中，尼采首次区分"奴隶道德"与"自主道德"，他指出基督教道德是"牧群道德"，并从历史考察中指出基督教传播到罗马基层群众时，因为受到压制而产生怨恨与复仇的情绪，以此尼采认为怨恨、复仇乃基督教道德观形成的心理根源[①]。

尼采的谱系学方法，对我虽然有诸多启发[②]，但他的谱系学主要是用在解析西方道德观形成的根源，而我则应用谱系学方法来探讨中国哲学各学派间的学脉关系——亦即从哲学议题、思想方法和哲学概念、命题形成等各方面，来探讨学派间关系思想发展的脉络。

---

① 参看《道德谱系学》第一章"善与恶，好与坏"第 7 至 10 节；《超越善与恶》第 260 节。考夫曼（W.Kaufmann）英译本（New York：Vintage Books，1966，1967）。中译本谢地坤、宋祖良、刘桂环译：《论道德的谱系 善恶的彼岸》，桂林：漓江出版社，2000 年。

② 例如尼采的谱系学方法中"视觉主义"（perspectivism）之多重观点省察问题，以及多元价值论，跟庄子思想颇为相通，都对我有很大的启发。

四、从谱系上探讨哲学史上三大重要议题

哲学在中国之成为一门专业的学科，不足百年，到目前已有不少部中国哲学史出版，当代哲学史家们的努力成果贡献巨大，不过史家们常将文化史、思想史的体材混入哲学领域之中，或习于正统史观的影响，使一部中国哲学史存在着不少问题。

如果我们从专业哲学的角度来看，这漫长的中国哲学史有三个高峰期：其一，为先秦哲学之开创期。哲学的突破始于老子（老聃），庄子（庄周）进一步提出"理"、"气"的重要范畴——以气化论阐释宇宙大化之发育过程，并以"万物殊理"说明世界万物之存在样态及其运行法则。并且，庄子更将老子客观形态的形上之道转化为生命最高的精神境界。其二，魏晋将道家思辨哲学发展到一个新的顶峰。王弼在哲学上开启了魏晋玄学"有无本末"的中心议题，同时也揭开了文化上"自然与名教之辩"的序幕。而王弼将汉代宇宙构成说转化为玄学本体论建构的时代思潮，及其"体用一如"的学说，都直接为宋儒与之后的历代哲学家所承继。其三，宋代儒释道三教会通而形成古典哲学的第三次高峰。初期宋学三教交融，中期之后更是学派林立，如濂学、关学、洛学、新学、蜀学，形成一个多元并起的学术格局。可惜这一多元并起的思想高峰，却因南宋虚构的"道统"而被狭隘化为"理学"一支[1]，其余众多学派皆遭压缩或排除在外；正统派

---

[1]　如邓广铭先生认为应当把宋学和理学加以区别，他说到："理学是从宋学中衍生出来的一个支派，我们不应该把理学等同于宋学。"（邓广铭：《邓广铭治史丛稿》，北京：北京大学出版社，1997年，页165。）

"醇儒"排斥佛、老的思潮有如承继汉代"独尊儒术"之风。

在整个漫长的哲学史中列举这三个高峰期,其中已留下不少具有争议的议题,在此仅列举三个较具争议的议题:一、文化的孔子与哲学的老子议题;二、《易传》学派的归属问题;三、周敦颐《太极图说》与道家学谱源流关系问题。以下将分别透过哲学概念的分析,论证各论题之道家学脉及其属性。

(一)文化的孔子与哲学的老子议题

有关孔老关系的议题,长久以来多集中在年代先后和《老子》成书问题的争议上。虽然在这问题上我也根据文献发表过一些意见①,但我最关心的焦点问题则是两者间谁是中国哲学创始者的问题。

翻开西方哲学史,哲学创始者与学术发展顺序理路分明。相较之下,哲学在中国成为一门学科,不过是上个世纪的事,关于创始者与学术发展顺序的讨论,不是模糊不清,就是错误倒置。中国哲学创始者为谁的问题,和孔老先后问题相关,我们将在文献基础上,进行哲学解析。

---

① 我之所以关注哲学史上孔老先后的问题,和我的学思历程有关。1984 年后,我发现几乎所有的哲学史教材,都把老子与孔子先后倒置了。大陆学界普遍认为老子其人先于孔子,但却主张《老子》的成书年代晚于《论语》,甚至晚于《孟子》。这主要是因为 1949 年之后的学者,受到黑格尔辩证法的影响,认为正命题在先而反命题在后,所以普遍主张提出"绝仁弃义"反命题的《老子》,理当晚于提倡仁义正命题的《论语》和《孟子》。为厘清这些问题,我在 1988 年与 1989 年先后发表了两篇文章。而在郭店竹简《老子》出土之后,我又发表了一文,竹简《老子》所载"绝伪弃诈"而非通行本的"绝仁弃义"的文句,从而推翻了以"绝仁弃义"判定孔老先后的论点,各文均收入《老庄新论》修订本中。

　　在孔老关系上,先秦不同学派的典籍中,都共同记载了孔子
问礼于老子的事实 [①],孔、老是同时代人的观点在史料中是一致
的。《老子》成书约当春秋末或战国初,我们查阅先秦典籍,《论
语》与其他诸子书中多有引用《老子》文句之处 [②],而最有说服力
的,则是来自考古新发现的实物证据。1998 年北京文物出版社公
布了郭店竹简三个《老子》摘抄本,其中甲本传抄年代距离老子
之死不过百余年,实物证据有力地推翻了《老子》晚出说。

　　在文献的基础上,我们再转到哲学相关的问题上。有关孔
老关系的议题,我们认为最重要的是确定谁是中国哲学创始者
的问题。哲学是从文化中孕育而生的,孔子自觉地发扬周人的
宗法伦理思想,并为其礼乐制度建立理论化的说明,他在继承与
发扬中国传统文化上的贡献,可谓空前绝后、无人能及。也因
此,学者们在谈论到哲学史上的创始者时,常将文化史上的观点
移植或渗透到哲学史上。就哲学专业的角度而言,老子首先提
出了世界本源、万物生成、宇宙变动法则,以及天地万物存在根
据等重要哲学议题。反观孔子学说,虽然隐含着一些文化哲学
的议题,但他并没有为经验世界与现象世界的根源作过理论系
统的说明。对比之下,老子系统性地创构了宇宙发生论与本根
论,而孔子却没有这类的哲学问题意识。因此,我提出了"文化

---

① 　先秦典籍中,除《庄子》、《吕氏春秋》之外,儒家的《礼记・曾子问》亦多次论及。

② 　先秦诸子对《老子》的重要概念或文句多所征引。例如,《论语・宪问》直接引
用《老子》第六十三章 "报怨以德" 之文字。《论语》之后,其他典籍亦多所征引,
如《庄子》有 202 条,《列子》有 4 条,《管子》有 31 条,《荀子》有 13 条,《韩非
子》有 72 条,《吕氏春秋》有 29 条。参考陈鼓应:《老庄新论》,北京:商务印书
馆,2008 年。

的孔子与哲学的老子"的论点,来说明孔子与老子在中国精神文明发展史上的贡献与差异。

有关"文化的孔子与哲学的老子"的论点,事实上,在前辈们的哲学著作中也曾隐约地有所论述。例如冯友兰先生的哲学史,在旧本中就已经分别从文化与哲学的角度来谈孔子和老子①;无论从旧本或新本对哲学的范围或界说来看,都隐含了"哲学"一词都不能用在孔子,而只能用在老子之上的观点②。冯先生虽然尚未显题化地谈及孔老在文化与哲学上的地位与差异,但实际上已经隐含地透露出这样的思维了。

方东美先生则从哲学专业角度明白地指出:《论语》一书,既没有宇宙论,也没有本体论,"不能归类到任何'纯理哲学'的部门",只能算是"格言学"③。陈荣捷先生在《中国哲学文献选编》

①　冯友兰先生谈到孔子时说:"孔子对于中国文化之贡献,即在于开始将原有的制度加以理论化。"谈到老子时则言:"古时所谓道,均谓人道,至《老子》乃予道以形上学的意义。以为天地万物之生,必有其所以生之总原理,此总原理名之曰道。"分见冯友兰:《中国哲学史》(增订本),台北:台湾商务印书馆,1990年,页89、218。

②　冯先生在旧本指出:哲学有宇宙论、人生论与知识论三个主要部分,其中,"宇宙论与人生论,相即不离,有密切之关系。一哲学之人生论,皆根据于其宇宙论。"(同前注,页2—3。)他在新本将"哲学"界说为:"哲学的对象是极其广泛的,因此它所用的概念必然极其抽象,这就决定它的方法是理论思维。"(参见冯友兰:《中国哲学史新编》第一册,北京:人民出版社,1982年,页16。)而"夫子之言性与天道,不可得而闻也"(《论语·公冶长》),孔子关心的问题在于人道的安置,并未涉及天道或宇宙论的探讨,抽象思维特征也不明显。

③　方东美说:"《论语》这部书,就学问的分类而言,它既不是谈宇宙发生论或宇宙论的问题,又不谈本体论的纯理问题,也不谈超本体论的最后根本问题;而在价值方面也不谈包括道德价值、艺术价值、宗教价值等各种价值在内的普遍价值论。那么《论语》就不能归类到任何'纯理哲学'的部门。它究竟是什么学问呢? 就是根据实际人生的体验,用简短的言语把它表达出来——所谓'格言'! (转下页)

英文本中也如是说："如泛说孔子塑造了中国文化,这是毫无可疑的。然而,如缩小范围,说孔子也塑造了中国哲学的特质——亦即他决定了尔后中国哲学发展的方向,或建立了中国哲学发展的模式——则似乎过度夸张。"[①]陈先生是研究宋代新儒学的重要学者,他敏锐地观察到,宋儒中的重要范畴与命题,如太极、气、阴阳、有无、体用等字词,在《论语》一书中都没有出现[②]。而若我们运用谱系学的方法来分析,便能发现这些范畴与命题,都能在《老子》与道家典籍中找到,陈先生的观察,与我们从哲学概念、命题的学脉发展来论证"哲学的老子"之观点相应。

(二)《易传》学派的归属问题

撰作于殷周之际至西周年间的《诗》《书》《易》,是先秦诸子共有的文化遗产,但自汉代"独尊儒术"以后,这笔丰富的"知识产权"悉为儒家所垄断,成书于战国中晚期的《易传》亦为儒家学派所据有。根据先秦典籍与当代出土文献,皆可看出儒家较偏向于承继《诗》《书》的传统,而《易经》和《易传》则属于道家学脉[③]。

（接上页）……它即使充满了丰富的人生之智慧,仍不脱'格言学'之范围,'格言学'怎么可以代表哲学全体?"参见氏著:《新儒家哲学十八讲》,台北:黎明文化事业公司,1989 年,页 25—26。

①　陈荣捷编著,杨儒宾等译:《中国哲学文献选编》,台北:巨流图书公司,1993 年,页 47。

②　同前注。

③　范寿康教授说:"筮人派的思想为《易》的思想,史官派的思想为《书》的思想。筮人派把天意看做是客观的,并偏重于宇宙方面的探讨。史官派不然,他们把天意看做是主观的,并偏重于人生与政治的研究。筮人派为道家的前导,而史官派却为儒家的先驱。"参见氏著:《中国哲学史纲要》,台北:台湾开明书店,1964 年,页 10—11。

从哲学的角度而言,三玄四典①是古典哲学的基石。易学的哲学化始于《易传》,受到百家争鸣的思想启发,尤其是老、庄天道观的影响。然而两千年来的经学传统,却将《易传》的形成建立在司马迁神话式的附会传说上②。将哲学化的《易传》归属儒家,既缺乏历史文献的依据,又缺乏学术思想的论据,面对这一个古典哲学上的大公案,十余年来,我透过理论建构、思想方法和概念分析来论证三玄四典间的学脉传承,并将经年累月发表的二十五篇相关论文汇集成《易传与道家思想》与《道家易学建构》两书。最近我又撰写《三玄四典的学脉关系——论三玄思想的内在联系之一》、《老、庄及易传的重要哲学议题——论三玄思想的内在联系之二》两篇论文,总结性地对三玄四典间思想内在联系进行详尽地论证。我所从事的这项工作,就是运用谱系学的方法,客观地依据文本来做出哲学的诠释。

　　首先,我透过《易传》的重要概念与命题来解析它与道家学脉的关联③。如《彖传》中的重要概念:阴阳、刚柔、天行、终始、变化、动静等等,均源自于道家天道观、宇宙观的重要范畴;而《系辞》中主要的哲学概念,如形上之道与阴阳、刚柔、太极、无为、精

---

① "三玄"事实上是由四部典籍形成的。《易》分经和传,它们和《老》、《庄》撰作时间上,依次是:《易经》(西周初期)→《老子》(春秋末期)→《庄子》(战国中期)→《易传》(孟庄之后至战国末期或稍后)。请参看拙文:《三玄四典的学脉关系》(本书第五篇)。

② 《史记·孔子世家》说:"孔子晚而喜《易》,序《彖》、《系》、《象》、《说卦》、《文言》。"而《系》、《象》各传成书于战国晚期之后,《易传》十篇成于不同时不同人之手,司马迁竟然说成孔子死了二百年之后还可以从墓地里出来序《彖》、《象》、《文言》云云,此类神话式的附会,千百年间无人敢于质疑,甚可怪异!

③ 请参考前第35页注②中各位著名学者的论点。

气、变通、常、无常、神明、幽明、洗心、知几等等,悉出自老庄典籍而为道家天道观中的特殊用词。

命题的形成,更能说明学派间学术脉络的关系。如《象传》的重要命题:"二气感应"、"万物化生"(《咸》)、"刚柔交错"(《贲》)、"终则有始"(《恒》)、"消息盈虚"(《剥》)、"损益盈虚"(《损》)、"天施地生"(《益》)、"与时消息"(《丰》)以及"复,其见天地之心"(《复》)等等,都属于老庄自然观的范围[①];而《系辞》的重要命题,如"一阴一阳之谓道"、"形而上者谓之道,形而下者谓之器"、"天地之大德曰生"、"生生之谓易"、"动静有常"、"刚柔相推"、"阴阳合德"、"屈信相感"、"精气入神"、"穷神之化"、"知微知彰"、"变通趣时"、"原始要终"、"极深研几"、"书不尽言,言不尽意"等等,皆运用道家的概念范畴组合而成。

我们运用谱系学方法,清晰地呈现出《易传》与道家思想之间的学脉关系。反之,若我们运用同样的方法来解析《易传》与儒家间的学脉关系,则无法找到其间的内在联系。例如,仁学和礼学[②]是孔子学说的两大支柱,但"仁"和"礼"的概念在《易传》成书最早的《象传》中却一无体现,《系辞》中虽出现宗法伦理观

① 如《象》文"天地感而万物化生",此说见于《庄子·至乐》"天无为以之清,地无为以之宁,故两无为相合,万物皆化生"。《列子·天瑞》则说:"天地含精,万物化生"。《象传》、《系辞》"万物化生"之说,本于道家,而先秦儒家皆无此说。此外,"终始有则"命题,见于《庄》书《秋水》、《知北游》等篇;"消息盈虚"见于《秋水》、"与时消息"见于《盗跖》,可证《象传》天道观重要命题,与庄学属同一思想脉络,与孔孟儒学毫无挂搭。
② 《论语》曰"仁者爱人"、"克己复礼为仁",又说"非礼勿视,非礼勿听,非礼勿言,非礼勿动"等等。

念却非主体思维。而整个《易传》中自然观和儒家思想悉无学脉关联。例如,"阴阳"是易学最为核心的概念,但在孔孟学说甚至四书儒典中竟未得一见。

《易传》的哲学化是渊源于道家自然观、宇宙论。这个观点,前辈们已多所论及。如冯友兰先生指出:"从哲学史的角度看,《易传》的重要不在于道德教训,而在于它的宇宙观和辩证法思想。"[①]再如当代新儒家钱穆先生也一再论述类似观点[②],如:"《易传》成书已出老庄后……论易之大体时偏近于庄老也"[③],"论中国古代思想之有新宇宙观,断当自庄老道家始。……《易传》、《戴记》之宇宙观接近道家"[④]。可见易学的哲学化根源于老庄宇宙论,与我们运用谱系学方法详细论证所得到的观点是相应的。

(三)周敦颐《太极图说》与道家的学谱源流关系

近三五年来,我关注主要的课题在宋代这一哲学高峰期。

---

① 冯友兰:《中国哲学史新编》第二册,北京:人民出版社,1984年,页327。

② 钱穆先生谈《易传》的基本观点时是儒道并论的。例如,他说:"《易传》……其言天道大体承袭道家所创的自然的宇宙论……与儒家传统人生论。"(见氏著:《〈易传〉与〈小戴礼记〉中之宇宙论》,《中国学术思想史论丛·卷二》,合肥:安徽教育出版社,2004年,页19。)又说:"《易传》、《中庸》一面认为人道本身即就是天道……但另一方面也常先从认识天道入手来规范人道,此法则袭诸庄老。……庄老与《易传》、《中庸》都是主张根据宇宙界来推及到人生界的。……由庄老才引出《易传》与《中庸》,都非截然的,都是相通的。"(参见氏著:《中国思想史》,香港:新亚书院,1964年,页54—63。)然而《易传》的人生论,与其说属于孔孟,不如说更接近于黄老。详细论证请参见拙著。

③ 钱穆:《论春秋时代人之道德精神(下)》,《中国学术思想史论丛·卷一》,合肥:安徽教育出版社,2004年,页217—218。

④ 钱穆:《〈易传〉与〈小戴礼记〉中之宇宙论》,页16—18。

我发现几乎所有的哲学史与专家论著中,都以周敦颐为宋代理学的开山祖。这主要是受到《宋史·道学传》的影响,《道学传》有如此一段奇妙的论述:

> 孔子没,曾子独得其传,传之子思,以及孟子,孟子没而无传。两汉而下,儒者之论大道,察焉而弗精,语焉而弗详,异端邪说起而乘之,几至大坏。千有余载,至宋中叶,周敦颐出于舂陵,乃得圣贤不传之学①。

这个谱系大体是根据程朱的"道统"说而虚构的。自孔孟下传周敦颐,既无学说思想内在联系的说明,更无任何一丝史实或史影的依据。这样的"道统"史观自韩愈至程朱一系蓄意塑造而形成浓厚的"纯儒"意识,这种"纯儒"意识的扩展,不但强烈排斥佛老,也排挤其他宋学支派,竟导致整部多元并起的宋代思想格局被严重狭隘化,而且如果宋代哲学只是由中期宋学的周敦颐谈起,而将整个初期宋学全部切割掉,宋代便成了一部"断头的哲学史"②。

我反复阅读周敦颐的《太极图说》,发现它和理学并没有直接的关联③,反而与老学间存在着思想上的内在联系。周敦颐认为,宇宙万物的演化根始于无极,从无极而太极,太极而阴阳,阴阳而五行,五行之气的变化交错而化生万物。《图说》中这段宇

---

① 《宋史·道学传》,北京:中华书局,1977年,页12709—12710。
② 方东美先生在课堂上批评胡适的哲学史时经常使用"断头的哲学史"这句话。
③ 周敦颐的《太极图说》是属于"太极学"而非"理学","理"这一重要范畴,在《太极图说》中一次都没有出现,《通书》中曾出现三次"理",只是宇宙论意义的概念,而非本体论意涵的范畴。

宙生成论十分重要,它常被学者们认为是宋代儒家形上学的基础。它的原文是这么说的:

> 自无极而为太极。太极动而生阳,动极而静,静而生阴。静极复动。一动一静,互为其根;分阴分阳,两仪立焉。阳变阴合,而生水、火、木、金、土。五气顺布,四时行焉。五行,一阴阳也;阴阳,一太极也;太极,本无极也。五行之生也,各一其性。无极之真,二五之精,妙合而凝。乾道成男,坤道成女。二气交感,化生万物。万物生生,而变化无穷焉。①

《太极图说》共约 250 个字,上文引出它有关万物生成的论述,共 125 字。《图说》是对其太极图的说明,太极图乃源于道教修炼之图(《无极图》),周敦颐将它改造为天地万物的生成图式。《图说》其首便提出"自无极而为太极"的命题(经朱熹改为"无极而太极"),认为阴阳五行之气和万物,都出于阴阳统一体的太极,而太极则出于无形无象的无极,无极乃宇宙最终本原②。

从上述所引周敦颐《图说》的文本中,我们不但探寻不着这段宇宙发生论和孔孟圣贤"不传之学"在学谱上有什么联系,也难以诠释出和朱熹"无形而有理"③的理本论在义理上的关联。

在此我将依据文献和哲学解释,为周敦颐与道家学脉关系做几点申说。

---

① 周敦颐著,陈克明点校:《周敦颐集》,北京:中华书局,1990 年,页 3—5。
② 《图说》中"无极"的范畴共出现 3 次,都作为名词使用而非朱熹所说的形容词。
③ 《朱子语类》卷九十四,北京:中华书局,1986 年,页 2365—2366。

1.《太极图说》的主体思维源自老子的宇宙演化论

周敦颐对宇宙万物生成和变化的阶段：由无极而太极、由太极而阴阳、由阴阳而五行，而后透过阴阳五行之气以化生万物，和老子所说的"道生一，一生二，二生三，三生万物"的过程极为相似[1]，《太极图说》的宇宙演化论基本上是源自老子的宇宙生成论，和孔孟在学脉上毫无内在的关联性。

2.《太极图说》所运用的概念与命题源于老庄自然观的范畴

周敦颐使用"无极"一词，出自今本《老子》第二十八章"复归于无极"；"太极"一词，则源于《庄子·大宗师》（"在太极之先而不为高，在六极之下而不为深"）。可以说，《太极图说》中构成宇宙演化理论部分的重要概念皆出自道家文献而不见于孔孟论著中，如"无极"、"太极"、"阴阳"、"动静"等范畴均属于道家概念丛，其主要命题："无极而太极"、"太极本无极"以及"阳动阴静"[2]、"二气交感"、"化生万物"，亦属于老庄及道家学脉的思想观念。

3.《太极图说》的主题属道家气化宇宙观

自汉唐至周敦颐，一般都把"太极"规定为气或元气。如东汉郑玄解太极为"纯和未分之气"[3]，唐代孔颖达把"太极"解释

① 陈少峰亦言："'无极而太极'即如老子所说的'道生一'……太极生阴生阳，即是'一生二'……'阳变阴合，而生水火木金土'则是'二生三'……'无极之真，二五之精，妙合而凝……'则是'三生万物'。"详见陈少峰：《宋明理学与道家哲学》，上海：上海文化出版社，2001年，页47—48。
② 《庄子·天道》篇说："静而与阴同德，动而与阳同波。"
③ 郑玄撰，王应麟辑，惠栋考补：《增补郑氏周易》，《四库全书》第7册，上海：上海古籍出版社，1987年，页176。

为"天地未分之前,元气混而为一"①。周敦颐沿袭汉唐以元气解太极之传统,故其《图说》以"太极动而生阳,静而生阴"隐喻元气动而生阴阳,又谓阴阳两气交感衍化为五行之气而化生万物。总体上,《太极图说》所叙述宇宙演化过程乃属于气化宇宙观。从学谱上,气化宇宙论可上溯于先秦老庄。

4.《太极图说》顺生与逆推的宇宙图式源自道家

《太极图》的渊源虽众说纷纭②,但传自道教系统则无疑议③。《太极图》和《太极图说》顺生与逆推的宇宙图式,与道教有直接关系,也是源自老学天道观的思维传统。例如,《老子》四十二章所言"道生一,一生二,二生三,三生万物"为顺生的历程,四十章所谓"天下万物生于有,有生于无"④,则为逆推的历程;又如郭店竹简《太一生水》言"太一生水,水反辅太一"⑤,同样是顺生与逆推并论。周敦颐的《太极图》与《太极图说》实与儒家毫无关系,而是渊源自道家宇宙论的学脉传承。

---

① 王弼、韩康伯注,孔颖达疏:《周易注疏》,《四库全书》第7册,页543。

② 南宋以来大抵出现这三种主张,一是朱震所提倡的出自陈抟之《先天图》,《宋史·朱震传》言:"陈抟以《先天图》传种放,放传穆修……穆修以《太极图》传周敦颐。"(脱脱等撰:《宋史·朱震传》,页12908。)二是朱熹所倡的周子自创说。三是认为此图乃来道教的《太极先天图》,并经陈抟的《无极图》,后由周敦颐加以改造而成。

③ 钱穆先生亦作过专门探讨,不否认濂溪《太极图》与道教图像的关系性。(见氏著:《论太极图与先天图之传授》,《中国学术思想史论丛·卷五》,合肥:安徽教育出版社,2004年,页131—143。)牟宗三先生直言:"《太极图》可能来源自道教"。(见氏著:《心体与性体》(一),上海:上海古籍出版社,1999年,页305。)

④ 此章郭店竹简《老子》作"天下之物生于有、生于无",同样也是由万物逆推至有或无的历程。

⑤ 详见《太一生水》篇,《郭店楚墓竹简》。

5. "主静立人极"呈现出易老思想之会通

周敦颐《太极图说》下半段"立人极"的人生论是建立在宇宙论的基础上,天人关系这一思维架构渊源于《老子》,天人关系的思维模式到战国中后期,经庄子及《易传》的推展已成为中国古代哲学的主体思想。

周敦颐论及人生论时,标示"主静立人极"为其宗旨,他又在"主静"下自注"无欲故静"①,这就又回到了老学的渊源上,正如钱穆先生所说:"濂溪转主静,究竟不脱道家味。"②其实二程早就说过:"言静则老氏之学也。"③

朱熹反复强调《太极图说》为周敦颐的哲学纲领④,而从上述各项的论证,已说明其理论建构及概念命题的运用皆源自道家学脉,而与《宋史》所称颂的孔孟道统的不传之学全然不相挂搭。

上述三个中国哲学史上的重要问题:文化的孔子与哲学的老子议题,《易传》学派的归属问题,与周敦颐《太极图说》与道家的学谱源流关系问题,我在文献的基础上,进行哲学的概念分析,论证各项议题与道家学脉的关系。

---

① 周敦颐著,陈克明点校:《周敦颐集》,页6。
② 钱穆:《濂溪百源横渠之理学》,《中国学术思想史论丛·卷五》,页53。
③ 程颢、程颐著,王孝鱼点校:《二程集·河南程氏粹言》,北京:中华书局,2004年,页1188—1189。
④ 例如,朱熹说:"先生之学,其妙具于《太极》一图。《通书》之言,皆发此图之蕴。"(《周子太极通书后序》)又说:"盖先生之学之奥,其可以象告者,莫备于《太极》之一图。若《通书》之言,盖皆所以发明其蕴。"(《再定太极通书后序》)

五、结语

我们只要进入中国哲学的领域,哲学史上有关学谱传承的问题就必然呈现出来,正如上文所列论的几个重要问题。而这些问题无法应用传统"得意忘言"的诠释方式来论述,因为"得意忘言"的诠释方法常扭曲文本原意而失之主观,论点缺乏证据力。若应用谱系学方法来探讨其学术渊源与思想脉络,一则在文献学的基础上,可对问题做出较客观的判断认定,并对典籍的原义和流脉给予较确当的理解;二则在进行哲学理论说明时,可从概念、范畴的分析,整理出学脉间的内在联系与相互关系,并从范畴与命题的演变,探寻出各家学脉的关联。

本文对运用谱系学方法探讨的三个中国哲学史上的重要问题,兹摘要综合说明如下:

第一,环顾世界三大哲学体系,在中国、印度和希腊的哲学开创期,有关宇宙生成、世界本原、万物本根以及天地法则等等哲学问题都曾被提出过。因此,我们之所以要讨论中国哲学的创始者是谁的问题,主要是要了解谁最早具有这些问题意识,并探寻出答案。①

老子是中国哲学史上第一位试图对我们生存的经验世界作出一套完整理论的说明者,他提出"道"来说明宇宙的本原、方

----

① 世界三大哲学体系中,在哲学的开创期有关宇宙开端的问题上,有其共性也有各自的特性,因此我同意余敦康强调"反对用西方的模式来看中国古代文献"的论点。参看余敦康:《诠释学是哲学和哲学史的唯一的进路》,《中国思想通讯》2005 年第 5 期,页 2—7;并请参看彭永捷:《略论中国哲学之开端》,《中国哲学史》2004 年第 3 期,页 74—79。

法和法则。孔子在文化史上承先启后,以及在教育史上的深远影响,无人可及。在孔子的言论中,曾有过一些隐含性的哲学观念,但在他的主体思想中,并没有像老子那样试图对宇宙人生的诸种根本问题进行探讨。

老子的形上之道,统摄天道与人道。诚如冯友兰《中国哲学史》论及老子时所说:"古时所谓道,均谓人道,至《老子》乃予道以形上学的意义。以为天地万物之生,必有其所以生之总原理,此总原理名之曰道。"[1] 老子的道物关系,经庄子提出气化论以解释宇宙生生不息之大化流行过程,并提出"理"的范畴以说明万物存在的各殊样态及运行法则(如"万物殊理"的重要命题)。自后,老庄的形上道论贯穿着整个中国哲学史,而成为历代哲学家建构哲学体系时的最高范畴及理论基础[2]。

第二,《易传》的哲学化,主要渊源于老子的道论,当然还包括庄子的自然观和气化宇宙论。先秦哲学的开创期,老子揭开了序幕,庄子学派扩而充之,《易传》学派继之,此即古称易、老、庄"三玄"。"三玄"思想经汉魏新道家的会通,而成为古典哲学发展的基石。

---

[1]　冯友兰:《中国哲学史》(增订本),页 218。

[2]　如张岱年先生说:"最初提出道论的是老子。老子是第一个提起本根问题的人。在老子以前,人们都以为万物之父即是天,天是生成一切物的。到老子,乃求天之所由生。老子以为有在天以前而为天之根本的,即是道。""宋代程伊川(颐)以理为宇宙本根,理实即是道之别名。理论实即是道论的新形态。"见氏著:《中国哲学大纲》,北京:中国社会科学出版社,1982 年,页 17、24。另请参看王中江:《道的突破——从老子到金岳霖》,《道家文化研究》第八辑,上海:上海古籍出版社,1995 年,页 1—17。

　　《易传》诠释经文卦爻及筮辞时,在占筮语言中运用了大量的哲学语言,而其哲学语言并非来自于孔孟的仁学和礼学,而是来自于老庄的宇宙论、自然观。我们从概念、范畴的分析中,更能看出道家学脉的流变、转化。从《易传》《系辞》如下几条核心概念与命题可以为证:(1)"阴阳"是易学的核心概念,道家大谈阴阳,而《论》《孟》未得一见,包括《大学》《中庸》在内的儒家四书,竟无一语言及"阴阳"。《易传》哲学之主流思想,属道而不归儒,此为显例。(2)"一阴一阳之谓道"是《易传》的一个重要命题,这命题是直接来自《老子》四十二章道与阴阳关系的论述而组成的。而另一对著名的命题:"形而上者谓之道,形而下者谓之器",则是对《老子》道物(道器)关系所作出的概括性的界说。(3)《易传》云:"天地之大德曰生"、"生生之谓易","生生"一词来自庄子,先秦儒书无此概念与命题。《庄子·大宗师》称道为"生生者",而"天地生物"说屡见于《庄子》[①]。

　　以上所引《易传》数则,都出自晚于《老》《庄》的《系辞》传。《系辞》引"道"入"易",给易学的哲学化以奠定理论体系的根基。而《易传》的引"道"入"易",始自各传中最早的《彖传》,如《彖传》乾元作始万物、坤元畜养万物,直接承继《老子》道生德畜的思想。对于《易传》与道家学脉的论证,前文中已作了扼要的论述。

　　第三,北宋哲学初期多元并起,中期学派林立,然而这一哲

---

① 《老子》屡言道"先天地生"(二十五章),并说"道生万物"(四十二章、五十一章)。《庄子》则具象地提出天地生物说,如《至乐》谓:"天无为以之清,地无为以之宁,故两无为相合,万物皆化生。"《达生》说:"天地者,万物之父母也。"

学的高峰期,史家的论述多放置在南宋的道统论及朱熹理学的思维架构下,最显著的例子便是对周敦颐的解释。如朱熹称许周敦颐《太极图》的奥妙,并视周氏为理学开山祖。朱熹将《图说》"自无极而为太极"改为"无极而太极"[①],关键在于朱熹诠释为无形而有理,这个是"得意忘言"经典诠释方法的事例之一,得诸子之意,但并不合于文本[②]。

在中国哲学史的三个高峰期之中,存在的问题真不少,举其大者,除了哲学开创期深受老庄宇宙论、自然观影响而属道家学脉的《易传》之被误判为儒家著作外,最严重的莫过于当代史家及专家们多以朱熹正统史观的狭隘立场[③],来窄化整个宋代的哲学思考活动。朱熹道统观的形成有两个重要的阶段。第一个阶段,将当时具有强大影响的王安石"新学"及三苏的"蜀学"排除在外。而王安石和苏东坡的心性论或情性论,个人以为,其精辟见解远胜于程朱。朱熹的第二个阶段,则将北宋五子中的邵雍又拒斥在外,并将张载下降为末位。这由《伊洛渊源录》和

---

① 朱伯崑:《易学哲学史》第2卷第3编第6章第3节《周敦颐的易学哲学》,北京:昆仑出版社,2005年,页101。

② 梁绍辉曾指出:"(朱熹)从自己的理论需要出发,别解'太极'为理,而又把这个思想强加于周敦颐。"见氏著:《周敦颐评传》,南京:南京大学出版社,1994年,页147。

③ 田浩(Hoyt Tillman)和包弼德(Peter K.Bol)也都分别指出朱熹的这种立场。田浩说:"他(朱熹)把道统集中或终结于他自己;由此,他含蓄地表达了把他同时代的竞争者排除在传承之外的狭隘立场。"见氏著:《儒学研究的一个新指向:新儒学与道学之间差异的检讨》,收于田浩编,杨立华、吴艳红等译:《宋代思想史论》,北京:社会科学文献出版社,2003年,页87。包弼德说:"朱熹广阔、历史的视域(view)是为一个狭隘的意图服务的。"参见包弼德著、刘宁译:《斯文:两宋思想的转型》,南京:江苏人民出版社,2001年,页32。

《近思录》可以看出这个窄化的过程。美国思想史家田浩教授等提出了这个观点①。他主要是有感于"道学"的概念从 20 世纪 80 年代以来被窄化为"新儒学"。他指出,在最早的道学选集核心人物张九成的《诸儒鸣道集》(约编成于 12 世纪 60 年代早期)中,北宋诸子形成了一个巨大的学术群,而非单一的道统偶像。这促使田浩教授等学者去思考,该如何跳脱朱熹单一的线索,以恢复儒学群体的景观②。而我个人则着意于探讨道家"知识产权"的流失问题。透过前文的探讨,我们发现在程朱理学排斥佛老而单一化的思维世界中,实暗自大量移用及巧取道家的形上学和老庄的概念丛。

在北宋众多哲学家中,从邵雍、周敦颐到王安石、苏轼,都是儒释道融合而气象宏大的思想人物。相形之下,程颐的理学,就学术风格而言,思辨性强,但对异质文化的容忍度最小。然而,在程氏理学标举道统而排斥佛老的同时,从他们的文本中,我们可以看到老庄的思想生命、精神生命生生不息地流进理学的智库中。"理"和"气"是为宋代理学的中心议题和基本范畴,实际承老庄而非孔孟。"理"作为本体论的最高范畴乃转化自老庄之道,"气"的论点仍延续庄子的气化宇宙论及道教学说③。如果我们对理学进行知识产权的清理,会发现他们在概念命题的运用

───────────────

① 参看田浩:《儒学研究的一个新指向:新儒学与道学之间差异的检讨》。

② 同前注,页 92—93。

③ 如张载"天地之性"与"气质之性"(《张载集·正蒙》、《诚明》篇,北京:中华书局,1978 年,页 23)是直接来自于张伯端的《悟真篇》(北京:中华书局,1990 年,页 231)。可参看李中:《气质之性源于道教说》,《道家文化研究》第五辑,上海:上海古籍出版社,1994 年。

与学说理论的建构上,取之于老庄者要远远多于孔孟。这是一个很富争议的问题,我们不能用"得意忘言"的方法去说明,而必须用谱系学的方法来论述。

（2009年1月14日初稿,2月16日修订。本文之作,在担任台大人文社会高等研究院访问学者期间,并获洪建全基金会的支持。特此致谢。）

六、后记

文中谱系学方法的提出是我长时期经验的累积和思考过程中逐渐形成的,并不是我先有理论而后按理论进行实践。

十余年来,在探讨《易传》的哲学化及其学派归属的问题上,我以文献为基础依据文本作概念的分析——从哲学理论的解析中,我查证先秦孔孟儒典并未建立起任何完整体系的宇宙论、自然观;《易传》的哲学化问题唯有放置在道家的学脉中才能得到恰切的理论说明,依据这一思路我连续发表了二十多篇文章,我所说的谱系学方法,主要就是在探讨古代经典与儒道学谱之间的关系,并在这漫长工作的过程之中发展而成的。

2007年5月初我应洪汉鼎教授的邀请,参加世新大学人文社会学院与台大东亚经典文化研究计划联合举办的"诠释学与经典解释学术研讨会",当时我拟题"中国古典哲学中的两种诠释方法",由于接获开会的时间较紧促,与会时仅列一份提纲作为发言。同年12月中应香港中文大学刘笑敢教授的邀请,参加中大哲学系中国哲学与文化研究中心举办的"道家经典诠释学

术研讨会",我将题目改成"从'得意忘言'的诠释方法到谱系学
方法的应用",草拟了一份摘要作为发言稿。2008 年秋冬接到中
大哲学系《中国哲学与文化》曾诵诗编辑来函催稿,经多次在电
邮中与她商讨有关文章的撰写,这期间我的助理陈佩君和吴惠
龄协助我,终于在寒假前后完成这篇论文,才得以向编辑曾诵诗
交卷。在此一并向她们致谢。

鼓应于舟山路台大宿舍,2009 年 2 月 27 日

　　(本文原刊于《中国哲学与文化》第五辑,2009 年
6 月。)

概　论

论道与物关系问题：中国哲学史上的一条主线

不道之道，各家所欲言而不能尽的道，国人对之油然而生景仰之心的道，万事万物之所不得不由、不得不依、不得不归的道才是中国思想中最崇高的概念，最基本的原动力。对于这样的道，我在哲学的立场上，用我这多少年所用的方法去究研它，我不见得能懂，也不见得能说得清楚，但在人事底立场上，我不能独立于我自己，情感难免以役于这样的道为安，我底思想也难免以达于这样的道为得。

——金岳霖《论道》

一、前言

每个民族都有他特殊的文化形态,哲学脱胎于文化领域,但并非每个民族文化都能产生哲学,而古老中国则无论在文化或哲学都有高度的成就。公元前六世纪,正值春秋末叶,孔子承先启后地阐发殷周以来的宗法伦理思想,成为中国文化史上划时代的人物,同时代的老子,则在哲学理论上有着前所未有的创建,揭开了古典中国"哲学突破"的序幕。

老子之前的思想家,关注的问题多停留在人伦物理的层面上,到老聃的出现,才将思想视野从"物"的世界提升到"道"的领域——从天地万物的现象界中进而探讨世界的本原、生成的本根以及万物存在根据等问题,建立了完整的道论哲学,将道与物的关系纳入到一个系统性的理论解释中。

在道、物关系中,老子复以作为生命创造力的道来提升人类的地位,他说"域中有四大,而人居其一焉"(二十五章),遂将人的地位提高到和道、天、地并列。庄子更将人的精神生命提升到天地的境界,谓"天地与我并生"(《庄子·齐物论》)、"独与天地精神往来"(《天下》)。在先秦诸子人文精神的相互辉映下,儒道两家从不同角度张扬人为万物之首的观点。如列子说"天生万物,唯人为贵"(《列子·天瑞》),汉代道家淮南王说"跂行喙息,莫贵于人"(《淮南子·天文训》),魏晋道家向秀说"夫人受形于造化,与万物并存,有生之最灵者也"(《难养生论》)。以庄子为代表的古代道家,一方面致力于扩充人类的生命内涵,另一方面不断地提醒人们要反省人类自我中心的偏见,道家的道论便具有开拓人类思想视野,提升人类精神意境的积极作用。

老庄有关道、物关系的哲学论题及其理论思维，经历代哲学家不断地继承与补充发展，而成为中国哲学史上的一条主线①。

二、老庄道的义涵

老庄所倡导的"道"的哲学，在不同语境中具有如下多层意涵：

（一）道为无限性之实存体

人在时空上是有限的存在，而道则是超越时空，具有永恒而普遍性的存在体（如《老子》二十五章说"独立不改，周行而不殆"，前者说道的永恒性，后者说道的普遍性），老子以"无"指称道体，这不仅形容道的无形无状，也为描述道的无限性。道、物关系，正如《庄子·秋水》所说："道无终始，物有死生。"有限存在的个体生命如何通向无限性的宇宙生命（"道"），乃是庄子哲学所提示的重要课题。

（二）道为一切存在之大全

庄子说："道通为一。""一"即宇宙整体，一切存在之大全。宇宙是个有机的统一体，所谓"道通为一"，即视宇宙为无数个体生命关系之反映，而生命的每个方面在整体宇宙中都是彼此相互依存，相互汇通的。

（三）道为大化发育流行之过程

老子说："反者，道之动。"（四十章）"道之动"意即道体是

---

① 本文以论述老庄之道物关系为主题，凡论及其相关概念影响所及贯穿于传统哲学史者，多以宋代理学为下限。另外，对于魏晋隋唐时期佛学的道物关系，由于已受到较多的讨论，因此暂不涉及。

恒动的。"周行而不殆"（二十五章），即是进而说道的生生不息。在物的层次上，老子只说到"自化"，庄子则扩及"物化"（《知北游》）。他将道的创造功能称为"造化"（《大宗师》），谓："万化而未始有极也，其为乐可胜计邪？"这是以达观的态度看待宇宙的大化流行。《齐物论》篇末说，大道时而化为庄周，时而化为蝴蝶，各种情景都是道的造化现象，而个体生命当随物因变而悠游一生（"因之以曼衍，所以穷年也"，见《齐物论》《寓言》）。

（四）道为万有生命的泉源

《老子》五十一章云"道生之，德畜之"，这是说万物由道所创生，道创生万物后，复内蕴于万物而成为其本性（"德"）。因着道的创造生命，所以庄子称它为"生生者"（《大宗师》），他称赞大道"覆载天地，刻雕众形"——各类品物万种风情，如此神奇地涌现于世，宇宙间宛如无尽藏的艺术宝库。

（五）道为主体精神所上达之最高境界

先秦诸子中，以无比开阔宏伟的视野建立其独特的人生观者，莫过于庄子。庄子继老子"玄同"境界之旨意，将形上之道作为提高人类精神生命及思想生命之最高指标，如庄子《齐物》云："天地与我并生，而万物与我为一。"《天下》云："独与天地精神往来。"此皆意指个体精神生命之层层提升、无限扩大而臻于"天地境界"。

（六）道蕴含天道与人道

老庄之道涵摄天人关系，故其道蕴含天道与人道。所谓"天道"即指天文现象运行的自然法则，所谓"人道"即指人间社会遵行的行为准则，老子将天道与人道尽皆纳入他哲学体系的道论中。老子是周室史官，观测天象为史官之职责，他从天文现象的观测中，建立他的天道观，其要者有二：一为视天、地、人为统一之整体；二为依循着盈虚转化、循环往复之法则而运行。老子观察到人间社会的不平不满——"人之道损不足以奉有余"（《老子》七十七章），因而他常推天道以明人事，而依托天道之"损有余而补不足"，以为人道之效法。庄子则将天人关系统而合之，视天地万物与人类社会为一统一之整体（如《德充符》："物视其所一。"如《齐物论》："天地一指，万物一马。"）。其天人合一思想[①]，视宇宙为一生生不息之大生命，而宇宙整体就是道，道亦即是宇宙大生命所散发的无尽藏的个体。故而老庄之道将天道与人道尽纳入其道论之中。

上述道之诸多义涵，（一）、（二）两者就道体而言，（三）、（四）两者就道用而言，最后两项属道论中言及天人关系及其所呈现之最高境界。在这道的诸多义涵中，简言之，道是形而上的终极的实体，也是一个无限流行展示的宇宙历程。人若能"以道观之"，则能从道的认识中不断地把自己修养到大我之境。诚如金岳霖先生所说："道是哲学中最上的概念或最高的境界。"[②]

三、老子的道与物关系

诚如张岱年先生所说："从战国前期至清代，'道'都是中国

---

① 如《山木》谓："人与天一也。"《大宗师》谓："故其好之也一，其弗好之也一，其一也一，其不一也一。……天与人不相胜也。"

② 参看胡军：《金岳霖——当代新道家》，《道家文化研究》第二十辑，北京：三联书店，2003 年，页 194—230。

哲学的最高范畴,而'道'这个最高范畴是老子所提出的。"①

　　兹就老子所开创的道,以及道物关系的论题陈述之:在通行本《老子》第一章和四十章上,老子显题化地提出了道、物的始源关系,并以"无"、"有"来指称形上道体;在四十二章上,又在道、物的生成关系中,隐含性地提示了一与多、道与气以及万物与阴阳关联等哲学议题。此外,《老》书别章上,在道、物关系的理论架构下,还论及道器、体用、常变、动静等相关的思想观念。这些哲学议题和思想观念形成了中国哲学史上的一条主线,为历代哲学家所继承和发展。兹分项论述如下:

(一)道为物之本原及存在根据

　　老子之前,"道"这一观念有言说、途径、方法、规准、法则等意义,这些用意也出现在《老子》书上,但将"道"作为世界本原这一层义涵,却是老子首次提出的。《老子》首章曰:"道可道,非常道……无名天地之始,有名万物之母。"这里老子以"道"为无限性("无")的实存体("有"),并指称它是天地万物的始源。西方第一位哲学家泰利斯(Thales)宣称:"水是万物的本原。"而老子却提出比水更具普遍性与抽象性的"道"来解释天地万物本原的问题,这确实是在理论与思维上的一次巨大跃进②。

　　不仅如此,老子在宇宙论的课题下,还提出万物生成论的

---

① 参见《道家文化研究》第一辑,上海:上海古籍出版社,1992年,页82。
② 张岱年先生说:"孔子还未有道体观念,以道指称天地万物的本原,始于老子。……老子提出天地起源的问题,以'道'为天地万物的本体,这是理论思维的一次巨大跃进。"参见《道家文化研究》第一辑,页79—80。

观点。《老子》四十二章云："道生一，一生二，二生三，三生万物。""道生万物"这由简趋繁的宇宙演化过程的论述，经战国、汉代至宋明，无不沿袭老子这一思维模式①。老子在哲学史上影响更深远的，要算他建立了雏形的本体论。在道与物的关系上，老子不仅提出道为万物的本原，而且认为道是天地万物存在的根据。《老子》说"道者，万物之奥②"（六十二章）、"渊兮似万物之宗"（四章），又说"大道泛兮其可左右，万物恃之以生而不辞"（三十四章），这都表明道是万物的基础与存在根据。此外，老子还对形上道体之无形无状及其不可感知性，作了诸多别出心裁的描述。如谓："道之为物，惟恍惟惚。惚兮恍兮，其中有象；恍兮惚兮，其中有物。"（二十一章）。

在老子的哲学系统里，他试着解答这三个方面的根本性的问题：一是宇宙和生命起源及演化的问题，这在哲学上称为宇宙本原论或生成论；二是天地万物存在根据的问题，这在哲学上称为本体论；三是有关政治、社会与人生的问题，这在哲学上称为价值论③。老子的道论便环绕着这几方面的问题作出整体性的

---

① 举其要者，如战国《庄子》中《天地》"泰初有无"一节、《田子方》"至阴肃肃"一节；如汉代《淮南子》中《俶真训》开篇"有始者"一节、《天文训》开篇"天地未形，冯冯翼翼"一节；又如宋代周敦颐《太极图说》，历代诸家宇宙演化论，无不依循老子由简趋繁的思维模式。

② "奥"，藏，含有庇荫之意。马王堆帛书甲、乙本"奥"作"注"，"注"读为"主"。

③ 牟钟鉴说得好，老子所揭示的"道"，有这三大特征：首先，从发生论的角度，突出一个"生"字，指出道乃是万物生命的总源泉。第二，从本体论的角度突出一个"通"字，指出宇宙万物相联系而存在。第三，从价值论的角度突出一个"德"字，指出道兼具真善美的品格，是社会人生的正路。参看牟钟鉴：《老子的道论及其现代意义》，《道家文化研究》第六辑，上海：上海古籍出版社，1995年。

思考。

（二）道、物之"有"、"无"范畴

"有"、"无"作为中国哲学史上的一对范畴,始于《老子》。这一对关系范畴经王弼的倡导,使"有无本末"成为魏晋玄学思潮的中心议题。而有无之辨的哲学议题,一直到宋明理学与心学各派间犹议论不休。

1.《老子》"有"、"无"之两层义涵

老子的"有"、"无"需分道与物两个层次来说。就道而言,"有"、"无"见于通行本《老子》第一章与四十章;就物而言,"有"、"无"则见于二章与十一章。层次之分,是首先要辨明的。如一章、二章都出现"有"、"无"概念,但首章"有"、"无"乃指称本体界之形上道体;而二章之"有"、"无"则就现象界中的一组事物之对待关系而言。

（1）道层面之有、无

老子认为形上道体是无形无名的("大象无形,道隐无名"),而万物都由它得以生成。他一方面用"有"来描述指称它的永恒实存性,同时又用"无"来描述它的不可感知性及其无限性。

道体之"无",蕴含着这几方面的特点:一是它的无限性;二是它的虚通性;三是它的明觉性,这几点在庄子哲学思想中尤多发挥。道体之"有",则蕴含着它的创造性、永续性、充实性——庄子所谓"充实不可以已",即是说道之为物,精力弥满而不自主地流溢着。道体之"无"、"有",作用于万物,则如老子所说"虚而不屈,动而愈出"——万物在虚空中流动运化;虚灵动荡,富

有生命①。

道与物的关系，亦即本体界与现象界的关系。老子认为道具有无限性、永恒性、普遍性；而物则受时空的限定，故无绝对性，仅有相对性。

（2）物层面之有、无

《老子》书中，关于物层面之"有"、"无"概念，组合成两个重要命题：一是"有生于无"，一是"有无相生"。首先，"有生于无"这一命题②原本是就道体之生成万物的过程而立说，但若就物的层面来讲，则有这两方面的意义：（1）此"无"乃"激于言有者而破除之"③，王船山这解释有破旧立新之意。就经验世界而言，这犹如尼采《查拉图斯特拉如是说》中所说的狮子精神，喊出"神圣的否定"，就是对传统不合理的价值及世俗陈规陋习的否定。（2）"有生于无"即无中生有，落实到现实生活上，则具有开拓性、创造性的积极意义，例如理论观念的构思，新思维的发明，或事业兴办，所谓白手起家，正是无中生有的创举。

其次，"有无相生"之命题，则蕴含着任何事物都有其对立面，并非孤立自存，而对立面之间又含有相互依存的关系。这辩

———————

① 正如美学家宗白华先生所说："没有虚空的存在，万物就不能生长，就没有生命的活跃。"参见宗白华：《美学散步》，页 33—34。这正是老、庄言虚、无的积极意义。

② "有生于无"的命题，出现在通行本《老子》四十章，整段的文句是："天下万物生于有，有生于无。"通行本的论题乃属道、物的本原或生成关系；新近出土的楚墓简文《老子》甲本则是："天下之物生于有、生于无。"若"无"、"有"皆指称道体，则郭店简本较接近祖本，以此观之，通行本之"有"、"无"关系乃逻辑顺序，非时间先后。

③ 王夫之：《思问录·内篇》。

证关系形成所谓相反相成的法则。《老子》一书,有与无、动与静、阴与阳、正与反、损与益、美与丑……两两对立的概念多达八、九十条,而"有无相生"之命题,则成为老子表达事物相反相成的辩证法思想之一则最具代表性的范例。

道家著作中,屡屡昭示人们天下事物莫不两两对待。《庄子·齐物论》所谓:"物无非彼,物无非是……彼是方生之说也。"并且提示人们事物对待常又相反而相成。这一辩证思维为历代各学派所袭用。如张载谓"物无孤立之理"(《正蒙·动物》),程颢谓"无独必有对"(《遗书》卷十一),王夫之所谓"物物相依"(《周易外传·无妄卦》),这些都出于上述老子对反思维方式之理路。

2."有"、"无"问题之历史发展

老子在道、物关系上使用的"有"、"无"范畴,在哲学史上被许多重要的哲学家作了不同的解读和发展。首先,庄子学派在"道生万物"的历程中,特意突显道体之"无"[1],同时并不以老子之"无"为究极概念,在"有"、"无"之上,还提出"无无"的境界[2]。汉代严遵在宇宙演化论上,将老子"道生一"的"道",称为"无无无之无,始未始之始"(《老子指归》卷二,下引同),同时将"无有无名"的"道"作为"万物所由,性命所以"的最高存在依据,这观点开启了王弼本体论的思想。

王弼注《老》,循通行本"有生于无"之命题,有意识地将老

---

① 《庄子·天地》谓:"泰初有'无',无有无名。"此处突出道体之"无"——"无有无名"。

② 《庄子·知北游》:"予能有无矣,而未能无无也。"

子作为道体的"有"下降为万有（万物），同时将无、有两者的关系，引申为母和子、本和末、体和用的关系，进一步提出万有皆"以无为本"的学说。王弼"以无为本"的主张，引起了裴𬱟、郭象为对立面的一场有无之辩①。宋代道学的先驱周敦颐作《太极图说》，其宇宙生成论的思路，仍出于老子"有生于无"之旨，该图说首段云："自无极而为太极。……太极本无极也。"朱熹将《太极图说》首句改成"无极而太极"，以为"无极"是形容词，形容"太极"的无限。然而朱熹的曲义解释，仍不合周敦颐原意，因《太极图说》首段最后一句结语是"太极本无极也"——"太极"本于"无极"，这明显是以"太极"所本的"无极"为最高的范畴。朱熹校改《图说》的首句"无极而太极"，意在躲避老子"有生于无"的思路，但仍受到陆九渊的责难，指出"无极"是老子的话，认为周敦颐这一思想来自老学②。

朱陆的争辩，固出自理学与心学观点的差异，但其哲学议题仍来自道家老子。自魏晋至宋明③，哲学史上有关有、无问题的发展或争议，可以说常是建立在对老子"有"、"无"概念的误读

---

① 裴𬱟著《崇有论》猛烈批评"有生于无"之说，郭象注《庄》亦反对"有生于无"观念。

② 例如陆九渊在给朱熹的信中即提到："希夷之学，老氏之学也。'无极'二字，出于《老子·知其雄章》，吾圣人之书所未有也。老子首章言'无名天地之始，有名万物之母'，而卒同之，此老氏宗旨也。无极而太极，即是此旨。"参见《宋元学案》卷五十八《辩太极图说书》。

③ 程颐解《易》，虽对王弼"以无为本"思想颇敏感，但却承继了王弼建立在有、无关系上的体用范畴，而提出"体用一源"等命题；另外，程颐虽以"理"为最高范畴来取代王弼易学中的"无"，但是"理"作为万有的最终本体，仍是依循王弼"以无为本"的理论模式。凡此皆可看出程颐理学受王弼有、无思想影响之处。

之上。

（三）道器之形上与形下之关系

无形迹之道与有形迹之物,在哲学史上又以道、器或道、事称之。"道与器成为一对独立的概念,始于老子。《系辞》的'道'、'器'观念当系来自老子。"[①]《老子》说"道常无名朴"(三十二章),"朴散为器"(二十八章)。通行本《老子》五十一章"道生之……势成之",马王堆甲、乙本均作"道生之……器成之",是则,《老子》"道"、"器",又增一例。老子以"无形"、"无名"形容道体之超越形、名(《老子》四十一章:"大象无形,道隐无名。"),《易传·系辞》作者继承老子思想脉络,将"道"、"器"界定为:"形而上者谓之道,形而下者谓之器。"孔颖达《周易正义》便从老学观点加以解释说:"凡有从无而生,形由道而立,是先道而后形,是道在形之上。"这是以"无"来解释"道",而以"有"来解释"器"。

至宋代,在反佛老虚无化的思潮下,老学"有生于无"之说受到诸儒多方的议论,对道器之形上、形下关系则依然循着道家老子的哲学思路提出许多精辟的见解。如张载以气化为道[②],认为无形之气即是形而上者。程颢不同意张载以器为道的观点,他说:"'形而上者谓之道,形而下者谓之器。'若如或者以清虚一大为天道,则乃以器言,而非道也。"(《河南程氏遗书》卷十一)程颢认为道与器有区别,但又不能相离。他说:

---

① 张岱年:《论老子在哲学史上的地位》,《道家文化研究》第一辑,上海:上海古籍出版社,1992 年,页 81。

② 《正蒙·太和》:"由气化,有道之名。"

"形而上为道,形而下为器,须着如此说。器亦道,道亦器^①。但得道在,不系今与后,己与人。"(《遗书》卷一)道是不受时空限制的,而且是"亦无始,亦无终,亦无因甚有,亦无因甚无,亦无有处有,亦无无处无"(《遗书》卷十二)。程颢的观点,实乃庄子思路之变文。我们只要将《庄子》书中《秋水》与《知北游》篇章有关道、物观念的论点作一对比,便可看出庄学在程颢思想中的再现,如庄子说"道无终始"(《秋水》),程颢也照着说"道亦无始,亦无终";庄子说道"无所不在"(《知北游》,下引同),道是不离物的("无乎逃物"),又说"物物者与物无际"——道与物无际——由于道体现在万物之中,故说道与物是没有界限的,程颢所说"器亦道,道亦器",便是这层意思。

　　道、器之分是道家道、物关系之另一种表述。宋儒有关道、器思想观念的论述,虽远胜先秦哲人,但基本上是依循着老庄的理路:即形上之"道"乃超形象、超时空的存在,而器物则属有限性的存在体。道物关系下的道器议题,宋明理学家和心学家虽然在区分形上与形下和不分形上与形下的观点,各呈己说,但其哲学议题及理论思维均沿袭老庄而非出自孔孟^②。

---

① "'须着如此说'者,言只可如此说耳,实在'器亦道,道亦器'也。后来心学一派,即不为形上形下之分,与理学一派大异。"见冯友兰:《中国哲学史新编》第五册,北京:人民出版社,1988年,页106。

② 中国哲学史上,道物关系下的道器议题,到王夫之才有着崭新的见解。他一反众说,主张器先道后,在《周易外传》中,他说:"据器而道存,离器而道毁。"(卷二)"天下惟器而已矣。道者器之道……无其器则无其道……未有弓矢而无射道,未有车马而无御道……故无其器则无其道。"(卷五)王夫之认为事物的原理就存在于事物之中,道是不能离开事物而独立存在的。王夫之还认为形上形下之分"初无定界",不过是"拟议"之词(同上)。船山的观点,似乎认为(转下页)

　　总之,就形上与形下的关系而言,有两条主要的发展系脉值得我们留意:其一是从老子到王弼,另一条则是从庄子到成玄英。前一条系脉区分了形上与形下,但二者并非割裂的两橛。老子的道是超越形象的存在,而物是现象界的有限存在,二者以"德"作为中介,使得形上与形下之间密切联系[①]。至王弼提出"无、有"、"一、多"、"体、用"等关系范畴,让本体与现象、形上与形下之间有了明确的划分。不过王弼以本体为现象的本根,二者是不可分离的关系。后一条系脉则自始即强调了道、物之间互相含摄的关系,着重呈现形上与形下之间的一体性。庄子提出"道通为一"、"道无所不在"、"物物者与物无际"等重要命题,将道物之间视为相互含摄的整体,至成玄英提出"道不离物"、"物不离道"等命题,重申了庄子形上与形下一体互摄的形上思维。这两条系脉,交汇出中国哲学虽区分形上与形下,但是却强调二者相互含摄、一体贯通的关系,为宋明至当代哲学的形上体系奠定了主要的思考模式。中国传统哲学这样的形上思想和西方哲学形上与形下二元对立的思想是截然不同的。当代中国大哲如方东美、金岳霖、冯友兰、熊十力等人,即是站在中国哲学形上与形下一体贯通的基础上,对于西方哲学形上与形下二元对

　　（接上页）形上之道乃虚拟之词,属预设性的概念,犹如郭象之取消形上之道,而任"物各自造",如是,船山的道器论乃偏重于物的层面,其论述确给人耳目一新,然此一哲学议题则仍出自道家。

[①] 《易传·系辞》提出"形而上者谓之道,形而下者谓之器",透过"道"、"器"范畴,将老子道、物之间的形上与形下关系,予以明显的划分。参见拙著:《易传与道家思想》,台北:台湾商务印书馆,1994 年。

立的思想作出批判，并尝试作出解决①。

（四）道物之体用问题

在老子哲学中，体用问题乃属于隐含性的思想观念，直到王弼才予以显题化。《老子》书中，不少地方已散发出隐含性的体用观念。如四十章谓："反者道之动，弱者道之用。"这是说道体是恒动的，但其所显现的作用则是柔韧的。四章云："道冲，而用之或不盈。"这是说道体是虚通的，而其作用却不穷竭。六章云："谷神不死，是谓玄牝。玄牝之门，是谓天地根。绵绵若存，用之不勤。"这也是形容道体之虚状，但又孕育万物，生生不息，其作用是无穷尽的。四十五章云："大成若缺，其用不弊；大盈若冲，其用不穷。"这也是说道的体用问题。我们再从《老子》十一章来看："三十辐共一毂，当其无，有车之用。……"这是讲现象界的事物具有无有、虚实之一体两面，彼此可发挥相互利用的功能。凡此，老子学说已注意到由体见用的方面。

司马谈《论六家要指》总揽道家学说，谓"其术以虚无为本，以因循为用"。这里主要是讲黄老道家以虚无之道体为本，以顺应民情、因循客观情势为用。后人所使用的"体用"概念，可能由"本用"观念衍化而来②。

---

① 如叶海烟言："自希腊哲学建立'本体论'（ontology）以来，西方哲学便一直在二分的思考模式中不断寻求吾人心灵与精神的终极意义。方东美对此颇有个人之慧解与警觉，因此，他认为老子所谓之'有'与'无'并不是二分对立而相乖违的概念。"参见《方东美的新道家哲学》，《道家文化研究》第二十辑，北京：三联书店，2003 年。另外，关于金岳霖、冯友兰等人对于西方二元对立思维的批判与解决，请参见《道家文化研究》第二十辑胡军等人之论文。

② 参见张岱年：《中国古典哲学概念范畴要论》，北京：中国社会科学出版社，1989年，页 60。

老子有关体用的隐含性思想观念,到了王弼则予以显题化。老子在描述道体之实存性与无限性时,使用了"有"、"无"这一对范畴,而王弼在注《老》时则巧妙地将"无"、"有"一对概念,转化成为道与物的代名词。同时,王弼将"无"和"有"关系解释为本和末、体和用的关系。王弼在建构其本体论的体系中,认为有限性的存在体("有")当以无限性的道为依归而提出"以无为本"(四十章注)、"以无为体"(三十八章注)的主张,同时,王弼又一再强调"以无为用"(三十八章注),意即以无限性的道("无")透过万有("有")而彰显其作用。这观点在其《老子指略》说得很明白:"四象不形,则大象无以畅;五音不声,则大音无以至。"

道物之体用思想,至唐宋经佛、儒各派之竞相使用而愈加广泛,其中程颐"体用一源"的观点,尤为人所熟知,其《易传序》云:"至微者理也,至著者象也。体用一源,显微无间。"程颐以深微的理为体,以显著的象为用。这和老子至王弼以深微的道为体,以呈形的物象为用,基本思路仍是脉络一贯的。

(五)道物之一多关系

老子论及道与物的生成关系时说:"道生一,一生二,二生三,三生万物。"这里《老子》论述"道生万物"由简趋繁的过程中隐含着哲学史上"一"与"多"关系的论题。道为独立无偶的实存体,故老庄均以"一"来称道之数,而以众多之物号为"万物"[①]。故道与物关系,以数称之,即一与多关系。

---

① 《庄子·则阳》云:"今计物之数,不止于万,而期曰万物者,以数之多者号而读之也。"

老子所揭示的一多关系，在中国哲学史上成为讨论部分与整体、共相与殊相、统一性与多样性的关系之论题。而老子有关一多关系的论点，可以说是隐含性的议题，到战国黄老学派，则成为显明性的学说被彰显出来。兹举帛书《黄帝四经》、《鹖冠子》及《淮南子》各典籍为证，以见黄老道家在治道上的运用。如《黄帝四经》强调"握一以知多"、"握少以知多"①；《鹖冠子》亦强调"以一倡万"、"以一度万"②。《黄帝四经》为战国中期之作③，《鹖冠子》则为战国晚期之作，要在皆从治道立场提倡以简御繁之道。这一思路，由汉代《淮南子》学派发扬而一直延续至魏晋王弼。司马谈《论六家要指》论各家之"务为治者"，文中特地将儒道两家的治术做了一个鲜明的对比：他一面批评儒者治道的缺失，在于"主倡而臣和，主先而臣随，如此则主劳而臣逸"，同时赞赏黄老道家之治道采各家之长，"与时迁移，应物变化"，"指约而易操，事少而功多"。战国黄老倡导"主道约"④，及至汉

---

① "握一以知多"，见《成法》篇；"握少以知多"，见《道原》篇。《成法》还说："一者，道其本也……一以趋化，少以知多。……夫百言有本，千言有要，万言有总。万物之多，皆阅一孔。"

② "以一倡万"，见《天则》篇；"以一度万"，见《度万》篇，并云："守一道制万物。"

③ 参看陈鼓应：《关于帛书〈黄帝四经〉成书年代等问题研究》，收在《黄帝四经今注今译》，台北：台湾商务印书馆，1995年。

④ 黄老提倡"主道约"，这是老子"无为"观念的引申，这命题明确提出，见于战国晚期著作《吕氏春秋》。《吕氏春秋》继承稷下黄老道家主张国君不专权，不越俎代庖，强调君主"执其要"（《察贤》），履行君臣职能分工，如谓："大圣无事而千官尽能。"（《君守》）有关君上无为而臣下有为的观点，见于《吕》书之《圜道》、《分职》、《处方》、《审分》等篇。战国黄老道家治道的学说，请参见拙著：《管子四篇诠释——稷下道家代表作》，台北：三民书局，2003年；拙文：《从〈吕氏春秋〉到〈淮南子〉论道家在秦汉哲学史上的地位》（本书第九篇）。

代《淮南子》学派有着更为精辟的论述。如《主术训》云："君人者，无为而有守也……所守甚约，所制甚广。是故十围之木，持千钧之屋；五寸之键，制开阖之门。岂其材之巨小足哉？所居要也。"君主居要守约，以执本系末，如《精神训》曰："譬犹本与末也，从本引之，千叶万枝莫不随也。……故曰：'一生二，二生三，三生万物。'"在一多关系的论题上，秦汉道家除了运用到治道之外，还扩及到思想文化主张让百家争鸣而臻至殊途同归的开放政策上，如《淮南子·齐俗训》说："所为者各异，而所道者一……故百家之言，指奏相反，其合道一体也。"《泰族训》再度主张："天不一时，地不一利，人不一事，是以绪业不得不多端，趋行不得不殊方。五行异气而皆适调，六艺异科而皆同道。"这观点和日后董仲舒向汉武帝建议"罢黜百家，独尊儒术"两者形成鲜明的对比[①]。

　　《淮南子》"万殊为一"（《本经》）的主张，上承庄子"万窍怒号"而"道通为一"[②]的开放胸襟，下启王弼由"以寡统众"（《老子》十一章注）之治道层面，朝向"万物万形，以一为主"（《老子》四十二章注）之哲学本体论诠释方向发展。

　　要言之，哲学史上的一多问题，先秦老学着重在道物的生成论题上，而魏晋玄学家王弼则在"以无为本"、"以一为主"的思想主导下，一多的议题逐渐转向本体论的方向，这一方向开启了宋代理学家的哲学思维，如周敦颐的"一实万分"、程朱的"理一

---

① 《汉书·董仲舒传》："诸不在六艺之科、孔子之术者，皆绝其道，勿使并进。"
② 见《庄子·齐物论》。

分殊"或朱熹的"一源万别"，在理论思维上莫不依循着王弼本
体论的思路。

（六）道物之动静性能

老子的动静观，含盖甚广。后代哲学凡言及本根论或生成
论有关动静之议题，多渊源于老子；历代有关认识论或政治、人
生修养层面之动静观念，亦多溯源于老子。

老子常以动、静对言。《老子》四十章云："反者道之动。"
（郭店本作："返也者，道动也。"故而通行本"反"即"返"。）"反"
（"返"）与十六章"复"、二十五章"周行"同义。这里说道体是恒
动的，依循着循环往复的法则运行着。二十五章的说法相同，谓
道"周行而不殆"，又说："字之曰道，强为之名曰大，大曰逝，逝
曰远，远曰反。""逝"，指道的流行不息；"远"，形容其无穷的历
程；"反"，乃返回本根，终而复始，再始更新。道之动依循着循环
往复的法则，这是动中含蕴着静的平衡。老子又用"常"的概念
来表达道及事物在变动中的稳定性[①]。万物的运行及其归趋，老
子亦以动、静对言。如《老子》十六章云："万物并作，吾以观复。
夫物芸芸，各复归其根。归根曰静，是谓复命；复命曰常，知常
曰明。""万物并作"、"夫物芸芸"是写万物之动态；"观复"、"知
常"是写主体静观以察照万物之回归道体之根本。故而此处动
静对言，乃写主体之静观以认知客体之真相。

动静相养是老子应用到人生修养上的一项重要的提示。如
十五章描述体道之士的静定心境与精神活动时说："孰能浊以静

---

① 《老子》书中，"常"的概念见于一章、十六章、五十五章。

之徐清,孰能安以动之徐生?"诚然,生命活动的过程中,动极思静以保持心境的清明,静极而动以恢复生命的活力。据说当代德国哲学家海德格就请人书写了这对饶有意趣的句子挂在书房里。

关于动,老子说了这样精辟的话,如谓"动善时"(八章)、"虚而不竭,动而愈出"(五章)。但他有关主静的观念,对后人影响更为深远。如谓"重为轻根,静为躁君"(二十六章)、"不欲以静,天下将自正"(三十七章)、"清静为天下正"(四十五章)。《老子》书言"静"10见,从语脉来看,政治术语多于心境的描述。但发展到稷下黄老和庄子学派,则正、静、定成为战国道家心境修养的重要概念。

老子的动静观,经战国黄老与庄子学派都有着重大的发展。稷下黄老将老子的虚静说运用到养生和治国之术结合,提出以静制动、以虚待实之说;在认识论上则提出"静因之道"的原则①。所谓"静",指排除认识主体心中的偏见和妄想,不要对认识对象作出先入为主的臆断。所谓"因",是要依据客观情态去认识事物的真相,不作主观预设,以客观为准则②。荀子"虚壹而静"的认识论观点,便直接来自稷下道家。

老子的动静观对庄子学派的影响也是多方面的。这里只就哲学史及易学哲学史的角度做两个方面的申说。一是论其变动观的特点;二是论其动静与阴阳结合之论点。

----

① 《管子·心术上》言:"有道之君,其处也若无知,其应物也若偶之,静因之道也。"
② 《管子·心术上》言:"因也者,舍己以物为法。"、"其应也,非所设也。"

1. 变动观的特点

《庄子》由《老子》"道之动"而扩及宇宙大化之流行。《大宗师》云："万化而未始有极。"《秋水》云："物之生也，若骤若驰，无动而不变，无时而不移。"认为万物都在无休止地运动变化之中。变动观是庄子宇宙论的一大特点。变动、变化、变通的观念贯穿着《庄子》全书，《周易》亦然，传统千百年学界均视《易》《老》《庄》三玄为古典哲学之首要典籍，变化观便是三玄在思想上内在联系的首要一环。《史记·太史公自序》云"《易》以道化"，认为《易》乃言变论化之书，而"化"字《易经》卦、爻辞均不得一见，诸子著作自《庄子》始畅言"化"[①]。《易传》言"化"本于庄子[②]，"变化"之外，《易传》亦言"变通"，其变通说与庄子有密切联系。庄子亦言"通"，《齐物论》以"道通为一"为齐物之最高精神，《大宗师》以"同于大通"为"坐忘"之最高境界。庄子还使用"消息盈虚，终则有始"（《秋水》）、"与时消息"（《盗跖》）等命题以表达天道运行之规律（"天行"），这些独特的语词，均一一出现在《易传》[③]，而《象传》论述天地万物之变动承袭庄子之自然观，尤为明显。

2. 动静与阴阳结合之论点

庄子学派将动静和阴阳观念相结合，为古代哲学开辟了一

---

① 《老子》言"化"仅 3 见，为政治术语，《庄子》言"化"多达 75 次，并创"造化"、"物化"等特殊概念。

② 如《乾·象》云"乾道变化"、《咸·象》云"天地感而万物化生"、《系辞》云"穷神知化"等。

③ 如见于《剥卦》《蛊卦》《丰卦》等《象辞》中。

条新的思路。《庄子·天道》曰："静而与阴同德,动而与阳同波。"这是中国哲学史上首次提到阴阳的动静性能,周敦颐"太极动静说"即源于此。周敦颐的《太极图》及其中的"无极"观念来自道教已确定无疑[①],按清代黄宗炎已作出考证,指出《太极图》是从道教来的[②]。而《太极图说》的宇宙生成论则来自道家,如谓:"太极动而生阳……静而生阴。"所谓"太极动",即老子"道之动"之变文;"动而生阳,静而生阴",即本于庄子阳动阴静之说。曾受业于周敦颐的程颐,其"动静无端,阴阳无始"说,亦本于庄子。程颐说"动静无端,阴阳无始,非知道者,孰能识之"[③],此处"知道者"的"道",指大化流行之过程,乃属老庄之道而非孔孟之道,程颐之意是说,认识道之无尽发育流行过程,便能了解"动静无端,阴阳无始"的道理。程颐这学说与儒学传统无关,儒者所推崇的四书,"阴阳"概念未得一见,宋儒论及阴阳动静,其议题本于庄子,程颐此处连命题中重要术语如"无端"、"无始",亦袭用《庄子》[④]。朱熹言及阴阳动静,较前人尤为细致,但其哲学议题及内涵,仍沿袭老庄思想之脉络[⑤]。

---

① 参见张岱年:《中国古典哲学概念范畴要论》,页 55。

② 参见《宋元学案》卷十二,《濂溪学案》。

③ 参见《经说》卷一,《二程集》,页 1029。

④ 先秦诸子中,唯独庄子学派论述道及自然循环过程时喜用"无端"、"无始"等术语。其言"无端",如《在宥》"以游无端"、《达生》"藏乎无端之际"、《田子方》谓阴阳"始终相反乎无端"。其言"无始",如《秋水》"道无终始"、《在宥》"与日无始"、《山木》"无始而非卒"、《知北游》"无古无今,无始无终"、《则阳》"与物无始无终"、《则阳》"莫知其所始"。

⑤ 老子曾就道、物层次言有、无,亦隐含性地涉及道、物之动静,然道、物间层次之分则不明确。及至周敦颐始提出"物"、"神"之区别而言动静,其言曰:(转下页)

　　总之，老子的动静观在多方面一直延续到宋明以后的哲学思路。如：（一）老子动静相养的观念，和其有无相生、虚实相涵的哲理，留给后世诸多启迪。程颐所谓"动静相因"[①]，这命题即概括老子动静相养的观点而来。（二）老子谓"道之动"及庄子强调万物之"无动而不变"，老庄这一变动观，经程颐到王夫之，都突显了事物能动性的一面。如周敦颐谓"太极动"，与老子"道之动"同义；程颐谓"动之端乃天地之心"，这与老庄思路同一脉络；而王夫之谓"天地之化日新"（《思问录·外篇》）及其以动为本，以静为相对的观点，亦与庄子相合。（三）老子的静观影响尤为深远，如王弼注《周易》，宣扬动本于静[②]，又如周敦颐《太极图说》之主静的修养论。宋明心学一派，尤重静中涵养，如陆九渊强调"静坐澄心"，胡居仁称"静中有物"，陈白沙主静坐

（接上页）"动而无静，静而无动，物也。动而无动，静而无静，神也。动而无动，静而无静，非不动不静也。物则不通，神妙万物。"（《通书·动静第十六》）周敦颐的"物"与"神"之别，其实就是老庄的"道"与"物"之分，周子说得不清楚的地方，朱熹接着说："'神'者即此'理'也。"并明确以"道"、"器"、"形而上"、"形而下"之区别与联系而言动静阴阳关系。其言："'动而无静，静而无动，物也'，此言形而下之器也。形而下者，则不能通，故方其动时，则无了那静；方其静时，则无了那动。如水只是水，火只是火。就人言之，语则不默，默则不语。以物言之，飞则不植，植则不飞是也。'动而无动，静而无静，非不动不静'，此言形而上之理也。理则神而莫测：方其动时，未尝不静，故曰无动；方其静时，未尝不动，故曰无静。静中有动，动中有静；静而能动，动而能静。阳中有阴，阴中有阳，错综无穷是也。"（《朱子语类》卷九十四，页 2403）朱熹藉周敦颐的动静观，将老子道、物之动静说，作了明确的层次之分。他不仅清晰地道出形而上之动静与形而下之动静的区别，而且还指出由于道的同通性（"理则神"），以致蕴涵着"静中有动，动中有静"、"阳中有阴，阴中有阳"的错综关系。朱熹将动静区别出道、器或形而上、形而下二层次，仍是承老子道、物的关系而来。

① 参见《二程集》，页 1029。
② 见《复卦》注。

见心之本体。心学派由向学到人格气象,或循庄禅之理路,或见老聃之投影。

四、庄子的道与物关系

庄子至少在三个方面深化发展了老子的道、物关系。其一,老子"玄之又玄"的道,是为域中之一,仍是处于空间之中,庄子则将道往无限的时空延伸;其二,老子的道是"独立而不改"(二十五章),庄子则将道与生命作更紧密的结合,道落实到人心,并且"唯道集虚"(《人间世》),透过"心斋"之虚,使得道体现出精神境界的意涵;其三,庄子透过道——气——物的关系,提出"物化"与"安化"的观念。前者意指个体生命在宇宙大生命中的转化;后者则触及死生问题,而宣扬死生乃气之聚散,人应安于气化。以下,即就庄子思想中的道物关系,逐次展开申论。

(一)道无终始,物有死生

庄子道、物关系所涉及的议题,主要乃是宇宙生命与个人生命的关系问题。庄子说:"道无终始,物有死生。"(《秋水》)道是超越时空的无限性存在,而物则是有限性的存有者。相对于道的无限,个人生命需要面对人生之负累、境遇之坎坷、意见之纷争、衰老之病痛,甚而死亡之怖惧等有限性的课题。而面对人的有限性,庄子正是试图从道的无限性来加以超越及转化。这可以从两个方面来谈:

1. 由道的普遍观点来超越主观成见

首先,庄子由道的无限,来超越人心的主观识见,让个人从

"是其所非而非其所是"（《齐物论》）的意见对立中超越出来，以获得整体生命的观照。庄子云："莛与楹,厉与西施,恢诡憰怪,道通为一。"（《齐物论》）又云："以道观之,何贵何贱,是谓反衍。"（《秋水》）万物自身各有其存在样态,所谓美丑、是非、善恶、贵贱的区分,乃是人的主观区判强加在事物身上。也正是这自我中心的主观区判,让个人生命拘泥在有限的视域中,而无法遍观整体生命之真实。如果能超越成心的拘执,透过道的无限视域来俯瞰万物,则万物纷呈的多样性便能全体包容,个人生命也就能从一偏之见的执泥中超越出来。

2. 由道的无尽大化来面对死生问题

其次,生命的有限性带给人最大的难题,便是必须面对死生问题,而面对死亡,更多的是哀伤与悲惧。庄子说："人生天地之间,若白驹之过郄,忽然而已。……已化而生,又化而死,生物哀之,人类悲之。"（《知北游》）"白驹之过郄"将人生命之短暂生动地比喻出来,在生与死的转瞬之间,在挽不住生命消逝的无奈与无力之下,万物总难免悲伤与不舍。这正是庄子对于"物有死生"之人生实存境遇作最赤裸的展现。

然而,死亡作为个人的生命极限,其意义并非消极的。庄子是试图在一个"齐一"的脉络下来处理生与死的问题。庄子认为生死存亡是一个整体,也就是说,是一个必然的流转过程。这个过程,正隶属于道所具现的无尽大化。

庄子希望洞视道无尽流行的大化,来安顿生命的有限。首先,安顺死生的必然流转。庄子说："死生存亡,穷达贫富,贤与不肖,毁誉、饥渴、寒暑,是事之变,命之行也;日夜相代乎前,而知不能规乎其始者也。故不足以滑和,不可入于灵府。"(《德充符》)死生流转如日夜更替,四时代序,人应顺应而不为之忧惧于心,也即是"死生无变于己"(《齐物论》)之意;其次,进而忘怀死生问题。庄子言真人乃"不知说生,不知恶死"(《大宗师》),言孟孙氏善处丧为"不知所以生,不知所以死"(《大宗师》),皆晓谕人要安顺于死生之迁变。

究竟而言,庄子思索死生问题,不独在面对死亡。生死存亡是一个整体,无法割裂,在洞视道的大化流行后,生死之间也就一体安顺。因此,庄子说:"善吾生者,乃所以善吾死也。"(《大宗师》)

(二)道物无际

老子言道,强调了道"独立而不改,周行而不殆"(二十五章),道的超越性,并非全然割裂了道与物的联系,道在创生万物后,随之内在为万物之"德",也即万物的本性。因此,透过"德"的中介,超越的道实则也内在于物之中。

庄子继承了老子道的独立无待及超越性,其言道为:"自本自根,未有天地,自古以固存;神鬼神帝,生天生地;在太极之先而不为高,在六极之下而不为深,先天地生而不为久,长于上古而不为老。"(《大宗师》)道是独立自存且创生天地万物的最高实体。不过,庄子阐述道的独立、超越性,是在强调道作为万物的本原以及存在依据。至于解释万物的存在样态、变化动力、生命质性,甚而价值依据等议题上,庄子更强调了道在万物的普遍化与内在化,而提出了道物无际、道无所不在等命题。庄子作这样的解释,稀释了老子道作为域中四大的至上性格,透过道的内在化,回归物的自身层面,展现万物无拘束的生命力量与存在价值。

道的内在化,老子是以"德"为中介,但是"德"只是道的延伸,万物的活动、人事的作为终究要以道的律则为依准。老子的道对于物来说,虽然不是主宰性的,但终究仍是至上性的;庄子道的内在化则透过一个自存的体系——"气"来达成,庄子说:"阴阳者,气之大者也,道者为之公。"(《则阳》)道对于万物的创生、推动、畜养等,已内在为气自身聚散、运动的力量,尤其是阴阳二气的性能。而气的活动便影响及构成了万物的生命样态及存亡历程。因此,庄子的道透过气,其对万物的影响,已展现为气对万物的影响。庄子不需要再保留道的至上性格,来作为万物依循的规准。消解了道的至上性,庄子展现了道物不离,道无所不在的观点。他说"物物者与物无际"(《知北游》),所谓"物物者非物"(《知北游》),"物物者"即是"道",道既然透过气而内化为万物自身的生命内蕴,则道物之间的分际便取消了。庄子另言道乃"无所不在"(《知北游》),且"无乎逃物"(同上),以及"夫道,覆载万物者也"(《天地》),同样阐明了道物无际,道遍在于天地万物的观点。

庄子道物无际、道无所不在之说,成为中国古典哲学道物关系的一条主线。例如汉代《淮南子·要略》言:"言道而不言事,则无以与世浮沉;言事而不言道,则无以与化游息。"强调道事并重、道事不离的观点,这也即是庄子道物不离的思路;另外,唐代成玄英亦言:"道不离物,物不离道,道外无物,物外无道。"

（《道德经义疏》二十一章）即直承庄子道物无际的论点；又言：
"至德之人，即事即理，即道即物，用即道物，体即物道。"既将理、
事关系与道、物关系对言；又引入体、用范畴，以道、物之间互为
体用的关系来说明道物之不离。至宋代理学，二程继续阐发庄
子道物不离、道无所不在之论。其言："道之外无物，物之外无
道。是天地之间，无适而非道也。"（《二程遗书》）所谓道外无
物，也即道物不离；而"天地之间，无适而非道"虽在呼应其"天
理"遍在之论，然而描摹道乃"无所不在"的思维，亦明显承自庄
子的道物关系。除二程理学，宋代心学派亦藉庄子道物不离的
模式以发论。如陆九渊言："道外无事，事外无道。"道事不离之
说，如《淮南子·要略》中的道事观，亦是庄子道物不离之说的
一脉思路。

总言之，道物不离的关系，一方面是庄子以道的内在化来消
解老子道的至上性，由此，万物的自性及多样面貌，得以在一个
开放的无限可能中展现。这也可以说是庄子存有论层面的道物
关系，延伸至价值论上的特殊意义；其次，道物不离也意味着，有
限性的物与无限性的道之间是一个整全。这如同瞬间消灭的海
浪与辽阔恒久的大海，是一个整体一般。这样的道物关系落实
在个人生命而言，则揭示了个体有限生命参与宇宙无限生命的
可能。

（三）气化论

庄子道物关系的另一层重要意涵，则为其气化论思想。庄
子的气化论含蕴了两个主要范畴，一是"一气"范畴，另一则是

"阴阳"范畴。对庄子而言，这两个范畴都具有生命之源的意义。

1. "一气"范畴的意义

"一气"概念出现在《庄子》的《大宗师》与《知北游》二篇。首先，《大宗师》中，庄子藉由孔子之口，论及孟子反、子琴张二人游乎方外之境乃"彼方且与造物者为人，而游乎天地之一气"；另外《知北游》中则提到："通天下一气耳。"

庄子所谓的"一气"，至少有以下几层意义：其一，庄子之前，气只是一个普通概念，意指自然界流动的细微存在体，庄子始提出"一气"概念作为万物生成的最初基始。庄子的"一气"，相当于汉人所习称的"元气"。其二，《大宗师》将"造物者"与"一气"并提，谓："与造物者为人，而游乎天地之一气。""造物者"即指创生化育万物的道，此处庄子将"一气"与道并列，隐含着将道具象化为"一气"的倾向。其三，庄子将"一气"和人的死生联系在一起，这是很特别的提法。《知北游》对《大宗师》这一思想有如此精辟的发挥："人之生，气之聚也；聚则为生，散则为死。……故万物一也，是其所美者为神奇……臭腐复化为神奇……"从《大宗师》到《知北游》此处，庄子主要在谈安化——谈个体生命的存亡在宇宙生命大化流行的情状，晓谕人们从宇宙大化的高度，来对死亡持有达观的态度。其四，《知北游》提出"通天下一气耳"的重要命题，认为人的死生乃一气之聚散，这是古代最早的气一元论。

汉以后，元气思想盛行，"元气"概念或乃"一气"之转化。而庄子"一气"思想，至北宋为张载所发扬，张载认为宇宙就是太虚一气的运动①。"一气"流行说也为朱熹所继承,如朱子说:"天只是一气流行,万物自生自长,自形自色。"(《语类》卷四十五)又言:"'阴阳'虽是两个字,然却只是一气之消息,一进一退,一消一长。进处便是阳,退处便是阴;长处便是阳,消处便是阴。只是这一气之消长,做出古今天地间无限事来。"(卷七十四)"一气"成为朱熹以气来解释天地万物生灭变化时的重要范畴。清代黄宗羲说:"通天地,亘古今无非一气而已。"(《太极图讲义》)哲学家王船山亦说:"天人之蕴,一气而已。"(《读四书大全说》卷十)可见庄子"一气"概念成为后世哲学的重要范畴。

2. 阴阳的哲学意涵

《大宗师》主旨在谈安化——即在宇宙大化流行中,个体生命如何安于变化。所谓"安化",即安于气化,因而在《大宗师》中接连提到了三个有关"气"的重要概念,即:"一气"、"气母"、"阴阳"。"气母"与"一气"两个特别的概念词异而义同,但"气母"未被后人所习用,而"一气"则成为普遍性的范畴。至于"阴阳"概念,西周末年周太史伯阳父已使用,以阴阳为天地之气来解释地震发生的原因②,阴阳还未成为一对哲学范畴。至老子,以阴阳来表现天地万物皆内涵两两对立、转化的特性与力量③,

---

① 《横渠易说》谓:"一物两体,气也。"、"两体者,虚实也,动静也,聚散也,清浊也,其究一而已。"这是说一气分为二(阴阳两气)就形成运动。

② 《国语·周语上》记载:"幽王二年,西周三川皆震。伯阳父曰:'周将亡矣! 夫天地之气,不失其序;若过其序,民乱之也。阳伏而不能出,阴迫而不能烝,于是有地震。'"

③ 老子云:"万物负阴而抱阳,冲气以为和。"(四十二章)

阴阳始提升为一对哲学范畴。

老子虽首次赋予阴阳以哲学意涵，但在整体思想体系中，却不如庄子之重视阴阳范畴。庄子将阴阳提升到十分重要的地位，其义涵有以下几个方面：

（1）阴阳乃人生命之源

庄子赋予阴阳的另一个重要义涵，是作为个体生命的源头。《大宗师》云："父母于子，东西南北，唯命之从。阴阳于人，不翅于父母。"阴阳二气是人生命的源头，也因此，一旦人自身的阴阳二气失去了和谐，则病痛、死亡便随之而来。庄子所谓"阴阳之患"（《人间世》）、"阴阳之气有沴"（《大宗师》），以及"人大喜邪？毗于阳；大怒邪？毗于阴"（《在宥》）等说法，都在阐明阴阳二气对个体生命的影响。

《大宗师》还涉及造化生气的哲学议题。庄子说"以天地为大炉，以造化为大冶"，造化即是道的创生化育万物，而这造化，正是透过阴阳二气的聚散使然。庄子造化生气之说直接影响了宋明理学的气论。例如张载强调人的生死即是气的聚散，气聚成物，物毙气散[①]。这观点直接继承庄子[②]。而张载"形聚为物，形溃反原"的说法，为程颐所反对，程颐说："天地间如洪炉，虽生物销铄亦尽，况既散之气，岂有复在？天地造化，又焉用此既散之气？其造化者自是生气。"（《二程遗书》卷十五）庄子虽未明白论及程颐所说的天地生气说，但是程颐以造化、气化之说解释

---

① 例如《正蒙·太和》云"聚亦吾体，散亦吾体"、"其聚其散，变化之客形尔"。

② 《庄子·知北游》云："人之生，气之聚也；聚则为生，散则为死。"

万物生成,正承庄子思想而来,其"天地如洪炉"之说,便直接引用自《大宗师》。

（2）阴阳交相作用构作宇宙间一切现象之起伏消长

《庄子》言气,由生命现象扩及到万物的起伏消长。如《田子方》对《老子》四十二章万物生成论作出更清楚的解说[①],而《则阳》则从自然界的"相盖相治"到人事界的"祸福相生",认为都是阴阳两种势力相互推荡所形成。

庄子学派对阴阳概念之扩大化解释的倾向,经易学家的推波助澜,在古代思想史上更加发挥了无比的影响力。可以说,"阴阳"概念成为古典哲学一对极其重要的关系范畴,乃始于庄子学派的倡导,宋儒致力推崇的四书未见"阴阳"一词,而战国道家学派无不将阴阳学说纳入为其宇宙论不可或缺的一环。《易传》的自然哲学仍是在老、庄思想直接影响下兴起的。诸子罕言《易》,偶而引用卦爻辞以助己说,对《易》的要义亦少论及,仅《庄子》一语中的。《天下》篇述及"易以道阴阳",庄子学派以"阴阳"为《易》的核心思想之说,朱熹大为称赞,并且接受此说而言:"且如《易》,只是一个阴阳之理而已。"(《语类》卷九)

庄子气论及阴阳说不仅对《易传》产生直接影响,而且在哲学史上也起了深远的作用。例如在宋明理学中,朱熹即言:"天下万物万事自古及今,只是个阴阳消息屈伸。"(《语类》卷

---

① 《田子方》云:"至阴肃肃,至阳赫赫;肃肃出乎天,赫赫发乎地;两者交通成和而物生焉。"

三）将天地万物的盈虚消长归为阴阳二气的作用，正是庄子的思路。

（3）阴阳动静之论

庄子阴阳范畴另一个重要的论点，是提出阴阳动静之说。《庄子》一书中，《天道》与《刻意》二篇都提到"静而与阴同德，动而与阳同波"，阴气属静而阳气属动，明白地将阴阳二气与动静性能连接起来。庄子这阴静阳动之说，是哲学史上关于阴阳动静关系的最早立论，并影响了后世关于阴阳动静的论点。例如宋明理学中，周敦颐《太极图说》说到："无极而太极。太极动而生阳，动极而静，静而生阴，静极复动。"其中，"动而生阳"、"静而生阴"的说法，即是庄子"阳动阴静"说的发挥。其后，朱熹亦言："未有天地之先，毕竟是先有此理。动而生阳，亦只是理；静而生阴，亦只是理。"（《语类》卷一）又言："太极只是一个气，迤逦分做两个：气里面动底是阳，静底是阴。又分做五气，又散为万物。"（《语类》卷三）朱熹阴静阳动的说法，最早可上溯至庄子。

五、结论

老子之前的思想家，大多关注在物的层次，而老子以更开阔的视野，从宇宙的规模思考人的存在，并建立道论作为天地万物生成的根源及存在依据。透过道、物关系，老子为万物存在、人间社会建构一理论说明的基础。道、物关系成为涉及形上与形下、本体与现象以及体、用关系等的重要哲学议题。老子的道、物关系经庄子气化论，至宋明理学理气论的进一步发挥，贯穿了整个中国哲学的发展。

本文论述老子在物的层面上建立道的理论架构,他在道、物的理论架构中,首创中国古代哲学本原论、生成论,并建立雏形的本体论。无疑地,老子建构的形而上学,投影于整个中国哲学史。魏晋的王弼,以"有"、"无"问题为主题而重构老学,老子的有无问题,基本上是从天地万物之起源或生成的角度而立论,王弼则将老子描述道体之"无"、"有",转化而为本体与现象之关系,并以"无"作为"有"的存在根据,从而提出"以无为本"、"以无为体"的主张①,认为在杂乱纷纭的现象背后,有一个共同的本体。

王弼在道、物关系中,强调"无"以统摄"有"——统宗会元之理以统摄殊散之物②,亦即以无形、无名、无限性之道来统摄天地万物,这一思维模式为宋代理学家本体论之建构所依循,而王弼在道、物关系中所论述的理一与分殊的关系、体和用的关系,也都直接为程朱理学所沿袭。

在道、物关系中,庄子继承老子的思路,并提出了"理"和"气"两个重要的范畴作为补充:道生成万物,庄子遂以"气"来说明万物的生死聚散;道落实于物,庄子遂以"理"来说明万物的存在样态及其运行法则③。

在庄子哲学中,"理"和"气"尚未形成一对关系范畴,道与

---

① "以无为本"的命题,见于王弼《老子注》四十章;"以无为体"的命题,见于《老子注》三十八章。

② 《周易略例·明象》云:"物无妄然,必由其理。统之有宗,会之有元,故繁而不乱,众而不惑。"

③ 参见拙作:《"理"范畴理论模式的道家诠释》(本书第四篇)。

气的关系则是忽隐忽现地联系着①,值得注意的是,庄子论述道、气时,莫不与生命密切地相关着。要之,庄子以气为生命现象,以道为生命境界。庄子的道气观在古代哲学史上有深远的影响。例如:一、宋代道学的理气说,其理论结构与思想概念,多渊源于庄子的道气观。二、张载至王夫之的气本论,乃庄子气论的继承与发展。三、宋明道学史的道论及其理本论中的理先气后说或形上、形下层次之分,亦皆沿袭老、庄道、物关系而立论。庄子常就生命境界而言"道",而庄子哲学精神所呈现的天人之境或"天地境界",亦常为后代哲人所仿效。如程颢所谓"浑然与物同体"(《遗书》卷二上),张载所谓"大其心则能体天下之物"(《正蒙·大心》),均属庄子式的精神境界。甚至张载与程颢在描绘庄子式的精神境界时,还不自禁地袭用《庄子》书中的名词或概念,如《正蒙·乾称》云"有无一,内外合"、"均死生,一天人"。程颢在其著名的短文《识仁篇》和《定性书》中,更是频频使用《庄子》的语词。如谓"心普万物而无心。……情顺万物而无情"、"无将迎,无内外"、"内外之两忘"等话语,此中之"无情"说,来自《庄子·应帝王》;"两忘"说,来自《大宗师》;"无将迎"语句,引自《应帝王》。当然,程颢等宋儒也有在庄子精神境界的基础上更上一层楼之处。哲学史上我们常可谈到"青出于蓝而更胜于蓝"的情况。

老庄所创建的道论,为历代哲学家所继承,如宋明道学之"道",其内涵非孔孟之道,乃属老庄之道。精神境界多体现庄子

---

① 如《庄子·则阳》云:"阴阳者,气之大者也;道者为之公。"

式的意境,而理学派的理论建构(如本体论之理论建构),其本体
思想则沿袭老和庄。

　　　　(本文为 2004 年 9 月初应广州中山大学哲学系及
　　昌盛学术讲座之邀所作之讲稿,于 2005 年 1 月初定稿。
　　后刊于《台大文史哲学报》第六十二期,2005 年 5 月。)

"理"范畴理论模式的道家诠释

一、前言

"理"范畴在中国历代哲学体系中,占有着十分重要的理论地位。自先秦至宋代,"理"哲学意涵的发展有几个重要的阶段:第一是庄子赋予"理"以描述天地万物之法则的哲学意涵,将"理"与创生万物的"道"紧密联系,并提出"万物殊理"的重要命题。同时将"理"与"性"并提,使客体与主体建立起一条通道。第二是《说卦》在庄子宇宙论的理路下,将心性论予更紧密的结合,而提出"穷理尽性"这一极有概括性的命题,这命题触及到向内探索心性及向外探寻宇宙法则的问题。第三则是魏晋时期,经王弼、郭象的阐发,"理"的意涵有了更丰富的哲学内容。王弼重总体之理而郭象重分殊之理,其思想乃宋明"理一分殊"之先导。第四则是唐代成玄英将"理"提升至"道"的高度,赋予"理"以最高本体的意涵,并且把心性论引向本体论,这两点直接开启宋明理学的哲学理论。"理"范畴的理论模式,从庄子到程朱乃循着同一思想脉络的发展。宋明理学本体与心性的结合,乃历代道家理论发展的总结,透过这一思路,方能掌握宋明理学体系的这一核心概念。

多年来,我们对中国古典哲学的研究,对于其哲学议题的提出,以及概念与命题的出现,寻找出这样几个线索:第一、哲学概念之形成,往往由一般观念而后演变成一哲学概念或范畴①;第二、复合词的出现晚于单词②;第三、由概念发展为命题③;第四、哲学议题常是由未显题化到显题化的发展④。

---

① 例如《易·坤》上六爻辞"其血玄黄","玄"只是表征颜色的形容词,为普通观念,而至《老子》,在第一章"同谓之玄"中,"玄"已是用来指称道体状相的哲学概念;又如《坤卦》中,"玄"、"牝"二者分别只是普通概念,至《老子》,"玄牝"一词则已发展为一重要哲学概念。再如"理"字,此字不见于甲骨文及金文,最早出现于《诗经》《左传》等西周典籍中,主要为治理之意,是为一普通观念。至《庄子》,"理"字已具宇宙论意涵,而发展为一重要哲学概念。

② 例如《易经·观卦》《复卦》中出现的"观"与"复"二单词,至《老子》则组合为"观复"一复合词;又如《老子》中出现"玄"、"冥"等单词,至《庄子》则组合成"玄冥"一复合词(《大宗师》),此为《庄子》内篇成书晚于《老子》之明证。此外《黄帝四经》中,"道"字出现86次,"德"字出现42次,无一次道、德连用;"性"字出现1次,"命"字出现13次,无一次"性"、"命"连用;又"精"字出现10次,"神"字出现14次,亦无一例"精"、"神"连用,而"道德"、"性命"等复合词屡见于战国晚期典籍中,显见"道德"、"性命"、"精神"等复合词确实较单词形态晚出。

③ 例如《易经·损卦》《益卦》中"损"、"益"二概念,至老子进一步构成"物或损之而益,或益之而损"、"为学日益,为道日损"等命题。老子藉损、益二概念一方面说明事物向反面、对立转化的规律;同时说明在为学与为道二不同领域功夫实践上的差别。

④ 海德格曾提出"显题的"(thematic)与"未显题的"(unthematic)一组概念,参见海德格著:《存在与时间》(*Sein und Zeit*),英译本参见 John Macquarrie & Edward Robinson, Oxford:1967。在中国哲学发展史中,以"理"为例,老子思想虽未提到"理",但他说到"常"、"道纪"等观念时,已隐含有后世"理"范畴的理论成素,直到庄子以后,意指天地万物及人事条理的"理"范畴出现,(转下页)

依此，我们可以看出，中国哲学的重要议题及其概念、范畴，多由道家创发；其概念、范畴所形成的哲学观念丛，也一直延伸到宋明。本文主要即透过这几条线索，尝试对中国哲学"理"范畴的发展过程作"第二序"的诠释。

二、庄子首次赋予"理"以宇宙论意涵

庄子以前虽已出现"理"字，并未具有哲学意涵。到了庄子，其言"理"至少有四项重要意义。第一、老子解释万物生成时，在道与物之间缺乏中介环节，因此庄子一方面提出气化论作为道与万物生成之间的中介；另方面提出"理"以补充说明万物运行的法则。到唐代成玄英之前，"理"范畴的主要意涵大多依循庄子而属于宇宙论范畴。第二、庄子首度言及"天理"（《养生主》《天运》），这概念经郭象注《庄》之阐发而为程颢所突显。第三、庄子同时言及"理不可睹"、"无穷无止"（《则阳》）的"一理"，以及"万物殊理"（同上）之"殊理"，开启了宋明理学"理一分殊"的思路。第四、庄子首度将"理"与"性"并提，启发了宋明理学"性即理"命题的提出。从这四项意义来看，庄子言"理"在哲学史上实超重大影响[①]。

（接上页）并构成相关重要命题后，老子关于天地万物法则理序的思想，方透过"理"范畴及相关命题而加以显题化。其后到了宋明理学，在"理一分殊"等命题中，老子未显题地关涉"理"的哲学议题方始充分显现出来。

① 陈荣捷先生对《庄子》的"理"在哲学史上的重要意义已多所阐扬。如谓："《庄》书中，不只一次言及'大理'，与理为万物之通理。因之，理不仅为一理，而且为众理……换言之，理为绝对。"又谓："同时，理亦为特殊，庄子曾谓'万物殊理'，又谓'万物皆种也，以不同形相禅'。简言之，后来在佛学与新儒学中所充分发展有关'理'之哲学意义，具早已寓于《庄》书中。"参见陈荣捷：《宋明理学之概念与历史》，台北："中央研究院"中国文哲研究所筹备处，1996年，页374。

　　钱穆说:"'理'字观念之重要提出,其事始于道家。"钱先生仅举"天理"一词为例 [1]。而《庄子》书中,"理"字出现多达 35次,其意涵涉及宇宙论层面天地万物存在及活动的整体规律以及个别原理、万物活动的动静原理,以及理与性的关系等。

(一)"道,理也"——形上道体与万物理序之关系

　　体认天地万物活动的法则,并以之为哲学理论建构的基点,最早始于老子。老子"反者道之动"、"周行而不殆"的说法,已指出相反相成以及循环往复,是为天地万物转化、运行的规律。这规律即是"道"的体现,老子有时以"常"、"道纪"等字词来称呼它。庄子承继老子道论并加以发展,"道"作为其哲学体系的最高范畴,具有宇宙本原及存在本体的意义。其中,"道"的本体意义表现为"万化而未始有极"的大化流行,以及内在为万物的质性与运行法则。而用来辅助说明"道"的,即是"理"。"理"密切关联着"道",成为庄子哲学体系中附属在"道"本体意涵中的重要范畴。其理论地位侧重在描述"道"所体现出的万物存在法则,其中又包含普遍的万物存在法则及个别的事物自身的条理与质性二层面。例如庄子说到"万物有成理"(《知北游》)、"万物之理"(《知北游》、《秋水》、《天下》),这是就万物整体普遍的存在理序而论;而说到"依乎天理"(《养生主》)、"万物殊理"(《则阳》)时,则是就个别事物自身的质性及条理而言。无论是普遍或者个别,"理"显然是就"道"落实在物象及物性层面来说,较偏向形下领域。

----

[1]　参见钱穆:《庄老通辨》,台北:三民书局,1971 年,页 342。

　　"道"与"理"这种既密切关联又互有区隔的关系,庄子也明白提到。他说"道,理也"(《缮性》),庄子以代表事物条理之"理"来解释"道",因为事物条理正是道的体现。既然道体现为事物的条理,则"知道者必达于理"(《秋水》),能掌握形上之道,自然能了解道所体现的事物条理。总结来看,庄子哲学中"道"与"理"之间,正是形上之"道"体现为万物理序之关系。

(二)"万物殊理,道不私" ——道与理之"一"与"多"的关系

　　庄子哲学中,除了形上之道落实为万物理序的关系外,若就"道"的普遍性与"理"的殊别性一点来看,"道"与"理"之间还呈现出"一"与"多"的关系。

　　老子哲学中,"道"创生万物后随之内在为万物的"德","德"是万物对"道"的分受,也即是"道"在万物层面的落实。万物的"德"一方面体现着绝对之"道",同时也展现个物独特的自性与内涵。依此,老子哲学的"道"在内化于万物而为"德"后,道绝对之"一"便散殊为万物之德的"多"。

　　庄子承继老子的理路,阐明"道"在形成万物后,内在为万物的"理"与"性"。例如《天地》篇"泰初有无"一段,庄子提出道在创生万物的初始仅是"无",既没有具体的形象,也不可名状。其后产生浑沌未分之"一气",而后分阴分阳,阴阳二气交聚而始生万物。随着万物成形,道随之内在为万物的条理,此即"物成生理";而随着形体保有了精神,道亦内在为万物的仪则而为"性",此即"形体保神,各有仪则,谓之性"。无论是内化为万物的"理"还是"性",绝对的"道"随着万物的形成,已散殊、遍

在于在万物之中,这也即是庄子所说的"道无所不在"、"物物者与物无际"(《知北游》)之意。因为绝对之"道"散殊、遍在于万物而为"理","道"与"理"之间便同样是"一"与"多"的关系。"道"与"理"的这层关系,庄子这么阐明:"万物殊理,道不私。"(《则阳》)万物自身各有其条理,而这些条理正是道遍在于万物自身的体现。

庄子"万物殊理"命题之提出,在哲学史上正有其划时代的意义[1],而"道"与"理"之间一与多的关系,更成为宋明理学"一实万理"、"理一分殊"等宇宙论及本体论体系建构的理论源头,此点留待讨论宋明理学时再予析论。

(三)动静之"理"——气的阴阳动静之理序

在"理"的阐发上,庄子还首度提及动静之理。《庄子·天下》篇中说到"动静不离于理","理"指向动静的原理及准度。至于此原理及准度为何?《庄子·天道》篇中作出说明:"静而与阴同德,动而与阳同波",将动静之理与阴阳二气及其属性相连接。动之理合乎阳气之质性,静之理符合阴气之特质。如此将动静与阴阳作出连结,等于间接提出了"阳动阴静"之理。

庄子这阳动阴静的观点,成为哲学史上关于阴阳动静关系的最早立论,并影响了后世关于阴阳动静的论点。如宋明理学中,周敦颐《太极图说》说到:"无极而太极。太极动而生阳,动极而静,静而生阴,静极复动。"其中"动而生阳"、"静而生阴"的

---

[1] 其后,韩非在庄子"道"与"理"之一多关系上,作出进一步的发挥,视道为万理之总合。他说:"万物各异理,而道尽稽万物之理。"(《解老》)

说法,即是庄子"阳动阴静"的发挥。另外宋明理学关于理气动静关系的讨论,也是建立在庄子阳动阴静说的基础上。

（四）"和理出其性"——理与性并提

《庄子·缮性》篇开头提到:"古之治道者,以恬养知;知生而无以知为也,谓之以知养恬。知与恬交相养,而和理出其性。"这一段文字有几点值得注意:（一）这是哲学史上,最早将"理"与"性"并言,并且申论了二者的关系。（二）文中所言"知与恬交相养,而和理出其性",其中的"知"与"恬"分别对应了"理"与"和",意谓人在客观认知("知")与内在修养("恬")并重之下,即能因持守本性,而得以洞知事物客观条理("理"),涵养淳和本心("和")。其后《说卦》"穷理尽性"的提出正是依循这样的思路。（三）持守本性是庄子修养论中的重要原则,既然认知事物客观之"理"与持守本性密切相关,庄子对于"知"便不得不作进一步的申论。《庄子·庚桑楚》中有一段文字提到:"道者,德之钦也;生者,德之光也;性者,生之质也。……知者,接也;知者,谟也;知者之所不知,犹睨也。"所谓"知者,接也","接"指感官接触;而所谓"知者,谟也","谟"即指理性思维。庄子区分了理性之知与感性之知,并强调两者在人认识过程的重要性。另外,这段文字中,庄子亦将"知"与"性"并论,间接申论了认知与持守本性的相关性,而这亦在《说卦》"穷理尽性"中得到进一步的发挥。

三、《说卦》"穷理尽性"在主客架构下的哲学意涵

庄子首次赋予"理"以宇宙论的哲学意涵,同时将"理"与

"性"并提而言及二者关系。《说卦》乃在庄子立论的基础上,提出了"穷理尽性"的重要命题[①]。

《说卦》开篇即言:"圣人之作《易》也……和顺于道德而理于义,穷理尽性以至于命。"这段文字在关于"理"方面,有几点值得讨论:

(一)由"道"、"德"至"理"、"义"

《说卦》将"道"、"德"、"理"、"义"并提,亦见于《庄子》,并且论点一致。《庄子·缮性》篇云:"夫德,和也;道,理也。德无不容,仁也;道无不理,义也。"此处"道"与"德"并提,而"道"体现在事物客观条理上即是"理",在人道上按"理"行事即是"义"。从"道"、"德"到"理"、"义"构成了形上到形下的价值贯穿。而《说卦》所言"和顺于道德而理于义","而"是"因而"之意,呈现出因果上的顺递,意味能"理于义"乃因"道"、"德"的落实,正是顺着《缮性》篇中的理路而来。从这里可看出《说卦》对《庄子》的继承。

(二)"穷理尽性"的涵义

除了"道"、"德"、"理"、"义"并提,《说卦》文中最重要的即是提出"穷理尽性"一命题。"穷理尽性"的提出,含有三点重要意义:其一,"穷理尽性"除了来源于庄子"理"与"性"并提,同时视"穷理"为"尽性"的前提,乃对庄子在认知事物条理与持守本性之间,亦即"理"与"性"之间的关系,作出了进一步的阐

---

① 陈少峰《宋明理学与道家哲学》曾言及:"理学家所欣赏的《易传·说卦》之'穷理尽性以至于命',大概出于庄子之说。"上海:上海文化出版社,2001年,页16。

释;其二,"穷理"与"尽性"各自有不同的面向,前者向外在探索宇宙现象及规律,着重理性认知;后者向人类自身探讨其存在样态及性能,侧重内省与直观。两者继承了老子"为学"与"为道"两个侧面,只是修正了老子在"为学"方面的不足;其三,"穷理尽性以至于命"的完整意义,即是人透过"为学"与"为道"的相辅相成,最终对宇宙人生整体必然的原理("命"),加以深刻地把握。至此,也即《说卦》后文所言"顺性命之理"的义蕴。

总结来说,《说卦》由主客关系架构提出"穷理尽性"的论点,对于庄子"理"与"性"关系的讨论作了进一步发挥,这是《说卦》在"理"范畴内涵上的主要突破点。

四、王弼、郭象对于"理"的阐发

至魏晋时期,王弼、郭象透过注解《老》、《庄》等典籍,又进一步丰富了"理"的内涵。王弼着眼于总体之理,郭象则重视分殊之理[1]。整体而言,王、郭在关于理的性质、理与性以及理与情关系之诠释上,都对宋明理学的发展起了相当程度的影响[2]。

---

[1] 陈少峰引冈田武彦教授说:"王弼强调理的超越性与普遍性,因此我们可以说他是以理一为本,郭象则就个体与事实论理,也就是说他重视理的内在面,因此我们可以说他乃是以分殊为本、克服这种理一分殊论而加以儒教化即成了宋儒的理一分殊论。"同上注,页87—88。

[2] 王弼言"理",本文着重阐发其"至理"及"所以然之理"的意义,其"情理"连言(见《丰卦》象传注),"事"、"理"对举,则未及深论。王弼"事"、"理"对称,见于《睽卦》注:"同于通理,异于职事。"(钱穆曾说:"此条最当注意。厥以后理事对立,唐代华严宗最畅其旨,而语实本此。"参见钱穆前所揭书,页348。)又王弼注《论语·里仁·吾道一以贯之章》云:"夫事有归,理有会。"纵观古代哲学史上"理事"一对范畴的出现,始于王弼,经韩康伯《系辞注》提出"事显(转下页)

（一）王弼对于"理"的诠释

在王弼的经典注释中，他以"理"来指称万物存在活动的法则。他说："物无妄然，必由其理。统之有宗，会之有元，故繁而不乱，众而不惑。"（《周易略例·明象》）王弼肯定了各类事物个别存在发展的有序性及合理性，并提出"宗"及"元"作为统贯于各类事理间的最高原理[1]。因此，王弼论"理"也即在殊理与共理的关系上展开。不过，相较于殊别事理，王弼显然更着眼于统宗会元之"至理"、"理极"等共理层域的讨论。

1. "理"的三要义——所以然之理、本然之理、必然之理

在殊别事理层面，王弼首先认定事物自身，特别是人事上，必有其存在的原因及依据、固有的构成条理，以及客观的活动定则。他分别称之为事物的"所以然之理"、"本然之理"以及"必然之理"，三者互相关联而为王弼论"理"的主要意义[2]。如谓：

> 夫识物之动，则其所以然之理皆可知也。（《乾卦·文言注》）

> 处上讼下，可以改变者也，故其咎不大。若能反从本

（接上页）而理微"说，至程颐谓："至显者莫如事，至微者莫如理。而事理一致，微显一源。"（《遗书》卷二十五）这其间思想脉络历历可寻。

① 冯友兰言及王弼论"一"和"多"的问题时说："王弼关于一般和特殊的理论是相当简明扼要的，特别是'物无妄然，必由其理'，把一般说成是理，这在中国哲学史中是很有影响的。"见冯著《中国哲学史新编》第四册，北京：人民出版社，1986年，页51。

② 钱穆云："所以然之理、本然之理与必然之理，为'理'字涵义之三大纲，王弼均已举出。而就其统宗会元者言，则为至理。此后宋儒言理，亦无逃此范围矣。"参见钱穆前所揭书，页347。

理,变前之命,安贞不犯,不失其道,为仁由己,故吉从之。
(《讼卦·九四爻辞注》)

　　明祸福之所生,故不苟说;辨必然之理,故不改其操。
介如石焉,不终日明矣。(《豫卦·六二爻辞注》)

引文中的"本理"、"必然之理"皆就人事层面而论,不过主要是就人事上特定的具体处境而言其原因依据、固有的条理及发展定则,并非泛就人事总体而言,因此属殊别之理。然而"所以然之理"的提法,王弼的确思考了人事总体的共同原理,甚至触及万物总体之最高理序。

　　2. 至理——殊理之统宗

王弼在论及共理层面时,提出"至理"、"理极"等作为众理的最高共相:

　　夫能全用刚直,放远善柔,非天下至治,未之能也。故乾元用九,则天下治也。夫识物之动,则其所以然之理皆可知也。(《乾卦·文言注》)

　　道有大常,理有大致。执古之道,可以御今。(《老子·四十七章注》)

　　未有反诸其身而不得物之情,未有能全其恕而不尽理之极也。能尽理极,则物无不统。(《论语·里仁注》)

引文所言"至理"、"理极"等皆是用以指称总括众理的最高原理。另外,王弼进一步以此究竟之理来解释"道":

　　夫事有归,理有会。故得其归,事虽殷大,可以一名举;总其会,理虽博,可以至约穷也。辟犹以君御民,执一统众

之道也。(《论语·里仁注》)

引文所言"理有会",即由众理之统会而言最究竟之理,此"总其会"之"理"即是"道"①。王弼以为,掌握众理的关键,即在于能否把握这统会之理,这究竟之理把握到了,便能执简以御繁地轻易穷究众理而统领众物。这里王弼引黄老以解《论语》,将究竟之理统会众理的逻辑关系,连接到黄老"主道约"以及"指约而易操"的政治思想上。

总言之,王弼论"理",共同涉及共理与殊理间的关系,虽未如郭象在殊理层面细致展开,然而已可看出对宋明理学"理一分殊"论点不可轻忽的影响。

(二)郭象对于"理"的诠释

王弼、郭象的玄学将中国古代的思辩哲学推向了一个高峰,以"理"范畴为例,郭象继承王弼之共理("至理"),而又另树"独化之理"。郭象言"理"多达百余次,其如此重视"理",为哲学史各著作中首见。郭象言"理",有以下几项重要意涵:

(一)郭象谈理,新创许多名词,如"全理"、"直理"、"生理"、"万理"、"正理"、"我理"、"人理"、"命理"等,其中以"独化之理"最为独特。

(二)郭象承袭王弼"至理"之说,谓"至理为一"、"至理无言"、"至理畅于无极",赋予"理"以本体论之意涵。

---

① 于此,钱穆云:"大率言之,唐以前人多言道,宋以后人多言理,以理的观念代替出道的观念,此在中国思想史上为一大转变。王弼可谓是此一转变之关捩也。"参见钱穆前所揭书,页350。

（三）"理"、"事"一对概念，始自王弼，郭象亦屡言及，如谓"事由理发"、"事有必至，理固常通"、"虽是人事，然皆在事理中来"等。郭象复以"理"、"迹"对言（"理至则迹灭"），并以"物"、"理"对举（如谓"理有至分，物何定极"、"物行自然，理有至极"、"理与物……闇付自然"），此亦与"理"、"事"对称同义，宋儒正依此一思维展开"理"、"事"关系、"理一分殊"等论题。

（四）郭象屡言"天理"，对程颢当有所启发[①]。按"天理"一词，首创于《庄子·养生主》。《庄子》外篇并将"天理"与"人事"对举（《天运》："夫至乐者，先应之以人事，而顺之以天理。"），郭象注《庄》，又继《乐记》作"天理"、"人欲"之分，这一思路开启了宋明理学关于天理与人欲的讨论。

（五）庄子谓"和理出其性"，"理"、"性"对称始于庄子，郭象则在这一对范畴上着力最多（其言"性"多达271次，言"理"亦达173次）。由于"性分自足"乃郭象思想之核心，因此学界多集中于关注郭象言"性"，而未及"性"、"理"对举之阐述（如谓"理虽万殊而性同得"、"性分之固当……和理在身"、"性得者，达理也"等）。

在上述郭象言"理"之多项重要意涵中，我们集中于展现郭象对于分殊之理、独化之理，以及性与理之关系的阐发。

1. "物物有理"与"独化之理"

郭象言自性之说、畅独化之论，一方面由性分自足的角度来

[①]　谢良佐《上蔡语录》中引述程颢尝曰："吾学虽有所受，'天理'二字却是自家体贴出来。"（又见《程氏外书》卷十二）实则"天理"一词始于《庄子》，郭象注《庄》并加以阐发。程颢言"天理"，显然难以排除《庄》书以及郭象注《庄》之影响。

肯定个物的存在价值；同时排除外力干预，强调事物自身运动变化的自因自力。二者表现在"理"范畴诠释上，即分别呈现为对于事物各具条理的肯定，以及对事物自身变化条理的阐释。

在肯定事物自身各有其条理方面，郭象说"物物有理，事事有宜"（《齐物论注》），阐明物物自身各有其存在条理。在肯定物物有理的前提下，郭象进一步列举出各种分殊之理。例如他提到"人理"、"民理"，以及"我理"等诸多人事之理，并语及"群理"、"万理"，以及"物理无穷"等以总言殊理之无尽；另一方面在对事物自身变化条理的阐释上，畅独化之理以阐明事物自身变化的自然与必然性。他说："推而极之，则今之所谓有待者，卒至于无待，而独化之理章矣。"（《寓言》）又言："卒至于无待，而独化之理明。"（《齐物论》）所谓"独化之理"，即指事物自身活动的条理，以及事物自身彼此相应相待所产生的客观变化发展。因为此理非外力主宰构成，故称"独化之理"。无论"物物有理"还是"独化之理"，郭象深入阐发了分殊之理的各种意涵，这正是其诠释"理"时的独特处。

2. 理与性

正如前文论及，《庄子》最早将性、理并言，并提出"和理出其性"（《缮性》）之重要命题。其后《说卦》顺承《庄子》将人性论纳入宇宙论思考的理路，提出"穷理尽性"命题，作出进一步的发挥。至魏晋，王弼着重阐发总体之理，郭象则在继承王弼共理之论的同时，更侧重于阐发分殊之理。亦即由个物自然变化以及性分自足的角度来阐扬独化之理与个物之理。郭象既然同时言及总体之理，以及自性层面的分殊之理，则郭象在诠释理

时,必当论及至理与殊性(分殊之理)之间的关系。这涉及到郭象对于性、理关系的讨论。他说:

> 性分各自为者,皆在至理中来,故不可免也,是以善养生者,从而任之。(《达生注》)
>
> 任其天性而动,则人理亦自全矣。(《达生注》)
>
> 患去而性得者,达理也。(《达生注》)
>
> 夫物各有足,足于本也。……本至而理尽矣。(《大宗师注》)
>
> 苟知性命之固当,则虽死生穷达,千变万化,淡然自若而和理在身矣。(《德充符注》)

所谓"性分各自为者,皆在至理中来",郭象首先视众物之自性为至理之落实。换言之,各各自性源自至理之同时,正蕴含至理于其中。转换至价值论层面,在行动实践上,各各自性若能自足圆全,便是将所含之至理体现出。这也即是引文中任性全理、得性达理、足性尽理等说法之义。无论是本源上的至理为性分之本,还是价值论上的任性以全理,郭象将《庄子》以来性、理二者的关系,带到一个建立在一般与特殊关系的连接点上:自性是特殊,却蕴含、体现一般之至理于其中;或者说一般之至理,同时内蕴在特殊之自性中。这样的理、性关系,透过成玄英进一步阐发后,成为程朱继承下来以建构其"理一分殊"之说的方便利器。

总言之,在"理"的诠释上,郭象虽继承王弼"至理"之论而在共理层面有所提示,却更着重于阐发分殊之理,并以此成为其诠释"理"范畴时的特色。除了着重阐发分殊之理,郭象循《庄子》理、性并提的脉络，在理、性关系上进一步提出任性全理、得性达理等论题，透过唐代成玄英进一步的阐发，而为程朱理学"性即理"命题的提出作出了理论上的准备。这是郭象在诠释"理"范畴时承先启后之处，可惜学者在论及郭象时却多所忽略。

五、成玄英将"理"提升为本体论最高范畴

魏晋以后，再度赋予"理"范畴以重大理论突破者乃是唐代成玄英。他在"理"的阐释上，不但承继《庄子》以来"理"的主要意涵并加以突破，同时下启程朱理学理本论体系的展开，地位极其重要。要言之，成玄英在"理"诠释上的突破，至少有三项重要意义：

（一）魏晋以前"理"的概念基本上依循着《庄子》宇宙论范畴的进路，到唐代成玄英始将之提升为本体论最高范畴①。

（二）《易传·说卦》依循着《庄子》有关"理"、"性"并提的哲学议题，总结出"穷理尽性"的命题。此命题历经汉、魏数百年未受重视，直至成玄英始大加阐发。例如成玄英以道统摄理与性，亦即统摄主体与客体二者，因此欲把握道，即需同时穷究理与性——探讨主体之心性与客体之法则关系的课题。（《道德经义疏》共论及"穷理尽性"5次（第一章2次，第三十七章、四十三章、六十四章各论及1次）；《庄子疏》中则共论及7次（《庚桑楚》2次，《大宗师》《天地》《天道》《知北游》《则阳》

---

① 一直以来，学者多以为"理"为本体论最高范畴始于二程。经《道家文化研究》第十九辑诸多学者的论证，才澄清了"理"提升为本体论最高范畴乃始于成玄英。（请参考《道家文化研究》第十九辑汤一介、李刚、李大华、崔珍皙等学者之论作。）

各 1 次)。

（三）成玄英将"理"与"性"提升至本体论层次,试图将传统心性论议题引向本体论中,此一思想进路为程朱开辟了一条崭新的方向。

以下即就这三项意义加以论述：

（一）"理"即"道"

由《庄子》所开启的宇宙论范畴诠释进路中,"理"是"道"在经验事物层面的体现,特别指事物本身的条理,以及万物运行的律则。这一条诠释进路历经《说卦》一直到魏晋王弼、郭象,无论在共理还是殊理层面的讨论,基本上仍蕴含此一路向。一直到成玄英,"理"的诠释进路有了根本上的改变,并且有了重大的突破。

成玄英集中以道、理、性三范畴的关系架构,作为其以"穷理尽性"为核心命题来展现物我相融、境智相泯之重玄学的基础。他说："道者,虚通之妙理,众生之正性也。"（《道德经义疏·六十二章》）一方面成玄英不再将"理"隶属为"道"的形下体现,而是作为本体论范畴时,直接将理等同于道,二者同为最高本体论范畴；另方面则视性为道,亦即理的内在化,将心性论与本体论连结起来谈论。整体而言,即是以道统摄理与性二者。

在本体论上将理等同于道,成玄英以变文同义的关系来论述二者。他说：

> 量等太虚,无来无去,心冥至道,不灭不生,既与此理相符,故义说为久。（《道德经义疏·十六章》）

知此不言之言是淳和之理者,乃曰体于真常之道也。
(《同上·五十五章》)

善修道之士,妙体真空,达于违顺,不与物争,故能合至理之自然,契古始之极道。(《同上·六十八章》)

道者,虚通之妙理;物者,质碍之粗事。而以粗视妙,故有大小,以妙观粗,故无贵贱。(《庄子·秋水疏》)

夫能达理通玄,识根知本者,可谓观自然之至道也。
(《同上·知北游疏》)

至道,理也。(《同上·知北游疏》)

成玄英言理,除了引文中的"至理"、"妙理"、"淳和之理"外,尚有"玄理"(《道德经义疏·五十六章》)、"无形之理"(《同上·十五章疏》)、"幽冥之理"(《同上·七十三章疏》)等说法。诸般对于理的形容,无非在彰显理超言绝象的本体高度。这样的理,成玄英将之与道变文同义,直接与道同置为最高本体论范畴。

在理论模式上,成玄英显然将《庄子》以来在理的诠释上,由宇宙论进路转换为本体论进路。这除了继承王弼畅总体之理的思路外,透过疏解郭象注《庄》,成玄英似乎表现出对于郭象过于重视分殊之理的修正。

(二)穷理尽性——境智相泯

成玄英既然将理提升为与道同为本体论最高范畴,则在修养论上,如何体证终极至道便等于是如何"穷理"的问题。成玄英承郭象性、理之论,亦视性为理的落实。因此,所谓"穷理",实则与"尽性"便是一事。成玄英因此屡言"穷理尽性"①,作为修养论上达至最高境界之途径②。我们先讨论成玄英关于理、性关系的阐释。

1. 理与性之连结

在理、性关系上,成玄英承继郭象,也认为"性"正是"道",亦即"理"在万物内在的落实。他说:"道者,虚通之妙理,众生之正性也。"(《道德经义疏·六十二章》)既然众生之性即涵蕴着理,则成玄英在价值论上便依循郭象任性全理之理路,进一步提出复性以显理之说。他说:

> 人禀性自然,各守生分,率而行之,自合于理。(《庄子·缮性疏》)
>
> 率性而动,不舍我效物,合于正理,故不乱。(《庄子·庚桑楚疏》)
>
> 绝偏尚之仁,弃执迹之义,人皆率性,无复矜矫,孝出天

---

① 成玄英论及"穷理尽性"者如下:"穷理尽性,不可思议,所以题称'道德'"(《道德经义疏·一章》)、"妙极精微,穷理尽性"(同上)、"遣之又遣,玄之又玄,所谓探幽索隐,穷理尽性者也"(《同上·三十七章》)、"斯乃穷理尽性,盖世之谈,世间名教,罕能逮者"(《同上·四十三章》)、"圣人穷理尽性,亦无为无不为"(《同上·六十四章》)、"内放其身,外冥于物,浩然大观,与众玄同,穷理尽性"(《庄子·大宗师疏》)、"即有即无,即寂即应,遣之又遣,故深之又深。既而穷理尽性,故能物众物也"(《同上·天地疏》)、"圣人灵鉴洞澈,穷理尽性,斯极物之真者也"(《同上·天道疏》)、"穷理尽性,自非玄德之士,孰能体之"(《同上·知北游疏》)、"物我冥符而穷理尽性者,故为外物之所归依也"(《同上·庚桑楚疏》)、"穷理尽性,虚妙之甚,不复可加矣"(同上)、"智周万物,穷理尽性,物我不二"(《同上·则阳疏》)。

② 汤一介云:"成玄英提出'穷理尽性'作为达到超越境界之途径。"见《道家文化研究》第十九辑,北京:三联书店,2002年。

理，慈任自然。(《道德经义疏·十九章》)

我们可以看到，在价值论层面，成玄英对于理、性关系的阐释，大抵不出郭象任性全理的意涵，只是郭象言理、性关系，不离一般与特殊的关系架构；而成玄英认为人只要率性而行，则"自合于理"，似乎已然将性与理直接连结起来。这似乎已从逻辑上一般与特殊的涵蕴关系，转变至以近于同一的关系来呈现出性即理的意涵。虽未提出"性即理"命题，然而二程所言"性即理也，所谓理，性是也"(《二程遗书》卷二十二下)，以及朱熹"只是道理，在天曰命，在人曰性"(《朱子语类》卷五)、"无极之理，便是性"(卷九十四)等说法，显然即承郭象、成玄英之说而发。

2. 境智相泯之境

《说卦》"穷理尽性"的意涵，是在主客架构中，包含向外在探索宇宙现象及规律，以及向人类自身探讨其存在样态及性能。成玄英立基于《说卦》的架构，以"穷理尽性"来试图对宇宙人生作整体的把握①。

成玄英将"理"提升为最高本体范畴，"穷理"便意谓着对于宇宙整体真相的洞澈；而"理"内在而为人之"真性"，成为心性修养复归的方向，"尽性"便意谓人真常之性的复归。二者实涵括了客体与主体、物与我，甚而天与人的关系。然而穷理与尽性并非二事②，成玄英既然视人之真"性"为"理"的内在，甚至倾

---

① 一般学者多强调"穷理尽性"之说始于二程，实则成玄英开始将《庄子》"理"的宇宙论内涵转移至本体论层面，并作为心性论建立的基础。

② 成玄英认为穷理与尽性并非二事，这影响了程颢"穷理尽性以至于命，三事一时并了，元无次序"以及程颐"穷理尽性至命，只是一事"(《二程遗书·二上》)的论点。

向于视理、性二者为同一之关系,则性、理之不二,让穷理尽性即
为二事一体完成。其开展的境界正也意味着物我、境智之相泯。
成玄英说:

> 夫智周万物,穷理尽性,物我不二,故混同一体也。
> (《庄子·则阳疏》)

> 物我冥符而穷理尽性者,故为外物之所归依也。(《庄
> 子·庚桑楚疏》)

> 微妙是能修之智,玄通是所修之境,境智相会,能所俱
> 深,不可以心识知。(《道德经义疏·十五章》)

> 妙契所修,境智冥会,故无辙之可见也。(《同上·二十
> 七章》)

成玄英言物与我、境与智实寓理与性之关系。而理与性既
然不二,物我、境智,在穷理尽性中当然亦是一而不二。成玄英
集中由"穷理尽性"命题,在所开展的主客一体中,解释了中国
哲学探讨的如何泯融自我与他人、人与自然("天"),能知("智")
与所知("智")等的课题。此是其论理之一大突破。

总结成玄英在"理"范畴诠释上的突破,他首次将"理"提
升为最高本体范畴,同时由理、性不二,透过"穷理尽性"而开展
物我合一、境智相泯之境①,这些论点对程朱理学都产生深刻的
影响。

---

① 成玄英"境智相泯"之论,除集中由"穷理尽性"展开,亦承王弼理、事对举之说,
而在理、事关系中呈现。如言:"至德之人,即事即理,即道即物……道得之者,只
为即事即理,所以境智两冥,能所相会。"(《道德经义疏·二十三章》)

六、程朱理本论的提出

大体而论，无论称为理学或道学，其哲学议题乃承自老庄。理学在伦理议题上主要依循孔孟儒家论题；然而其形上体系的建构，无论是理气关系或道器关系之论点，则是立基在老庄道论上。

关于"理"范畴的诠释，至宋明理学有了更深刻的突破，并成为此时期哲学的核心议题，这尤其表现在程朱理本论的体系中[①]。就理论议题来看，程朱理本论主要是建立在几个论题中：分别是理气论、理一分殊以及修养论上的格物致知之说。程朱在这些论题上的展开，乃是承继了从老庄以至成玄英在"理"范畴的相关论点，以下择要析论：

（一）道家理论架构下理气论的提出与发展

原始儒家哲学重在阐发道德主体的人性内涵，并未着力于建立人性价值的形上根据。其伦理价值的展开，乃建立在人性中以情感为基础的道德自觉上，然而缺乏形上依据。儒家认定的道德自觉，虽定位为普遍人性之内涵[②]，终究难摆脱属于信仰或理念的主观色彩。程朱理学正是体察到先秦儒家这方面的理论特色及局限，因此试图为儒家哲学建立稳固的形上基础。

程朱的理气论旨在为儒家思想奠以形上基础，然而不论是

---

① 张岱年说："伊川的'理'之观念，实是古代道家之'道'之变化。"《中国哲学大纲》，北京：中国社会科学出版社，1982年，页58。

② 孟子论证恻隐之心乃以"今人乍见孺子将入于井，皆生怵惕恻隐之心"（《孟子·尽心》），指向情感的普遍人性基础。

在"理"的本体意义，或是理气关系的探讨，则都是建立在老庄的道气论与庄子理气关系的理论架构基础上。甚且，其"理"的最高本体意义以及"理"对于"气"的主导关系，更是直接继承了唐代道家成玄英的论点而来。

1. 继成玄英将理作为最高本体范畴

朱熹承二程标举"天理"的思想，提出"理"作为万物存在的最终根源与依据。他说："未有天地之先，毕竟也只是理。有此理，便有此天地；若无此理，便亦无天地，无人无物，都无该载了。"（《朱子语类》卷一）这样的"理"是独立于万物之外，存在于万物之先的。前者指出"理"的超越性；后者则透过"理"对气的主导，进一步表现出"理"落实为万物存在原理的逻辑优先性，而呈现为最高本体范畴。

程朱"理"的这一理论，是依循着老庄道论的理路，并且直接继承了成玄英最高本体范畴的"理"而来。正如前文所论，老子未言及"理"，庄子论及"理"则偏向经验层面而用以描述事物的性质与条理。"理"在老庄哲学体系中并非最高哲学范畴，"道"才具最高本体意义。老子的"道"独立于万物之上，作为万物存在的本原依据①。庄子言"道"，亦指出其独立无待、先于天地，并为万物存在之根源及原理②。因此，程朱虽在论述上主要透过《易传》太极阴阳思想以建构其理气论，然而其理气论中涵具

---

① 老子言"道"："先天地生，寂兮寥兮，独立不改，周行而不殆。"（二十五章）
② 庄子言"道"："自本自根，未有天地，自古以固存；神鬼神帝，生天生地；在太极之先而不为高，在六极之下而不为深，先天地生而不为久，长于上古而不为老。"（《大宗师》）

的老庄道论模式,以及《易传》本身所涵的道家形上思维①,率可表明朱熹显然依循老庄道论的思维摸式,改以"太极"②、"理"之概念取代老庄之"道",而推演其理本论的思想。

2. 理气先后

程朱理本论体系中"理"、"气"关系的展开,除了跟老子道与万物之间,以及庄子理与气之间的关系脉络有密切的关联外,更是在成玄英理在气先以及理主导气观点③的基础上作进一步发挥。

程朱理学关于理气关系的讨论可集中透过朱熹的论点来呈

①　关于《易传》与道家思想的关系,参阅拙著:《易传与道家思想》,台北:台湾商务印书馆,1994年。

②　朱熹"理"或"太极"的提出,仍然是在道家语言概念的脉络中。朱熹使用"太极"一词,在论述上虽主要针对《易传》,不过《系辞》中"太极"一语,正是源自《庄子》。

③　在理、气关系上,成玄英是倾向于主张理在气先,以及理主导气的。关于理在气先,成玄英说"自然之理,通生万物"(《庄子·齐物论疏》),又说"自然之理,遗其形质"(《庄子·德充符疏》)。所谓"自然之理",在于指陈"理"是就万物存在的"必然"及"本然"面向而论,而这"理"正是创生万物以及赋予万物具体存在内容的本原。"理"是万物生成的本原,至于具体构成万物则需透过"气"。成玄英说:"气是生物之元。"(《庄子·在宥疏》)"气"是万物生成过程中,构成万物的质料元素。至于"理"、"气"之间的关系,成玄英虽没有直接论述,但是"理"既然是万物生成的本原,"气"则为生成过程中构成万物的元素,则"理"在"气"先,应该是二者在生成序列上的必然关系。

至于理主导气,成玄英认为构成万物的质料元素的"气"正是由"道"所生(《道德经义疏·四十二章》)。最初未分的"元气"是由"道"所产生。"气"既然由"道"所产生,则"气"出现后,和"道"的关系又如何?成玄英说:"妙本一气,通生万物,甚自简易,其唯道乎!"(《庄子·在宥疏》)"气"构成万物的动力及原理,皆源自以及依循于"道"。因此,"气"确实受"道"的主导。"气"既然受"道"的主导,成玄英的"本理"、"自然之理"又等同于"道",则"理"、"气"之间,便呈现出"理"主导"气"的关系。

现,其中理气先后的关系是探讨的重点。朱熹一方面提出理先气后的说法,另方面又主张理气之间无先后之别。朱熹在理气先后关系上看似不一致的论点,学者已提出不少解释。总的来看,所谓"先后"关系,有时间上及逻辑上之别。要厘清朱熹理气之间的先后关系,必须先了解朱熹在谈到理气先后时,究竟是由时间上还是由逻辑上来谈。归结而言,当朱熹提及理先气后时,是同时包含有时间及逻辑二层意义。例如当朱熹说"若论本原,即有理然后有气"(《答赵致道第一》),以及"推其所以来,则须说先有是理"(《朱子语类》卷一)等论点时,是就万物生成过程的时间先后而言理在气先;而当他说"以本体言之,则有是理然后有是气"(《孟子或问》卷三),以及"要之也先有理。……且如万一山河大地都陷了,毕竟理却只在这里"(《朱子语类》卷一),则是由理作为气的本体依据而具有的逻辑优先性来说明理先气后。朱熹所以同时由时间上及逻辑上来说明理先气后的关系,可能和其前后期思想的转变有关①。至于朱熹言及理气之间无先后之别时,则是针对理气相互依存一点而论及二者无时间上的先后。如朱熹说"理与气本无先后之可言,但推上去时,却如理在先、气在后相似"(《朱子语类》卷一),所谓"理与气本无先后之可言"正是就理气相互依存一点而言。程朱在理气关系上,无论是时间上的理在气先,还时逻辑上的理主导气,其理论

---

① 陈来论证,在理气先后问题上,理在气先乃是朱熹早年思想。至晚年,理气关系表现为理不离气,理是气运作的原理,理气之间无涉时间的先后,而是逻辑上的先后关系。参阅陈来:《朱子哲学研究》,上海:华东师范大学出版社,2000 年。

模式皆可上溯至老庄道气关系上 ①。

（二）"理一分殊"的脉流及义涵

程朱"理一分殊"的理论特点，同时涉及宇宙生成论以及本
体论二层面。在万物生成方面，理作用于阴阳二气，再透过阴阳
二气聚合为万物，构成了理——气（阴阳二气）——万物的生成
图式。理透过阴阳二气生成万物，同时内在于万物，成为个物之
理，一理于是分殊为众理；再就本体层面而言，因为万物形成时
即秉受了"理"，于是"理"便成为万物的存在依据。

无论是生成层面或是本体层面，理既内在于万物而散殊为
众理，则"理一分殊"在理论上便产生一理与众理之间关系为何
的问题。朱熹由"月印万川"的形象模拟来说明，不过似乎不能
由此单纯理解为众理乃一理的众多摹本，其间完全相同。朱熹
曾进一步说明此绝对之一理亦即太极，乃"总天地万物之理"。
显然"总"非指总和，而是指众理的最高共相而言。因此，一理
乃可理解为众理间的最高原理原则。

朱熹"理一分殊"的论点，无论在生成论或本体论层面，都
可在老庄"道"、"德"的形上脉络中发现其依循的理论基础。

在老庄的道论上，"道"创生万物，而后内蕴于万物成为其
"德" ②。"道"是万物的生成本原以及存在依据，"德"则是"道"

---

① 《老子》论及道创生万物之过程时，虽未明白言及道创生气而先于气，但似已隐
　含这样的思想线索。到了庄子才将老子关于道气关系的思想线索加以显题化，
　既提出时间序列上的道在气先（如《天地》"泰初有无"一段），同时也由道作为
　气的原理（"阴阳者气之大者也，道者为之公"）而呈显出逻辑上的道先气后。
② 老子"道生之，德畜之"之论，阐明道创生万物后，继续内在于万物而为涵养万物
　之"德"。庄子在言及道"生天生地"后，亦阐明"物得以生谓之德"，以万物禀承
　自道的内涵为"德"。

作为万物存在本原及依据的具体落实处。万物秉"道"而涵
"德",既内蕴了"道"在万物自身的作用,同时亦呈显著"德"在
其自身的个性表现而显出殊别之理。"道"与"德"的关系于是
表现为:众物之"德"表现为殊别而多样的形态,而纷杂多样的
"德"之表现又正是"道"的落实,因此,万物"德"的多样表现根
源于"道","道"落实、表现为万物"德"的殊别多样。"道"与
"德"的一与多之间,正是朱熹"理一分殊"的理论根据处①。

(三)格物穷理的儒道诠释

程朱将孔孟原始儒家道德规范的价值基础,建立在形上本
体之"理"中,连带影响其心性论的内涵。原始儒家将道德价值
建立在人心的道德自觉上,例如孟子视四端之心为仁、义、礼、智
等道德行为的根源。四端之心需要人在后天的伦理处境中加以
存养扩充,而后始能"沛然莫之能御"的实践出具体道德行为。
因此,原始儒家在心性修养的工夫论上,强调积极发展道德自觉
与实践伦理要求。

程朱理学将伦理层面的价值基础建立在本体层面的"理"
中,具体来说即认为,作为万物存在依据之理内在为人之本性,
而本体之理是善的,因此理内在为人性后,人性亦即是善的。这

---

① 例如朱熹说"理一分殊,合天地万物而言,只是一个理。及在人,则又各自有一
个理"(《朱子语类》卷一),以及"万个是一个,一个是万个。盖体统是一太极,
然又一物各具一太极"(《朱子语类》卷九十四)。所以既有最高本体之"理"或
"太极",而物物又各有一"理"或"太极",正是由"万物各有禀受"而来。由万
物之"禀受"最高本体之"理"或"太极"来解释"理一分殊",正是立基在老庄
道——德的理论模式中。

禀受自理的善性,也即是天地之性。按此理路以下,则本体之理的客观实存性,保证了人性之善的客观普遍性。不过,人性之善的客观性虽受到了本体之理的保证,但导致的理论结果是,人性之善便也因此偏向为实然意义,而不是人性活活泼泼地动态发展的道德实践过程。这和孔孟以动态发展以言人性的立场显然有着差距。

程朱理学偏向实然层面的道德人性观,进一步具体表现在其心性论及成德工夫论上,我们分两点来谈。

1. 援引道家虚明之本心说

孔孟视人性之善为道德自觉发展的过程,因此在实践上,便以道德自觉之心为核心,强调道德意志的扩充与发展。而程朱既然将人的道德善性予以实然化,则在道德实践上,便衍生出和孔孟原始儒家大异其趣的心性观。程朱视人的道德善性为本体之理如实地分殊、内在于人性,因此人的道德善性——亦即理,是既存的实然。而在道德实践上,便着重在如实地体认以及体现人性中的理。至于要如何体认以及体现人性中的理?所依据者便是透过湛然虚明为本体的认识心,而不是道德自觉之心。

因此程朱虽亦间或论及道德自觉之心,但所着重者则是具有认识意义的澄明心体。如朱熹说到"人之心湛然虚明,以为一身之主者,固其本体"(《答黄子耕七》),以及"人心本是湛然虚明"(《朱子语类》卷十六)等,以"虚明"为心之本体。这样的心体是"如鉴之空,如衡之平",可以如实识得性中之理。

朱熹大谈虚明如镜之本心，显然是承袭了庄老的心论①。也许朱熹无意引进老庄心学，然而其建立在理本上的心性观，是必然导致虚明之认识心的提出，而这又不得不在理论上倚赖道家的心性观了。

2.格物穷理承老子"为学"、"为道"之思路

整体来说，朱熹以湛然虚明之本心来体察、识得性中之理，并依从于理而成就道德行为，只是就人性内在一面而论。程朱理学，尤其是朱熹的"理一分殊"论点，虽认为万物分殊之理皆体现最高本体之"一理"，然而却也强调最高本体之理亦即"太极"，乃是"总天地万物之理"。"总"非指总和，而是指众理的最高共相而言。因此可以说，最高本体之理具有为众多分殊之理的最高原理原则之意。依此落在修养及认识层面，朱熹并不主张直接掌握最高本体之理，而是强调透过对于众理的层层厘析，以最终掌握最高之理。朱熹说："圣人未尝言理一，多只言分殊。盖能于分殊中事事物物、头头项项理会得其当然，然后方知理本一贯。"（《朱子语类》卷二十七）即明此意。

既然事事物物分殊之理皆须识得，则完满的道德行为便不能只立基在人性之理上，而须同时充分明了物物分殊之理。依此落在成德实践功夫上，除了识得人性中之理，还须同时以湛然虚明之心来识得物物之理。以心来识得物物之理，便衍生出几层成德功夫论，这主要都落在认识层面：（一）首先要能识得物物

---

① 如老子说："涤除玄鉴，可以无疵乎"（十章），庄子亦言"莫若以明"（《齐物论》）、"至人之用心若镜"（《应帝王》）等。

之理,必须心湛然虚明而不能有所蔽,因此,去蔽成为心能识得物物之理的前提。朱熹说"心犹镜也,但无尘垢之蔽,则本体自明,物来能照"(《答王子合》),这种去蔽的要求,和庄子去除"成心"的认识观密切关联。(二)除了去蔽,心欲客观识得理,前提还须能静。朱熹说:"此心莹然,全无私意,是则寂然不动之本体。其顺理而起,顺理而灭,斯乃所以感而遂通天下之故。"(答石子重)寂然或静是心之本体,既是心之本体,显然如同湛然虚明是心之本体一般,皆为心能如实识得此理的前提。无论去蔽也好,静寂也好,在认识论上显然受到庄子深刻的影响。(三)去蔽与虚静是使得心能如实识得人性之理与物物之理的前提,至于就认识的具体进程而论,朱熹提出格物穷理之说。在《补大学格物致知传》中,朱熹集中说明格物穷理的认识意义:

> 所谓致知在格物者,言欲致吾之知,在即物而穷其理也。盖人心之灵莫不有知,而天下之物莫不有理,惟于理有未穷,故其知有不尽也。是以《大学》始教,必使学者即凡天下之物,莫不因其已知之理而益穷之,以求至乎其极。至于用力之久,而一旦豁然贯通焉,则众物之表里精粗无不到,而吾心之全体大用无不明矣。此谓物格,此谓知之至也。

此段文字指出格物穷理的要义为,透过心的认识功能,以已知之理为基础,藉由不断地与新认识事物之条理加以比较、分析与归纳,由殊别之理,渐次厘析归约出最高的共相与原理原则,亦即最高本体之理。正因此本体之理是众理的最高共相,意味此本体之理存在、适用于众理之中,因此也即可以说,此理实涵纳众理。而认识心一旦透过格物穷理识得最高本体之理，便等于识得万物之理。此即朱熹提到"心之全体……万理具足"，以及"心聚众理"等说法之涵义。此就认识层面而言心识得众理，其意与陆王心学"心即理"之说有别。

审视程朱，尤其朱熹格物穷理之说，实继承老子为道、为学之路径而展开。透过去蔽、持静以保有湛然虚明之心体，并以之作为认识的前提，正是在老子"为道日损"的脉络中。只是朱熹以儒学道统自居，试图建立道德规范普遍有效性的要求，使朱熹由虚明之认识心积极展开格物穷理的认识进程，以使人心能识得人性之理及本体之理，进而依循此理而实现道德行为，这又是老子"为学"一面的积极性转化。

总结来说，程朱试图由本体之理来论证孔孟道德学说的普遍有效性，这显然补充了原始儒家形上理论的不足。但是程朱理本论的理论模式是建立在道家的形上体系中，因此虽填补了原始儒家形上理论的缺乏，但却也因此随之引入道家心性论以及建立在此基础上的认识论，导致与原始儒家心性论有所悖离。

七、结论

本文在考察先秦至两宋关于"理"的重要诠释后归结如下：（一）在庄子的哲学体系中，"理"首次具有宇宙论的哲学意涵；（二）其后《说卦》提出"穷理尽性"一命题，在主客关系架构中，进一步发挥了庄子关于理与性之间的论点；（三）至魏晋时期，在王弼、郭象的诠释下，"理"范畴有了更丰富的意涵。王弼重理一，而郭象重分殊，他们思想是程朱"理一分殊"思想的先导；

（四）到了唐代成玄英，在关于"理"的诠释上，他首次将"理"提升为与道同等阶位的最高本体范畴。而将理与性提升至本体论层次上，则试图将传统心性论议题引向本体论中；另外，透过"穷理尽性"之论，则展开物我合一、境智相泯之境。凡此皆为程朱开辟了一崭新的方向；（五）至程朱理学，"理"成为哲学体系的核心。程朱继承了老庄在道气问题上的论点，并援引老庄道——德模式，同时直接继承成玄英理在气先的理气关系论，以及"穷理尽性"的理路，试图由本体之理来证成原始儒家道德学说的普遍有效性，然而禀受自形上之理的善性便因此偏向实然意义，而不是人性活活泼泼地动态发展的道德实践过程，因而和孔孟以动态发展解释人性的立场有着差距。进一步看，程朱既然将人的道德善性予以实然化，则在道德实践上便着重在如实地体认以及体现人性中的理。至于要如何体认以及体现人性中的理？所依据者便是透过湛然虚明为本体的认识心，而不是道德自觉之心。因此，程朱以虚明之本心为基础，展开格物穷理的认识进程，以识得本体之理及人性之理来实现道德行为，这一思路乃承继老庄之理论进程。

综观先秦至两宋关于"理"诠释内涵的重要发展，我们可以发现主要是以老庄的道论、道与万物的关系，及其心性论为理论主轴，透过分析"理"内涵的发展，再一次展现了道家思想在中国哲学理论体系的建构及发展历程中所处的重要地位。

（本文原刊于《台大文史哲学报》第六十期，2004年5月。）

三玄四典的学脉关系

——论三玄思想的内在联系之一

一、前言

在先秦典籍中，由于《易》、《老》、《庄》之富有玄旨——深富思辨性与抽象性的哲学思维，因而汉以后历代哲学家无不借助于三玄之议题及其思想观念与方法，为其理论建构之基石。

三玄之所以成为中国古代哲学的基石，必有其共同的理论思维。而"三玄"名称使用至今[①]，已经超过千年之久，但从未有过专文申论其思想的内在联系及其学脉的关系。

十余年来，我由不自觉到自觉地运用谱系学方法，论证《周易》经传与道家思想的学脉关联，并将经年累月发表的二十多篇

---

① 《颜氏家训·勉学》："《庄》、《老》、《周易》，总谓三玄。"

论文汇集成《易传与道家思想》与《道家易学建构》两书。现在我再总结性地由三玄的主题与主体思想、三玄的思想方法和道家观念丛等方面，来探讨它们在哲学思想脉络发展上的共通性；对三玄学谱内涵的梳理，也可同时突显出它们与伦理型的儒家文化属于不同学脉的发展。

二、三玄的主题与主体思想

三玄事实上是由四部典籍形成的。《易》分经和传，它们和《老》《庄》撰作时间上，依次是：《易经》（西周初期）→《老子》（春秋末期）→《庄子》（战国中期）→《易传》（庄孟之后至战国末期或稍后）。这四部典籍，撰作时间前后长达七八百年，汉魏以来，学界多将撰作时间距离长达数百年的《易经》和《易传》相混，从而无视于《易传》之哲学化深受老庄的影响①。

本文将三玄四典从如下这几个重要的面向，论说其同构关系：

一、三玄的主题：要在申论天人关系。正如张岱年先生所

---

① 　三玄事实上是由四部典籍构成的，三玄中的《易》，又称《周易》，分经与传。形成于殷周之际至周初的卦、爻辞，汉人尊称为《易经》（先秦典籍则称为《易》）。它和成书于战国后期的《易传》，均非一人一时之作，两者相距长达七八百年。《周易》经与传两书之间存在长达数百年的时空差距，而《易传》各篇是如何地涌现出来，学界向无清晰的解答。惟《史记·孔子世家》记载："孔子晚而喜《易》，序《彖》《系》《象》《说卦》《文言》。"司马迁似乎将《易传》各传的著作权归属于孔子。此后，历代学者随司马迁近乎神话的说辞，遂把《易传》归于孔子学派。然而，根据史实推断，《易传》各篇成书当在战国后期，孔子逝世已近两百年之久，他如何能从墓地里复活，写出一部各篇风格不一、内容不同而体例悬殊的《易传》？因此，司马迁的丰富幻想力，并不能解答《易传》如何哲学化的过程。故本文就先秦学术史与哲学史顺序，对《周易》古经至传文产生与道家思想发展之内在联系，作几层合理的解说。

说:"中国古代哲学可以称为'天人之学'。'天人之际'是中国哲学的总问题。"① 三玄在 "天人之学" 的同构关系上,老学实居于关键的地位——老学在辩证思想方法上,上承《易经》;在天道观(自然观)上,下启《易传》。老子哲学思想以宇宙统人事,将天道与人道相互蕴涵而统摄于形上之道中②。反观孔子,其学不在 "究天人之际",乃在于文化层次上关注人伦道德之推广。

　　二、三玄的主体思想:《易经》这部古老的占筮之书,蕴涵着民族文化丰富的人生哲理,属于哲学前期的作品;哲学体系系统性的建构,始于《老子》。三玄的主体思想以老子的形上道论与老庄的自然观为核心,而《易传》各篇扩充此一学脉。《易传·系辞》的引 "道" 入易③,使易学由文化层次提升至哲学层次。《彖传》的乾坤生物说,乃直接继承老子道生德畜说④;而《彖传》重要命题如 "消息盈虚"、"与时消息"、"终则有始",则屡见于《庄子》⑤。《彖传》与《庄子》,两者在天道观、自然观领域内的重要命题如此相合,令人惊异! 反观孔孟儒学,在自然观方面则无所建树,可证《易传》宇宙论或自然观的产生,与孔孟儒学

① 张岱年:《中国文化的思想基础与基本精神》,《张岱年全集》第六卷,石家庄:河北人民出版社,1996 年。

② 参看拙文:《论道与物关系问题:中国哲学史上的一条主线》(本书第三篇)。

③ 《系辞》概括老子的道器关系,曰:"形而上者谓之道,形而下者谓之器。" 又概括老子的道与阴阳关系,曰:"一阴一阳之谓道。"

④ 《彖传》的 "乾元"、"坤元",乃老子 "道"、"德" 概念之转化,而 "乾元资始"、"坤元资生" 说,亦继承老子道德生养万物之说。(《老子》五十一章:"道生之,德畜之。")

⑤ 如 "消息盈虚" 这一命题见于《庄子·秋水》,"与时消息" 见于《盗跖》,"终则有始" 见于《秋水》、《知北游》等篇。

不相关联。

《易传》之哲学化,跟孔孟儒家之无所挂搭,这由儒、道两家观念丛相互对比,更可明显判别。

三、三玄哲学观念丛的学脉关联:哲学上的"观念丛",更确切就是概念丛(cluster of concept),包含概念、范畴和命题。通过范畴和命题,可以了解一家一派学说的特点[①],例如"仁"和"礼"是孔子学说的核心概念,《论语》曰"仁者爱人"、"克己复礼为仁",又说"非礼勿视,非礼勿听,非礼勿言,非礼勿动",这些命题反映着孔子伦理学说的重要特点。从这类伦理型的概念和命题来考察,它们在《易传·系辞》的主体思想中却无显著的反映,而《系辞》中重要的哲学命题几乎多属于道家学派,如形上之道与阴阳、刚柔、太极、无为、精气、变通、常、无常、神明、幽明、洗心、知几等范畴,全出自老庄典籍而为道家自然观中的特殊用词。《易传》中出现最早的《象传》亦然,如阴阳、刚柔、天行、终始、变化、动静等概念,均属道家自然观中的重要范畴;《象传》成书于孟子之后,而原始儒家的"仁"与"礼"概念在《象》文中却一字未见,由是亦可反证《象传》自然观及其天人关系之论与儒家并无学脉之关系。

庄子说:"《易》以道阴阳。"(《天下》)而"阴阳"这一古典哲学中之重要范畴在孔孟学说及四书儒典中竟未得一见,更可

[①]　汤一介《论中国传统哲学范畴体系的诸问题》一文中说:"在哲学史上,比较重要的哲学家在建立其哲学体系时,必然要使用一系列的概念、范畴;因此,研究其概念、范畴相互之间的关系,是我们深入解剖其思想体系的基本要求。"《新轴心时代与中国文化的建构》,南昌:江西人民出版社,2007 年。

证《易传》之哲学化以自然观为主体而与倡导人伦日用的孔孟儒家思想无关。

　　我们有时还会听到学界有这样的一种说法：虽然《易传》里有许多道家的思想观念，那是出于儒家的引用。这种说法需要考虑到一家一派的形成必有其学说的基本内容和特点。以儒、道而言，例如先秦儒家虽有孔、孟、荀之分，但他们基本上继承西周"尊尊亲亲"之德治主义的文化传统，崇礼乐、尚仁义、行忠孝之道，着重政治社会的伦理道德教育。而道家虽然也有老、庄、黄老之别，但他们共同以"道"、"德"为核心建立起形上与形下、本体与现象界之相互涵摄的理论体系——以"道"作为宇宙万物的本原、本根以及运动变化的法则，并以得道之"德"作为万物存在的根据。他们从道性自然、天道无为、万物自然化生的观念出发，否定古代神权思想和神造之说，并以道德为宗，落实到现实人生共同倡导"自然"、"无为"、"虚"、"静"、"通"、"明"等观念作为其精神指标。简言之，先秦儒、道较大的差别在于，儒家仅停留在居于文化层面倡导仁义礼乐之教，而道家则从文化层面提升到哲学层次建立起一套完整的宇宙观和人生观。道家宇宙论以自然观为宗旨，并以天道与人道相互涵摄为主要内容，它的哲学体系的建构以及思想方法的运行正是孔孟儒家所欠缺的，而《易传》正是在道家宇宙论、自然观的学脉中使易学由占筮之书转化为哲学典籍。

　　要之，上述"天人之学"的主题、天道观或自然观的主体思想，以及哲学概念丛等各个重要方面，均可论证三玄之谱系学脉关系。若从辩证思想方法来立论，三玄思想的内在联系，更为显明。——亦即从对反的思维方式、循环往复的思维方式、天地人整体性的思维方式以及天道推衍人事的思维方式来立论,易、老、庄之归属同一学谱,更为明确(后文将进一步论述)。

三、《易》古经与《老子》思想的内在联系

《周易》古经本是占筮之书,到传文出现,渐渐转化成为哲学的著作,这期间经历了春秋和战国时期几个重要阶段的演进。其一是春秋时代各国史官对古代卜法与卦象及爻辞的义理化解释过程。其二是春秋末哲学开创期,受老子哲学理论之重大影响。其三是战国中早期百家争鸣、诸子思潮的冲击(尤其是庄子的大化论、自然观的启发),成为激发《易传》创作至关要重的学术环境。

(一)春秋史官之八卦取象说

《周易》由经演化出传,并非一蹴而就,数百年间,所经历最初的阶段便是春秋时期。《左传》、《国语》提供了确切的文字依据,有助于我们了解由西周到东周期间先秦易学发展的一条线索[①]。在这历史时期中,众多史官对卦象及经文作出诸多解释,其中如变卦说、取象说、取义说以及吉凶由人和天道无常说等都为战国《易传》所继承[②]。特别值得一提的是取象说中以八卦具有象征八种自然现象的说法,即以乾、坤、震、巽、坎、离、艮、兑象征

[①] 有关《左传》、《国语》引用《周易》卦象及经文的解说研究,参看高亨《〈左传〉、〈国语〉的〈周易〉说通解》(见《周易杂论》)、李镜池《〈左〉、〈国〉中易筮之研究》(见《周易探源》)。

[②] 详见朱伯崑《易学哲学史》第一章第二节《论〈周易〉中的占筮体例》。

天、地、雷、风、水、火、山、泽八种自然现象。这在春秋时期的筮法中已经具备①，这些卦象被战国晚期之后的《说卦传》与《杂卦传》所采用并加以扩充②。战国晚期至秦汉以后，易学哲学才将八种自然现象的相互作用用以说明万物的形成和变化，那是来自于筮法中的取象说。

然而，一般易学学者都忽略了《左传》《国语》所记载的春秋史官易说，为古经至传文发展中的重要阶段。在学术顺序上，对《易经》的解释常犯了"急速推广的谬误"。余敦康先生说得很合理："（古经）八卦不具有象征八种物质元素的意义。八卦的卦名是有了，但是根据筮辞，完全看不出乾、坤、震、巽、坎、离、艮、兑就是代表天、地、雷、风、水、火、山、泽。《乾》卦九五爻辞中有一个天字（"飞龙在天，利见大人"），这并不说明乾代表天。其他七卦的卦爻辞中，连地、雷、风、水、火、山、泽的字样都没有出现。""卦象就直到春秋时期才出现，而在此以前找不到任何文字记载，可见八卦的象征意义不是原来就有的。"③诚然，将八卦代表宇宙中八种基本物质元素的说法，乃出于战国晚期至秦汉以后的哲学解释，在古经卦爻辞文义中，我们无法找到如此哲学

---

① 参看李镜池：《周易探源》，页 413—414 ；朱伯崑：《易学哲学史》第一章第二节之一《论〈周易〉中的占筮体例》。

② 冯友兰《中国哲学史》已指出："据《左传》《国语》所记，春秋时人亦已以乾为天，坤为土，巽为风（见《左传》庄公二十二年），离为火，艮为山（见《左传》昭公二十五年），震为雷，坎为水（见《国语·晋语》），又以震为长男，坤为母（同上）。可见《说卦》所说，亦本前人所已言者而整齐排比之耳。"引自该书第一编第十五章

③ 余敦康：《从〈易经〉到〈易传〉》，《中国哲学论集》，沈阳：辽宁大学出版社，1998 年。

性的解说。

要之,从易学史角度而言,春秋时期史官解易阶段为西周古经至战国传文产生的一个重要的中间环节。若从哲学或易学哲学史的角度而言,则古经至老子哲学的开创,这条思想线索更为紧要。它是中国哲学源头与"哲学突破"的一条主线。

(二)《易》经文与老子思想的内在联系

春秋各国史官引用《周易》古经的解释,见于《左传》、《国语》的记载共 22 条,其中有 16 条是把《周易》用来占卜,只有 6 条作出义理化的解说,可见,易学在这期间义理化的进程仍是相当缓慢的。直到春秋末的老聃,对《易》之萌芽性的辩证思维上的继承,才使道家老学在哲学理论上有着突破性的发展。

从老聃自著《老子》可以窥见《易》卦之对立、反复观念以及尚谦、安节、隐显互参、损益互补等思想[①],对老学有诸多的启迪。两者思想的内在联系,兹分项解说如下。

古《易》主要部分为经文(卦爻辞)、卦象和卦名。这里先就经文与《老子》之内在联系,梳理其思想发展的脉络。

1. 《乾》卦由潜而现以及高亢之惕:《乾》之爻辞由初爻、二爻而至四爻、五爻,藉龙之潜、见(现)而跃飞,这一思路和其后《老子》"道隐无名"、"进道若退"(四十一章)的哲学命题有内在的联系。而上爻之"亢龙有悔"与九三爻朝夕"乾乾""惕若",也对老子物盛则衰("物

---

① 详看拙著:《老庄新论·老子其人其书》,台北:五南图书公司,2006 年修订版。

壮则老")的哲理有所启迪。庄子著名的鲲鹏寓言,和《乾》卦龙的沉潜而跃飞之举,亦有相应之处。由《乾》卦爻辞所蕴涵的哲理,可窥见易、老、庄三者思想观念有同一脉络的发展。

2.《坤》卦"履霜坚冰"而察几防渐:《坤》卦辞"利牝"之贞,曾被视为老子尚雌崇牝观念之渊源。而初六爻辞"履霜坚冰",蕴涵着老子的警句"为之于未有,治之于未乱"(六十四章);六三爻辞"含章可贞",乃内怀美德,与老子"被褐怀玉"(七十章)一致;六四爻辞"括囊",老子引申为"不言"之教。至于六二爻辞"直方"这一特殊词字,更为老子所喜好而袭用,如谓"大直若屈"(四十五章)、"大方无隅"(四十一章)、"方而不割"、"直而不肆"(五十八章)。

3."否"、"泰"相寻之理:在《否》《泰》卦中有卦辞"大往小来"、"小往大来"以及爻辞"无平不陂,无往不复",包含着朴素的辩证观念。老子说"正复为奇,善复为妖"、"曲则全,枉则直",所讲解的道理相同,都在说明事物的对立及其相互转化的哲理。

4.《易》尚谦:古经各卦爻辞皆有吉凶之占,仅《谦》一卦,无论卦辞或爻辞,其占辞尽属吉利,可见《易》作者之推崇谦德。老子曰:"不自见(现),故明;不自是,故彰;不自伐,故有功;不自矜,故长。"(二十二章)又曰:"自见者不明,自是者不彰,自伐者无功,自矜者不长。"(二十四章)《易》《老》之尚谦,为世人所共知,班固

《汉书·艺文志》论及道家时便说合于"《易》"之嗛嗛，
一谦而四益"。

5.《无妄》，顺时而动，"往吉"。《无妄》卦主旨反对无端妄
行，卦名意即"无妄为"。老子主柔，其学说又以"无
为"最为称著。"无为"乃毋妄为之意，老子警惕人们：
"不知常，妄作，凶。"（十六章）与《无妄》旨意一致。
《易》之"无妄"是就先民日常生活而言，而老子则主要
是针对高层掌权统治者而发。

（三）卦象隐含之哲理与老子辩证思维之联系

《易经》中的符号部分（卦画）组成了一个严密的形式系统，
而形式结构中蕴涵的义理，留给世人无尽想象和发挥的余地。
卦画的两个基本原始符号"—"、"– –"，乃奇偶数字代表。卦的
基本符号有八个：☰（乾）、☷（坤）、☳（震）、☴（巽）、☵（坎）、
（离）、☶（艮）、☱（兑）。每两个基本符号上下相配，就成一卦，
而相配以后，每一爻位皆为奇偶互补。八种基本符号轮配，形成
六十四卦，每一卦又包含六爻，共三百八十四爻构成。

将八卦两两配对，就成六十四卦；传本六十四卦的卦序，
便是两两相对，分为三十二耦。故王弼《周易略例》谓"卦以反
对"[①]。六十四卦中，除乾☰与坤☷、颐☶与大过☱、坎☵与离☲、
中孚☴与小过☶八个卦成"阴阳爻互补"之卦配对以外，其余
五十六卦，皆以反复为序。所以，孔颖达《序卦传·正义》说：

---

① 《明卦适变通爻》，见楼宇烈校释《王弼集校释》，北京：中华书局，1980 年。

"六十四卦,二二相耦,非覆即变。"

《易经》在卦序或卦爻辞中所隐含的反复之理,内化到《老子》的著作中,成为老学思想方法的一大特色。

《易经》八卦由阳爻和阴爻两个基本符号形成[1],到了老子,将阴阳的对立视为宇宙万物根本对立的因素和力量,认为宇宙中的一切变化是由阴阳对立的交互作用引起的(《老子》四十二章)。

老子观察到宇宙万物变化的法则是:一切万物朝向对立面转化,循环往复地转化。因此,他总结出"反者道之动"(郭店楚简为"返者道之动也")的规律。老子这种高度概括性的辩证思维,乃由《易经》隐含性的观念中发展而来。

四、老子与易传思想发展的脉络关系

从先秦思想史来看,孔孟儒学的论题和影响,主要在社会文化和政治文化方面,而不是在哲学领域。本文就哲学角度(哲学议题、思想方法以及哲学概念和命题等方面),讨论老子道家和《易传》的关系:《易传》是如何地在老庄宇宙论等哲学思想的孕育下产生? 以此揭开《易传》如何由筮占向哲学转化的谜底。

张岱年先生论及传统思维方式时谓:中国古典哲学富于辩证思维(如"整体思维"、"对待观点"),另一为直觉方法[2]。在传统认识论中,直觉方法为感性认识与理性认识之外的另一种独

---

[1] 余敦康认为,《易》卦画的两个基本符号"—"、"- -"在古经文本中"不具有哲学中的阴阳范畴的意义,也不具有原始的阴阳概念的意义"。此说确当。

[2] 《试论中国传统哲学的思维方式》,收在《张岱年全集》第六卷。

特的认识能力。此处则仅就辩证思维而立论。

统观《老子》一书,具有四种独特的思维方法:一是对反的思维方式,二是循环往复的思维方式,三是天道推衍人事的思维方式,四是天地人整体性的思维方式。老子这几种思维方式对《易传》都产生直接而巨大的影响。有关《易传》在循环往复的思维方式与天地人整体性的思维方式上对《老子》的继承,我在《易传与道家思想》和《道家易学建构》两书中已有所论述。这里我们从《易传》中最突显的托天道以明人事的思维方式说起,而后再申论对反的辩证思想中相反相成的思维方式产生易道博大融通的精神,有别于儒家对异端的态度。

(一)"推天道以明人事"的思维方式——老子到《易传》为同一思想脉络之发展

《四库全书总目提要》云:"夫易者,推天道以明人事者也。"此说特意突出《周易》在托天道以彰显人事这一思维方式的特点。事实上,《四库》所说的《易》,确切地说,乃是指《易传》。而《易传》这一思想方法的运用,则本于道家。

"推天道以明人事",作为传统哲学的一种思维方式,首创于老子。这种古代独特的思维方式,可说贯穿于《老子》书中,例如老子由"天地无所偏,任凭万物自然生长"而彰显"圣人无所偏爱,任凭百姓自己发展"(五章:"天地不仁,以万物为刍狗;圣人不仁,以百姓为刍狗。")。例如由天长地久,乃因它们的一切运作都不为自己,而彰显圣人能赢得爱戴乃因为他能后其身而不自私(原文见七章)。再如由功遂身退,合于天道而晓喻人们执持盈满,不如适时而止(原文见九章)。又如由天地间飘风不终朝,骤雨不终日而晓喻为政者不可过于疾暴(原文见二十三章)。再如,《老子》书最后一章(八十一章)由"天之道,利而不害"而彰显"人之道,为而不争"。类此不胜枚举。老子运用这种依托天道来作为人事活动的准则,直接为《彖传》所继承[①]。如《彖·泰》云:"天地交而万物通也,上下交而其志同也。"如《彖·颐》云:"天地养万物,圣人养贤以及万民。"又如《彖·咸》云:"天地感而万物化生,圣人感人心而天下和平。"凡此例证,遍见于《彖》、《象》及《系辞》。这类托天道以明人事的思维方式,正是继承老子与黄老之学而来[②]。

(二)相反相成的思维方式——老子与《易传》之博大融通精神

《易》、《老》"对反"的思维模式(thinking in opposites)中,涵蕴着著名的"相反相成"的哲理[③]。自老子提出"有无相生"(二章)、"阴阳冲和"(四十二章)的重要命题,至《易传·系辞》及汉魏黄老政治哲学所共同倡导"殊途同归"之意旨[④],均体现着中国古代众说兼蓄的博大融通的精神。

在古代言论史上,存在着两个不同的开端:一是以有容乃大的心胸,采纳不同的见地;另一是求同心切,难以涵容思想的

---

① 详见拙文:《彖传的道家思维方式》,《易传与道家思想》,页24—52。
② 详见拙文:《先秦道家研究的新方向》,《黄帝四经今注今译》,页27。
③ "相反相成"这一成语,出自《汉书·艺文志》,谓诸子之言"相反而皆相成也"。
④ 汉代黄老道家司马谈《论六家要指》推崇《易大传》"天下一致而百虑,同归而殊途"的涵容态度。魏晋玄学家王弼直承《论六家要指》学风,在《老子指略》中,亦极力主张对各家取长补短,发挥"殊途同归"之意旨。

分歧。在先秦百家争鸣的思潮中,学派间各抒己见,造就了中国思想史上的黄金时代。汉以后,儒道两家取得了长存的优势[①]。汉初诸子百家之学犹并存,而且道家居于优势,以《淮南子》为代表的道家认为"异声而和"(《缪称》),并谓"百家之言,指奏相反,其合道一体也"(《齐俗》)。这观念与《庄子·天下篇》相应。淮南学派强调"殊事而同指,异路而同归"(《本经》),倡言"百川异源而皆归于海,百家殊业而皆务于治"(《氾论》)。司马谈所谓"同归而殊途"、"阴阳、儒、墨、名、法、道德,此务为治者也",正与淮南同一思路。面对这思想蓬勃的时代,董仲舒则要求结束"百家争鸣"的局面。公元前136年,他在给汉武帝的对策中献策曰"今师异道,人异论,百家殊方,指意不同,是以上亡以持一统",因而建议:"诸不在六艺之科、孔子之术者,皆绝其道,勿使并进。"(《汉书·董仲舒传》)董仲舒依仗皇权镇制力的介入,使儒家取得了独尊的地位,却扼杀了数百年来民间自发性的文化孕育成长之生机,从而导致整个民族创造心灵的衰竭[②]。

　　董仲舒倡议"罢黜百家"的文化政策。推行的结果是,使中国跌入了思想言论史上的黑暗时代。文化单边主义正是整个

---

① 儒道同源而异流,汉以后,在文化上一显一隐,儒家取得了主流的地位;在哲学上,道家则以其境界高远的人生哲学及其深宏的宇宙论与本体论的理论建构,取得了主干的地位。

② 方东美先生说:"董仲舒认为历史应该是不变的历史,从尧舜禹汤到文武周公……董仲舒提出这样一种'道统'的观念,进而罢黜百家,独尊儒术,于是斫伤了西汉以来蓬勃发展的文化精神,也削弱了我民族的创造活动,封闭了宽宏大度的民族心胸。"引自《新儒家哲学十八讲》第一讲,台北:黎明文化事业公司,1983年。

儒学最为美中不足之处。公元前 136 年之后的一千年，唐代韩愈受到佛教法统论和传法世系的影响，于是塑造了一个比董仲舒更加谱系化的"道统"，"道统"外的佛老学说都被视为异端邪说。他在"道统"论的《原道》中竟提出对佛老要采取"火其书，庐其居"的激烈手段。韩愈要求焚烧佛老的著作——"火其书"！在中国言论史上如此令人触目惊心的主张，竟然出自一代大儒之口，这全是韩愈个人失序的状态，或是在儒学史上有脉络可寻！

从原始儒家的学谱上，明确记载他们对"殊途"、"异路"的态度。"攻乎异端，斯害也已矣"（《论语·为政》），这是孔子明确说过的话。这话明显地表示："研读异端学说，那就有害了。"[①]孟子的非杨距墨，使先秦儒家的排斥异己达到登峰造极的地步[②]，给宋明维护道统意识的儒者树立了十分不良的榜样。荀子的学问比孟子深厚，思想格局也较博大，他吸纳稷下黄老的认识论与自然观，但他对不同学派观点竟一概斥为"奸言"、"邪说"（《非十二子》）。可见，先秦儒家对于指意不同的"百家殊方"，均缺乏宽容的心胸。

---

① 有的学者对这话作了一些圆说，但我们查看历代《论语》重要的注疏，孔颖达、程、朱对孔子这话的解释都是一致的。如《正义》曰："此章禁人杂学。'攻'，治也。'异端'，谓诸子百家之书也。"当代学者杨伯峻《论语译注》则译为："孔子说：'批判那些不正确的议论，祸害就可以消灭了。'"杨注说：《论语》共用四次'攻'字……都当攻击解……'已'应该看为动词，止也。"无论如何解释，孔子对"异端"的态度，为后儒的言行开了先例。

② 方东美先生说："孟子不从学术的立场去指证杨墨的错误，而径斥其'无父无君'，比之为洪水猛兽。……孟子一举抹煞他们的价值……尽管孟子养'浩然之气'……却也缺少宽容的心量，在中国学术史上，成为'道统'观念的始作俑者。"

　　儒、道在对待异说的容忍度以及在言论的收束与开放的心态上,确实存在着两个不同的开端:儒家之不容异声与道家之有容乃大,在言论史上形成了鲜明的对比。而《易传》与黄老所极力倡导的"殊途同归"的融合精神,正是继承老子相反相成的思维方式。反之,原始儒家排斥异端的狭隘心态,与黄老道家的"异路同归"的博大胸怀,正相背道而驰。

五、《象传》的自然观及其道家观念丛

　　我在讨论三玄思想的内在联系时,运用谱系学的方法,就文献与哲学"双轨并进"探讨易、老、庄之间思想的脉络关系[①]。从文献出现的时间顺序,可以看出这样两个既存脉络发展阶段:其一,老子、孔子出生前数百年已成文的《易经》,在辩证思想方法上对老子哲学理论建构产生重大的影响;经文中尚谦、安节以及损益互补等观念,对老学也有诸多启迪。相形之下,《易经》的辩证思维方式,则与孔子学说未曾发生对应与关联。其二,老、孔逝世一二百年后才陆续写成的《易传》各传,其创作时期晚于孟、庄[②]。战国中晚期之后的易学家由于受到诸子思潮的冲击,

---

①　吴汝钧谓:"学术研究必须走哲学与文献学双轨并进的道路。"(引自《佛学研究方法论·自序》,台北:台湾学生书局,1996年增订版)吴教授还说:"文献学方法是一种客观精神的表现。……哲学方法即是透过哲学概念的分析来把握其思想的一种研究方法。这种方法所注意的……要看那些思想包括了什么哲学观念,反映了些什么哲学问题,和根据什么理论立场,对这些问题如何处理。"详见《佛学研究与方法论》一文,收入该书。

②　顾文炳《易道新论》谓:"《易传》传说为孔子所作,但从其思想形成的轨迹来看,并非一时一人所能作,大约自战国中期至西汉初期陆续完成。它与封建大一统思潮的勃兴息息相应。"上海:上海社会科学院出版社,1996年,页95。

将原本解释占筮作用的易学给予哲理化。从哲学角度来看,《易传》受到道家各派的影响最深。如成书最早的《彖传》,其天道观基本是依循着老庄的自然观理路而来;成书较晚的《系辞》,在哲学理论上引道入易——将老子哲学最高范畴的"道"引入易学,对老子道器关系及道与阴阳关系作出最高的概括。《系辞》还进一步综合黄老济世的治道精神及涵融开放的风格。下文将以哲学观念较丰富的《彖传》与《系辞》为例,从它们所运用的哲学范畴、概念及命题所呈现的哲学问题和理论思维等方面,来论证《易传》主体思想的道家学派之属性。兹依次先论述《彖传》之道家学脉关系,再申论《系辞》之引"道"入易及其与道家之学脉联系。

《彖传》的哲学化,主要在于继承发展老庄的自然观。我们进行概念分析(conceptual analysis)时,便可看出它多属道家的哲学观念丛——其重要范畴,如刚柔、阴阳、天行、终始、变化、动静,均为道家自然观所习用概念而不见于儒家典籍。《彖传》诠释《乾》卦文辞,多与《庄子》外篇相同,如谓:"云行雨施,品物流形,大明终始……各正性命。"这段《彖》文,"云行雨施"一句,出自《庄子·天道》;"品物流形"文意见于《天地》;"大明"之词,见于《在宥》;"终始"概念屡见于庄书(多达 17 见)。又如《彖·乾》"性命"、"太和",看似儒家使用语词,事实上,"性命"之词屡见于《庄子》外杂篇,庄书出现多达 12 见,"太和"则见于庄子《天运》篇。

概念、范畴之外,《彖传》重要命题有"二气感应"、"万物化生"(《咸》)、"刚柔交错"(《贲》)、"终则有始"(《恒》)、"消息盈虚"(《剥》)、"损益盈虚"(《损》)、"天施地生"(《益》)、"与时消息"(《丰》)以及"复,其见天地之心"(《复》)等,亦都属于老庄自然观范围①。

我们从《彖传》推天道以明人事的思维方式及其天道观的内涵上,明显可见它属于老庄自然观同一学派。现在我们再从《彖传》天道观几个主要学说进一层论说其道家属性。

(一)乾坤生物说

《易经》乾卦卦辞"元亨利贞"系占辞,意为大亨通,占问有利。经文"元亨"、"元吉"之"元",训为"大";"贞",皆训为占。经过老庄哲学孕育之后的《彖传》作者,则将乾坤两卦之"元",由经文中普通观念提升而为宇宙论最高范畴,以"乾元"、"坤元"等同于老子的"道"、"德",并采用老子道生万物、德畜万物之说(《老子》五十一章:"道生之,德畜之。"),遂谓乾元使万物得以创造("大哉乾元,万物资始"),坤元则使万物得以养育("至哉坤元,万物资生")。

《彖传》将"乾元"当做一个"创造的动力"(power of creation),"坤元"当做一个"滋生的动力"(power of procreation),以这两种动能来说明宇宙一切生命的根源,人类生命的根源②。

---

① 如《彖》文"天地感而万物化生",此说见于《庄子·至乐》"天地相合,万物皆化"。《列子·天瑞》则说"天地含精,万物化生"。《彖传》、《系辞》"万物化生"之说,本于道家,而先秦儒家皆无此说。此外,"终始有则"命题见于《庄》书《秋水》、《知北游》等篇,"消息盈虚"见于《秋水》,"与时消息"见于《盗跖》,可证《彖传》天道观重要命题,与庄学属同一思想脉络,与孔孟儒学毫无挂搭。

② 参看方东美《新儒家哲学十八讲》第四讲,台北:黎明文化事业公司,2005年修订版。

《象传》乾元生物、坤元育物之说,即禀承老子道生德畜之旨。

托天道以明人事的思维方式,为老学及黄老之学所习用,《象传》继承道家天人说,盛赞天道之繁茂,并憧憬人文之昌盛。《象传》作者对现实怀抱着"万国咸宁"的理想,其人间乐园的愿景,比之于老子"小国寡民"与庄子"至德之世"的愿望,要更为乐观而更具宽广的视域。

(二)万物化生说

在中国哲学史上,老子首创"道生万物"说。《象》文乾元创始万物,乃继承老子道生万物说①。此说之首创,过于简略,故列、庄提出气化论以为补充。

"万物化生"这一宇宙生成论的哲学议题,最早见于《列子》和《庄子》,《易传》中《象》、《系》继之,先秦化生说同属道家学谱,兹简述其间之思想脉络。

《易传》化生说最早见于《象传》,其后见于《系辞》:

> 《象·泰》曰:"天地交而万物通也,上下交而其志同也。内阳而外阴……。"

> 《象·咸》曰:"咸,感也……二气感应以相与……天地感而万物化生,圣人感人心而天下和平。"

> 《系辞》曰:"天地絪缊,万物化醇;男女构精,万物化生。"

"万物化生"这一议题,有两点值得我们留意。其一是道

---

① 见《老子》第四十章、四十二章及五十一章。

家之外，他家诸子均无此说。先秦儒家传世文献从无有关宇宙生成问题的探寻，当代出土为数众多的战国儒简也未见任何有关万物演化议题的探讨。其二，《易传》"万物化生"说，本于《列》、《庄》。

宇宙生成论最早见于《老子》（四十二章："道生一，一生二，二生三，三生万物，冲气以为和。"），而其演化过程过于简略，故《庄子》以气化宇宙论来补充"道生万物"理论内涵的不足。《田子方》有这样一段重要的阴阳交感而万物化生说："至阴肃肃，至阳赫赫。肃肃出乎天，赫赫发乎地，两者交通成和而物生焉。"这里说万物本原的道（"物之初"）分化出天地，认为寒冷的阴气从天上出来，炎热的阳气从地下发出，阴阳两气交感流通（"交通"），万物都是由这二气化合而成（"成和"）。《田子方》这天地阴阳交感而万物化生之说，乃上承《老子》四十二章"道生万物"之说，下开《彖·咸》"二气感应以相与"、"天地感而万物化生"之论。

《系辞》说"万物化生"时，言及雌雄精气构合（"男女构精"）。《系辞》之精气说，明显引述黄老道家观点①。《系辞》所受黄老学派的影响，尤甚于《彖传》。

"万物化生"这一哲学命题，较早见于《列》、《庄》。《列子·天瑞》云："天地含精，万物化生。"《庄子·至乐》云："天地相合，万物皆化。"天地阴阳气化论，庄子学派倡导最力，影响

---

① 《系辞》上第四章曰："精气为物，游魂为变，是故知鬼神之情状。"此乃引述稷下黄老保存在《管子》书中《内业》篇作品中的精气说，该篇篇首曰："凡物之精，此则为生，下生五谷，上为列星。流于天地之间，谓之鬼神；藏于胸中，谓之圣人。"

也最大,成书较早的《庄子·大宗师》就已言及阴阳造化之说。《淮南子》对阴阳之化物解说得最为精辟,云:"阴阳者,承天地之和,形万殊之体,含气化物,以成垺类。"(《本经》)其后中国哲学史上有关"万物化生"的言论,基本上都依循着庄子学派的思路而发展。

(三)刚柔交错说

《彖传》继承黄老道家刚柔相济思想,并于"刚柔相济"中突显崇阳尚刚的特点,与道家黄老学派属同一思想脉络之发展。

刚柔观念早在《尚书》和《诗经》中便已出现[①],而先秦大儒著作中,既无"刚柔"对举之词,更无尚刚或尚柔之说的例证[②]。

《彖传》特重阴阳之刚柔属性,它首次将"刚柔"概念引入《易》学并习用刚柔代替阴阳。《彖》文中"阴"、"阳"出现仅2次,而"刚柔"并举出现28次,以刚柔解释爻象及其变化是它的特点。《彖传》以刚柔解释阴阳爻,会使卦爻象具有更加抽象的意义。

《彖传》使用"刚柔始交而难生"、"刚柔交错,天文也"解释《屯》、《贲》两卦辞,尤富哲理。如谓:

[①] 《商书》曰:"沈渐刚克,高明柔克。"(《左传》文公五年引)《诗经·大雅·烝民》:"柔亦不茹,刚亦不吐,不悔矜寡,不畏强御。"

[②] 战国中期以前(即《彖传》成书以前),孔孟著作中既不谈阴阳,也无刚柔的概念;儒家重要典籍《论》、《孟》、《学》、《庸》中均未出现过"阴阳"概念,更无"刚柔"之说,甚至连受稷下道家重要影响的荀子也不曾使用"刚柔"一词。因此,这为《彖传》不属于儒家作品"之说又提供了一个有力的佐证。详见拙著:《易传与道家思想》,页45—48。

> 《屯》,刚柔始交而难生。动乎险中……。雷雨之动满
> 盈,天造草昧……。

这是用《屯》卦象征着阴阳相交而生物艰难。……在艰险中萌
动孕育生机……雷雨交加,如同自然造化的力量处于初创冥昧
之时。《象·屯》藉天地间"雷雨之动"、"动乎险中",描述建邦
之不易("宜建侯而不宁")。凡事初创维艰,《象传》作者对《老
子》(四十二章)宇宙生成的过程中增添了一段艰险情景的构
绘,所谓"雷雨之动满盈",正生动地描绘了孕育而萌生的历程。

《贲》卦《象》文谓"刚柔交错,天文也",有这样一段文义丰
美的叙说:

> 刚柔交错[①],天文也;文明以止,人文也。观乎天文,以
> 察时变;观乎人文,以化成天下。

这里将阴阳感应而相互交错形成自然界日月星辰与物象景观,
称为"天文";将规范人类行为的文明举止,构成社会典章制度,
称为"人文"。《象传》作者认为:观察自然物象,可以察知时序
变化;观察典章制度,可以化育人群。

天道与人道相互涵摄的整体性思维,以及托天道以明人事,
是先秦道家重要的思维方式。

从脉络主义(contextualism)的观点来考察,在道家天道观
或自然观的语境下,《象传》作者独创"天文"、"人文"的概念,

---

① "刚柔交错"四字原脱,据郭京《周易举正》补。朱熹《周易本义》:"先儒说,'天
文'上当有'刚柔交错'四字。"

而"刚柔"、"时变"、"文明"诸语词,则与黄老道家有十分密切的联系。分项论说之:(一)先说"时变",这是司马谈赞赏道家的一项重要的主张,他推崇道家善于掌握"时变"——即善于掌握时代的动脉,推动社会的变革。在《论六家要指》中,司马谈称许道家"与时迁移,应物变化",引述"圣人不朽,时变是守"的名言,这话正出自马王堆黄老帛书《黄帝四经》:"圣人不巧,时反是守。"(《十大经·观》)"时变"观念亦为稷下道家所强调,稷下黄老代表作《管子》四篇中屡见,如《心术上》讲"时适",《内业》及《心术下》讲"时变",《白心》呼吁"以时为宝"、"知时以为度"。(二)"文明"这一复合词,与黄老帛书有所联系,单词见于《黄帝四经·经法·四度》:"文〔则〕明。"《四度》还说:"动静参于天地谓之文。"《经法·君正》则说:"因天之生也以养生,谓之文。"《象》文"天文"或本于此。(三)孔子"罕言天道",故"阴阳"、"刚柔"的议题,为孔孟所忽视,而道家各派则多所论及,老学及黄老学的刚柔观点饶富异趣,呈现同一学派内多向性的发展趋向。老子在刚柔并举中著于以柔克刚的一面[①],战国黄老道家则于刚柔相济中崇尚阳刚的一面[②]。《象传》在刚柔相济中的

[①]　老子贵柔,主张抱柔守雌、"柔弱胜刚强"(《老子》第七十六章、七十八章)。

[②]　马王堆帛书《黄帝四经》主刚柔相济,如《十大经·观》曰:"会刚与柔,柔刚相成。"《十大经·姓争》曰:"刚柔阴阳……两相养,时相成。"《黄帝四经》在刚柔相济中又阐扬"贵阳贱阴"思想,如《称》曰:"凡论必以阴阳□大义。天阳地阴,春阳秋阴,夏阳冬阴……长阳少〔阴〕,贵〔阳〕贱阴……。"稷下黄老及文子学派之尚阳思想亦颇盛,如《管子·枢言》曰:"先王用一阴二阳者霸,尽以阳者王;以一阳二阴者削,尽以阴者亡。"如《文子·上德》曰:"阳灭阴,万物肥,阴灭阳,万物衰;故王公尚阳道则万物昌,尚阴道则天下亡。"

尚刚思想,正是在战国黄老道家的思潮激荡下发展出来的。

刚健之德的赞扬,成为《象传》独特的风格。如《象》释《同人》曰"文明以健",释《大有》曰"刚健而文明",释《大畜》曰"刚健笃实,辉光日新"。这在古代思想史上首次张扬人群的刚健精神;在中国哲学史上,继老子阐发阴柔之美,又突显刚健之美,两者前后交相辉映,蔚为一种刚柔相济的民族精神,投影在长远的历史、文化的长河中①。

(四)天道圜周说

《象传》自然观的描述中,许多重要的命题竟然和《庄子》全然相同,如"终则有始"、"消息盈虚"、"与时消息"等等,这些特殊形态的命题,在先秦诸子的作品中,唯有出现在《象传》和《庄子》书中,如此若合符节的情况,使我初谈《象传》时就产生这样合理的疑问:是《象传》作者受到庄子学派的影响,还是两者出于同一个作者群?让我们先看看《象传》这些语词的出现:

> 终则有始,天行也。(《蛊》)
>
> 消息盈虚,天行也。(《剥》)

---

① 这些文意在《象》文的语脉中可以得到较确当的了解。如《象》曰:"同人,柔得位得中而应乎乾……文明以健……。"按:《同人》卦的卦象是 ☰(下离上乾),所谓"柔得位得中"是指六二,六二为柔爻,居柔位,处下卦之中,上与《乾》之九五相应,故"柔得位"而"应乎乾",是就爻位而为说的。而《同人》下卦《离》为日,为火,为文明;上卦《乾》为刚健。文明与刚健相辅("文明以健"),这是就卦象而立说的。而《大有》卦☰内乾外离,采取象说,故释为"其德刚健而文明"。《大畜》卦☷的"刚健笃实,辉光日新"解释,亦出自取象说:下卦乾天,其性刚健;上卦艮山,其性厚实,所以说"刚健笃实";乾为天,日照于天,故"辉"谓日辉,指下卦乾;"光",谓山光,指上卦艮。日辉山光交相辉映,气象日新,所以说"辉光日新"。

    ……天行也……复，其见天地之心乎。(《复》)

    损刚益柔有时，损益盈虚，与时偕行。(《损》)

    日中则昃，月盈则食，天地盈虚，与时消息。(《丰》)

    由于篇幅所限，我们无法对每卦《象》文的语脉意义作详尽的解说①，这里仅就《象》《庄》两书共同的概念和命题，论证其于道家学脉中的哲学意涵。

    《象传》使用道家自然观的命题，散见于《庄子》各篇，如《象·蛊》云"终则有始"，这命题屡见于《庄》书，如《大宗师》曰"反覆终始"，《秋水》曰"终始无故"、"终则有始"，《田子方》曰"始终相反乎无端"，《则阳》曰"终则始"；如《象·剥》云"消息盈虚"，此命题亦见于《庄子·秋水》；又如《象·丰》云"与时消息"，此命题亦见于《庄子·盗跖》等篇。

    此外，"天行"这一重要概念，《庄》书出现三次(见《天道》、《刻意》等篇)。《象传》亦三见，还给"天行"下界说，认为：终始相续，这是天道运行的规律(《象·蛊》："终则有始，天行也。")；还说：回复原初的轨道上，按照周期再重新培蓄力量，这是天道所决定的(《象·复》："反复其道，七日来复，天行也。")，并且晓喻人们配合消散增长盛盈亏虚的自然法则而采取行动，这是符合天道的(《象·剥》："君子尚消息盈虚，天行也。")。论及自然界的"消息盈虚"时，《象传》作者和庄子学派一样地要人注意时序的变化，指出自然界万物的盈满虚损，是与四时的消长递嬗一

---

① 请参看陈鼓应、赵建伟：《周易注译与研究》，台北：台湾商务印书馆，1999年。

同进行的(如《象·丰》:"天地盈虚,与时消息。")。《象》文一再强调时间条件在事物之损益盈虚变化中的重要性(如《象·损》说:"损益盈虚,与时偕行。")。要之,"天行"概念所概括的一些命题(如"终则有始"、"与时消息"等),具有这样的主要意涵:宇宙间事物依时序而变化,循环往复再始更新地运行着。"天行",即天道运行的法则[1],它是战国道家天道环周论中的重要术语,屡见于《庄子》、《文子》等书,最早则见于帛书《黄帝四经》[2]。黄老帛书一再提及天道环周[3],而此论《老子》书中已隐含性地出现,《老子》"观复"(十六章),即观照天道之环周运行。通行本"夫物芸芸,各复归其根",郭店竹简本作"天道员员,各复其堇(根)","员",古"圆"字,"天道员员",与"反(返)者道之动"(四十章)、"周行而不殆"(二十五章)相应。可见,黄老道家的天道环周论,正处于《老子》和《象传》之间思想发展的中间环节。

归结地说,《象传》的创作正处于黄老思潮的盛期,故其论治道,重"主术",与黄老思路一致,而其托天道以明人事的思维方式,则尤受黄老思潮的影响。

六、《系辞》的易道观及其道家观念丛

《系辞》的撰作晚于《彖》、《象》、《文言》,约在战国晚期至秦

---

[1] "天行"有两解:孔颖达说"行者,运动之称";王引之说"行,道也。天行谓天道也"。

[2] 该书《十大经·正乱》云:"夫天行正信,日月不处,启然不息。"

[3] 该书《经法·四度》谓"周迁动作",《十大经·姓争》谓"天稽环周"。

汉间。因着马王堆帛书《系辞》的公布，以及《易之义》《要》、《二三子问》等汉初易说的问世①，我们将今本《系辞》和帛书《系辞》及秦汉易说对比研究，才发现今本《系辞》在编撰过程中渗入了若干《易之义》《要》等秦汉易说的材料。司马谈所说"正易传"正反映了武帝之前统一经典的需要，今本《系辞》的编定可能就在这个时期②。马王堆出土的实物证据，给我们带来一个很重要的讯息，那便是今本《系辞》的创作和编撰阶段正处于黄老思潮盛行的时期。顺着黄老学脉的理路，我们便不难理解《系辞》的哲学化之所以体现出道家为主体的情况。确切地说，老庄自然观和黄老积极而开阔的现实人生态度，便成为《系辞》易学哲学化的主体思想。

《系辞》中的道家思想，前辈学者如钱穆、冯友兰、戴君仁等先生均已论及③，不过先贤所说的道家就只是指老庄，未及于黄老，因为当时帛书《黄帝四经》尚未出土，《管子》四篇也未为学

① 1973 年湖南长沙马王堆出土的帛书《系辞》《二三子问》《易之义》《要》等篇之释文，首次公布于《道家文化研究》第三辑，上海：上海古籍出版社，1993 年。而《二三子问》《易之义》《要》各篇，代表着汉初儒家解《易》的一种倾向，为《易传》发展到汉代易学的过渡环节。请参看朱伯崑《帛书本〈易〉说读后》《道家文化研究》第六辑，上海：上海古籍出版社，1995 年。

② 详见王博：《从帛书易传看成本〈系辞〉的形成过程》，载《道家文化研究》第三辑。

③ 如钱穆先生在《论十翼非孔子所作》说，"《易传·系辞》里的哲学是道家的自然哲学"，"《系辞》里的道明与老庄的说法相合"。如冯友兰《中国哲学史》说："古本已有以阴阳之说，解释宇宙间诸现象者。此后常言及阴阳者为道家……《易传》采老学'道'之观念，又采阴阳之说……。"（该书第十五章）又如戴君仁先生说："孔子是不大谈天道的，《论语》里所讲都是人事……《易传》里有'一阴一阳之谓道'、'形而上者谓之道'、'立天之道曰阴与阳'这一类话，这都是受道家的影响，也就是受道家言论的刺激而发出来的反应。"（《谈易》之五《易传与道家》，台北：台湾开明书店，1961 年）

界普遍关注。我曾多次对《系辞》逐章逐段研读,发现它在占筮语言中所蕴涵的哲学内涵,其主体思想是属于道家而非儒家,因为儒家思想应是以"礼学"、"仁学"为主轴,但仁学与礼学在《系辞》中的呈现比例并不高。

我从哲学的角度来论述《系辞》的主体思想——论述其如何引"道"入易,使易学建立起哲学理论的基础,并陈说《系辞》中所使用的道家观念丛之学说内涵。

(一)引道入易——使易学由文化层次提升至哲学层次

《系辞》是一篇通论易学之作,它引进《老子》的道论,将《老子》作为宇宙本源及万物本根的道提升为易道,使占筮之作向哲学转化,并给易学对现象界的解释提供了一个形上理论的基础,以下分项介绍易道形成的内涵:

1. 概括《老子》的道器关系

道物关系的问题,不仅为老子及其道家学派的中心议题,也成为整个中国哲学史的一条主线。老子还隐含性地用"道"、"器"概念来表示道物关系①。《系辞》则以形上形下之分来界说老子的道器(道物)关系,而提出了"形而上者谓之道,形而下者谓之器"这样著名的命题。所谓"形而下",即指现象界、经验界;"形而上",即指超越形名的道。老子以无形、无限性的道作为天地万物的本源与本根,老子的形上之道是统摄天道与人道的,庄子则常将形上之道转化为主体生命的精神境,而《系辞》的易

---

① 《老子》书中出现道器概念,如曰"道常无名朴"、"朴散为器"。此外,相对于通行本《老子》第五十一章"道生之……势成之",帛书本则作"道生之……器成之"。

道主要还是从天道落实到人道的方向，此为三者之异同所在。

2. 概括《老子》道与阴阳关系

《老子》四十二章提出"道生万物"由简到繁的演化过程，并说万物负阴而抱阳，《系辞》则将《老子》道与阴阳的关系概括为"一阴一阳之谓道"的重要命题。《老》《庄》《系辞》中所涉及的道和阴阳的关系，在宋以后则衍化为道气关系或理气关系而成为历代哲学的重要议题。

3.《老子》"无为"思想引入易学

《系辞上》言："《易》无思也，无为也，寂然不动，感而遂通天下之故。""无思"、"无为"乃是老庄的语辞。哲学上"无为"的概念是老子所创发（如三十七章言"道常无为"），"无思"则见于《庄子·知北游》。《系辞》所引用《老》《庄》的"无思"、"无为"，虽属寂然不动，但却感通天下，《系辞》正是非常巧妙地运用老子"无为而无不为"的观念。

4.《老子》法天地思想引入易学

《系辞上》曰："《易》与天地准，故能弥纶天地之道。仰以观于天文，俯以察于地理。"此言《易》的创制以天地作为取法的对象，而法天地思想乃渊源于老子，如《老子》二十五章说"人法地，地法天"。《系辞》作者则将《老子》著名的法天地思想引入易学之中，使易道能提升并概括天地间的道理。

5.《老子》天地人整体观引进易学

天人关系是先秦道家的中心议题，其后也成为中国哲学的主要议题。天地人整体观是先秦道家独特的思维方式，《系辞》的三极之道、三才之道便是对先秦道家天地人整体观的综合表述。

6.《老子》道生物思想引进易学

老庄之道具有多重意涵，其中最重要的一项便具有创生的功能，如《老子》说"道生……万物"（四十二章）、"道生之，德畜之"（五十一章）；庄子则进而称道为"生生者"（《大宗师》），又说"天地者，万物之父母也"（《达生》）。所以，《系辞》所谓"生生之为易"、"天地之大德曰生"，均源于老庄。

（二）《系辞》中的道家观念丛

如前所说，哲学概念和命题反映着一家一派学说思想的结晶，例如孔子学说中的"仁"、"礼"概念和命题，体现出儒家学说伦理形态的特质。然而，伦理型的命题在《系辞》的主体思想中却未显题化，其中重要的哲学命题和学说几乎全属道家学派。因而，我们从《系辞》在其哲学化过程中大量引用道家的哲学论题及其学说概念与命题这一现象，当可窥见它的学派属性①。

《系辞》运用了许多道家学脉的概念和范畴，如道德、阴阳、太极、贞一、无为、精气、刚柔、动静、变化、变通、常、无常、神、神明、幽明、洗心、知几、忧患、三极之道、三才之道等等。同时，《系辞》还运用道家的概念和范畴组成许多重要命题，如"一阴一阳之谓道"、"形而上者谓之道，形而下者谓之器"、"天地之大德曰生"、"生生之谓易"、"动静有常"、"刚柔相推"、"阴阳合德"、"屈信相感"、"精气入神"、"穷神之化"、"知微知彰"、"变通趣时"、

---

① 虽然《系辞》也曾出现墨家的尚贤概念与儒家的仁义礼等范畴，但是概念和命题的数量上远远不及道家，而且它们并非《系辞》的主要议题或思想观念。

"原始要终"、"极深研几"、"书不尽言，言不尽意"等。

以上所列举《系辞》使用的重要概念范畴多沿用老子和庄子自然观与人生观中之词语并赋予易学新的内涵①。此处就《系辞》所引用老子和庄子的思想观念，分别说明如下：

1.《系辞》使用之道、德、无为、刚柔、动静、常等概念，均渊源于《老子》

兹分项解说如下：

（1）老子所使用的"道"、"德"已超越伦理意涵，而提升到天地万物之生成与本根的层次。"德"乃道之作用于物者，如《庄子》说："物得以生，谓之德。"（《天地》）故《系辞》所说"易与天地准，故能弥纶天地之道"、"天地之大德曰生"正是承接老、庄"道"、"德"之义而来。

（2）老子"无为"这一特殊用语，竟被《系辞》引入释易，可证《系辞》作者之用心于《老子》。

（3）在哲学上，"刚"、"柔"对举亦屡见于《老子》，易、老的不同在于，《老子》在刚柔对举中倾向于主柔，而《易传》则倾向于主刚。

（4）《系辞》首章曰"动静有常"，"动"、"静"和"常"成为重要的哲学范畴均始于《老子》。"常"在哲学上作为法则意义，见于《老子》十六章、五十五章。而"动"、"静"概念，《老》书运用甚为广泛，在形上之道的层次上，老子强调道体是恒动的（如

---

① 《系辞》使用墨家"尚贤"概念，并出现儒家习用之"仁"、"礼"概念，"仁"字5见（如谓"仁者见之谓之仁，知者见之谓之知"），"礼"字仅2见（如谓"知崇礼卑，崇效天，卑法地"），而仁学与礼学均未成为《系辞》所关注或探讨的议题。

谓"反者道之动"、"周行而不殆")。而老子鉴于政治人生的躁动不安,故常持主静说(如二十六章"静为躁君"、四十五章"清静为天下正")。但基本上老子是倡导动静相养的,如老子讲虚、静(十六章"致虚极,守静笃"),同时也讲虚、动(如五章"虚而不竭,动而愈出");又如《老子》十五章讲"孰能浊以静之徐清,孰能安以动之徐生",此乃动静平衡说。《系辞》巧妙地将老子动静相涵的观念应用到易学中,如《系辞上》云:"夫乾,其静也专,其动也直……夫坤,其静也翕,其动也辟。"

　　以上例举《系辞》所继承老学重要范畴。此外,《系辞》还使用老子的概念组成许多哲学命题,如"动静有常"、"刚柔相推"、"不言而信"、"屈信相感"、"退藏于密"、"无思无为,感而遂通"[1]以及"一阴一阳之谓道"与"形而上者谓之道,形而下者谓之器"等。这些属于老学学脉的重要命题,常为历代学人所沿用而扩充其哲学内涵。

　　2.《系辞》使用的太极、变化、变通、无常、神明、洗心、知几等概念,则本于《庄子》

　　分项解说如下:

　　(1)"太极"概念为庄子所首创,先秦诸子中,仅见于《庄子·大宗师》。《系辞》将之提升到易学中的最高范畴。

　　(2)《易经》和《老子》都没有用"变化"或"变通"的语词,畅言宇宙的变化、人生的变通,乃始于《庄子》,《系辞》继之而阐

---

[1]　《系辞下》云"屈信(伸)相感而利生",乃老子"相反相成"思维方式的一种表述;《系辞上》云"无思也,无为也,寂然不动,感而遂通",亦属老子"无为而无不为"思想的变文。

扬变通之说。

（3）庄子继承老子赋予"常"的特殊意涵，并辩证地提出"无常"的概念，如《大宗师》曰"化则无常也"，《秋水》曰"夫物，量无穷，时无止，分无常"。《系辞》引进庄子"无常"概念，曰"周流六虚，上下无常"。其后梵文佛典论及世间事物之迁流不息、无常住性，乃取庄子"无常"概念而意译之，久之成佛教用语，实则"无常"语词乃庄子所首创。

（4）《系辞》所使用的"神"、"化"、"神明"诸概念，其思想脉络与庄子自然观意义同一[①]。以"神明"概念为例，这一字词较早时指神灵或人的思维[②]，到庄子才赋予新义，以喻人类精神、智慧及天地造化的灵妙作用，诚如张岱年先生所说："在古代道家哲学中，所谓神，所谓精神，所谓神明，应有更深一层的意义，不仅指人的精神，而是指天地的一种状态、自然界的一种奇异的作用。"[③]

（5）"洗心"这一特殊用词，为庄子所独创，《系辞》承之曰："圣人以此洗心，退藏于密。""退藏于密"，亦合老庄敛藏之旨。《庄子》用"洗"及"洗心"（"洒心"）见于《德充符》、《山木》等篇，《知北游》"疏瀹而心，澡雪而精神"，亦为洗涤心灵之意。

（6）"几"，成为哲学用词始于老庄，《系辞》承之，曰"极深

---

① 《系辞》云"阴阳不测之谓神"，又云"穷神知化"、"化而裁之谓之变"，以"神"、"化"喻万物变动中所产生的灵妙作用，此义皆出于《庄子》。有关庄子论"化"，详见后文。"神明"概念，《庄》书五见，喻指人的精神、智慧或天地造化之灵妙。

② 如《左传》襄公十四年："民奉其君，爱之如父母，仰之如日月，敬之如神明，畏之如雷霆。"此处"神明"即指神灵。又如《左传》昭公七年："是以有精爽，至于神明。""精爽"、"神明"，相当于感觉、思维。

③ 《中国古典哲学概念范畴要论》，收在《张岱年全集》第四卷。

而研几”、“几者动之微”。《老子》常用“微”，以描述道的精深及事物变化的征兆(见十四章、三十六章)。“几”、“微”义通，故六十四章“其微易散”，郭店简本作“其几易散”。《庄子》云“种有几”(《至乐》)，将“几”视为极微细的物种。

以上例举《系辞》所继承的庄学重要范畴。此外，《系辞》还运用庄子的概念组成许多哲学命题，如“生生之谓易”[①]、“书不尽言，言不尽意”[②]、“精义入神”、“穷神知化”[③]、“原始反终，故知死生之说”[④] 以及“变通趣(趋)时”、“穷则变，变则通”等。这些属于庄子学脉的重要命题，长远地融入于中国文化与哲学的领域。这其中言意问题，尤其是庄子“得意忘言”说，经魏晋玄学的阐发，成为中国艺术哲学之境界意蕴的追求。而“变通趋时”说，不仅蕴涵着庄子的变化观与变通观，亦概括了黄老道家“审时度势”及其主时变的特点。至于“穷则变，变则通”，则激励人处困求变，已是易、老、庄达观人生态度的体现。

3.《系辞》独创的概念与命题

《系辞》云：“作《易》者，其有忧患乎？”战国时代烽火连天，生灵涂炭，《系辞》作者感时忧伤发出深切的人道关怀之情。《易传》作者所流露的“忧患”意识，也反映着先秦诸子共同的时代

---

① “生生”之词，为庄子所创。《庄子·大宗师》称“道”为“生生者”。
② 《庄子·天道》言：“世之所贵道者，书也。书不过语，语有贵也。语之所贵者，意也，意有所随。意之所随者，不可以言传也。”《系辞》引经归纳曰“书不尽言，言不尽意”，即是对庄子《天道篇》这段话的一个概括。
③ 这是庄子学脉的语词，“穷神”是指探究天地间灵妙的变化，“知化”为体认宇宙的大化流行。《系辞》作者承续庄子学脉，体认天道变化用以安身崇德。
④ 语出《子夏易传》。

心声。《系辞》在独创"忧患"这一具有深刻时代烙印的概念之外,它还提出了许多富有人生哲理的命题,诸如"微显阐幽"、"探赜索隐"、"钩深致远"、"引重致远"、"开物成务"等。这些命题所涵容的意蕴为道家学脉开拓了另一番前所未有的新视域、新思维。而《系辞》中所体现出的新视域、新思维,与道家黄老学脉所展现的时代精神正相吻合。

4.《系辞》中的黄老学风

战国晚期之后,易学流行于齐楚文化圈,老庄道家属楚文化领域,黄老道家则兴盛于齐文化范围。《易传》学派哲学化之隶属于道家学脉,由文化圈中的学说特色也可察知。如"阴阳"为易学核心范畴,邹鲁儒学不谈"阴阳",而齐楚道家则盛赞"阴阳",仅就三玄之共倡阴阳学说,而儒学不与焉,可证《易传》不是鲁学产物,也和儒学不相牵涉。再则,邹鲁孔孟言必称仁义,而《易传》中最早的《彖传》则"仁"、"礼"未见一词;成书较晚的《系辞》,亦罕言仁义,仁义概念偶尔出现,也只是其思想体系中的枝叶部分,而无关根本。

战国后期,诸子思想由并立而会流,道家黄老学派崛起于齐地,而流传于秦楚诸强国,由《管子》四篇(《内业》、《白心》与《心术》上、下)、帛书《黄帝四经》和《吕氏春秋》等著作,足以反映出各地区老黄思想的盛况。黄老采众说之长,倡君道,主君臣各司其职,反映了战国霸强趋向一统的时代气息。黄老继承老学之道德、无为、虚静之旨。黄老除了倡导这些道家各派共同观念之外,更向社会政治层面倾斜,故而引礼法以入道;在现实人生上,比老庄思想更富进取性。黄老主时变,重势位,尚功得,哲学思想上的原创性虽不如老庄,但在现实生活上的涵容性和开阔精神则凌驾于其他诸子。《系辞》的撰作已体现黄老昂然向上的气度与广纳博取的学风,与"乡村伦理"[①]的鲁学恰恰成鲜明的对比。

《系辞》天道观、自然观,无疑地属于老庄学脉,但在现实人生的取向上,却属于黄老学风的氛围。我们无论通览《系辞》或细读《系》文,都可体认到它提升精神面貌之余,犹着意于物质财富的扩充,如谓"富有之谓大业"、"崇高莫大乎富贵"、"圣人之大宝曰位,何以聚人曰财"。这类美好人生憧憬中的"现实主义"取向,在提倡轻利寡欲主流的孔孟、老庄的思想园地中都遍寻不着,只有在黄老学脉中才跃然可见[②]。

总之,《易传》的哲学化并非突兀地出现。从道家的学谱发展中,我们才能清晰地理解其天道观、自然观之同属于老庄学脉,认识其人道观来自于黄老学脉。

七、结语

在中国哲学的开创期,老、庄首次提出作为天地万物根源的"道",将天道与人道统一于形上道中——老庄所建立的天道观与人道观相互涵摄于其形上道论之中。在道家天人架构思维模

---

① 日本小野泽精一的用语,引自《气的思想》第二章第一节,李庆译,上海:上海人民出版社,1990 年。

② 如《黄帝四经》倡"功得而财生",又如稷下黄老描绘顶天立地的人格气概(如谓"大心而敢(放),宽气而广"、"皮肤裕宽,耳目聪明,筋信而骨强,乃能戴大圜而履大方")。

式中,易传学派(自《象传》至《系辞》),使易学逐步由占筮之作转化为哲学;《象传》吸收道家思想的资源,首先为易学建起了完整体系的天道观与人道观,迄《系辞》引"道"入易,完成其易道的理论解释系统。本文以道家学脉的渊源与发展为主线,梳理《周易》经传与道家哲学思想的脉络关系。

汉魏之后,易、老、庄三玄相互激荡,相互融合,形成诸多共同的哲学议题,如道器关系与道气关系、体用关系与言意问题以及太极说、阴阳气化论和变通说等等,成为历代哲学的重要议题,有关这方面的论述,有待《老、庄及〈易传〉的重要哲学议题——论三玄思想的内在联系之二》另文来申说。

(本文获得台湾大学人文社会高等研究院及洪建全教育文化基金会的支持,特此感谢。本文原刊于方勇主编《诸子学刊》第二辑,上海古籍出版社,2009年6月。)

老、庄及《易传》的重要哲学议题

——论三玄思想的内在联系之二

一、前言

易、老、庄三玄长于抽象思考且富辩证思维，故处于中国古典哲学理论建构之核心地位。

就哲学史学脉系观之，自《易经》到老子，展现了古典哲学在思想方法上的一条发展线索。而《易经》经文尚谦、无妄及否泰相寻等人生哲学，对老子人道观的建立有着一定的影响。自春秋末到战国中期，老庄开启了中国古代哲学的开创期，在老庄形上道论的基础上，为道家学派建立了完整体系的天道观和人道观。

而道家的宇宙论和辩证法思想又促进易传学派由占筮向哲

学转化①。三玄之哲学学脉关系及其思想的内在联系，从未有过专文论述。我在完成《易传与道家思想》和《道家易学建构》之际，在哲学思想与文献论证的基础上，自觉地运用谱系学的方法，撰写了《三玄四典的学脉关系》这篇论文，从纵向联系的角度论述《易经》→《老子》→《庄子》→《易传》之间的一条学脉进程。《周易》分《易经》和《易传》两部分，魏晋以后它们和《老子》、《庄子》被称为"三玄"，三玄事实上包含了四部典籍，而每部典籍撰作时间少则相距一二百年，多则五六百年。因为由占筮记录卦辞和爻辞组合而成的《易经》，始于殷周之际至西周初年，当属哲学前期的作品，因而，本文在继续探讨三玄共同的哲学议题时，主要依据《老》、《庄》和《易传》三部哲学典籍。

二、三玄共同的哲学议题

汉以后，易、老、庄三者由战国时期的暗流而开始会合，及魏晋，三玄便常成为玄学家清谈时的议题，而王弼更将易、老、庄融为一炉，用以建构其玄学本体论的理论支柱，同时王弼"以无为本"的道家易和唐代道教易，也诱发了宋代儒家易的兴起；宋以后儒学虽成独尊的局面，但无论气学或理学，其各自哲学系统中本体论或宇宙论的形成，无不皆以易、老、庄三者为它们理论建构时的主要骨干和思想资源。我们且先上溯三玄共同所形成的诸多哲学议题。兹就要项例举如下：

---

① 冯友兰《中国哲学史新编》说："从哲学史的角度看，《易传》的重要不在于这些道德教训，而在于它的宇宙观和辩证法思想。"（第二册第二十一章）《易传》的宇宙观和辩证法思想正是直接承继着老庄。

(一)道物及道器关系论述

"道"原本指人行走的路,引申为方法、规准等意涵,老子又将它提升为世界本原、本根及法则。作为老子哲学最高范畴的"道"以及道物关系,先是获得庄子气化论和作为存在样态之"理"的补充与发扬,而后老子的道器关系、道与阴阳关系又经《易传·系辞》概括为"一阴一阳之谓道"、"形而上者谓之道,形而下者谓之器",自后老庄的道论便长期成为中国哲学的最高宗旨。

《庄子》说"道,物之极"(《则阳》),道物关系一直成为历代哲学家讨论的中心议题。老子的道与物议题还蕴涵了有无问题、体用问题、动静性能及一多关系等方面的论点,而道物关系这一议题尤为庄子学派多所阐发[1]。

中国哲学史上,老子最先提出"道生万物"之说,将道作为天地万物的始基。庄子继之,在提出道为万物的"本原"与"本根"范畴的同时[2],又提出气化论以弥补老子道生物说的不足[3],并提出"理"的范畴用以说明万物的生存样态及其运行的法则[4]。

在道物关系上,庄子还提出这样重要的命题。其一为"道

---

[1] 详见拙文:《论道与物关系问题:中国哲学史上的一条主线》(本书第三篇)。

[2] "本原"概念见于《庄子·天地》。《大宗师》称道"自本自根",而"本根"复合词则见于《知北游》。

[3] 《庄子》创"一气"概念(见《大宗师》《知北游》),以气为构成天地万物的基质,并用以说明万物的盛衰生灭的运动变化,如《知北游》曰:"人之生,气之聚也,聚则为生,散则为始。……通天下一气耳。"

[4] "理"这一重要概念,未见于《老子》,《庄子》则多达35见,提出"万物殊理"的重要命题,如《缮性》曰"和理出其性","理"、"性"并提为古代哲学首见。有关庄子"理"的解说,请参阅拙文:《"理"范畴理论模式的道家诠释》(本书第四篇)。

无终始,物有死生"(《秋水》),认为"物"为时空中的存在,而"道"的运行则终而复始,循环无端。其后,北宋程颢谓"道亦无始、亦无终"(《遗书》卷十二),正出自庄子;程颐所说"阴阳无始,动静无端"(《易说·系辞》),就是从庄子思想脉络提出来的。孔孟从无天道观"阴阳"、"动静"之说,亦未论及宇宙的"无始"、"无端",而这些思想观念乃出自《庄子》[①]。其二为"道无所不在……无乎逃物"(《知北游》)。庄子认为道体现在万物之中,道与物是没有界限的,而物与物之间则有界限("物物者与物无际而物有际者")。庄子这种道物不相离的思想,为唐宋哲学家所阐发。如成玄英说"道不离物,物不离道"、"道外无物,物外无道"[②]。成玄英这精辟的命题,其后为程颐所袭用。而南宋事功派的陈亮,针对离物言理、高悬理于物外的观点,还提出"道在物中"的主张,认为"道之在天下,何物非道"(《文集》卷十九《与应仲实书》)。要之,庄子道物相涵的学说,贯穿唐宋各派而成为中国哲学的主流思想。

(二)气化论及阴阳学说

阴阳作为一对对立的范畴或气体,成为易老庄有关对反的辩证思维或有关气论的同一学脉中所发展出的共同议题。

《庄子·天下》说:"《易》以道阴阳。"这指出《易》的基本概念就是"阴阳"。而阴阳成为中国哲学的一对重要范畴,则始于

---

① 先秦诸子中,唯有庄子最爱谈道及宇宙的无限性,如《大宗师》云:"反覆终始,不知端倪。"《田子方》云:"始终相反乎无端。"《知北游》云:"无始无终。"

② 成玄英《道德经义疏》二十一章,蒙文通辑校本,引自《蒙文通文集》第六卷《道书辑校十种》,成都:巴蜀书社,2001 年。

《老子》,《庄子》大事阐扬,而《易传》承之①。是以阴阳学说为三玄思想内在联系中最为显著的一环。

依文献记载,阴阳观念出现在西周时期,原意为日照的向背(如《诗经·公刘》所说"相其阴阳"),而《易经》经文中"阴阳"语词未得一见,不过其爻画(－－、—)已隐含着阴阳观念,但阴阳成为一对普遍性的哲学范畴,要到老子。《老子》四十二章云:"道生一,一生二,二生三,三生万物。万物负阴而抱阳,冲气以为和。"《系辞》又对《老子》四十二章道与阴阳关系概括为"一阴一阳之谓道"。这一著名的命题把《周易》和《老子》哲学会通起来。

《老子》"万物负阴而抱阳,冲气以为和"可以有两种解读:一为将阴阳视为一对对立的范畴,一为将阴阳作为两气的相互作用。前者"万物负阴而抱阳",意即万物背阴向阳,乃强调万物本身存在对反的两方,是则阴阳乃指一对对立的概念。后者,若依"冲气以为和"的语境,则是说阴阳两气相互交冲而产生新生事物。老子有关阴阳的两种可解释性,与《系辞》"一阴一阳之谓道"有直接的联系,《系辞》这里的阴阳,若作阴气和阳气解,则此命题意指一阴一阳流行不已便是道②。依此,道与阴阳关系,即为道气关系。宋以后道气关系转为理气关系,道气先后或理

---

① 《庄》书"阴"、"阳"对言与"阴阳"概念出现约30见,《易传》各篇出现共16见。
② 戴震从语言学的角度对"一阴一阳之谓道"作了这样的解释:"一阴一阳,流行不已,夫是之谓道而已。古人言辞,'之谓'、'谓之'有异:凡曰'之谓',以上所称解下……《易》'一阴一阳之谓道',则为天道言之,若曰道也者一阴一阳之谓也。"(《孟子字义疏证·天道》)

气先后的议题,成为各家争论的一个焦点①。若阴阳作为一对对立范畴来讲,则一阴一阳往来变化叫做道("一阴一阳之谓道"),其意即为:阴与阳的对立依存和相互转化便是宇宙的根本法则。所谓"一阴一阳"蕴涵着这几种关系:(1)并时对立存在的关系;(2)历时交替变化的关系;(3)对立与交替之兼具与变化②。依此,阴阳与道的关系,系一物两体或显相与隐相的关系,抑或为现象与本根关系,宋代哲学家也有诸多论述③。

　　阴阳提升为一对哲学范畴,虽源于老子,但阴阳学说的盛行,主要归功于战国道家和《易传》的阐扬,尤其是庄子学派。下面分别就其气化论和阴阳观而为说。

　　1. 针对《老子》"冲气以为和"的说法,《庄子·田子方》提出了更为具体的解说,认为阴气阳气由天地发出,两气交感和合而化生万物。庄子在《大宗师》又提出阴阳化育人群之说("阴阳于人,不翅于父母"),同时提出天地洪炉、造化生气之说("以天地为大炉,以造化为大冶,恶乎往而不可哉")。其后张载与程

---

① 在道生万物的历程中,老庄都采"道先气后"的观点,如《老子》四十二章说:"道生一,一生二,二生三,三生万物。"《庄子》具体地说阴阳由天地发出(《田子方》)。宋儒理先气后的议题,明显地直承老庄道先气后的观点。如程颐说:"离了阴阳更无道。所以阴阳者,是道也;阴阳,气也。气是形而下者,道是形而上者。"(《二程遗书》)如朱熹说:"阴阳迭运者,气也;其理则所谓道也。"(《本义》)"道须是合理与气看。理是虚底物事,无那气质,则此理无安顿处。《易》说'一阴一阳之谓道',这便兼理与气而言。阴阳,气也;一阴一阳则是理矣。"(《朱子语类》卷七十四)
② 参看黄广萱:《一阴一阳之谓道析议》,《周易研究》2003年第5期,总第61期。
③ 王安石认为"道立于两","两"就是说气分为阴阳,而物各有耦(《洪范传》:"皆各有耦。")。

颐有关生死与气的聚散有关议题,便源于庄子,而程颐曰:"天地
间如洪炉……其造化者,自是生气。"(《遗书》卷十五)此说即
直接承继庄子《大宗师》而来。

庄子妻死,引发出生死乃气方聚散之说(《至乐》:"杂乎芒
芴之间,变而有气,气变而有形,形变而有生,今又变而之死,是
相与为春秋冬夏四时行也。"),《知北游》还有一段这样著名的
论述:"人之生,气之聚也;聚则为生,散则为死。……臭腐复化
为神奇,神奇复化为臭腐。故曰:'通天下一气耳。'"在庄子看
来,宇宙长流不息,气是构成万物最基本的原质,个体生命随着
气的聚散在宇宙生命中迁流转化,有如《天道》所描述:"体会天
乐的,存在时顺任自然而行事,死亡时便化为异物。"("知天乐
者,其生也天行,其死也物化")《齐物论》篇末庄周梦为蝴蝶的
寓言,正是申说这种"物化"的人生哲理。

庄子梦蝴蝶的寓言,引出"物化"的主张。"物化"是庄子
宇宙观的一种表达。所谓"物化"是说万物的转化;庄子的"物
化",似乎蕴涵着物种转化的思想,《寓言》篇说得很清楚:"万物
皆种也,以不同形相禅,始卒若环,莫得其伦。"这是说:万物都
是种子,以不同形态相传接,首尾相接犹如循环一般,找不着端
倪。在先秦诸子中,庄子这种特殊的万物变化观,给他带来了一
个安化的生死观和达观开豁的人生态度①。庄子这种达观的人生

---

① 如《齐物论》庄周梦为蝴蝶,"栩栩然胡蝶也,自喻适志与"。《大宗师》亦描绘化
成什么,便安于什么,"安时而处顺","若人之形者,万化而未始有极也,其为乐
可胜计邪"。

论,和他的气化论有所联系。庄子认为道是天地阴阳之共体[①],
而气为构成万物的基本原质,如是人所禀于道、受于气,则人与
万物为同源、同根,故《大宗师》有"托于同体"说。庄子的"天
地与我并生,万物与我为一"的精神境界,和他的"游乎天地之
一气"正有相应处。

2. 阴阳范畴的扩大化解释。"阴"、"阳"一对概念,经《庄
子》和《易传》的推广,逐渐大化而代表"柔"、"刚"两种性能,
代表"动"、"静"两种式能,并代表"清"、"浊"两种程度,也代
表"屈"、"伸"两种趋向,还代表"聚"、"散"两种势态[②]。如是,
"阴"、"阳"成为一对概括客观世界的基本范畴[③]。

庄子学派首先将阴阳和动静结合。《天道》云:"静与阴同
德,动与阳同波。"这在哲学史上,首次提到阴静阳动及"阴德阳
波"之说[④]。周敦颐《太极图说》中著名的太极阳动阴静说[⑤],最

---

① 《则阳》曰:"天地者,形之大者也;阴阳者,气之大者也;道者之为公。"此即谓道
　乃天地阴阳之共体("公")。
② 《庄子·天道》"咸池之乐"章主旨强调"阴阳调和",并将阴阳和刚柔、清浊、盛
　衰、文武等性能相联系;《则阳》论"阴阳相照"时,亦将阴阳和雌雄、聚散、生杀、
　缓急等概念联系。
③ 参看顾文炳:《易道新论》,上海:上海社会科学院出版社,1996 年,页 50。
④ 顾文炳说:"庄子的'阴德阳波'之说,说明'阴'的形式是凝固,'阳'的形成是
　波动。……阴的凝聚为'德',阳的散发为'波',阴阳运动的方式,是《庄子》书
　中首先从人体气的参验中明白提出来的,对阴阳学说的发展,有重大的影响。"
　见《易道新论》,页 68。
⑤ 《太极图说》:"太极动而生阳,动极而静;静而生阴,静极复动。一动一静,互为
　其根。"按:"动极而静"、"静极后动"观点,《老子》已见其端倪,如通行本第十五
　章云:"孰能浊以静之徐清,孰能安以动之徐生?"而动静互根的观念,亦本于
　秦汉道家,如《文子·微明》曰:"阳中有阴,阴中有阳。"《淮南子·天文训》曰:
　"阳生于阴,阴生于阳,阴阳相错。"

早即渊源于《庄子·天道》之阴静阳动说。

三玄思想之汇合,使阴阳体系中的对立范畴更加充实。正如顾文炳《易道新论》所说:

> 在《周易古经》中,阴(– –)、阳(—)卦爻的对立与统一,孕育着阴阳思想的内涵,而阴阳内蕴的阐发,在先秦道家那里,始成其系统。"阴"、"阳",作为古代哲学中一对最基本的范畴,除了本身特具的内涵之外,还须有许多外延的观念,以完备其思想体系。而先秦道家在有无、刚柔、动静、屈伸、虚盈、清浊、正负、雌雄……等方面,充实了阴阳体系。因此,在《易传》中丰富而充实的思想内容,正是在先秦道家所创造诸多范畴的辩证思想的基础上发展起来的。

(三)太极说

《彖传》受老子道生德育说的启发,而提出"乾元"创始、"坤元"长养说,《系辞》便继之说:乾阳的功能为创始万物,坤阴的作用为成就万物("乾知大始,坤作成物")。然而,《系辞》又仿老子道生万物说,而另立太极创生说。

先秦诸子中,"太极"一词仅见于《庄子·大宗师》。《系辞》将庄子"太极"概念提升为易学最高范畴,其文曰:"是故《易》有太极,是生两仪,两仪生四象,四象生八卦,八卦定吉凶,吉凶生大业。"《系辞》文本是在讲《周易》八卦的揲数过程,但在占筮语言中它又隐含着哲学的内涵而象征万物的创生过程。

《系辞》和《老子》在创生的历程上,大同小异。"《易》有太极",如《老子》"道生一";"两仪"即阴阳,如《老子》"一生二"

的"二";"四象"指揲数后所得的少阳、老阳、少阴、老阴四个爻象,又象征着春、夏、秋、冬四季,犹如《老子》"二生三"的"三";"四象生八卦"如老子的"三生万物"。两者小异之处,在于《老子》的数阶为一、二、三,《系辞》则为一、二、四。《老子》的"三"和《系辞》的"四",在思想的渊源上,或各有所本。《老子》以"三"为多数,合于《周易古经》,因一个卦由三个爻组成,故古经经文屡以"三"形容时日或数量之多①。而黄老帛书之宇宙生成历程则为一、二、四②,郭店楚简《太一生水》亦然③,皆明确以"四"数为"四时",可能与黄老主时变、重历数思想有关④。《系辞》不用"三"用"四"的数阶,或与黄老思潮的影响有关。要之,宇宙万物生成过程,乃由简至繁,故以数字为代替。

汉魏以后,太极说开启了两条重要的思路。一是将"太极"赋予"气"或"元气"的内涵,而提升为宇宙生成论的最高范畴。这以东汉郑玄和唐代孔颖达的见解较具代表性(郑玄解释太极为"淳和未分之气";孔颖达《周易正义》解释为元气:"太极谓

---

① 《易经》经文屡以"三"形容时间或数量之多,如:《需》上六"有不速之客三人来"、《讼》上九"终朝三褫之"、《师》九二"王三锡命"、《比》九五"王用三驱"、《同人》九三"三岁不兴"、《蛊》卦辞"先甲三日,后甲三日"、《坎》上六"三岁不得"、《晋》卦辞"昼日三接"、《明夷》初九"三日不食"、《解》九二"田获三狐"、《损》六三"三人行"、《困》初六"三岁不觌"、《革》九三"革言三就"、《渐》九三"妇三岁不孕"、《巽》六四"田获三品"、《未济》九四"三年有赏于大国"等等。

② 马王堆帛书《黄帝四经·十大经·观》云:"群群□□□□□□为一囷。无晦无明,未有阴阳。阴阳未定,吾未有以名。今始判为两,分为阴阳,离为四时……。"

③ 简文谓:"太一生水,以成天地、神明、阴阳、四时……成岁而止。"

④ 李学勤先生则认为四时成岁的框架,为古代数术学说的基本要素之一,详见《太一生水的数术解释》,刊于《道家文化研究》第十七辑(郭店楚简专号),北京:三联书店,1999年。

天地未分之前元气混而为一。")。二是经魏晋玄学家王弼进行
"创造性的诠释",将"太极"纳入其"以无为本"的本体论范畴
(王弼以太极即"无",见韩康伯《易系辞注》引《大衍义》)。

这两条思路,我们都可以在宋代周敦颐著名的《太极图说》
中寻找到它们的踪影。《太极图说》开篇便说:"自无极而为太
极。"接着说:"太极动而生阳,动极而静,静而生阴,静极后动。
一动一静,互为其根。……二气交感,化生万物。"周敦颐的《太
极图说》源于《道藏》,又据陈抟作为修炼的《无极图》而修改为
"万物化生"的《太极图》,把几种图式摆在一起,"非儒家正宗",
一目了然。《图说》主题论述宇宙化生之旨意,其与老学学脉关
系也很清楚。但由于朱熹执意将它作为道统正传,遂导致哲学
史上一场有无之辨与理气之争。

周敦颐的《太极图说》是一篇融合易、道思想的划时代作
品,凡二百五十字,通篇论说万物之化生历程:以"无极"为宇宙
最终本原,谓"太极本无极也";太极如混而未分的元气,分解出
阴阳二仪;阴阳两气交感而化生万物。而朱熹将首句改为"无
极而太极"[①],复强解"无极"为"理",以此作为理学的核心范
畴[②]。这引来陆九渊的批评,陆氏在致朱子的信中说:"'无极'二
字,出于《老子》'知其雄'章,吾圣人所无有也。"陆氏并指出

----

① 朱熹时代《太极图说》有多种版本,朱熹亲见宋史馆所修《国史》本首句为"自无
极而为太极",延平本则为"无极而生太极",朱子据之改为"无极而太极"。
② 梁绍辉《周敦颐评传》指出,朱熹"从自己的理论需要出发,别解'太极'为理,而
又把这个思想强加于周敦颐"。参看该书《太极并非朱熹解释的理》一节,南京:
南京大学出版社,1994年。

"无极而太极",正是老子有生于无的观点。陆九渊四兄陆九韶也参加了这场论战,陆氏兄弟指责朱熹的最大动机,在于以"无极而太极"作为儒家思想体系的基础,乃背离孔孟道统之传[①]。而朱熹将太极强解为"理",则引发一场理气关系之争,明代王廷相可谓与理学派持对立观点的代表人物。王廷相认为宇宙的本原就是元气,他指出:"天地之生,二气而已矣。二气之上无物。"元气"不可知其所自,故曰'太极'"(《王氏家藏集·雅述上》)。至于理气关系,他说"气载乎理,理出于气","万理皆出于气,无悬空独立之理"(《太极辨》)。

在易、道思想的交汇中,有关太极的哲学议题一直延续到当代,如金岳霖先生的《论道》书中,便赋予"无极而太极"以新的内涵,他在以"道"、"式"、"能"为基本范畴的本体论学说体系中,将"无极而太极"这一命题用以表达整个宇宙洪流的天演过程[②]。

(四)变化观及变通说

易、道除了共同倡导道论及太极说之外,最大共同处是在于阐扬阴阳学说及变化观。

《易》的名称及其意涵即为变化,故被英译为 *Book of Changes* ;老子的形上"道",亦强调其道体之恒动性,故《老子》谓"反(返)者道之动",而且"周行而不殆"地恒动着。而易、道之变动观,提升到哲学理论建构的层次,尤得力于《庄子》。

---

① 参看冯达文、郭齐勇主编:《新编中国哲学史》下册,第 66 页。
② 详见胡伟希:《从"无极而太极"看金岳霖的新道家思想》,《道家文化研究》第二十辑,北京:三联书店,2003 年。

《易经》和《老子》都没有出现"变"或"变化"之词字,不过它们的思想中都蕴涵着丰富的变化观点[①]。

先秦哲学宇宙变化观之被显题化要到庄子。庄子在宇宙大化流行的观点中,提示道是无始无终而永恒重现地流转着,而现象界中万物是不住地运动转化,正如《秋水》所形容:"物之生也,若骤若驰,无动而不变,无时而不移。"在庄子这变化的宇宙观中,"变化"的思想观念被显明性地提示出来。由于庄子的变化观在诸子中最为突出,故三玄中侧重于申论庄子的观念。我们先说他的化和变化的观点,再就他的"变"、"通"及《系辞》的"变通"而论说。

1. 庄周论"化"

《老子》言"化"不言"变","化"言仅 3 见,而《庄子》言"化"则多达 74 见,其内涵之丰富远远超过《老子》和《易传》[②]。老子言化,强调人、物之"自化":其一,倡导万物之自生自长(三十七章:"道常无为……万物之自化。");其二,倡导人民之自我化育(五十七章:"我无为而民自化。")。老子以圣人体道之"无为"精神,给人民以更多更大的活动空间。这种强调人与物的自主自为而不干预的精神,在思想史上留下无比深远的影响。

庄子继承老子"自化"精神,并由万物的自化而推广到宇宙

---

① 如《易》卦与爻的关系隐含着静与动的关系,易卦为相对静体,爻则象征卦象的变迁。故《系辞》曰:"爻者,言乎变者也。"、"爻也者,效天下之动也。"

② 《易传》中《文言》、《象传》言"化"数见,均意指教化;至《系辞》出现"神而化之"、"穷神知化"的命题。而《象传》、《系辞》"万物化生"说,则本于道家(如《列子·天瑞》云"天地含精,万物化生"、《庄子·至乐》云"天地相合,万物皆化")。

的大化。在中国哲学中,将"化"提升为宇宙大化的范畴者创始于庄子;宇宙为一生生不息的历程,庄子所创始的这一宇宙观为宋明以后哲学家所普遍接受,而其安化的人生态度,更为历代哲人及艺术家所赞赏。故此处特就庄子有关"化"的论点略加申说。

（1）物之"自化"——万物外在条件与内在结构之变化。

《秋水》篇中描述万物的生成,犹如快马奔驰一般,没有一个动作不在变化,没有一时一刻不在推移。此为庄子万物变动观的一种形象化的表述,他归结地说,万物"固将自化"。这里的"自化",比起老子来,更进一步地指出变化的动因,不仅在于所处的宇宙是长流不息,而且每一个生物的内在结构、内在因素也不住地在转化默移之中,万物的量变与质变,既有外在的条件,也有内在的因素,"自化"正是指出万物变化之出于内在的根本原因。

（2）万物"化均"。

《天地》开篇说:"天地虽大,其化均也。"这就是说,天地虽然广大,但它们的演化法则却是均衡的。庄子的"均化"思想,从自然界引申到人事界,其天地演化均衡法则的观点,颇合于现代人类日愈关切自然生态平衡的呼声。而道家由天道推衍人事的思维,其关注焦点仍落实在人间。社会分配的均平原则,诸子的精神一致,孔子云"不患寡而患不均",老子谓"天地相合,以降甘露,民莫之令而自均"等,此中所透露的社会关怀,长远川流于历史的长河。

（3）蝶化与"物化"。

庄子言"化",最富哲学意涵的是"物化"说。"物化"就是由"庄周梦蝶"的寓言引出的,它表达了庄子所怀想的物我合一的意境,并由"物化"说引出庄子安化、达观的人生态度。

庄子在《齐物论》篇末,勾画出一段想象力丰富而哲理深邃的"庄周梦蝶"之寓言:

> 昔者庄周梦为胡蝶,栩栩然胡蝶,自喻适志与,不知周也。俄然觉,则蘧蘧然周也。不知周之梦为胡蝶与,胡蝶之梦为周与?周与胡蝶,则必有分矣。此之谓"物化"。

这则古代"变形记",和卡夫卡(F.Kafka)的《蜕变》(*Metamorphosis*)形成了一个鲜明的对比。卡夫卡的《蜕变》反映着现代人时间的紧迫感、空间的拘囚感和现实生活的压力感,而庄周蜕化为蝴蝶,则翩翩起舞,适意自在("栩栩然胡蝶也,自喻(愉)适志")。正如尼采在《查拉图斯特拉如是说》中所说:"世界如一座花园,展开在我的面前。"庄子也说,"天地有大美而不言"(《知北游》),"得至美而游乎至乐"(《田子方》)。人生的审美意蕴,于此表露无遗!

庄周梦蝶,引出人生如梦之喻。而"栩栩然"的飞扬情趣与"自喻适志"的审美心境,表现了庄子式的生命情调,它所透露出的讯息就是,人生该是一场美梦!世人却常梦觉雄辩,庄子在《齐物论》另段文里说到人们总是在梦中而不觉醒:"当人在梦中,却不知道自己在做梦。有时梦中还在做梦,醒来才知道都是一场梦。只有领悟大道特别觉悟的人才明白不觉醒的一生就像一场大梦。而愚昧的人还自以为清醒,自以为什么都知道,什么君呀,臣呀,真是鄙陋极了!"①这是一番发人深省的话!人生在世,多少人都浑浑噩噩地仓促了此一生,有的人在权力场中翻滚,有的人在名利声中过场,有的人终生喋喋却未中一言。诚如《齐物论》篇前一段所描述的:"一受其成形,不亡以待尽。与物相刃相靡,其行尽如驰,而莫之能止,不亦悲乎!终身役役而不见其成功,苶然疲役而不知其所归,可不哀邪!"从迷茫的人生举措中觉醒过来,诚非易事!

　　人偶然地出生,又偶然地离去。然而庄子以为离去并非消失,而是转化——转化为另一形态的存在体,故而庄子说:"周与胡蝶,则必有分矣。此之谓'物化'。"所谓"物化",即是说宇宙大化流行中万物不停地相互转化。庄子确有天地造化生气、气聚为物的思想(见《田子方》),故《大宗师》有"天地为大炉,以造化为大冶"之说;《达生》篇亦谓"合则成体,散则成始",即是说天地间阴阳之气的结合而形成物体,离散便成为另一物体结合的开始。

　　"物化"的概念,还出现在《天道》和《刻意》篇。如《天道》云:"知天乐者,其生也天行,其死也物化。"这是就一个人活着时随顺自然而运行,死了以后和万物一起转化;能够顺随天道流行而安于化为异物的人,只有达到天乐境界者才能达到。那么,什么叫做"天乐"呢? 庄子认为,能体味宇宙万物和谐相通的,叫做天乐("与天和者,谓之天乐。……推于天地,通于万物,此

---

① 《齐物论》瞿鹊子问长梧子的寓言中说:"方其梦也,不知其梦也。梦之中又占其梦焉,觉而后知其梦也。且有大觉而后知此其大梦也。而愚者自以为觉,窃窃然知之。君乎,牧乎,固哉!"

之谓天乐")；能领悟大道化育之功、创造之美的，称为"天乐"之境（"吾师乎！吾师乎！……覆载天地，刻雕众形，此之谓天乐"）。

"物化"就是庄子万物变化观的重要一环。庄子看来，人虽然是时空中有限的存在，然而人生在世，当"受而喜之，忘而复之"——抱持着生命来到就欣然接受，亡失就任其复归自然的达观态度。庄子在《大宗师》说过这样一句名言："悠然而往，悠然而来。"庄子的"物化"思想，正是唤醒人们要正视个体生命的有限性，并将个体生命放置到宇宙大生命的历程中来审视，个体生命虽是时空中的有限存在，但"薪尽火传"——人的精神生命与思想生命却能永续传承的；个体生命是有限的存在，但我们既来到人间，当破除成心，敞开心胸，在无穷的时空中对人类的种种活动开启一个新的视域，做出一番新的价值重估。

2. 庄子的"变化"观点

前文曾说《易经》与《老子》未曾出现"变化"之词，但它们思想中都蕴涵着变的意涵。《墨子》已使用"变化"一词（《非攻下》），但到《庄子》才成为宇宙论中的重要概念，用以表示宇宙万物变动不居、生生不息的基本状态。《象传》和《系辞》又将老子这种变化观点引进易学。这里先说《庄子》再说《易传》，以见道、易变化观之各具特色。

《庄子》这本书，可说从头到尾就在讲宇宙人生变化的过程。比如《逍遥游》就讲鲲化为鹏的寓言，《齐物论》篇末讲"物化"，《大宗师》整篇多在谈人生要如何安化。《庄》书最后一篇《天下》篇首先提出"内圣外王"之道的理想，而作为最高理想人物的"至人"、"圣人"，就是能对宇宙人生的变化及其根源意义做整全性体认的人（如谓"以德为本，以道为门，兆于变化，谓之圣人"）；篇中论述庄周思想时，还说："芴漠无形，变化无常……其应于化而解于物也，其理不竭，其来不蜕。"凡此皆可证其变化观点之散见于全书。这里仅就《庄子》提及"变化"概念的语脉意义，略作解说。

（1）自然界的变化流程：《天道》云："春夏先，秋冬后，四时之序也。万物化作，萌区有状，盛衰之杀，变化之流也。"这是由时序的运转，说到万物化生，呈现各自的形状，又从盛到衰，都是自然界的变化流程。

（2）世事的祸福流变：《则阳》云："时有终始，世有变化，祸福淳淳，至有所拂者而有所宜。"

（3）悠扬道乐的变化出新：《天运》借道乐的演奏，写闻乐者心灵的三种变化（惧、怠、惑）。闻乐三变，实则隐喻修道过程中的三种进境。"咸池之乐"三部曲，主题内容由人事到自然，反映着礼义人文教化及大自然所散发出的美与光辉的节奏。如谓："吾奏之以人……一清一浊……流光其声……吾又奏之以阴阳之和，烛之以日月之明，其声能短能长，能柔能刚，变化齐一，不主故常。"所谓"变化齐一，不主故常"，是形容乐音悠扬变化多端而有规律，不滞守陈规老调。这话可以引申为一种积极而开阔的人生态度：异声而同调，不拘泥常规，能翻陈出新。

（4）宇宙大化的变化无常：《天下》篇描述庄子的思想风格时，突出了"变化无常"的特点。其言曰："芴漠无形，变化无常，死与生与，天地并与，神明往与！芒乎何之，忽乎何适？万物毕罗，莫足以归，古之道术有在于是者，庄周闻其风而悦之。"开头两句写道境,写宇宙大化流行。老子讲"常",在变动中求稳定的基础;庄子一方面继承老子的常道,但同时执常以迎变。他透视人间世事的得失无常(《秋水》:"分无常。"),将视域投向广阔的天地变化,唤醒人们要突破观念的拘囚与习见的樊篱,所谓"化则无常"(《大宗师》)、"应于化而解于物"(《天下》),在宇宙生生不息的变化历程中,要纵身于万化之流,使思想生命与变冥合,使精神生命"闲放不拘",臻于"怡适自得"之境①。个体生命如何随物宛转、神与物游,如何安放在宇宙大生命中获得身心的大自由、大自在,是庄子生命哲学的一个重要课程,也是他实现了对老子所未曾达到的人生境界的一种超越。

3.《系辞》的"变化"观念

《易传》"变化"观点主要见于《系辞》②。易、道变化观点虽各具特色,但《系辞》所言仅止于"天地变化"、"四时变化"意涵,仍不出庄子"自然界变化流程"范围,不过,《系辞》变化观发展出精辟的"变通"说,则令人赞赏。总之,三玄的变化观——《老》、《庄》、《易传》三者之间,既有先后发展的脉络关系,又呈现各具独立的特色。

《老子》谓道体是"周行而不殆"地变动着的(见四十章及二十五章)。《彖传》率先吸收老子道论中流行变化的观点而提出"乾道变化"之说,《系辞》继之,将老庄变动观念引入易学中,形成另具特色的变化观。——《易传》最大特点,便是占筮语言

---

① 唐代陆德明《经典释文》:"'逍遥游'者,义取闲放不拘,怡适自得。"
② 此外尚有《彖传》云"乾道变化"、《文言》云"山泽通气,然后能变化"。各处所言"变化"与《庄》书中论及"自然界的变化流程"属于同一语脉意义。

中隐含着哲学意涵,哲学语言中又隐含着占筮内容,《系辞》表现
得尤为突出。今就"变化"观点举两例为说,以见其双向语言运
用之特点。

(1)八卦相荡象征自然万象之运行

《系辞》云:"在天成象,在地成形,变化见矣。是故刚柔相
摩,八卦相荡。鼓之以雷霆,润之以风雨,日月运行,一寒一暑。"
这是讲,在天的日月星辰之象,在地的山川草木之形,自然界的
一切变化都显现出来。"变化见矣",也在说通过卦爻关系(刚柔
两爻的相互推移)反映着客观世界的变化。"刚柔相摩,八卦相
荡"是说阴阳爻相互交错而生出八个经卦,八经卦相互推移而衍
生出六十四别卦。而八卦又象征着宇宙变化的八种自然现象,
各具不同的作用,如震为雷,离为电("霆"),故曰雷霆鼓动于天
("鼓之以雷霆");巽为风,坎为雨,而曰风雨润泽于地("润之以
风雨");离为日,坎为月,而曰日月往来运行("日月运行");艮
为寒,兑为暑,而寒暑交相更替("一寒一暑"),八种卦象的功能,
展现了一幅自然界大化流行的图景①。《系辞》双向语言的运用之
妙,于此可见。

(2)六爻之动象征天地人进退之象

《系辞》说"设卦观象",又借占筮语言巧妙地引进哲学的解
释,如谓:"观象系辞焉而明吉凶,刚柔相推而生变化。……变化
者,进退之象也;刚柔者,昼夜之象也。六爻之动,三极之道也。"
本文中"刚柔相推而生变化"等句,是说一卦六爻以刚柔两类爻

---

① 参看余敦康:《周易现代解读》,北京:华夏出版社,2006年,页325。

画的相互推移而产生种种变化。相互推移在卦象中就表现为阴阳的进退,这种阳刚阴柔的进退取向就好比昼夜的交替。易卦六爻的变动,反映了天道、地道、人道的变化法则[1]。

《系上》第二章的这段话,最具概括的一句便是"刚柔相推而生变化",这命题除了讲易卦六爻的具体意义之外,还蕴涵着一个更抽象的哲学意义,那就是用对立事物的相互作用来解释一切变化的现象。在《易传》惯于使用占筮语言表达其哲学内涵的方式上,《系辞》作者在解读卦象的同时,更意在借刚柔相推、阴阳相错来解释天地间自然现象的变化[2]。

《系辞》对"变化"的解释虽颇独到,但不如"变通"说精辟。下面我们再来看三玄有关变通观念的发展。

4.庄子的"变"、"通"与《系辞》的"变通"说

介绍过易、老、庄的变化观点,我们再来看三玄变通观念发展的关系脉络。易、老变化观思想中循环论的色彩的确较为浓厚,但深一层地探究,其周期循环论中却蕴涵着周而复始的方向与再始更生的动力。且举《易经》之《复》卦为说,从卦序看,《复》之前为《剥》卦,《剥》象征大地凋零,《复》则如大地回春;从卦爻上看,《剥》卦(☷☶)阴剥阳,阳将剥尽,然剥极必反,《复》(☷☳)便是向对立面的转化,开始了阳剥阴的过程,同时,阳刚也从亢极的位置复返于下,重新再开始生命力的培育[3]。《老子》由《易经》

---

① 朱熹注:"六爻:初、二为地,三、四为人,五、上为天。动,即变化也。"

② 参看王博:《易传通论》,北京:中国书店出版社,2003 年,页 180。

③ 参看陈鼓应、赵建伟:《周易注释与研究》,台北:台湾商务印书馆,1999 年,页 222—223。

的《观》、《复》单词，组成"观复"的复合词，并在哲学史上首次将"复"赋予宇宙论重要意涵。《老子》谓"反（返）者道之动"、"周行而不殆"，与"复"同，皆指宇宙事物在恒变之中，且依循着往复循环的方式运行着，而其循环之说则继承与发展着古《易》更新再始的精神[①]。而庄子思想之突破循环论框架则更为显明，从他的"变"、"通"观念也可以看出。

《庄子》言"变"、言"通"，皆单词使用，未曾组成"变通"的复合词，"变通"的复合词要到《系辞》才出现，《系辞》之晚于《庄子》于此可证。我们先谈《庄子》"变"、"通"语词的哲学意涵，先说"变"再说"通"。

《庄子》全书"变"字47见，"通"字约50见，而"变"所出现的语脉意义，可分"变"与"不变"两类辩证对立的语意来说。其一为强调天地万物的变动性，如《秋水》云："物之生也，若骤若驰，无动而不变，无时而不移。"由宇宙的变动观，落实到现实政治，庄子学派主张"礼义法度者，应时而变者也"（《天运》）。道家主"时变"，这是庄学著名的因时变革的言论。其二，在心神修养方面，庄子学派却强调"神气不变"（《田子方》）、"静一而不变"（《刻意》）、"不内变，不外从"（《达生》），这都是倡导精神静定专一的修养境界。

在道、物关系上，庄子言"变"，似乎多就"物"的层次，而其言"通"则常提升到"道"的层次立说。如《天道》说"通乎道"，

————————

① 自宇宙论落实到现实人生，《老子》亦屡言"敝则新"（二十二章）、"蔽而新成"（十五章），可证其再始更新的精神。

《让王》说"通于道之谓通"。而最重要的莫过于《齐物论》的"道通为一"和《大宗师》的"同于大通"之坐忘境界。

《齐物论》主旨讲齐同物论和齐物之论,既关注哲学上的殊相的问题,又关注共相问题。齐同物论即肯定各家之长,所谓"万窍怒号"、"吹万不同"、"十日并出",即是肯定个体存在的特异性;肯定万物的个殊性,阐扬各物的自性,是庄子思想中相当突出的一个特色,从这角度来看《孟子》所说"物之不齐,物之情也"(《滕文公上》),两者有相合之处。但庄子不仅留意到"物"的差异性与相对性,也看出人常由"成心"导致"以是其所非而非其所是"的武断与排他的现象,庄子透视到"物"的分离、割裂的特性。"物无非彼,物无非是","物"的世界虽然充满了彼此的对立冲突,但繁多而分歧的万物却有其同源同根:道为万物之同根,一气为万物之同源;在同根同源的基础上,万物是可以相互汇通的。因而,庄子发出这样一段精辟的言论:"物固有所然,物固有所可,无物不然,无物不可。故为是举莛与楹,厉与西施,恢恑憰怪,道通为一。"每个个体都有它的存在理由,都有它的特殊意义与价值,"无物不然,无物不可",这正是庄子所标举的齐物精神。每个个体生命,情态各异,但在宇宙大生命的长河中,终究可通而为一("恢恑憰怪,道通为一")。

《齐物论》在哲学理论上论说物分而道通的特点,进而将殊相融合于共相,将个体生命汇通入宇宙生命,此为"道通为一"之要义。而《大宗师》的"坐忘",则是内省的修养方法而达到"同于大通"的精神境界。"坐忘"的内省法,打破儒家伦理的思维模式,运用静定的修持功夫,超功利、超道德、超越官能智巧的制约,使心灵在超越外在与内在的重重藩篱而层层提升于安适之忘境,以达到"同于大通"的精神境界。这种自由无碍的"大通"之境,乃个体小我通向广大境域之宇宙大我,而臻于物我冥合的天人之境。

庄子道境的"同通"精神,也贯注到物界,如谓"通于天地"(《天地》)、"通于万物"(《天道》)、"乐物之通"(《则阳》)。凡此,皆体现着庄子精神豁达的面向。而《德充符》所谓"(灵府)使之和豫通而不失于兑(悦)……而与物为春",则更体现出庄子审美心境的生命情调。庄子言"通"所表达的人生境界,独步于诸子,其精神境界亦超越于易、老之上。

《系辞》在战国黄老思潮的激荡下则将庄子"同于大通"的精神境界[①],转化而落实到现实人生,为现实人生打开一条康庄的通道。

《系辞》变通说是其变化观最精辟的部分,其论说要义有如下数则。(1)开物通志:庄子由"道"层次的同通,贯注到"物"层次的"乐物之通",黄老道家亦自道境而开通物情,如战国楚黄老《鹖冠子·能天》曰:"道者开物者也……道者通物者也。"《系辞》继之,将道家"开物"、"通物"之旨引入易学,曰:"夫《易》开物成务……以通天下之志……。"这是说《易》能够沟通物情,成就事务,而开通天下人的思想。《系辞》倡导"开物成务",探讨天下的道理("冒天下之道"),使人心志畅通,这和黄老

---

① 今本《系辞》的创作和编撰阶段,正处于黄老思潮盛行的时期,黄老积极而开阔的现实人生态度,对《系辞》有着直接的影响。详见拙文:《三玄四典的学脉关系——论三玄思想的内在联系之一》(本书第五篇)。

思想一致,在现实取向上,则比庄子学派更富积极进取的心态。
(2)往来不穷:《系辞》以乾坤开合、阴阳变化解说天地万物的化
变亨通。其言曰:"阖户谓之坤,辟户谓之乾,一阖一辟谓之变,
往来不穷谓之通。"这些话也具有双向语言与含义。其一是就爻
卦揲数而言。坤阴犹闭户之锁,乾阳犹开户之钥[①]。"一阖一辟"
即一阴一阳。从阴阳爻交互排列组合,可以产生六十四卦的变
化,并能会通万物之情。其二是就天地之道而说,是谓坤地闭藏
孕育万物,乾天开吐创生万物[②],孕育吐生往来配合,乃有天地万
物的化变亨通。(3)变通趋时:《系辞下》(一章)云:"变通者,
趣时者也。"其语境意义是说刚柔相推、阴阳爻的变化流通,反映
着顺合时宜的道理。抽离其具体意义,则"变通趋时"这一命题
正是概括道家主时变的特点。(4)穷则变,变则通:《系辞》将变
通思想引入易学,影响最为普遍而深入人心的,便是《系下》(二
章)所说:《易》穷则变,变则通,通则久。"《系下》(七章)还
说:"作《易》者其有忧患乎?……《困》穷而通。"这都是说易
道可以激励人的意志,使人身处困顿而求变通。正如冯友兰《中
国哲学简史》论及《老子》"反者道之动"(四十章)的小节中说:
儒道两家有一个共同的理论思想,任何事物发展到极端,就有朝
着反方向移动的方向。《易传》称这样的运动为"复",在《道德
经》我们也读到类似的话:"反者道之动。"这个理论对中国民族

---

① 《系辞下》:"乾坤其易之门邪?乾,阳物也;坤,阴物也。"虞翻曰:"阖,闭翕
也……坤柔象夜,故以闭户者也。辟,开也……乾刚象昼,故以开户也。"
② 如《黄帝四经》曰"夜气闭地孕,昼气开民功",《淮南子》曰"静则与阴俱闭,动则
与阳俱开"。

有巨大的影响,帮助中华民族在漫长的历史中克服了无数的困难。中国人深信这个道理,因此,经常提醒自己要"居安思危";另一方面,即使处于极端困难之中,也不失望。宋代陆游那句家喻户晓的诗句"山重水复疑无路,柳暗花明又一村",与易、道思想一致,也正道出穷困变通的民族心理。

三、结语

本文论述了易、老、庄三玄共同所形成的诸多哲学议题,如:(一)道物、道器及道气(理气)关系问题。(二)阴阳气化论议题。(三)太极说议题。(四)变化观与变通说议题①。这些议题历经魏晋、宋明而成为历代哲学中的主体部分。此外,言意关系问题和体用关系问题,经魏晋新道家王弼的阐发,也成为古典哲学的重要议题。言意问题在魏晋时期,形成了"言不尽意"和"言尽意"的一场著名的言意之辩。而"言不尽意"的议题,在文学艺术的领域产生了更为广泛的影响。"体"和"用"的概念虽在魏晋前就已出现,但成为一对重要的哲学范畴,则始于王弼,韩康伯继之②,从而建立了以"无"为有之本体,以"有"为无之表现或作用的理论。易学哲学史上的义理派,通常以王弼为道

---

① 限于篇幅,本文对言意和体用问题,不多加论述。有关体用关系的问题,可参看景海峰《中国哲学体用论的源与流》(《深圳大学学报》1991 年第 1 期)。言意问题,请参看拙文《王弼道家易学诠释》(收在拙著《道家易学建构》),拙文论述了"言·意·象议题的历史脉络"、"王弼言意论的哲学意涵与诠释方法之依据"等目项。

② 王弼曰:"虽贵以无为用,不能舍无以为体也。"(《老子》第三十八章注)韩康伯指出:"必有之用极,而无之功显。"(《周易注》)

家易之代表,而以程颐为儒家易之代表,两者理路虽不同,但程颐著名的"体用一源"的命题(见《易传序》),仍是继承王弼的体用议题①。体用问题和言意关系的议题经魏晋道家提出而阐扬,它们和本文所论述的诸多议题,共同汇成中国古典哲学的中心论题。

　　(本文获得台湾大学人文社会高等研究院及洪建全教育文化基金会的支持,特此感谢。本文原刊于方勇主编《诸子学刊》第三辑,上海古籍出版社,2010 年1 月。)

---

① 朱伯崑先生说:"玄学和理学的形式虽不相同,甚至相互责难,但其理论思维路线是一脉相承的。"(《易学哲学史》第二册第六章第五节《易学中的理学问题》)

史　论

郭店简本《老子》所呈现的重要哲学问题
——由改写哲学史的观点谈起

　　郭店出土竹简中,在道家作品方面,包含有三种《老子》摘抄本① 以及《太一生水》古佚书等作品,另外还有一篇呈现儒道交融而又较接近老学一系的作品《忠信之道》②。由这些简册的年代归属,或是哲学意涵来看,皆足以构成改写哲学史的要件。

---

① 今本《礼记·缁衣》在字数上,较郭店竹简《缁衣》与马王堆帛书《缁衣》多出403 字,相较于《缁衣》遭窜改的情况来看,《老子》简本显然幸运多了。而其所依据传本,当不晚于老子在世百年。

② 老子与孔子皆重忠信之德,只是老子更在道、德的范域中,视忠信为真淳本德之一环。《忠信之道》不诉诸于心性要求,而以纯实本性之自然呈现为忠、信德行之核心意义,呼应了老子真纯本德,而与孔孟建立在道德自觉上的伦理观点有别。除了立基于真实之淳朴本性,《忠信之道》在言及忠、信内涵时亦言:"至忠如土,化物而不伐;至信如时,毕至而不结。"以天地化贷万物而不居功言"忠",以四时谦虚而信实的特性来意指"信",这恰是老子法自然的伦理观。另外"大忠不说,大信不期"在句式及意义上皆近于《老子》"大方无隅"、"大象无形"(四十一章)之说,而"忠人"、"信人"等语亦见于道家作品《文子·微明》。

　　首先,简本《老子》的问世,一方面以实物证据推翻了《老子》成书晚出说;同时辅以老子道论在中国哲学理论建构上的开创及主导地位,重新确立了老子先于孔子的学术顺序。其次,在哲学思想层面,对比简本《老子》与通行本文字的差异,既使得老子"有"、"无"之本体论意涵得到一致性的解释;简本无"绝仁弃义"之说亦反映出老子更宽广的仁义观。凡此,皆是简本《老子》所反映出足以改写哲学史的重要哲学问题,以下逐次展开析论:

一、哲学理论的突破始于老子

　　子学时代是中国哲学的开创期,老聃之所以成为中国哲学的开创者,因着他处于一个"哲学突破"的开端,而提出了前所未有的哲学理论。具体地说有这几个理由:第一、处于春秋末的老子和孔子是师友的关系,先秦史籍多所记载[①]。第二、《老》书先于《论语》[②]。第三、更为重要的是从哲学思想的角度而言,孔子

---

① 如《吕氏春秋·当染》载"孔子学于老聃"、又如儒家典籍《礼记·曾子问》中有四则记载了孔子问礼于老聃的史实。另外,《孔子家语》亦有孔子问道于老子的记载。

② 冯友兰写哲学史,把老子挪至孔、墨、孟之后。然而冯先生在《中国哲学史新编》中亦言:"《老子》书是一部正式的私人著述"、"《论语》中亦有老子的思想";冯友兰和张岱年先生都会举例《论语·宪问》"报怨以德"之语引自《老子·六十三章》。张岱年先生还说:《孙子》十三篇是春秋末年的著作,《老子》与《孙子》文体相近,既然《孙子》一书可以肯定为春秋末年的著作,则《老子》一书出现于春秋末年,也不是不可理解的了。参见:《老子哲学辨微》,《中国哲学史论文集》第一辑,济南:山东人民出版社,1979年。严灵峰也详细考证了老子思想对孙子兵法的影响,参见严灵峰《老子思想对于孙子兵法的影响》,载《无求备斋学术论集》。

是"述而不作",他有所述作,乃是在于对周代礼制文化的承继与创新;老子则将殷周以来的天命观,转化为形上道论,将宇宙人生纳入整体的反省及把握。其建构的形上体系,是中国哲学理论的首次突破。

老子在哲学理论上的突破与创新,归纳而言,他的道论在这几个方面为发前人所未发:第一、世界本原的问题,首先由老子提出(见《老子》第一章、二十五章)。第二、老子也是首次提到宇宙生成论问题(见第四十二章)。第三、老子首次提到宇宙变动的历程(见四十章、二十五章)。第四、老子首次提出道是万物所由以生成者(见十四章、十五章等)。若是由中国哲学本身的范畴来看,在涉及宇宙最究竟者之本根论或道体论,以及关涉宇宙变动历程的大化论等哲学核心范畴[①],不但是由老子最早提出,其后历代重要的哲学进路,也是依循着老子的理论展开。如老子所提出的本原论及生成论,成为汉代宇宙生成论及构成说的理论主轴;老子的本根论成为魏晋本体论理论建构的基石。其后,宋明理学的理本论,则是建立在统合了老子宇宙论及本体论之整体形上体系中。因此,老子哲学体系不仅是在古代哲学中居于创始及突破的地位,其理论更是投影在整个哲学史中。

然而综观当代几部有影响力的中国哲学史,都是严重地误置了学术顺序,除了胡适确当地把老子列为第一个哲学家之外。然而胡适《中国古代哲学史纲》一书在哲学界并未有重大的影响,亦未触及哲学理论问题。其后冯友兰虽意识到哲学理论问

---

① 参见张岱年:《中国哲学大纲》,北京:商务印书馆,1958年。

题①,但在处理学术顺序时,则是基于文化史立场而非哲学史立场②。至《中国哲学史新编》出版,冯氏已注意到由哲学理论来排列哲学史家的学术顺序,但其论点乃是直线式的科学史思维③。

冯氏在学术顺序上的误置,影响了大陆及港台的哲学史著作,几乎一致地将老子置于孔子之后。如今简本《老子》的出土,以实物证据推翻了老子晚出说,加上老子的哲学理论在哲学史上的理论主导,学术顺序上孔子先于老子之说,显然是必须改写的了。

二、老子"有"、"无"的本体论意涵

整体来看,老子的"有"、"无"是共同指称道体的一对本体论范畴。如第一章中,"无"与"有"乃"同出而异名",各在描述道既超越又实存的一面。然而通行本四十章中"天下万物生于有,有生于无"句,却让历来研究者在诠释上颇觉困扰。"有生于无"之说,容易让人将"有"、"无"关系往宇宙生成方向理解出

---

① 冯友兰已注意到先秦时期乃"理论化之发端,亦即哲学化之开始",见旧本《中国哲学史》第一编第二章《泛论子学时代》,页36。

② 冯友兰在旧本《中国哲学史》中一再言及孔子的地位乃继承周公文王之业:"孔子一生以能继文王周公之业为职志"、"孔子自己所加于自己之责任,为继文王周公之业"、"孔子对于中国文化之贡献,即在于开始试将原有的制度,加以理论化"。凡此,对孔子的论述都从文化史角度而非哲学史观点立场。

③ 冯氏认为《老子》书中的思想内容乃是"用高度抽象、概括的方式和极精炼的语言表达出来",这是"哲学思想发展到一定高度时期的产物",而春秋时期的思想还未发展到这样的高度,以论证《老子》是战国时期的作品。冯氏企图以思想发展的高度来论证《老子》一书不可能成书于抽象思维尚未高度发展的春秋时代,犯了以直线进行之科学史观来看待哲学史观的谬误。因为哲学史的发展常是曲线式而非直线式发展。

时间次序的发生序列,视"无"在"有"之先^①。如此,便与第一章
"有"、"无"共同指称道体不一致。其后王弼注《老》,即顺着"有
生于无"之说,透过逻辑次序上,本末、母子等本体与现象的关系,
来解释"无"与"有"的先后序列。视"无"为形上道体,为万物
存在的依据;"有"则转换为现象界万有,依据于并呈显著本体之
"无"。如此,将"有"由本体层面略去,仅以"无"指称道体。透过
其注《老》的影响,成为后代解释老子"有"、"无"思想的主线。

简本《老子》出土后,老子"有"、"无"思想不一致之处总算
得到解决。通行本四十章"天下万物生于有,有生于无"句,简
本写为"天下之物生于有、生于无"。与简本"生于有、生于无"
文句加以对照,通行本"有生于无"之说衍出一"有"字。按简
本文句来看,"有"、"无"关系是对等的,是用以指称道体之一体
两面的一对本体论范畴,而这便和通行本第一章论点一致。

由于通行本衍出一"有"字,无可避免予人"无"作为"有"
之生成本原的印象。加上王弼以"崇本贵无"之说解《老》,突出
道体"无"的一面而略去"有",并且未赋予"无"以积极的意涵,
使"无"与"有"分属为本体与现象之不同层级。王弼"无"与
"有"在形上与形下的割裂,主导了魏晋的有无之辨,并成为宋明
理学"无极而太极"论题的渊源。简本《老子》的出土,澄清了
老子"有"、"无"的本体论意涵,亦显现出哲学史中误读的部分。
而在与儒简对比之下,亦可清楚发现唯有道简涉及本体思想,儒

---

① 冯友兰早已注意到第四十章与第一章不一致处,而由逻辑的顺序来解释"有生
于无"的有、无关系。参见冯氏:《中国哲学简史》(英文本 1948 年由美国麦克
米伦公司出版,中文涂又光译本由北京出版社于 1985 年印行)。

简则毫无本体论视野。

三、老子伦理思想的重新思考——老子仁义观的重估

在伦理思想层面,简本《老子》仁义观的澄清,使得老子的伦理思想必须重写。

简本《老子》的出土,最令人瞩目者,莫过于通行本十九章"绝仁弃义"之说,简本写为"绝伪弃诈"。两相对比,简本文字显然较符合孔、老所处的时代气氛[①]。

简本《老子》无"绝仁弃义"之说,至少反映了几点哲学史上的意义:首先,当代学界据通行本"绝仁弃义"之说,认为这是针对孔孟仁义观而提出的反命题,以此作为《老子》晚出的有力证据,如今由简本证实老子实无"绝仁弃义"之说,而学界所谓反命题的论证便立时无据了;其次,在伦理思想层面,反映了儒道同源却不同路向的伦理思考。由《老子》简本无"绝仁弃义"之说,并配合其整体伦理关注来看,可发现老子不但不反对仁义,而且对于仁义有着更宽广的观点。

老子的哲学体系呈现出几种思维模式:首先是"正言若反"的逆向思维,其次是由宇宙规模来把握人生,第三则是天道与人事双向互通的整体思考。在这三种思维模式的交映下,老子如此呈展其仁义观:一方面在人间社会层面提倡"与善仁";同时

---

① 《老子》通行本"绝仁弃义"、"绝圣弃智"等观点,是战国中后期学术观点极端对立的反映。由春秋末至战国初之史实来看,老、孔学说之间并未有强烈的对立。参见拙文:《从郭店简本看老子尚仁及守中思想》,《道家文化研究》第十七辑,北京:三联书店,1999年。

又上达天地范围,透过"正言若反"的逆向思维,以超越人心本位的宽广视野,将"仁"提升为天地无心的造化力量。

老子由天地境界[1]俯瞰人生,以道的无限来化解人心拘执的有限对待,其仁义观亦于焉呈现。老子承继西周以来的人文关怀,正视作为周朝礼制文化伦理核心的仁义及忠信诸德。然而道论思维所开展的天地视域,以及松脱人心羁执的理想要求,让老子摆落人心本位而跃升至天地层级以言"仁"。通行本第五章言:"天地不仁,以万物为刍狗。"所谓"天地不仁"虽是否定命题形式,实则是在内涵上由超越人心层面诉诸恩泽、德惠以及占有之"仁",以呈现天地化育力量中"不有"、"不恃"、"不宰"的无心造化。在这天地视野的高度中,"天地不仁"表面上的否定形式,透过老子"正言若反"的逆向思维,已转为正面的视"仁"为天地万物活泼生趣的展现,寓涵在"道"一体无亲,"绵绵若存"的生化力量中。

老子"仁"的这层意涵,庄子深有体会,并赋予更清楚的阐释。其论"仁"亦不主人心之恩情德慧,而是以道"泽及万世而不为仁"(《大宗师》)的无心造化,由万物自然、自化地各适其适中,展显道的无形德泽。

道家仁义观固然有与儒家相合之处,然亦有其特异之点。兹依据文本,试分三层面加以申说:

(一)天地视域:"大仁不仁"之境

通行本第五章提出"天地不仁"的说法,指出圣人之心,效

---

[1] 此语出自冯友兰先生所阐释之人生四境界说,参见《三松堂全集》第四卷《新原人》。

法天地之虚,达致廓然大公,不以己身之好恶喜怒为依准,而"以百姓心为心"。

老子首次提出"天地不仁"这一醒目命题,以为"道常无为"的写状。所谓"不仁"即意指不自恃为仁,而"天地不仁"也意指不具人类之意志。天地虽不具人类意志以及道德意识,但却具生生不息的造化之功。此造化之功展现在天地的无心普施上。圣人效之,以体天地造化之大仁。

(二)天人之有分:天道"无亲"而人道"善仁"

老子在提到"天地不仁"的同时,亦论及人间需"与善仁"(第八章)。老子以为天地虽任自然而无心,但人却具有仁心,并且应在人间发挥此仁心。

老子既说"天地不仁",又说"与善仁",这两种论点虽看似矛盾,实则不然。一方面,圣人效法天地之无心造化,以虚怀无为之心态,在为政上避免主观干预以及强制性作为;另方面,老子也注意到人间社会需发挥仁心与善举。故通行本第八章强调"与善仁",七十九章亦提及"天道无亲,常与善仁"。其后,庄子循老子理路,在天地视域中提出"大仁不仁"(《齐物论》)、"至仁无亲"(《天运》)的观点。但庄子对仁义有着更细腻的反省,将道家特殊的仁义观更加明确提示出来。例如《庚桑楚》中有一段生动的比喻,提到当踩到市街上人的脚,就赔罪说自己放肆,若是兄长踩了弟弟就怜惜抚慰,若是父母至亲踩了就无须谢过①,以此展现"至仁无亲"的伦理情境。这亦即庄子《天地》篇

---

① 《庄子·天地》云:"蹍市人之足,则辞以放骜,兄则以妪,大亲则已矣。"

中"相爱而不知以为仁"、"端正而不知以为义"的观点，表现出道家理想的仁义观，乃是默而行之，行仁为义达至忘境。

落实至社会层面，庄子和儒家一样亦阐发仁心。庄子鞭辟入里的一句话："爱人利物之谓仁。"（《天地》）深刻地阐发了仁心的内涵。其后，朱熹在其心本论中，以"爱人利物"界定"仁"之说词亦来自庄子。

（三）逆向思维："仁常而不周"

老子常由负面切入以彰显正面意义，其意在由事物的隐微处切入，以体察深层结构的意义，庄子亦然。老子通行本"绝仁弃义"之说，可能受到庄子"攘弃仁义"（《胠箧》）说的影响而臆改。而庄子"攘弃仁义"之说乃针对周文之弊而发，并非无的放矢。儒家继承了周朝建立在血缘亲情及宗族体制上的礼制文化，亲亲之仁体现在社会层面可以促进亲情之相互关切与温暖，但落入政治层面，则往往重私恩而轻公道，其流弊在春秋战国之交已十分突显。因而墨子当时即大声疾呼"血肉之亲，无故富贵"（《尚贤下》），宗亲世禄揽权而尸位素餐的现象已经十分普遍。在这样的情景下，孟子苟且其事，犹曰"为政不难，不得罪于巨室"，千百年来，法治意识之无由伸张，和儒家鼓吹的亲亲政治有密切关系。而亲亲政治所滋养出的所谓父母官牧民心态，亦绵延不息地盘根在无数上位者的心坎深处。

若比较孟、庄对"仁"的不同界定，即可看出彼此思想的根本差异。孟子一再说"亲亲，仁也"（《告子下》《尽心上》）；庄子则说"爱人利物之谓仁"。两种观点落实至政治层面，其立场及解读皆十分不同。后者成为人类普遍的道德原则，前者则易

流于姻亲政治之胶漆。此外,庄子还提出深具哲学意涵的话:
"仁常而不周。"(《齐物论》)"仁"若局限于宗亲范围即不能周
遍,这一语道破了儒家"亲亲"仁政的偏私与狭隘。而庄子《盗
跖》篇的指陈,尤动人心弦,其言论虽偏激,却指陈了这一普遍
现象:历代强势者掠夺权柄之后,便以"圣知之法以守其盗贼之
身"。历代权位交替委实如此,谁掌握政权,谁就掌握发言权,
所谓圣智礼法常沦为强势者的工具价值。因而庄子沉痛地指出
"彼窃钩者诛,窃国者为诸侯,诸侯之门而仁义存焉",庄子这声
音可谓响彻千古!而这种富有深沉时代意义的话,正出现在郭
店竹简中[①]。

　　道家礼制文化之缺失,同时也彰显了仁义观的正面价值。
从仁义正面价值的阐释而言,孔老有着相互发明之处。若将老
子的仁义观与孔子参较,我们可以体认到:儒道同源,共同继承
殷周以来的德治思想与人文精神。孔、老临春秋礼坏乐崩之际,
如何重构周制礼乐文明的新精神及新价值,出于二者的人文关
怀,只是所走的路向不同罢了。孔子追溯至人内在的道德理性
与情感,一方面以此奠立礼乐仪文的价值基础,同时再透过礼乐
的仪度来调和人性。孔子由伦理面向切入,深入人性自觉而向
上体认形上永恒("天");老子则不由此径,一方面由天地视域
透视形上之道,以此作为万物总体存在的基础与根源,并在价值
上成为人间理想之依托。展现于人间,"道"成为价值的母体,透
过"德"的中介,仁义、礼乐植根在人性的天真本德中。

---

① 《语丛四》中亦言及:"窃钩者诛,窃邦者为诸侯,诸侯之门,义士之所存。"

对道家仁义观加以重估的同时,老子礼乐观亦值得重新思考。例如其"大音希声"表现的道乐之境,即不同于儒家集中于政治层面的礼乐思维。道家礼乐观的重估,这是另一个值得探讨的课题。

四、结论

道家视野,天道人事双向互通,老子由宇宙规模把握人生的哲学思考,是古代哲学中的首次突破。对比之下,儒简无任何一简论及本体论及宇宙论层面。这确认了儒家落在人伦教化上的视界及其主导性,也呼应了我以往区分儒道二家主要差异的论点。

（本文原刊于《中国研究集刊》腾号,总三十六号,2004 年 12 月。）

道家在先秦哲学史上的主干地位

近些年来，我考虑的一个主要问题就是道家在中国哲学史上的地位问题。前些年曾写过以道儒墨法互补为基础的道家主干说方面的文章，并引起了讨论。我发现，有些争论不完全是看法的不同，而是由于对哲学学科的理解不同引起的。

我是从专业哲学的角度考察中国哲学史的主线及主体思想而提出道家主干说。近年来，不少学界朋友将我提出的"哲学主干说"说成了"文化主干说"。虽然人们在习惯上常将中国哲学与中国文化混同使用，但在严格意义上，两者研究的对象、性质毕竟有所不同，"文化"的概念过于广泛，举凡生活方式、风俗习惯都可纳入它的范围。在中国古籍中，"文化"一词最早见于汉代刘向《说苑·指武》；晋《文选》束广微《补亡诗·由仪》云"文化内辑，武功外悠"，这里主要指的是文治教化。若从文治教化的观点来看文化的主要内涵，则中国文化史当以儒学为其首要地位。本世纪文化人类学着重在各民族间考察其艺术风格、神话及礼仪类型、亲属关系等文化因素,前者(即艺术风格与神话)其文化因素近于道家,后者(礼仪类型、亲属关系)近于儒家文化。然而,我个人以为中国文化所以与世界其他各国文化最大的不同,便在于它的"礼制文化"——这从殷周之际便开始建构的一个相当完整的礼制体系及其文化。中国儒学从孔子到朱熹以降,无不堂而皇之地维护礼学的正统性(现世儒者对于儒家礼学避之犹恐不及,甚可怪异),以此从维护礼制文化这一重要特点而言,无疑地儒家是中国文化的主导者。虽然晚近有不少学者认为:儒道两家代表着文化的表层结构与深层结构。

我个人以为儒家不仅在中国文化史上居于主导地位,在伦理学史上更居于主干地位。伦理学正如逻辑学、美学、宗教学等等,是哲学的一个分支,它研究什么是道德上的"善"与"恶"、"是"与"非"。它的任务是分析、评价并发展规范的道德标准,以处理各种道德问题。它在哲学的大厦中,并非主体建筑。从西方传统哲学来看,形上学(宇宙论和本体论)是为主体,从中国传统哲学来看,则宇宙论和人生哲学为其主体。从中国哲学的主体部分立论,无疑地,道家居于主干的地位。至于文学史、美学史、艺术史,则道家思想更具灵魂性的重要地位。本文先就道家在先秦哲学史上的主干地位作一论证。

一、哲学与中国哲学的特质

"哲学"是一门专业的学科,它是近代从西方翻译过来的名词,在我国古代并无这门学科的名称和特定的研究范围。因此我们首先需弄清它在西洋学术领域中的本来意义。"哲学"源于古希腊的"爱智"之学,众所周知,为知识而求知识,纯粹的理智活动,一直成为它的主要传统。在西方的哲学传统中,固有其形态各异的发展,各个哲学家给哲学的定义也并不相同,但就其共通性而言,著名的德国哲学史家文德尔班(W.Windelband)的界说是相当简明精确的,他说"哲学乃是对宇宙观、人生观一般问题的科学论述","哲学史,作为体现人类对宇宙的观点和对人生的判断的基本概念的总和"①。一般说来,哲学是对宇宙人生作整体性的思考和根源性的探究,它通过对人与自然之关系、万物存在之依据、人生之究竟意义等问题的反省,建立起一个系统性的世界观及人生观。上述定义基本上也适用于中国哲学。

中国哲学之所以能被称为"哲学",就表现在它与西方哲学有共同之处。这主要表现在它们所研究的问题、对象及在诸学术中的位置等②。从哲学之为对宇宙人生作整体性思考和根源性探究这一角度来看,先秦哲学唯独道家担当这一重要角色。哲学当然不等同于伦理学。依此,而将中国哲学视为"伦理型"的观点,必然狭义化了中国哲学的原貌。

当我们就哲学的课题是对宇宙人生作整体性思考及根源性探究时,我们也须留意到中国哲学与西方哲学在诸多方面有着显著的差异。如西方哲学一般从科学的洞见中提供宇宙观、人生观的理论基础,并在形上学中去探索哲学的核心。而中国哲学则更多地把宇宙看成人生的背景,主要通过对现实人生的反

---

① 　文德尔班:《哲学史教程》,罗达仁译,北京:商务印书馆,1987 年。
② 　张岱年《中国哲学大纲》:"中国哲学与西洋哲学在根本态度上未必同;然而在问题及对象上及其在诸学术中的位置上,则与西洋哲学颇为相当。"

思,建立一种系统的人生哲学。当然从形态而言,中国哲学仍以天人之学为主,包含形上学的内容。

西方哲学自始便与科学紧密结合,而中国哲学自先秦诸子始无不以人类的处境为其终极关怀。由于历史现实及文化背景的特殊差异,中西哲学便有着十分不同的道路,最显著的莫过于西方主流哲学的两个世界之说及主客体的二分对立。柏拉图继承巴门尼底斯而将世界分为理念界和现象界,及中世纪又有超自然与自然界之对立。尼采对于柏拉图以降两个世界之说提出了猛烈的抨击①,李约瑟提出相似的评论:"西方思想总是在两个世界之间摆动,一个是被看作自动机的世界,另一个是上帝统治着宇宙的神学世界。"李约瑟把这称为"典型的欧洲痴呆病"。他还比较地指出:"依照在中国占统治地位的哲学概念,宇宙是在自发的谐和之中,现象的规则性并不是来自外部的当权者。相反,自然、社会和天国中的这个谐和发源于这些过程中存在的平衡,这些过程是稳定的,互相依存的,并在非一致的谐和中彼此共鸣。"②在李约瑟心中,在中国占主导地位的哲学乃是指道家而言。他所描述的中国哲学认为宇宙是"在自发的谐和之中",万物"互相依存"而又"在非一致的谐和中彼此共鸣",这正是对庄子《齐物论》天地人三籁境界的描绘。

---

① 尼采说:超人是大地的意义。这里"大地"指人间世而言。尼采否定了基督教"两个世界"、"来生论"的观点,针对西方二元论世界观,提出人间世是唯一的。详见拙著:《悲剧哲学家尼采》,北京:三联书店,1987年。

② 普里戈金:《从混沌到有序》,引文见英文版页7、48,中文版页39、85,曾庆宏、沈小峰译,上海:上海译文出版社,1987年。

当代大哲怀特海对于西方传统哲学二元论世界观有着更为精辟的批评,他指出把自然割裂为孤立的两个部分,导致自然的两极化(bifurcation of nature),怀特海在和贺麟先生的谈话中称其著作中"含蕴有中国哲学里极其美妙的天道(heavenly order)观念"①。他所说的天道观也就是老庄的天道观。从他的哲学内容来看,更为接近庄子的天道观。

从中西哲学的比较中凸现中国哲学特色,当代中国学人中如先师方东美、陈荣捷先生、唐君毅先生等师辈前贤多有论及。方先生自早年作品《科学哲学与人生》到晚年的各种著述、讲稿,对西方形上学理论之使宇宙"截然二分",复将整合的人性"恶性两橛化"(vicious bifurcation)颇多批评②,另一方面对中国先哲视人与自然、整个宇宙为一相依互涵的有机系统极尽赞赏。方先生尝言:在中国人眼中"人与宇宙关系是'彼是相因'、同情交感的和谐系统"。又说:"吾人一旦论及道家,便觉兀自进入另一崭新天地……庄子将空灵超化之活动历程推至'重玄',将整个宇宙大全之无限性,化成一'彼是相因'、交摄互融之有机系统……一言以蔽之,庄子之形而上学,将'道'投射到无穷之时空范畴,俾其作用发挥淋漓尽致,成为精神生命之极诣"。③我

---

① 贺麟:《现代西方哲学讲演集》,上海:上海人民出版社,1984年。以下所引有关怀特海之片断均出自此集。
② 见英文本《中国人生观》,下引同。此书中译本收在方东美著《中国人生哲学》,台北:黎明文化事业公司,1980年。
③ 方师:《中国形上学中之宇宙与个人》(*The World and the Individual in Chinese*),收在 Charles A.Moore 所编《中国人的心灵》(*The Chinese Mind*)一书中,台北:联经出版事业公司,1984年。

聆听方先生授课多年,他在诸子百家中对庄子的思想境界及艺术精神尤多赞赏。

　　当代大儒熊十力先生亦曾在中西哲学的比较中认为:"中国人确不曾以解剖术去劈裂宇宙……惟务体察于宇宙之浑全,合神质、彻始终、通全分、合内外、遗彼是,上达于圆融无碍之境。"熊先生这里所说的中国哲学"浑全"之宇宙观,正合于庄子,而与孔儒不相涉。其所使用的"彻始终"、"遗彼是"等概念也均来源于庄子。熊先生又说:"若西学惟心惟物之分,直将心物割裂,如一刀两断,不可融通,在中国哲学界中,确无是事。中国人发明辩证法最早,而毕竟归本圆融。"①

　　总言之,中西哲学的迥异之处,就在于西方哲学是"超自然形上学"②,而中国哲学则为"自然宇宙观"③。

　　在宇宙观的问题上突出"自然"的特性,正是道家的特色。中国的宇宙观创始于老子,为庄学与黄老之学等道家各派所发展,而孔孟思想在宇宙观方面则一无建树。"宇宙"一词源出于

---

① 　上引两段论述见于熊先生:《论中国文化与中国哲学》,刊刘梦溪主编《中国文化》第三册。

② 　见方师:《原始儒家道家哲学》第一章《中国哲学精神·导论》,台北:黎明文化事业公司,1983年。

③ 　唐君毅先生曾作专文《中国哲学中自然宇宙观之特质》,将这种"自然宇宙观"细分为十二个特点:(一)宇宙以脱含实观;(二)宇宙无二无际观;(三)万象以时间为本质观;(四)时间螺旋进展观;(五)时间空间不二观;(六)时间空间物质不离观;(七)物质能力同性观;(八)生命物质无间观;(九)心灵生命共质观;(十)心灵周遍万物观;(十一)自然即含价值观;(十二)人与宇宙合一观。其所申论内容也多以老庄思想作为依据。唐文收入《唐君毅全集》卷十一《中西哲学思想之比较论文集》,台北:台湾学生书局,1988年。

《庄子·庚桑楚》:"有实而无乎处者,宇也;有长而无本剽者,宙也。"在这里,"宇"是指空间上没有止境的上下四方,"宙"是指时间上没有终始的古今往来。在宇宙中,万物都在不停地生灭变化("有乎生,有乎死,有乎出,有乎入"),庄子称这种万物变化的根源为"天门",也即是"自然的总门"。

对于宇宙起源的问题,庄子主张"六合之外,圣人存而不论"(《齐物论》),他讨论的范围仅在"四方之内,六合之里"(《则阳》)。首先,他肯定万物是由"道"产生的,"道"是万物的本原,而"道"在创生万物是无意识、无意志、无目的的,这一观点否定了"另一世界的造物主"的存在。其次,他认为"道"的这种"无为性"导致了它创生万物后便与万物合而为一(《知北游》:"物物者与物无际。"),便使得我们这个世界具有"道"、"无为"而万物"自为"的特点,因此,我们所处的这个世界虽然有局限性,但因万物"自为"又具有无穷无尽的变化发展(《知北游》:"不际之际,际之不际者也。")。庄子还认为,宇宙万象体现出一种不可阻遏的运动变化状态(《大宗师》:"万化而未始有极也。"),这种变化是在广大无际的空间之中,沿着绵长无终的时间的轴线发生的。在宇宙中,空间是无限延伸的,即《逍遥游》所形容的"天之苍苍……其远而无所至极邪"——这是庄子借鹏之高飞展开的一个无穷无尽的空间系统(《秋水》所谓"至大不可围");时间是无限绵延的(《秋水》所谓"夫物,量无穷,时无止……年不可举,时不可止")。诚如方东美先生所说的:"庄子这种空间无限扩大的暗示……学术在这样的时空观念下,自然有一种不受局限的精神发展起来了。这一种学术思想不是儒家的经学,而是道家的子学。这个传统是为中国学术开拓了无限广大局面的传统。"①

　　庄子的宇宙观，是为其人生哲学而立论的。而中国哲学是"究天人之际"的一门学问，道家的庄子哲学，则是最具有典范性的代表。诚如方东美先生所论述的："道家所讲的'天人之际'，不像儒家沾滞于人这一方面。道家的思想在精神上是较为洒脱的。他们如果要谈人的问题，却并不沾滞在人本身上面，而是务必要把人解放了以后，在精神方面提升到无穷的空间远景、无穷的时间的远景——然后再回顾人间世。由于距离，便会有许多不可言喻的美景，无形中把人美化了。……道家的精神就是庄子的一句话：'圣人者，原天地之美而达万物之理。'由于透过诗意的创造的幻想来看人性的缺陷，使之美化了，从而宽恕欣赏，这是道家精神特别的地方。"②庄子上述的哲学观点对历代中国哲学产生了巨大的影响，而孔孟儒学则无一具有如此深刻的思想境界。

二、道家的思维方式成为历代中国哲学的主要思维方式

　　衡量一家一派哲学思想的建立，最重要的在于它的思想的原创性和理论的系统性。文德尔班说："哲学的每一伟大体系一开始着手解决的都是新提出的问题。"老子哲学正是如此，"一开始着手解决的都是新提出的问题"；庄子则不仅在"发展人的

---

① 方师：《新儒家哲学十八讲》，台北：黎明文化事业公司，1993 年。下一处所引同。

理论思维能力"上有无比惊人的高度,而且在提高人的精神境界方面更是举世罕见的。这里,让我们从道家所开创的道论及其思维方式说起。

就哲学而言,思维方式指的是思考自然、人生及其关系等问题的方法和规则。不同的哲学可能有不同的思维方式,如中西哲学就有很大的差异。西方哲学一般把自然和人分别开来处理,而中国哲学则把它们视为一个整体。就先秦诸子而言,老、孔、墨思考问题的方法并不同,但在战国中期至秦汉以后,各家却逐渐趋同,这种趋同,是以老子所开创的道家思维方式成为依归的。

由老子所开创的道家思维方式,可归纳为四种:一是对反的思维方式;二是循环往复的思维方式;三是天道推衍人事的思维方式;四是天地人整体性思考的思维方式。这四种又可归约为两个原则:一是推天道而明人事及天地人一体观;一是对立及循环观。

推天道而明人事是道家承继于史官而来的一种思维方式,其要点在于从自然现象中确定社会、人生的法则。老子在自然道论的基础上建立起政治人生哲学,就是此种思维方式的一个集中体现。虽然道家各派之间在自然法则的认识上有所不同(如老子强调反、弱,黄老强调阴阳等),但在推天道而明人事这一点上却是一致的。在老子著作中,"推天道以明人事"的思维方式贯穿于全书。兹举原著为证:

> 天地不仁,以万物为刍狗;圣人不仁,以百姓为刍狗。

（《老子·五章》）

　　天之道，利而不害；圣人之道，为而不争。（《老子·八十一章》）

　　这正是"推天道以明人事"的思维方式的典型体现。此外在《老子》第七、九、二十三、三十七、五十一、六十六、七十七等章节中，也有这种思维方式的明显反映。老子这种思维方式直接影响到战国中期前后的黄老学派，最具有代表性的莫过于马王堆出土的帛书《黄帝四经》，这种思维方式更加贯穿于帛书《四经》全书之中，如：

　　天地有恒常，万物有恒事，贵贱有恒立（位）。（《经法·道法》）

　　天地无私，四时不息。天地立（位），圣人故载。（《经法·国次》）

　　因天之生也以养生，胃（谓）之文；因天之杀也以伐死，胃（谓）之武。（《经法·君正》）

　　此外，还屡见于《称》篇及《十大经》中《观》、《果童》、《正乱》、《兵容》、《三禁》、《前道》、《顺道》等篇章，这种的思维方式几乎可以说在全书每篇每页都有强烈的体现。自老学至黄老之学，这种"推天道以明人事"思维方式又直接地为《易传》所继承。如：

　　天地交而万物通也，上下交而其志同也。（《彖·泰》）
　　天地养万物，圣人养贤以及万民。（《彖·颐》）

天地感,而万物化生。圣人感人心,而天下和平。
(《彖·咸》)

此外,《彖传》的《否》、《豫》、《观》、《剥》、《恒》、《革》等卦辞
中也都有体现。

我们从大量的文献数据中可以看出,这种"天道推衍人事"
的思维方式,从老子开始,到黄老学派直至《易传》,有一条十分
明显的发展脉络。反之,这种道家开创的独特的思维方式,在早
期儒家仅局限于人道范围的著作中并无体现。

"天道推衍人事"实际上就是把天地人(自然与人)视为一
个整体,认为它们遵循一个共同的法则。在《老子》书中最具典
型性的观念莫过于"人法地,地法天,天法道,道法自然"。道家
的天地人整体性的思考方式在黄老之学的著作中有着更明显的
体现,如帛书《黄帝四经》中的:

天下大(太)平,正以明德,参之于天地……有天焉,有
人焉,又(有)地焉。参(三)者参用之。(《经法·六分》)

参之于天地之恒道,乃定祸福死生存亡兴坏之所在。
(《经法·论约》)

吾受命于天,定立(位)于地,成名于人。(《十大经·立
命》)

天道已既,地物乃备。散流相成,圣人之事。圣人不
朽,时反是守。优未爱民,与天同道。(《十大经·观》)

治国固有前道,上知天时,下知地利,中知人事。(《十
大经·前道》)

> 天有恒干,地有恒常,与民共事。(《十大经·行守》)
>
> 天制寒暑,地制高下,人制取予。(《称》篇)

此外又见于《管子·内业》:

> 一言之解,上察于天,下极于地。
>
> 天主正,地主平,人主安静。
>
> 天出其精,地出其形,合此以为人。

黄老道家这种天地人一体观也直接影响了《易传》。《系辞》中所谓"三极之道"显然是道家思维方式的发展,与早期儒家仅局限于人道范围的思想大不相同。这种思维方式在《易传》中得到了集中的表现,其云"一阴一阳之谓道",又说"立天之道曰阴与阳,立地之道曰柔与刚,立人之道曰仁与义",实际上是根据天道来解释地道与人道。《易传》此特点与早期儒家仅局限于人道范围内的讨论不同,显然是道家思维方式的表现。另外,战国后期影响很大的阴阳家学说依天时而确定人事,采用的也是此种思维方式。

对立及循环的思想最早是由老子系统表述的。在老子看来,事物的变化是一个向对立面转化的过程,一切事物都处在两两相对之中,《老子》使用对反的概念、范畴及命题,遍及全书,其对反的概念计有:有无、难易、长短、高下、前后、盈冲、美丑、善恶、曲全、枉直、洼盈、少多、敝新、雄雌、白辱、轻重、静躁、歙张、弱强、废兴、取与、贵贱、明昧、进退、成缺、巧拙、辩讷、寒热、祸福、损益等等。老子这种独特的、富于哲理的思维方式,也可称之为对反的思维方式(opposite thinking pattern)。老子不仅突出事物的对反关系,而且更为留意事物在对反关系中的相互依存,而由之推展出他那著名的相反相成的哲理,这种转化的基本模式便是循环。老子认为宇宙的本原"道"就处在不断地循环运动之中。老子所谓"反者道之动"(四十章)、"万物并作,吾以观复"(十六章),并指出道"周行而不殆"(二十五章)。在这些著名的哲学命题中多次出现的"反"、"复"、"周行"的概念都是表述事物依照循环往复的规律而运行。这种循环的思维方式也为以后的黄老学派及《易传》学派所接受。如帛书《黄帝四经》的《经法·四度》篇"极而反,盛而衰,天地之道也,人之李(理)也",《象传》"复,乃天地之心"等都是直接继承老子的循环观念的产物。道家这种对立及循环思维模式以及其中的物极必反原则在后世产生了普遍的影响,成为处理政治及人生问题的一个重要的理论根据。

老子最早系统地提出来的上述思维方式[①],后来广泛影响其他各家各派,从而成为先秦哲学史上主要的思维方式。它对后代哲学体系的影响,更是至深且巨,乃至成为中国思维方式的象征。

三、从道论看哲学的主干地位

在诸子百家中,就考虑问题的规模而言,无疑以道家最为宏

---

① 1993 年 11 月在西安召开的"第二届老子思想研讨会"上,一些专家学者指出:当代西方哲学公认构成哲学理论的四个思维要素,一是经验(experience)思维,二是理性(reason)思维,三是直觉(intuition)思维,四是洞察(inspiration)思维。老子的思维方式中,四个要素都有。详见张岂之:《老子思想研讨的新收获》,《华夏文化》1994 年第 1 期。

大。孔、墨基本上都局限于人类社会之中,而老、庄、黄老则能从一个更广阔的背景下思考社会、人生之问题。与道家思维方式的泛化一致,其他各家特别是儒家也渐渐地扩大其思考的范围,从人生而进至自然宇宙,从而使中国哲学表现出天人之学的形态。中国哲学的特色,就思维方式来看,最重要的莫过于道家老子所开创的"推天道以明人事"与"天地人一体观",以及"对立"与"循环"的思想法则。就思维内容而言,莫过于道家老子所提出的"道论"。

冯友兰先生说:"按照中国哲学的传统,它的功用不在于增加积极的知识,而在于提高心灵的境界——达到超乎现世的境界。《老子》说:'为学日益,为道日损。'……中国哲学传统里有为学、为道的区别。为学的目的就是我所说的增加积极的知识,为道的目的就是我所说的提高心灵的境界。哲学属于为道的范畴。"①冯先生所说中国传统哲学最重要的在于"为道",以求提升心灵境界,而哲学乃"属于为道的范畴",可见老子提出"为道"的重要性。

"为道"是对于"道"的实践,是道论的一个部分(属于人生哲学的部分)。而所谓"道论",即指关于"道"以及道和万物关系的理论。老子认为,道是万物之本原及依据,道是无形的,但其运动可以表现出一些法则来,为万物所效法。道论中有关道体的论述及万物生成论等部分约相当于西方哲学中的形上学(本体论及宇宙论)。因此,可以说,老子(及道家)开创了中国哲

---

① 冯友兰:《中国哲学简史》。

学中的形上学传统。

　　老子是中国哲学的开创者,他在中国哲学史上第一个提出"道论"的主张,其为道家各派所发展,自战国中后期为稷下各学派所普遍接受,而成为其后千年来中国哲学最核心的部分。然而,长期以来,以老庄为主的道家深受曲解,近年来学风渐趋正常。晚近张岱年先生在《道家文化研究》等刊物上连续发表有关老子哲学论文多篇①,观点公允而精确,可作为当前中国学界对老学的具有代表性的见解。兹引述其主要论点:(1)老子是中国古代哲学本体论和宇宙论的创始者。张先生说:"中国古典哲学的最高范畴是'道',而'道'的观念是老子首先提出的。"又说:"老子在思想史上第一次提出天地起源的问题……老子提出天地起源问题,以'道'为天地万物的本体,这是理论思维的一次巨大的跃进。"(2)关于中国"哲学的突破"这个问题,张先生有着近似的观点:"孔子自称'述而不作',孔子所讲的道德观念大都前有所承。老子则提出了一些独创性的思想观念。"在中国哲学史上,"孔子所讲的道德观念大都前有所承",而老子这种前无所承的"独创性"思想,这正是中国"哲学的突破"始于老子并以老子为中国哲学之父的根本理由。张先生还说:"中国传统哲学中影响最大的学派有二,一是儒家,二是道家。儒家的

---

①　张先生近期论文计有:《论老子在哲学史上的地位》,刊《道家文化研究》第一辑,上海:上海古籍出版社,1992 年;《道家玄旨论》,刊《道家文化研究》第四辑,上海:上海古籍出版社,1994 年;《道家在中国哲学史上的地位》,刊《道家文化研究》第六辑,上海:上海古籍出版社,1995 年;《老子"道"的观念的独创及其传衍》,收入《老子与中华文明》,西安:陕西人民教育出版社,1993 年;《论老子的本体论》,刊《社会科学战线》1994 年第 1 期。

创始人是孔子,道家的创始人是老子。孔子奠定了中国传统伦理道德的基础;老子开创了关于本体论的玄想。"这正是我在拙著《老庄新论》中所说的:"孔子是中国第一位伦理家,老子是中国第一位哲学家。"(《老子与孔子思想比较研究》)(3)老子道论为中国哲学之缩影。张先生多次提到老子道论对后代哲学史的影响:"老子提出了'道'的观念,在战国时代发生了广泛的影响。《管子》、庄子、《易传》、韩非,都接受了'道'的观念,而各自加以推衍……张载、程颢、程颐都以'道'为最高范畴。"、"从战国前期直至清代,'道'都是中国哲学的最高范畴。而'道'这个最高范畴是老子所提出的。应该肯定,老聃在中国哲学史上具有崇高的历史地位。"老子的道论,不仅为历代道家各派所发展,也为历代儒家人物所继承,张先生明确指出:"道家以'道'为本体论的最高范畴,后来亦被儒家所接受。"、"理学的本体论是在道家本体论的影响下建立起来的。"准此以观,可证道家的道论在中国哲学史上的主体地位。老子的道论开创了中国哲学史的形上学传统,其后,黄老及庄子等进一步发展了这一传统,并提出气论来补充道论之不足。

　　气化论的提出主要是为了便于说明道化生万物的过程,以及万物之间的统一性。因此,气一般是作为道和万物之间的中间环节。《庄子·至乐》说:"察其始而本无生,非徒无生也,而本无形,非徒无形也,而本无气。杂乎芒芴之间,变而有气,气变而有形,形变而有生。""本无气"的阶段即道,道生出气,气化感万物。庄子还认为天地万物都统一于气,《大宗师》讲"游乎天地之一气",《知北游》认为"通天下一气耳"。这是以气作为构成万物的关键。与此同时,稷下道家提出精气学说,以精气来解释道,认为精气是万物、人及智慧等的来源。可以说,庄子在道论上最大的贡献在于提出"气化流行"的概念并且将道推展而为一种主体的精神境界。

战国后期,易学学派对道论的发展提出太极说。《系辞》在解释《周易》筮法时,融进了道家的宇宙论,提出"太极生两仪,两仪生四象,四象生八卦"的命题。这一方面是讲筮法,另一方面也是对宇宙形成过程的一种描述。太极相当于道,作为概念,它来源于《庄子·大宗师》。《系辞》还说"形而上者谓之道,形而下者谓之器",形而上即无形,形而下即有形。这种认识,与老子对道和万物特点的认识是一致的。

一种流行的观点以为,道家偏重天道观,实际情况正相反。道家虽在宇宙的背景中思考,却仍旧落实到人生中来。就像做逍遥游的大鹏要回到人间一样。道家有着丰富的关于人生的哲理性思想,其内容要超过其他各家,并对后者发生影响。

就道家对人生的思考而言,大体包括三个方面。一是社会政治哲学,二是养生理论,三是精神境界理论。

"治国"与"治身"是道家两个重要的组成部分[1],其政治哲学是属于"治国"的范畴,其养生、精神理论是属于"治身"的范围,而其"治身"特重"治心"。

---

[1] "唐司马贞《史记·儒林·辕固生传》索隐云:'老子《道德篇》……理国理身而已。'理国理身,即治国治身。避唐高宗讳,故以理代治。""宋罗处约作《黄老先六经论》云:老聃的'与经皆足以治国治身'。"以上见于王师叔岷《先秦道家思想讲稿》,台湾"中央研究院"文哲所文哲专刊,1992年,页40、368。

社会政治哲学可以说是老子思想的中心，也是整个道家思想的一个重心。它是关于统治方法的探索。老子从道论出发，提出了无名、无欲、无为等原则，后来黄老学派又进一步发展，提出系统的君无为而臣有为、综合刑名等原则，对法家发生了重大影响。道家、法家都强调君主应以一客观的原则治国，反对儒家的人治主张。

养生理论是道家思想的一个极富特色的部分，它肇始于老子，后被黄老学派所发展，通过对人的身体的认识，道家强调形神、魂魄的和谐配合，以保持生命之长久。它所提出的养生原则如脱心、寡欲等，同时也是治国的原则。

精神境界理论是中国哲学的一个特色内容，它涉及的是人心中对世界的态度及由此而达到的某种心理状态。在先秦，精神境界的问题最早是由道家系统提出的。老子多处讲到得道者的状态，用混、沌来形容，庄子更进一步把它概括为"天地与我并生，万物与我为一"。这种境界的达到可以通过心去除私见，与道合一而达到。老庄的这些原则对以孟子、荀子及中庸等为代表的儒家学派关于精神境界的描述，发生了重大的影响。

四、先秦道家各派的内圣外王之道

道家的道论不仅开创了中国形上学传统，也开启了中国特殊形态的人生哲学。这个人生哲学的一个方面，便是成就"内圣外王"的理想，首先提出这个"内圣外王"理想的正是道家。道家这一理想人格，也即上文提到的"治国"与"治身"的结合。冯友兰先生在《新原道》（一名《中国哲学之精神》）中以"极高明而道中庸"为准则来对各家的"内圣外王"理想进行评价。他评论孔孟时认为："他们于高明方面,尚未达到最高标准。"在评论老庄时认为其哲学"极高明"(称许道家圣人的境界是天地境界),然于"道中庸"则不足。这种评价颇有见地。诚然,孔孟思想特点乃在于"道中庸",而老庄思想则的确已达于"极高明"之境。

韩非子说："孔墨之后,儒分为八,墨离为三。"(《显学》篇)事实上,老子之后,道家的发展其派别可能更多,除了关尹、杨朱、列子、庄子各派为众所周知外,还有战国中期的众多著名的"稷下先生",如环渊、接子、季真、彭蒙、田骈、慎到、宋钘、尹文等黄老学派,以及战国后期《鹖冠子》(而文子及《文子》书则较难确定)。在如此之多的道家人物派别之中,彼此的思想虽然颇为分歧,但都共同地推崇作为万物本原的"道"以及主张"自然无为"之说①。由于道家人物彼此有着巨大的思想差异,所以虽在共同的主张下,也都具有相对独立的思想内容。如先秦道家影响最大的三大派别:老子、庄子及稷下黄老道家,在"内圣外王"的理想上,便有着不同方向的发展。

在社会人生的课题上,老子的学说偏重在"外王"之学,即传统称为"人君南面之术",也略及"内圣"之道;庄子则偏重于"内圣"之学;黄老不仅在"外王"上有较大的发展,也兼及"内圣"之学,下面将分别加以论述。

---

① 胡适在《中国中古思想小史》论述战国晚期《吕氏春秋》到司马谈《论六家要指》及《淮南子》这一时期的道家特色时说："道家虽杂采各家的思想,但他的中心思想是:(一)自然变化的宇宙观;(二)善生保真的人生观;(三)放任无为的政治观。"这也可概括早期道家的中心思想。

（一）老子的"内圣外王"之说

陈荣捷先生曾说："老庄的理想人物是圣人,而圣人并不是从人世隐退的人物。圣人无为,依郭象的解释:'无为者,非拱默之谓也。'……其理想为道家人物所宣称的内圣外王,这一理想后来也被儒家所接受。"[①]陈先生所说甚是。这里先说老子的"内圣外王"之道。

《老子》十章:"载营魄抱一,能无离乎?专气致柔,能如婴儿乎?涤除玄鉴,能无疵乎?爱民治国,能无为乎?"这说的正是"内圣外王"的基本内涵。在"爱民治国"的课题上,老子提出"无为"的原则,在"身心合一"(或"营魄抱一")的课题上,老子提出"专气致柔"与"涤除玄鉴"的重要方法——前者在于"养生",后者在于"治心"。"致脱守静"(《老子》十六章)当是"专气致柔"与"涤除玄鉴"的重要法门。十章所说的"天门开阖,能为雌乎"说的是生命活动要在"守雌"。"守雌"包括见素抱朴、重啬知足、少私寡欲、后身守和。"专气"即"集气",也就是稷下道家所说的"抟气"(《内业》篇)。一个人通过"抟气"的修炼功夫,可以达到如《老子》五十五章所说的"骨弱筋柔"、"精之至"、"和之至"的体能状态。生命能量的培蓄("重积德"、"含德之厚")是"抟气"的重要功能。

修身养性只是老子"内圣"的一个方面,而摒除成见、洗涤贪欲("涤除玄鉴")则是老子"内圣"的另一个重要方面。老子认为,心灵如一面镜子,他称之为"玄鉴"("鉴"通行本作"览",

---

① 陈荣捷:《中国哲学的理论与实际》,收在穆尔所编《中国人的心灵》书中首篇。

据帛书乙本改），老子以"玄鉴"喻心灵深处明澈如镜（"玄"形容人心的深邃灵妙），"玄鉴"之说不仅成为认识论上的一种静观，也成为后代形上学的一个重要的范畴。"玄鉴"说由庄子的"心斋坐忘"而得到深化。其后禅宗著名的"心如明镜台"之说以及宋明道学的"心学"都是老庄这一"内圣"之学的延伸。

老子在"内圣"方面虽然着笔不多，但对后世道家、道教以及佛禅和理学却具深远的影响。《老子》五千言多谈"治道"，老学的目的却在"外王"之道。

《老子》五十四章表述了一则对后世产生了巨大影响的"内圣外王"的架构："修之于身，其德乃真；修之于家，其德乃余；修之于乡，其德乃长；修之于邦，其德乃丰；修之于天下，其德乃普。故以身观身，以家观家，以乡观乡，以邦观邦，以天下观天下。"这是老子由"身"开始，而"家"、"乡"、"邦"以至"天下"，一层层推展开来，这层序性地由"内圣"到"外王"的发展途径为后代儒家的"修齐治平"所本。

在那战祸绵延不息的东周时代，各个统治群无不猛兽般贪婪地吞并他人的领地，老子这种"无为"的主张正是针对这种权力扩张的现实而言的一种不干涉的原则。

在"外王"方面，《老子》一书写下了许许多多至理名言，如："治大国，若烹小鲜"（六十章）、"其政闷闷，其民淳淳，其政察察，其民缺缺"（五十八章）、"大者宜为下"（六十一章）、"清静为天下正"（四十五章）、"以正治国，以奇用兵"（五十七章）、"飘风不终朝，骤雨不终日"（二十三章）、"柔弱胜刚强"（三十六章）、"功遂身退"（九章）、"功成而不有，衣养万物而不为主"（三十四章),这些智慧之言都成为流行千古的警句。

　　"无为"是老子政治主张的最基本的原则,而"无为"的主张在于消解治者的专权与滥权,给予人民有较多的活动空间。由道的无为(三十七章:"道常无为而无不为。")落实到人生政治的层面,老子提出"我无为而民自化"的主张,一方面用无为、无事、无欲来限制统治者的权力欲望,另一方面主张自化、自正、自富、自朴,给予人民一个较为宽松的生存空间,五十七章"我无为而民自化,我好静而民自正,我无事而民自富,我无欲而民自朴"是最具代表性的例子。老子还提出:"圣人常无心,以百姓心为心。"(四十九章)以百姓的意见为意见的政治主张以及"自化"、"自正"这种遵从民众意愿,维护人民自然性、自由性、自主性、自在性的理念,使得道家的学说在诸子中代表着古代自由民主的精神需求。由道的自然性、自在性、自发性而向下落实到人生政治的层面的这种代表了人民自主性和自由性的要求,是建立道家在中国文化中的一个极其特殊的性格,这种性格表现出与儒家之"隆君"和不容异端的态度的迥异。儒道论政的显著的差异在于:其一,儒家将治国以家庭伦理化;其二,孔孟仅为经验性的,缺乏形上学或宇宙论的理论为基础而道家"外王"之道是以其形上学为基础,有其整体的哲学理论为依据的。除了这种基本的差异之外,就异中之同来看,儒道两家在"外王"方面也有许多相同之处,例如:老、孔都很关怀民瘼,注意到社会分配的不公,也都强调智者的道德行为(老子重"信"、"三宝"、"报怨以德",同时也重视人际关系的仁爱相处——如《老子》八章云"与善仁"),此外老、孔都投射其政治理想于"圣人之治",然而其流弊在重人治而轻法治。"圣人之治",说得再好也只能寄望于"王圣"的一人之治,治理一个个复杂的国家绝非一人之力可以达成。"圣人之治"若无法治为基础则势难运作,老、孔两家的这一严重缺陷,为战国中期的稷下道家加以补救。

(二)黄老之学的"内圣外王"之道

《老子》五千言在在谈治道,老子思想本是经世治用之学,所谓道家消极之说,乃是不明深义者的浮面认识。老子的"道"便是个动体——四十章说"反者道之动","道之动"即是说道体是不断运动着的,它是周而复始、更新再始地运动着的(二十五章:"周行而不殆。")。老子又以"虚"、"无"作为道体之写状,而这个"虚"状"无"形的道体却是个绵延不息的创生体(五章:"虚而不屈,动而愈出。")。老子还说"广德若不足,建德若偷"(四十一章。"若偷"、"若不足"乃是道体幽隐的形容,也是人物内敛含藏的描述)、"敦兮其若朴,旷兮其若谷"(十五章),可以见出道家人格气象的浑厚开扩。老子崇尚建德(俞樾《诸子平议》"建当读为'健'……言刚健之德,反若偷惰也"),可以见出他哲学思想中刚健精神的一面(其后《易传》所谓"天行健,君子以自强不息",即承老学这一健德的精神而来)。老子主张有无相生、虚实相涵、动静相养,他的思想的特点之一便是他观察事物不只着眼于一端,他的辩证思维叫人要从表象的层面透视深层的结构,如他说"知雄守雌"(二十八章),严复的解释很精到:"今之用老者,只知有后一句,不知其命脉在前一句也。"老子固然强调主静守雌的一面,但其目的仍在于柔弱胜刚强,罗素曾赞赏《老子》二章所云"生而不有，为而不持，长而不宰，功成而不居"。借用罗素的话："功成"、"生"、"为"，就是要发挥人的创造意志，"不有"、"不持"、"不宰"，就是要收敛人的占有冲动。老子有着"常善救人，故无弃人，常善救物，故无弃物"的胸怀，并要人发挥"既以为人"、"既以与人"（八十一章）的精神，这正是尼采所阐扬的给予的道德。凡此足证老子哲学思想的积极性，这些积极进取的精神为稷下黄老学者所全盘继承。

战国时代老子思想由楚入齐之后，在百家争鸣中占据了主导地位，而齐道家因应时势，乃援法入道。当其时，齐在战国列强中以其优越的地理条件和开扩的施政气派跃踞列强之首，在威宣之际，齐国政治改革达于鼎盛时期，当局在国都稷门之下设稷下学宫，邀集天下学士（《史记·田完世家》记载，稷下先生有 76 人之多，学士千百人）群集齐都。为首的一群"稷下先生"如环渊、慎到、田骈、接子、季真，皆学"黄老道德之术"，他们以老子哲学为基础，依托于黄帝之言，而进行齐国政治社会的改革运动，这便是著名的黄老学派。他们的著作虽多散失，但从《管子》四篇、《慎子》《尹文子》及马王堆帛书《黄帝四经》可以看出他们的思想概况，稷下黄老学派在"外王"思想上有这几方面的特点：

1. 援法入道。战国中期，由人治主导的宗法分封的政局已趋瓦解，官僚体制的设置势所必然，因此法制的建立遂成为时代的重要任务，齐法家长久以来就有着优良的传统，因此"援法入道"就成为稷下道家的一个显著的思想特色。稷下道家的代表作之一的《心术》篇明确提出："事督乎法，法出乎权，权出乎道。"帛书《黄帝四经》更是开宗明义地宣称："道生法。"老子的道,正如前所说,本来蕴含着古代民主自由的精神,道法的结合,就意味着民主自由与法制的结合,这一结合,如虎添翼,推动了古代道家的现代化。

2. 采各家之长。司马谈《论六家要指》在综述各家思想的特点时,特别称赞黄老道家能够吸取各家所长。稷下黄老道家除了援法入道的特点外,同时也吸收了儒家的"礼制"文化。《内业》云:"止怒莫若诗,去忧莫若乐,节乐莫若礼,守礼莫若敬,守敬莫若静。内静外敬,能反其性,性将大定。"黄老的"援儒入道"也将儒家的"礼制"给予情理化,《心术》有言:"礼者,因人之情,缘义之理……故礼者,谓有理也。"儒家所拘守的"礼"已成"先王之刍狗",不止是守旧过时,而且悖理背情,稷下道家在周礼的僵体中注入了情与理的成素。

黄老道家在道法结合的同时又强调刑名,并且援儒入道,给"礼"以"因人之情"、"因时制宜"的新内涵,正是体现了司马谈所称赞的"道家使人精神专一……因阴阳之大顺,采儒墨之善,撮名法之要",又将儒家限于血缘之亲的"仁义"通过墨家"兼爱"的精神扩大到整个社会各个层次。

3. 因时制宜。司马谈还说黄老道家善于"与时迁移,应物变化"。贵"时"正是黄老道家的一大特点。《白心》强调"以时为宝"、"知时以为度",帛书《黄帝四经》也有"圣人不朽,时反是守"、"圣人之功,时为之庸(用)"等言(黄老道家的贵"时",对《易传》产生了深远的影响)。由于黄老强调"因时制宜",主张一切的礼仪法制都应"应时而变"(帛书《黄帝四经》:"我不藏故,不挟陈,向者已去,至者乃新。"《庄子·天运》:"礼仪法度,应时而变。"),黄老这种革新的态度,最能把握时代的脉动,是成功地完成古代道家现代化的一个重要因素,使之在改革的浪潮中取得主导地位。因此,从战国中期到汉初,数百年间,黄老道家成为百家中的显学。诚如蒙文通先生所论:"黄老独盛,压倒百家。"① 到了汉初,经过百多年的酝酿,其外王之道得到了实施的机会,休养生息的政策,使得中国历史上出现了"文景之治"的辉煌时期。

黄老道家的"外王"之道也有其"内圣"之学作为基础。《心术下》云:"心安是国安也,心治是国治也。治也者心也,安也者心也。治心在于中,治言出于口,治事加于民,故功作而民从,则百姓治矣。""国安"、"国治"是外王的理想,"心安"、"心治"是内圣的追求。唐君毅先生曾说:《管子·内业》、《白心》诸篇,则盖晚周道家微言之所萃。"② 下面就从《管子·内业》等篇入手,探讨稷下黄老的心学与气论。

作为"内圣"之学的两个重要内核,心学和气论分别有以下几方面的特点:

1. 黄老道家心学的特点

(1)道与心的结合

形上之道由客观形态落向人的主体心灵,这是由春秋末老子之道到战国中期稷下黄老及庄子之道的一个重要发展。南北

---

① 蒙文通:《略论黄老学》,见《蒙文通文集》第一卷《古学甄微》,成都:巴蜀书社,1987年。
② 唐君毅:《孟墨庄荀之言心申义》,1955年《新亚学报》一卷二期。该文收在《中国哲学原论》第三、四章,香港:香港人生出版社,1966年。

道家哲学中"道"与"心"的结合,也深远地影响着宋明理学的"道"、"心"的结合。《内业》说:"道满天下,普在民所。"《心术上》也说"道,不远……与人并处",这与《庄子·知北游》东郭子问道之"恶乎在",庄子答称"无所不在"一样,是"玄之又玄"的道之向下落实而遍及万物之中的一种表述。《管子·枢言》云:"道之在天者,日也;其在人者,心也。故曰:有气则生,无气则死,生者以其气。"可见稷下黄老认为"道"就是"气"。《内业》篇中更明确地说"道"就是"精气",这精气"流于天地之间","藏于胸中"。

(2)修心而正形

《管子·内业》说:"道也者……所以修心而正形也。"稷下黄老在重视"修心"的同时,也很重视"充形",《内业》云:"夫道者,所以充形也。"这就是说人体内也充满着道。这个"道"其实就是指"精气",他们认为精气使人"耳目聪明,四肢坚固",一个人体内储藏的精气越多,生命力就越强,人的智慧也就越高。《内业》谈"精气"、"云气(即"运气")",即通过体魄的气功锻炼,就能"皮肤裕宽,耳目聪明,筋信而骨强"。《内业》篇描述这样的人"乃能戴大圜,而履大方",展现了一幅体魄强健、顶天立地的有道者的人格形象。《内业》还说"形不正,德不来;中不静,心不治。正形摄德",又说"四体既正,血气既静,一意抟心",这都是"形"、"心"并重互养的说明。

稷下道家认为"心全"和"形全"都很重要("心全于中,形全于外"),但侧重强调"心全"。他们宣称"心之在体,君之位也"(《心术上》),认为在身体中,心是处于极端重要的"君之位"

即居于主宰的地位。稷下道家之重视心的作用,可以由《管子》四篇的篇名看出:"心术"指心之功能;"白心"指白洁之心;"内业"指内功的修养,都强调了"心全于中"的重要性。

（3）心的"定静"与"摄德"

通过安宁静定的途径修养内心,使之能够进行道德力量的积聚和扩充。《内业》云"彼心之静,利安以宁"、"能正能静,然后能定,定心在中",讲的就是这个过程。稷下黄老的"养心"更重视通过内心的修炼,达到道德的自我完善。只有通过这样的程序达到"内静",才能进行品德的培养,即所谓"摄德",才会有道德完善的"内聚",才可以扩展出"天仁地义"的外部行为。

稷下黄老谈"心"特重"道德心",这一特点对《孟》、《荀》、《学》、《庸》乃至宋明理学的"道德心"都产生了深远的影响。

2. 黄老道家气论的特点

（1）"化不易气"

心与气密切相连。稷下道家尝言"大心而放,宽气而广"（《内业》）,甚至说"气意得而天下服,心意定而天下听",这里极端夸大"心"、"气"的作用。

论及人的生命来源时,稷下道家认为,"凡人之生也,天出其精,地出其形,合此以为人"（《内业》）,这是说生命出于天地交合,而生命中的精神部分源于天（当指天之气）,形体部分源于地。这里的"精"和"形",明确地指人的精神和形体。不过到了《吕氏春秋》,便出现了"精气"和"形气"的说法（《尽数》篇"万物皆有精气,有形气"）。

《内业》云："气道乃生,生乃思,思乃知,知乃止。"这是说:气畅通才有生命,人有生命才有思想,有思想才能有知识,有知识才能心地充实①。这种"形然后思,思然后知"的思想,其后成为荀子"形具而神生"的命题之依据。

稷下道家所说的气,是指运动着的细微的物质。他们认为,宇宙间万事万物常在变化之中,但总离不开这种"气"。以此,稷下道家提出"化不易气"(《内业》)的主张。"化不易气"的命题中包含着物质不灭的思想的萌芽,这对后世气论哲学有着重要的影响。如《淮南子》、张载、王夫之的气论中都可见这一思想线索的发展②。

（2）精气说

稷下道家因提出"精气"说而著称于中国哲学史。老庄言"气",也有"精",但"精"、"气"未及连言。"精气"连言而成为一个独立的概念,则始于稷下道家。

《内业》篇说:"精也者,气之精者也。"这"精气"是气中最为细微的原质。《内业》认为,所谓鬼神就是精气之流于天地间者,所谓圣人就是胸中藏有很多精气的人。一个人的形体是精气的庐舍,打扫清洁了,流于宇宙间的精气就会汇聚进来③。精气的汇聚持住,是"不可止以力,而可安以德"的(《内业》)。培养

---

① 参看张秉楠:《稷下钩沉》一书《内业》注文,上海:上海古籍出版社,1991年,页39。

② 李存山:《中国气论探源与发微》,北京:中国社会科学出版社,1990年,页164。

③ 有关稷下道家的精气说可参看冯友兰先生《中国哲学史论文初集·先秦道家所谓道底物质性》一文(上海:上海人民出版社,1958年)以及《中国哲学史新编》第十七章《稷下黄老之学的精气说》。

精气的方法最重要的是"止怒去柔"、"平正擅匈"、"严容畏敬"、"正心在中"，总而言之，就是"正形心静"。反之，则是"形不正，德不来；中不静，心不治"。精气储存在体内，可以使一个人外貌安闲而容光焕发（"精存自生，其外安荣"）。精气内聚于心，可以使生命活力如不竭的泉源（《内业》："内藏以为泉源。"）。《内业》篇描绘精气内聚则"浩然和平，以为气渊"，向外投射则"能穷天地，被四海"——这是形容浩然之气放发的一种开阔的气象。而浩然之气的放发，不止是生命力的展现，它更是一种道德能量的扩充，用《内业》的话说，就是"正形摄德，天仁地义"。"摄德"是道德能量向内的储聚，"天仁地义"是道德力量的向外扩充。因此有的学者认为，稷下道家"赋予了'气'以人文的意义"①。这是稷下黄老道家气论的一大特点，这个特点为孟子所继承。

（三）庄子的"内圣外王"之道

内圣外王的理想是由庄子首先提出来的（见《庄子·天下》篇）。《庄子》一书开篇《逍遥游》首段的"鲲鹏"寓言就是内圣外王理念的一种象征。巨鲲之潜藏溟海，深蓄厚养，乃是内圣之功的隐喻；大鹏之奋翼飞扬，乃是外王之治的写照。庄周未尝没有济事的心怀，然而处于战国时代那种昏上乱相之间（《山木》："今处昏上乱相之间，而欲无惫，奚可得邪？"），不仅"处事不便，未足以逞其能"，而且动辄"中于机辟，死于罔罟"（《逍遥游》），外王之道，实难伸张。

---

① 刘长林：《〈管子〉论摄生和道德自我超越》，《道家文化研究》第五辑，上海：上海古籍出版社，1994 年。

　　《天下》篇在论述庄子的人格风貌时,一方面描绘庄子精神上达之境:"以天下为沉浊,不可与庄语……独与天地精神往来",但另一方面也透露出他的淑世心情:"不敖倪于万物,不谴是非,以与世俗处。"这里可以看出庄子在超越精神中所怀抱的"人间世"的情怀。然而作为一个异议分子,庄子敏锐地观察到知识群在一个极端动荡的时局中;《人间世》借楚狂接舆道出了知识分子的处于"极限情境"的艰辛处境:"方今之时,仅免刑焉……殆乎殆乎,画地而趋……却曲却曲,无伤吾足!"《人间世》全篇都在描述知识分子与统治者的紧张关系,"此以其能苦其生"、"不终其天年而中道夭",正是历代知识分子悲剧命运的写照。《德充符》也发出相同的慨叹:"游于羿之彀中,中央者,中地也;然而不中者,命也。"在那权力横行的时代,庄子只能投寄理想于"应帝王"—理想的外王之道,是将治者的权力消解到零与无的地步;《应帝王》的中心思想是为政之道勿庸干涉,当顺应民心,顺应人性之自然,而给予人民享有充分的自由性与自主性。然而在长夜漫漫的唯权势是上的现实中,外王之道是"郁而不发",庄子的心思乃转向内圣之学。

　　庄子的内圣之学极其丰富,这里仅举其大者:其一为心学,其二为气论,其三为天人合一的境界。

　　1. 庄子的心学

　　一般而言,中国心学可谓始于孟、庄。孟子将心学以伦理化,庄子将心学以哲学化。

　　《论语》言心,凡6见,皆常识意义,无深意;《老子》言心,凡10见,如"脱其心"、"混其心"、"心善渊"、"心使气曰强"等已含有哲学意味。《孟子》言心，约120见，常识意义几半，余则为伦理意义，孟子思想与稷下道家渊源关系至深，其道德心之观念尤为明显。严格地说，从哲学意义来谈"心"，始于庄子。

《庄子》言心，凡180见，心论成为庄学的一大特点。

唐君毅先生说："中国思想之核心，当在其人心观……道家庄子一派……其言人心者尤多。"又说"吾人生于今世，尤更易觉到庄子所言人心之状，远较孟子、墨子所言人心之状，对吾人为亲切有味"[①]。诚然，庄子对心有着精辟的描写，例如《列御寇》描述人心的深邃与复杂性："凡人心险于山川，难于知天；天犹有春秋冬夏旦暮之期，人者厚貌深情。"又如《在宥》在描述"心"的可动性与可塑性时说："人心排下而进上，上下囚杀，淖约柔乎则刚强。廉刿雕琢，其热焦火，其寒凝冰。其疾俯仰之间而再抚四海之外，其居也渊而静，其动也悬而天。"这段话的意思是说"人心，压抑它就消沉，推进它就高举，心志的消沉和高举之间，犹如被拘囚、伤杀，柔美的心志表现可以柔化刚强。一个人饱受折磨时，心境便急燥如烈火，忧恐如寒冰。变化的迅速，顷刻之间像往来于四海之外，人心安稳时深沉而寂静，跃动时悬腾而高飞"。确实十分生动而亲切。

《庄子》全书谈及"心"可分三类：一为客观描述，如前引《在宥》篇与《列御寇》言心即是；二为负面分析，如"机心"、"贼心"、"成心"等皆是；三为正面提升，如"心斋"等即是。这三类

---

① 唐君毅：《孟墨庄荀之言心申义》，1955年《新亚学报》一卷二期，该文收在《中国哲学原论》书中，个别字句略有增删。

中,以后者最为重要。总的来说,破除"成心",培养"以明"、"心斋"、"坐忘"的境界,是庄子心学中最为关键的一环。

从认识上而言,人的固步自封、视野之短浅狭窄或拘泥于眼前蝇头小利,皆由于认知心的茅塞不通。《逍遥游》称之为"蓬之心",《庚桑楚》分析人的认识机能受到二十四种因素的束缚,使人认识不清明,如何解开心灵的束缚("解心之谬"),成为庄学关注的一大课题。心之囚牢莫过于意识形态的纷争纠结,"日以心斗"(《齐物论》),从而产生武断与排他的种种言行。这都由于自我中心的偏见所局限。《齐物论》上,庄子称之为"成心"。要突破自我偏见的局限性,首要的工作在于培养一个开放的心灵,并以开放心灵观照事物——这就是庄子所说的"以明":以空明灵觉之心观照事物。方东美先生对此评论道:"所谓'莫若以明',就是指一切哲学真理的诉说,都是相对的系统。在相对系统里,你不能够拿'此'来否定'彼',也不能拿'彼'来否定'此',却必须容忍、容纳、承认别人对于这一个问题,也同样的有权利和自由去表达,去形成一个理论。"[①] 庄子《齐物论》的"两行"说,认识到万物皆"有所可、有所不可","人"与"我"、"彼"与"此"皆相对而立,相异而存,两端都有各自的观点、各自独特的意涵。"两行"——不同的观点都加以审察、观照,以宽容之心容纳他人的立场与见解,而后把一切思想的对立与差异汇集到一个共同的焦点上,这种方法庄子又称之为"道枢"。要达到

---

① 方师:《原始儒家道家哲学》,台北:黎明文化事业公司,1983 年。下文"两行"、"道枢"的解释,参看同书。

"两行"与"道枢"的认识高度,庄子以为归根结底要培养一个开放的心灵,用《齐物论》的话说,就是"莫若以明"。所谓"以明",乃透过虚静之功,以恢复心的"本然之明"。"以明"有如老子所说的"涤除玄鉴",使人保持一个空明灵觉之心,"像一面镜子,如实地反映多彩的世界"①。

　　"心斋"(《人间世》)与"坐忘"(《大宗师》)是庄子心学中最为称著的两种精神修养境界。"心斋"是一种养心、养气的方法,首先要"心志专一"("若一志"),司马谈曾云"道家使人精神专一"(《论六家要指》),就是指这种精神凝聚的状态;精神凝聚达到《达生》篇所说的"神全"的境地,这样心的作用可以从感官活动中提升出来,即所谓"无听之于耳而听之于心"。一如《养生主》所云:"以神遇而不以目视,官知止而神欲行。""神遇"、"神行"指主体的心神活动达于挥洒自如的意境。"心斋"最后说到养气:"无听之以心,而听之以气……气也者,脱而待物者也。""脱而待物"的"脱",即喻指心达于空明之境。苏东坡所说的"静故了群动,空故纳万境",便是"虚而待物"之义。而这里所说的"气"则为流动的生机,在"心"的上位;庄子将心灵活动达于极其纯静的境地,称为"气"。事实上,"气"即是高度修养境界的空明灵觉之心。这种心境所持着的纯和之气(《达生》篇:"纯气之守。")正是艺术心灵所涵含的"气韵生动"的创作精神状态。

　　"心斋"着重在描述培养一个最具灵妙作用的心之机能,"坐

---

①　宗白华:《美学散步》。

忘"则更进一步地提示空明灵觉之心所展现的境界。达到"坐忘"的境界能和天地同体而无偏私,和万物融合而不偏执——"同则无好也,化则无常也",这种"同于大通"的境界,也可以说是一种天人合一的境界[①]。

庄子还说到"静心",这是描述艺术创作的心境。《达生》篇的一则寓言"梓庆削木为锯",描述一个技艺者在制锯之前凝聚心神、培养创造心能的过程:首先要做到不"耗气",然后"斋以静心",其进程为:"斋三日,而不敢怀庆赏爵禄;斋五日,不敢怀非誉巧拙;斋七日,辄然忘吾有四枝形体。"这也就是《人间世》的"心斋"的功夫,一个人经常会被功名利禄种种欲望所牵引、拘着,因此,首先要排除一要计较的心念,从利害、得失、物我之别的纠缠中挣脱出来,达到美学上所说的"超功利"的心境。所谓"澄心以凝思"(陆机《文赋》)。一个艺术的创造者,心无旁骛,而后"神凝意聚",以储蓄创造的心能。故而梓庆制锯,在排除种种的外务纷扰之后,使心思凝聚,然后入山林,寻找创造品的素材,当他的创造精神高度会聚时,他所要制作的锯的形象,便蕴含在他的创造心灵中了。可见庄子这里所说的"斋以静心",正是培养审美心胸、静以观物,从而使合作心灵达到如美学家所说的:"深沉的静照是飞动的活动的源泉。"[②]

庄子的心学,的确丰富而多彩,《齐物论》的"以明"之说,侧重在认识论方面而言;《人间世》的"心斋",则在于主体心境修

---

① 有关"心斋"、"坐忘"的解说,参看陈鼓应:《老庄新论》,上海:上海古籍出版社,1992 年,页 154、176、216—217。

② 宗白华:《美学散步》。

养之描述；《大宗师》的"坐忘"，乃是申说精神境界的展现；《达生》篇的"静心"，描绘了艺术心灵孕育的过程。宗白华先生说："空明的觉心，容纳着万境，万境浸入人的生命，染上了人的性灵。"① 是则从美学眼光来看，"以明"也可说是一种艺术的心境。依徐复观先生之见："心斋、坐忘，正是美地观照得以成立的精神主体，也是艺术得以成立的最后根据。"② 是则，无论"心斋"或"坐忘"，也一如"静心"，均为"艺术精神主体之呈现"。要之，中国艺术意境的创成，"须得庄子的超旷空灵"，宗白华先生所言，为不移之论。

综览全书，庄子思想之灵魂部分，莫过于"游心"之说。

庄子极言"游"，《庄》书开篇便是《逍遥游》，提到"逍遥游"，总会使我们想起康德《判断力批判》中所说的"自由游戏"，而席勒视"游戏冲动"为艺术冲动，斯宾赛认为审美活动实质上是一种游戏，这些论题都受到庄学研究者的密切关注。康德的美学论说固然精辟，较之庄子总感到过分滞于概念化而未及庄子之生动感人，更不及庄子之透彻。"逍遥游"，顾名思义，固然自由自在，然而卒读之，未尝无"沉痛"、"悠闲"之感。读庄文，深感他生命底层的激愤之情波涛汹涌、对苦难现实的牵挂，字里行间莫不流溢着浓烈的血肉感。培养隔离的智慧，为庄子"无用"说之底蕴，"无用之用"是隐含着他对知识分子如何于悲剧命运中不沦于工具价值、不囿于市场价值的忧怀；读其文，也深

---

① 宗白华：《美学散步》。
② 徐复观：《中国艺术精神》，页 72。

感一股浓烈的"郁结情怀",黑格尔在《美学》中指明:"人有存在是被限制、有限的东西。人是被安放在缺乏、不安、痛苦的状态,而常陷于矛盾之中。美或艺术,作为从压迫、危机中回复人的生命力。"这正是庄子美学的出发点。庄子所谓的"心之适"(《达生》)便是要使人如何从紧张的情绪中获得灵魂的舒松,从悲忧的情怀中获得精神的提升。而庄子的游心更是要使人从现实的困顿中提升出来,以一种超功利的艺术眼光来观照万事万物。《庄子·德充符》云"与物为春"——在审美心灵的观照下,宇宙益然有春意,人间无时不春日,世间处处是美景。《庄子·知北游》云"天地有大美"——在艺术的眼光中,游目骋怀,无处不见美的踪迹。以此,庄子的"游心",不仅用以表现人的主体的自由情境,更是艺术精神在人生中的展现①。

庄子喜言"游心",如《应帝王》"游心以淡"——淡荡之境,为一种超功利的美的鉴赏;《德充符》"游心乎德之和"——心灵游放于人生和谐之美的境界;《田子方》云"游心于物之初"——神游于万物共同的根源;《人间世》"乘物以游心"——凡物都有其内在生命、"体物而得神",览观万物,"得其美而游乎至乐";《则阳》"游心于无穷"——在无穷的时空中,人精神作无限的舒展,宇宙为一生生不息的大生命,个体生命融入宇宙大生命中。可见庄子的"游心"是为艺术人格的表现。

庄子言"心"虽有多重意义,但以培养审美心灵,提升人生

---

① 徐复观先生说得好:"庄子所把握的心,正是艺术精神的主体。庄子本无意于今日之所谓艺术;但顺庄子之心所流露而出者,自然是艺术精神,自然成就其艺术地人生,也由此而可以成就最高艺术。"(《中国艺术精神》)

意境为最要。

2. 庄子的气论

在庄子哲学中,心学与气论也是紧密相联的。一般来说,庄子谈气有两种:一种是就养生论而言,一种是就宇宙论而言,就前者来说,集气、养气是由主体之心来体现的,就后者而言,乃是指万物构成的一种最基本的原质或元素。谈到道家的气论时,福永光司教授说:"儒家的思想完全把现实的人类世界作为问题;与此相反,道家的思想则把人类世界之始,不,把世界之始作为问题吧!⋯⋯道家思想的主要特征是有着对自己以及世界之'始'的敏锐的问题意识。⋯⋯道家的气论也是以这种自我和世界的始元作为问题,以讲究'游心'、'反真'的道家'道'的哲学为基础来展开其思想的。"[①]福永光司先生并将先秦道家的气论分成宇宙生成论的气论和养性论的气论加以论述。的确,庄子的气论不止是作为养生(性)论的课题而发扬出来,而且作为宇宙生成论的课题见重于中国哲学史。从老子开始,这种倾向已可见其端倪,老子提出的"专气致柔"的修养方法,乃是属于养生(性)论的范围,他所提出的"道生万物,万物负阴而抱阳,冲气以为和"的理论,则属于宇宙生成论的范畴。及于庄子,不仅使道家的气论哲学成为中国哲学中宇宙生成论的创建者与奠基者,也使道家的气论在艺术创作和美学鉴赏中占有重要的一席。

上文我曾认为从哲学的角度来看,中国的心学始于庄子,从伦理学的角度来看,中国的心学始于孟子。同理,气论也复如是

---

① 　小野泽精一等编:《气的思想》,李庆译,上海:上海人民出版社,1990 年。

观。在中国哲学史上,首先将"气"予以哲学化的是庄子,而将"气"予以伦理化的是孟子①。而庄子论气除了形上范畴之外,更将气论提升到人生艺术的境界,因此庄子的气论较之孟子的气论更为丰富多彩。孟子论气固然有少许哲学意味,但仅流于词组只字,并无系统性的论述,而其气论乃由稷下道家脱变而来。

庄子与稷下道家在气论上融合心学方面有相同与相通之处,最突出的一为"心集气"(心养气),一为"贵精"。《庄子·刻意》:"圣人贵精。"庄子虽未言"精气"(但这里的"精"当即指"精气"而言),然而庄子的气论较稷下道家有着更多样化的意义。庄子以生命之原为"气",《至乐》写庄子妻死,谓"察其始而本无生,非徒无生也而本无形,非徒无形也而本无气。杂乎芒芴之间,变而有气,气变而有形,形变而有生",将形体与生命源于气的凝聚,将生死视为气的聚散。《大宗师》还说到人是由"阴阳之气"生成的,"阴阳于人,不翅于父母",认为不仅人是禀赋阴阳之气而生,万物也都由同一原质构成的,如《田子方》所说:"至阴肃肃,至阳赫赫,肃肃出乎天,赫赫发乎地,两者交通成和而物生焉。""肃肃"是形容阴气之寒,"赫赫"是形容阳气之热,"肃肃""赫赫"是说阴气自天而降,阳气自地而升,"近阴中之阳,阳中之阴,言其交泰也"(成《疏》),这里可见《易传》"阴阳

---

① 刘若愚:《中国文学理论》,页 58、59。刘若愚教授曾说:"《庄子》对中国人的艺术感受性的影响,比其他任何一本书都更深远,这种说法绝非夸大。此书虽然不是关于艺术或文学,而是关于哲学,可是启示了多少世纪的诗人、艺术家和批评家,从静观自然而达到与道合一的忘我境界这种观念中获得灵感。"刘若愚先生将庄子的"气"的概念归于形上学,将孟子的"气"归于伦理学,是很确当的。

交泰,天地感而万物生"的思想与《庄子》全然一致。有的学者还指出《易传》的"天地绷缊……万物化生",也是对《老子》"万物负阴而抱阳,冲气以为和"思想的继承和发挥[①]。

庄子的"气化论"还提到"聚散"的概念,《知北游》:"人之生,气之聚也;聚则为生,散则为死。"《则阳》也说:"阴阳相照相盖相治……聚散以成。"李存山认为:"'聚散'的概念不仅是'对于不同密度的表示',而且更重要的它是形而上下(无形之气与有形之气)相互转化的关节点:气聚则成形,形散而为气。"[②]《知北游》除提到气的"聚散"的概念,还提到另一个"一气"的重要概念:"通天下一气耳。"关于庄子"一气"概念在中国哲学史上的重要地位,李存山有着这样一段重要的评价:

> 《老子》"一生二,二生三,三生万物"的思想将天地合为一体,将阴阳作为化生万物的元素,这就使"一气"概念的出现成为必然。"一气"实际上是《老子》之"一"和《易传》之"太极"意义的明确化。"一气"概念已经深入到具体事物的"背后",认识到世界万物的"底层相同";它已经不带有感性的色彩,而是被作为"终极的原因——物质及其固有的运动"。

> ……中国哲学的"气"概念虽有各种发展变化,但"一气"的含义一直贯彻其中,而且"一气"的概念也一直被沿用。如《淮南子·本经训》云:"天地之合和,阴阳之陶化,

---

① 李存山:《中国气论探源与发微》,页118。
② 同上书,页123。

万物皆乘一气者也。"董仲舒说:"阴阳虽异,而所资一气
也。"(《董子文集·雨雹对》)张湛说:"夫混然未判,则天
地一气,万物一形。"(《列子·天瑞》篇注)张载说:"一物
两体,气也。……两体者,虚实也,动静也,聚散也,清浊也,
其究一[气]而已。"、"天惟运动一气,鼓万物而生,无心以
恤今。"、"无非一气而已。"(《困知记》)王夫之说:"天人之
蕴,一气而已。"(《读四书大全说·告子上篇》)如前所述,
"一气"的含义之一是世界为一连续统一的整体,含义之二
是世界万物的"底层相同",都是"气"所产生。这是中国气
论哲学最基本的思想。这一基本思想在战国时期形成,并
且贯彻到气论哲学的终了。我们今天所言之"气论"主要
说的就是"一气论",或者说"气一元论"。①

的确,我们可以从上至宋代理学家张载的气论、下到清代王
船山哲学思想中看到庄子思想的影子,可见庄子气论在中国哲
学史上的重要性。

3. 庄子的"天人合一"之境

庄子心学、气论、天人合一境界三者间有其相关性。"通天
下一气"——这是气的宇宙整体观,这一宇宙观与天人合一是
相应的。庄子"心有天游"(《外物》)之说,其天人之境是由其
审美主体之心开展出来的。这里先说"天人合一"的概念,再说
"天人合一"的境界。

---

① 李存山:《中国气论探源与发微》,页121—122。

　　关于天人合一的概念，当代不少著名学者曾加讨论。唐君毅先生在《如何了解中国哲学上天人合一之根本观念》一文中说[①]："天人合一是中国哲学上的中心观念——这一观念直接支配中国哲学之发展……中国哲人就心体本脱以引出天人合一的理论。"、"庄子在一方面说人心本体以脱为性，一方即说天人合一……除庄子以外，张横渠亦最好论天人合一者，他同时亦正是力主心之本体为脱者。"唐君毅先生这里强调了天人合一是由虚灵之心所引出的，在这篇文章中，他不仅将庄子视为"天人合一"论的开创者，而且认为庄子的这一思想一直贯穿到宋明理学的代表人物张载。

　　陈荣捷先生说："天人合一之观念，实际上贯穿整个中国哲学史，就道家而言，与自然之合一恒被视为理想。"[②]若从"与自然合一"的观点来看，可以说"天人合一"的观念乃是发端于老子，到了庄子，进而发展成为一种境界。

　　张岱年先生说："关于天人关系或人在宇宙中之地位，中国哲学家论之较简，然有一特殊观点，即'天人合一'，乃是中国人生思想的一个根本观点。中国人生论之立论步骤常是：由宇宙论而讲天人关系论，再由性论而讲人生之最高准则。"[③]

　　由宇宙论而讲天人关系始于老庄，而孔、孟、荀都没有这种思考方式。张岱年先生还说："天人关系论中所谓天人合一，乃谓天人本来合一。关于天人本来合一，有两说：一，天人相通；

①　唐文收入《中西哲学思想之比较论文集》中，台北：台湾学生书局，1988年。

②　《中国形上学之综合》，收入《中国人的心灵》。

③　张岱年：《中国哲学大纲》，北京：中国社会科学出版社，1982年。

二,天人相类。"① 天人相类是以庄子气化论为基础,天人相通是庄子的一种独特的精神境界。如《大宗师》"坐忘"所展示的"同于大通"。

《大宗师》有段话说:"故其好之也一,其弗好之也一。其一也一,其不一也一。"这是中国哲学史上首次出现的天人合一的观念。庄子认为,人们的好恶("其好之"、"其弗好之")是个人的主观价值判断,而本质上天与人是合一的("一")。所以庄子说:无论人们认为天与人是合一的或不合一的,实质上天人是合一的("其一也一"、"其不一也一")。这思想可能是由庄子气化论引申出来的。庄子认为:天和人是同质的,都是由基本的原质"气"所组成②。庄子在《大宗师》中还说到"游乎天地之一气",这乃是达到了天人相通的精神境界的写照。

庄子在中国哲学史上最为独特的不止是提出"天人合一"的概念,而更在于开展其"天人合一"的境界。

"天人合一"的境界的描述在《庄》书中最著名的莫过于"天地与我并生,万物与我为一"(《齐物论》)、"独与天地精神往来"(《天下》),此外《天下》篇说:"芴漠无形,变化无常,死与生与,天地并与,神明往与。"这是说宇宙是个生生不息的大生命,个体生命和宇宙大生命同流。《逍遥游》"乘天地之正,而御六气之辩,以游无穷",是描述个体突破小我的拘束,生命超越时空局限,使主体精神提升到天地的境界。《齐物论》云"旁日月,挟

---

① 张岱年:《中国哲学大纲》,北京:中国社会科学出版社,1982 年。
② 参看陈鼓应:《老庄新论》,页 169。

宇宙……振于无竟"，这是浪漫主义风格的体现，人的精神在无穷的时空中任性遨游，自由飞翔。《大宗师》云"登天游雾，挠挑无极……而游乎天地之一气"、"安排而去化，乃入于寥天一"。庄子所描述的天人合一的境界也就是道的境界。庄子赋予道以自由性（"登天游雾"）、无限性（"挠挑无极"）及整体性（"寥天一"）。徐复观先生说得好："庄子所追求的道，与一个艺术家所呈现出的最高艺术精神，在本质上是完全相同。所不同的是：艺术家由此而成就艺术地作品，而庄子则由此而成就艺术地人生。"[①] 方师先生也说："中国形上学之诸体系……讨论世界或宇宙时，不可执着其自然层面而立论，仅视其为实然状态，而是要不断地加以超化……对道家言，超化之，成为艺术天地。"[②]诚然，无论庄子形上学的超越性或人生哲学上的天人之境，其最高成就是为艺术精神的展现。

庄子哲学是无比独特的，在许多论题上，为先秦各家所无。如"齐物"的论点、死生一如观、得意忘言之说、天人合一之境。从严格意义上来说，先秦诸子多政论之作，唯独《庄子》是一部纯哲学的著作。庄学在战国末已大放异彩（《吕氏春秋》引诸子之说、各家之言以庄子为最——这一点为所有学者所忽视[③]）。西汉的《淮南子》可反映庄风之至盛，魏晋新道家虽以老庄并称，事实上，其思想之解放、精神之豁达，主要是得庄学之助。庄禅相通为世人所共知，宋明理气说其议题多承庄子道气论而来。

---

① 徐复观：《中国艺术精神》，页156。
② 方师：《中国形上学中之宇宙与个人》，收入《中国人的心灵》。
③ 王范之：《吕氏春秋研究》，呼和浩特：内蒙古大学出版社，1993年。

外王之道无论儒道都难以伸展,故而在中国哲学史上内圣之学独盛。由庄子开端,整个中国哲学的方向可以说是沿着庄子内圣之学而发展的。

纵观中国哲学史,除先秦之外,有四个思想发展的高峰,一为先秦之老庄,二为魏晋之玄学,三为隋唐之华严与禅宗,四为宋明之理学。在不同的历史时期,庄子哲学始终居于主干、主流、主导及主根的地位。

玄学、禅宗之于庄的发展脉络是众所周知的,而庄学对宋明理学的影响却为学界所忽略,就儒道关系而论,晚期儒家受到庄子的影响至为深远,而早期儒家则明显受到道家黄老学派的影响,这一点在《孟》、《荀》、《学》、《庸》中可以看出较显著的思想烙痕。

五、早期儒家的道家化

儒家的道家化和道家的儒家化是中国哲学史上的一个值得探讨的新课题。

儒道两家从他们的创始人开始,便有着思想上的对话。战国中期以后,在百家争鸣的学术环境里,稷下道家在伦理思想上吸收儒家的仁义学说及礼制文化;儒家的孟、荀在哲学上接受道家的宇宙论、自然观。因此,我们可以说,所谓"先秦儒家的道家化"乃是指儒家在哲学上的道家化,而所谓"稷下道家的儒家化",乃是指稷下道家在伦理学上的儒学化。

齐文化传统自管仲时代开始就已很重视"修德进贤",强调"忠信可结于百姓"、"制礼仪可法于四方"(《国语·齐语》),这种先于儒家的"德治"思想为稷下道家后来接受儒家伦理想思想提供了一种渊源条件,这是它有别于老庄思想影响深重的楚文化的历史环境。稷下道家(或称黄老道家)一方面接受"贵贱有等,亲疏之体"(《心术上》)的礼制文化,另一方面赋予儒家的礼学以"因时制宜"、"因人之情"(《心术上》:"礼者因人之情"、"礼者谓有礼也,因乎宜者也")的特点,将流于形式化、僵固的礼制文化注入了"人情"、"时宜"的新鲜血液。而儒家在接受道家的哲学思想时,也是将其纳入自己的思想体系中,作为建构伦理学思想的理论依据。

孔子问礼于老子,他向老子请教的仅限于伦理政治的范围,对于宇宙人生的究竟意义并不感兴趣。这从《论语》一书可以为证。方师曾评论说:"《论语》这部书,就学问的分类而言,它既不是谈宇宙发生论或宇宙论的问题,又不谈本体论的纯理问题,也不谈超本体论的最后根本问题;而在价值方面也不谈包括道德价值、艺术价值、宗教价值等各种价值在内的普遍价值论。那么《论语》就不能归类到任何'纯理哲学'的部门。它究竟算是什么学问呢? 就是根据实际人生的体验,用简短的语言把它表达出来——所谓'格言'! 这样学问称为'格言学'。"[①]方先生认为《论语》并不能作为哲学的一个代表。

早期儒家对哲学问题发生关注是始于战国中期之后,这从孟子的著作中可见片段的反映。

---

① 方师:《新儒家哲学十八讲》,台北:黎明文化事业公司,1993 年。

（一）孟子所受稷下道家的影响

老学在战国百家争鸣中已取得主导性的地位,我们从现存的战国中后期的哲学著作(包括出土的典籍)中可以看到,当时的各家各派几乎没有不受到老子思想影响的。从孟子的著作中也可见老子思想影响的痕迹,例如寡欲、"无为"（莫之为而为）、"赤子之心"、"返归本心"等思想皆源于老子,但在哲学上对他影响较大的当属齐道家——稷下道家。

孟子思想有两个重要的渊源,即在伦理思想上继承鲁学的孔子,在哲学思想上接纳齐学的稷下道家。稷下道家对孟子的影响是多方面的。如孟子"乘势"（《公孙丑》）、"定分"（《尽心上》）明显受慎到等人的影响,但其中受到稷下道家影响最大的当属心气论。

《孟子》这本书主要是关于论政的主张与对话,和哲学有关的议题仅仅在书的后半部《公孙丑》、《告子》等篇中略有涉及,而且这些议题都是由稷下道家告子所引发的。其思想渊源于稷下道家,也由《内业》等篇可以为证。

《公孙丑》篇讨论到孟子心气的观念时有着如下几个要点：

1. 孟子论"不动心"是受告子的影响。告子是稷下道家人物[①]。孟子在谈到"不动心"时,首先承认"告子先我不动心"。关于"不动心",有不同的层次,计为"养勇"、"守气"、"守约",他认

---

① 告子是齐人,梁启超在《墨子年代考》中认为是孟子前辈。告子有言："不得于言,勿求于心；不得于心,勿求于气。"这和稷下道家代表作《内业》篇的论点一致,《内业》也谈到"治心"、"治言",论气则更是它的主题。再则,告子"仁内义外"之说与《管子·戒》篇"仁由中出,义由外作"全然一致。

为"守约"是一种最高的境界。孟子标榜的这一境界,正是道家修养的一种方式。

2. 孟子所谓"气体之充"袭自稷下道家。孟子讨论"志"、"气"的关联时曾云:"夫志,气之帅也,气,体之充也……志一则动气,气一则动志",这段话表达的基本观念是本于道家的。孟子所说的"气,体之充也",见于《管子·心术下》"意气定,然后反正,气者,身之充也",文、义全然相同。

志气专一的修养心境也全取之于道家。老子云"专气致柔","专气"即《内业》所说的"抟气",《内业》等篇强调气的"内聚"、心意的专一("专于意,一于心"),同样,庄子也强调"集气"(如"唯道集虚",是"心斋"的最高境界)以及心志的凝聚(《达生》:"用志不分,乃凝于神。")。

3. "浩然之气"的思想源于稷下道家。孟子说"我善养吾浩然之气……塞于天地之间,其为气也,配义于道",青年学者白奚说:"孟子的心气论不是上承孔子,而是受到他久居的齐地的学术空气的影响。"[1] 孟子"浩然之气"说之源于稷下道家,学界已有多人论及,如马非白说:"孟子'浩然之气'乃可能源于《内业》中的'灵气'与'浩然和平,以为气渊'之说。"[2] 刘长林教授也说:"孟子的'浩然之气'与《管子》的'浩然和平'之气实为一气。"[3]

① 白奚:《〈管子〉心气论对孟子思想的影响》,《道家文化研究》第六辑,上海:上海古籍出版社,1995 年。
② 马非白:《〈管子·内业〉集注》,《管子学刊》1990 年 1 期。
③ 刘长林:《〈管子〉论摄生和道德自我超越》,《道家文化研究》第五辑。

在此,我要进一步地提出两个重要观点:其一,孟子将气予以伦理化乃源于稷下道家。稷下道家论气时着重"摄德",《内业》云"正形摄德,天仁地义","摄德"是气的内聚,"天仁地义"是气的外充。稷下道家并将这种扩充夸大到"穷天地、被四海"的程度。《内业》这种恢宏的气势也在《孟子》中体现出来。其二,气论的这种思维方式——内聚而后外发——是稷下道家气论的特点。如《内业》"气意得而天下服,心意定而天下听"、"凡物之精……藏于胸中,谓之圣人。是故此气,杲乎如登于天,杳乎如入于渊,淖乎如在于海",这种思维方式表现在稷下道家的代表作《管子》四篇中是一贯的、系统性的,在《孟子》中则是片断的。

此外,《尽心》开篇云:"尽其心者,知其性也。知其性,则知天矣。存其心,养其性,所以事天也。"这段话被宋儒反复申说,并将其提升到宇宙论和本体论的高度。事实上,这里所说的"心"、"性"都只是伦理意义上的。"心"指"善心","性"指"本性"。孟子认为:保存人的善心,培养人的本性,是"事天"的最佳方式。与孟同时代的庄子也谈到"性"的概念,但庄子的性论则属于宇宙论的范畴。再则,《尽心》记载孟子曰"万物皆备于我",《内业》篇中也有同样的语句:"抟气如神,万物备存。"凡此皆可见出《孟子》书中具有哲学意味的观念多与稷下道家有密切的关联。

如前所说,心学和气论是道家哲学思想的两重要核心,心志的专一和气的凝集是道家特有的一种修养方式,这是先秦道家学派中无分地域和时期都共有的特点。在孟子整个的思想系统中,只是偶发地、片断地体现了这种思想观点,但这已足证孟子在当时的学术环境下,不可避免地受到了道家思想的影响。

(二)《大学》"内圣外王"架构受老学及黄老之学影响

《大学》、《中庸》的内容十分混杂,我们暂且撇开这一点来考察它们的思想内容,就会发现它们无论在思想的原创性还是理论结构的严谨性上,都远不及《论》、《孟》、《荀》。然而宋儒推崇孟子、排斥荀子,并刻意将《大学》、《中庸》从《礼记》中抽离出来,升格而与《论》、《孟》并列,称为"四书"。之后成为封建统治阶级的工具,并且列为科举考试的必读典籍。

《大学》全文 1754 字,《中庸》3469 字,其作者已不可考。旧说"子思作《中庸》",朱熹又编造《大学》为曾子所作,然观其时代特征,二者当属西汉初年作品①。目前学界流行的一种说法以为《中庸》属孟学,《大学》属荀学,但也有人对此提出异议。晚近更有学者从马王堆汉墓出土的帛书中指证它们所受黄老思想的渗透。《大学》、《中庸》无疑是儒家一派的作品,但其中也的确混合了不少黄老道家的思想,更确切地说,《大学》、《中庸》的伦理思想是属于儒家体系的,而其哲学思想则本于道家。理清其思想发展的渊源关系,有助于对儒家道家化这一课题的了解。

《大学》是"论述封建宗法主义政治哲学"的作品②。事实上,它是一篇哲学意味十分欠缺的伦理政治作品。其所谓"三纲八

---

① 参看冯友兰《中国哲学史新编》第三册,任继愈主编《中国哲学发展史》秦汉卷及劳思光《中国哲学史》第二卷。其中劳思光就《中庸》的文体、词句、思想特色等各个方面详细论证了《中庸》为汉初作品。

② 任继愈主编:《中国哲学发展史》。

条目”的内圣外王之道,乃源于黄老道家。《大学》开篇一段便说:"大学之道,在明明德,在亲民,在止于至善。知止而后有定,定而后能静,静而后能安,安而后能虑,虑而后能得。……心正而后身修,身修而后家齐,家齐而后国治,国治而后天下平。"这段文字,多为承袭黄老道家而来。

《老子》五十四章关于由修身而至家、乡、邦以至天下的层序性的推展已具有《庄子·天下》篇所说的"内圣外王"的雏形,而稷下道家更加强调这种由"心安"到"国治"的过程(《管子·心术下》:"心安是国安也,心治是国治也。"《内业》云:"心意定而天下听。")。《大学》的修、齐、治、平直接因袭了黄老道家的由心修而至国家安、天下定的思维方式。这还由如下其他重要概念为证:

1. "明德"概念源于帛书《黄帝四经》

庄万寿教授说:"孔子孟子皆不言'明德',一般认为《大学》中有《康诰》曰:'克明德。'就是'明明德'的由来,而事实古书引证,常是断章取'字'而已……《尚书·康诰》'显考文王,克明德,慎罚,不敢侮鳏寡'是指文王能够以好的德行,谨慎用刑罚,不敢欺侮鳏寡等弱者,明德目的是要明鉴刑罚,因此就有学者以为《大学》明德而引'克明德'是断章截句,有失原旨。"、"平天下即明德的说法,正又出现于七十年代马王堆出土的帛书上,《黄帝四经·经法》……"、"至于'明德'的'明',及《中庸》'自诚有,自明诚'的'明',并不是《论语》中子张'问明'的'明',也不是《孟子》的'明'。《大学》的'明明德'是全文的主旨,'明'是内在的观照,这样可能还是比较接近《老子》

的‘明’,‘明’在道家黄老中的地位远比儒家要深刻和重要。”①
庄说甚是。《黄帝四经》云“天下太平,正明以德”(《经法·六
分》)、“化则能明德除害”(《经法·论》)。《大学》之“明德”正
承帛书《四经》而来。

2. “定”、“静”的概念袭自道家

《大学》的“自明”是通过“定”、“静”、“安”、“虑”、“得”这样
一个自我观照的过程来实现的。这恰与道家之说相通。

“静”、“定”观念首见于老子。《老子》三十七章:“不欲以
静,天下将治定。”其后道家各派都重视静定的修养,如:

> 正则静,静则明。(《庄子·庚桑楚》)
>
> 至正者静,至静者圣。(《黄帝四经·经法·道法》)
>
> 静则安。(《经法·四度》)
>
> 正则静,静则平,平则宁,宁则素,素则精,精则神。(《经
> 法·论》)
>
> 形恒自定,是我愈静。(《黄帝四经·十大经·名形》)
>
> 安徐正静,柔节先进。(《黄帝四经·称》)
>
> 能正能静,然后能定。(《管子·内业》)

由上引可知:(一)定、静、安等字样是道家论述修习“内
德”以求“自明”时所常常使用的;(二)定、静、安是“明”的前
提;(三)“得”字也是道家经常使用的一个概念,如《庄子》、《管
子》便经常使用“自得”一词,这个“得”便是《大学》的“自明”,

---

① 庄万寿:《〈大学〉、〈中庸〉与儒家黄老关系之初探》,《道家文化研究》第二辑,上
海:上海古籍出版社,1992年。

也是《庄子》"得道"及《管子》"道乃可得"的"得"。因此，从思想渊源来看，《大学》静、定的内在修持是直接禀承黄老道家的。

从哲学观念看，《大学》并无深意，而它之所以在宋以后受到历代封建统治者的推崇，主要是因为它所提出的"内圣外王"之道。《大学》之作，儒家虽整体移植了道家的"内圣"之学，但在"外王"之道上却有着极大的差别。黄老道家崇尚无为之治，而儒家则是想建立一种等级森严的统治秩序。落实到现实中，黄老道家的理想曾在汉初"修养生息"的政策下，呈现"文景之治"的治世，而儒家的"内圣"与"外王"之间产生了根本性的矛盾，因而不可能得到实施，自董仲舒"罢黜百家"的主张获得推行之后，遂使儒学沦落为文化专制主义的不幸结局。之后千余年间儒学一直在权势阶级的庇佑下发展，宋之后成为官方哲学，与专制政体相互依存，大大地禁锢着世人的思想。

（三）《中庸》的哲学思想源于稷下道家

传统咸以为《中庸》为纯儒之作，目前学界已逐渐注意到它与孔孟思想的歧义 [①]。

《中庸》思想之展开

"中庸"是取首章"中也者天下之大本也，和也者天下之达道也"的"中和"二字之义名篇的。"中和"即"中庸"。《广雅·释诂三》："庸，和也。"《中庸》一篇讲的就是中和之道，讲

[①] 《中庸》与孔孟思想之歧义，请参看劳思光《中国哲学史》第二卷页 53、65 及任继愈主编《中国哲学发展史》秦汉卷页 242。

自然及人所本然具有和外化的中和之道。而"中和"之说极近于道家,因此,对《中庸》的哲学思想的归属问题就不能不重新作出评价。

《中庸》前半部讲"中和",偏重于修身;后半部讲"诚",偏重于修心。

《中庸》开篇便提出了"天命之谓性,率性之谓道"的界说。"性"与"道"分别是自然(天)与人的整合。"性"谓自然之性及人的本性,即下文的"中";"道"谓自然之性和人的本性之具现和外化,即自然规律和人事规律,也即下文的"和"。因此,"中和"或曰"中庸"是"性"与"道"所领属的第一个子题,其后的过或不及、用其中于民、南方北方之强、费而隐、达道达德等等均是"中和"或曰"中庸"的具体展开。

"诚"则是"性"与"道"所领属的第二个子题,与"中和"(中庸)处于同一个层面,也同样是论述"性"与"道"的。这有两个突出的证据:其一,"唯天下至诚为能尽其性"、"诚者,天之道也"。可见"诚"与"性"、"道"的关系。其二,"唯天下至诚为能经纶天下之大经,立天下之大本,知天地之化育"、"可以赞天地之化育,则可与天地参矣"。这与前文对"中和"的表述完全接近。其后的"从容中道"、"时措之宜"、"知微之显"及厚、高、明、悠、久等等,都是对"诚"的展开和描述。

"诚"既包含天道,也包含天道的具现——人道。所以我们有理由认为"诚"与"中和"(中庸)是对"性"与"道"的不同表述方式,大致是接近的。"中和"偏重于人的言、行、事的修习,"诚"则偏重于心的修习。

　　《中庸》中最关键的概念当属"中和"和"诚",若从道家观点来看,都可归属于"道"论的范围。现在将这几个概念依次论述如下。

　　1. "中和"的哲学观念乃承道家而来

　　"中和"一词,乃由"中"与"和"的概念发展而来。因而,这里先讲早期儒道两家对这一概念的不同意涵,以见出《中庸》所言"中和"乃承道家思想而来。

　　《论语》"中"25见,多为常识意义(如"禄在其中"、"乐亦在其中"、"言必有中"、"刑罚不中"等)。仅"中庸之为德"(《雍也》)之"中",与伦理有关。杨伯峻先生说:"'中',折中,无过也无不及,调和;'庸',平常。孔子拈出这两个字,就表示他的最高道德标准,其实就是折中和平常的东西。"[①] 可见,一、这里的"中"的概念属于伦理学范围;二、此"中庸"与《中庸》之"中庸",虽字面相同,含义却不相同。《中庸》因受道家影响,"中庸"一词已有中和之义。

　　《孟子》言"中"45见,亦多为常识意义(如"为阱于国中"、"水火之中"、"国中无伪"、"中天下而立"、"中道而立"等等),几无任何哲学意涵,其中"执中"一词,与《论语》同义。

　　中国哲学史上言"中"而具哲学意涵者始于老子。如"守中"(五章)、"其中有物"、"其中有精"(二十一章)等。这里的"中"乃指形上之道而言。

　　《庄子》言"中"约100见,有些已具有深刻的哲学义涵,如

----

① 杨伯峻:《论语译注》。

"环中"、"养中"、"中德"、"中和"等。而其中《齐物论》之"环中"，尤为庄子认识论上的一个重要范畴。

《论语》一书孔子言"和"凡7见，多就人际关系而立论。《孟子》仅3见，一次盛赞柳下惠为"圣之和"，另两次是谈到"人和"。而"人和"的概念最早见于范蠡之言（《国语·越语下》），其后又为管子学派及黄老道家所乐道（将其与天时、地利并称，屡见于帛书《黄帝四经》和《管子》）。

如前所说，孔孟言"和"仅就人际关系而言，而老子已由人际关系扩及认识论和万物生成论，庄子则更进一步地由人与自然的关系（自宇宙论而立论）提升到人生哲学的意境。

《老子》言"和"凡8见，"六亲不和"（八章）、"和大怨必有余怨"（七十九章）乃就人际关系而立论；"冲气以为和"（四十二章）乃就万物生成论而言；"知和曰常，知常曰明"（五十五章）是就认识论而言；"和其光、同其尘"（四章、五十六章）是对一种人生意境的形容；而"和之至"（五十五章）则是表示一种生理状态，属于养生学的范畴。

《庄子》言"和"约50见，他对"和"的重视超过诸子，而他的"和"的概念具有高度的哲学意涵。如"和之以天倪"（《齐物论》）、"心莫若和"、"心和而出"（《人间世》）、"游心乎德之和"（《德充符》）、"阴阳和静"、"和理出其性"（《缮性》）、"以和为量"（《山木》）、"天地之委和"（《知北游》）等，这些都已具丰富的哲学意涵，它们有的属于万物生成论范畴（如《田子方》"至阴肃肃，至阳赫赫……两者交通成和而物生焉"），有的属于认识论范畴（如"和之以天倪"）。而更重要的是庄子之"和"表达了主体意识通过修养达到的一种艺术的境界——如"游心乎德之和"、"使之和豫通而不失于兑"、"太和万物"等。尤其重要的是,庄子"心和"、"天和"的概念与后来的《中庸》有着密切的关系。

稷下道家也非常重视"中"、"和"。如《白心》"和以反中,形性相葆",相比之下,他们对"和"的概念更为重视(见《内业》、《白心》等篇)。

"中"与"和"在先秦道家各派的典籍中都是单词,直到荀子才出现"中和"的复合词。《荀子》书中"中和"一词出现 1 次,乃是指"乐之中和",并无特殊意义。而《中庸》里强调的"中和"从意义上来分析更近于庄学和稷下道家。

2.《中庸》之"诚"的道家意涵

"诚"在《中庸》中有二义,其一指天道,谓天道恒久信实的运作规律。其二指人道,谓人的专一和谐的心灵境界。张岱年先生也说:"诚是君子养心之道,诚又是天地四时的表现。天地四时的诚就在于'有常',亦即具有一定的规律性。"[①]这可以从《中庸》本身得到证明。首云"诚者,天之道也;诚之者,人之道也"。一言天道,一言人道。"诚之"的意思是说信实的天道是靠人道去体现。接着说"诚者,不勉而中,不思而得,从容中道",此言"诚"的神妙境界,双关天道与人道。又云至诚可以尽人性、赞天地之化育,也是双关天道与人道。

"诚"这个概念,见于《孟子》和《庄子》。《孟子·离娄上》:"是故诚者天之道也,诚之者人之道也,至诚而不动者未之有

---

① 张岱年:《中国古典哲学概念范畴要论》。

也,不诚未有能动者也。"孟子之"诚"或本于稷下道家,《九守》云:"诚畅乎天地,通乎神明。"而《中庸》之"诚",与孟子所论之"诚"不同,唐君毅先生已经指出,他说:"孟子又云'诚者天之道也,思诚者人之道也'。仁义礼智之四端之心,皆'天之所以与我'……此中只以思诚继诚,便全幅是直道的正面工夫。流露之四端上,识取。此与《大学》《中庸》之工夫之言去自欺以存诚,对'不诚'而'诚之',言致曲能有诚,与宋明理学之重内心中省察,去心中贼者,实有异。"①而《中庸》论"诚"指的是由诚而明的自然之性以及由明而诚的修教之道,则非常接近《庄子》论"诚"。如《庄子·徐无鬼》:"吾与之乘天地之诚,而不以物与之相撄。"此论"诚"的自然之性,即自然规律及天道的神妙作用。又《徐无鬼》云:"修胸中之诚,以应天地之性而勿撄。"此"修诚"即《中庸》之"明诚"。又《列御寇》云"夫内诚不解",此"内诚"同于《中庸》"自诚"之"诚"。《渔父》篇"真者,精诚之至,不精不诚",此"精诚之至"即《中庸》的"至诚"。《庚桑楚》云:"不见其诚而已发,每发而不当。"在心为"中"为"诚",已发为"和"为"明",这与《中庸》"喜怒哀乐之未发为中,发而皆中节为和"及"自诚明谓之性,自明诚谓之教"颇为相近。然而《九守》云"诚畅乎天地,通乎神明",将"诚"由人道扩展到天道的范畴,于此,《中庸》之"诚"受稷下道家的影响更加直接和明显。

3.《中庸》之"道"因袭道家的道论

(1)《中庸》开篇述说"率性之谓道",并说"道也者,不可须

---

① 唐君毅先生:《中国哲学原论》第三章《原心上·孟子之性情心与墨家之知识心》。

臾离也,可离非道也",因此要"戒慎乎其所不睹……不闻","莫见乎隐,莫显乎微"。《中庸》这里所描述的"道"绝非孔孟之道,乃述老庄及黄老道家之道。

道家认为,率性是最合乎自然的行为,这一点庄子学派表现得尤为突出。《庄子·庚桑楚》云"性者,生之质也",庄学尤其强调"任其性命之情"(《骈拇》)。由此可见,《中庸》所谓"顺性乃和于道",乃是道家老庄一系的基本主张,而《中庸》所谓"率性之谓道"似乎更合于庄子的观点。

至于《中庸》所说道之"隐"、"微"、"不睹"、"不闻",对照《老》书所描述的"道隐无明"(四十一章)、"视之不见,听之不闻"(十四章),可见《中庸》这里是抄自《老子》。《老子》一章云"可道非道",《中庸》则套用《老子》文句曰"可离非道"。

稷下道家将老子"玄之又玄"的"道"落实到人间,故而《内业》说:"彼道不远,民得以产,彼道不离,民因以知。"《心术上》也说"道……不远,与人并处",可见《中庸》此处所云"可离非道"及其后文所说"道不远人",文句文义都因袭稷下道家的作品。

(2)"君子之道费而隐……故君子语大,天下莫能载焉;语小,天下莫能破焉……言其上下察也……察乎天地。"这一段谈"道",和黄老之学关系最为密切。"君子之道费而隐"(朱熹注:"费,用之广也;隐,体之微也。"),这是说"道"既隐晦又昭显,既精微又广大;隐晦精微说其体,昭显广大言其用。这是典型的黄老关于"道"的体用说。如帛书《黄帝四经·道原》已说"道"既"精微"又"显明",又说"广大弗务及也,深微弗索得也"。"广大"即用之"费","深微"即体之"隐"(《中庸》之"费而隐"亦见于《老子》。如三十四章"大道泛兮"说其"费"，四十一章"道隐无名"说其"隐"）。《管子·心术》云"其大无外，其小无内"，《黄帝四经·道原》也说"天弗能覆，地弗能载，小以成小，大以成大……精微之所不能至，稽极之所不能过"，此乃《中庸》"故君子语大，天下莫能载焉；语小，天下莫能破焉"之所本。而《中庸》所谓"上下察……察乎天地"，文义亦见于黄老作品。《黄帝四经·十大经》云"吾闻天下成法，故曰不多，一言而止……一之解，察于天地；一之理，施于四海"，《管子·内业》也说"一言之解，上察于天，下极于地"，此为《中庸》受黄老道家影响之明证。

《中庸》云："赞天地之化育，则可与天地参矣。"冯友兰先生说："道家常说'物物而不物于物'，《中庸》所说的'赞天地之化育，则可与天地参矣'，与道家的意思有相同之处。为天地所化育者，就'物于物'。赞天地之化育者，则能'物物而不物于物'。"[①] 而《中庸》"参天地"之说乃袭自《黄帝四经·经法·六分》"正以明德，参之于天地"、《四度》"动静参于天地"。

《中庸》一书内容相当杂乱，"子曰"、"诗云"的篇章占了一大半，文义彼此不相联系。按照朱熹的分章，则33章中有18章都以"子曰"发端。冯友兰先生曾指出："在汉朝人的著作中，称引'子曰'的地方太多了，大概都是依托。《中庸》所称引的'子曰'也是依托。"[②] 孔子提出的"述而不作"的学术传统，对后世

---

① 冯友兰：《中国哲学史新编》第三册。
② 冯友兰：《中国哲学史新编》第三册。

儒家学派的影响颇大,张岂之先生也指出:"汉代的儒家著述一般都大量引述先代圣贤议论和历史文献,以至臆造出许多孔子的话来,借以表述自己的思想。"[①] 这种以"子曰"为主要模式的依托和臆造,使文章显得凌乱,文义不能连贯。秦汉间儒家的具哲学思考性质的著作十分薄弱,朱熹不得不从《礼记》中抽取一些片断集而为《中庸》,又因《中庸》中有着后来学者所常说的"天人合一"的观点,故将其抬升到一个哲学上的高度。而事实上,"天人合一"的观点乃渊于道家,因此钱穆先生在《中庸新义申释》一文中说道,"中庸本义,正吃重在发挥天人合一,此一义亦道家所重视",又说"若论《中庸》原书本义……若谓其借用庄子义说中庸,则《中庸》本书,据鄙见窥测,本是汇通庄书而立说"[②]。钱先生指出《中庸》乃"汇通庄书而立说",这种看法在儒派内部曾引起颇大争议,但此说并非没有道理。个人以为,不仅《中庸》"天人合一"的观点源于庄子,其"万物并育而不相害,并行而不悖"的主张也是受到了庄子"十日并出"的开阔胸怀的影响,关于这一点,庄万寿教授指出:"孔孟对'万物并育'并不热衷……孔孟之言自己所肯定的'道'是单一而无双的,孔子说'道不同,不相为谋'……而孟子引孔子说'道二,仁、不仁而已',绝没有可能让不同的异端的道可以并行。"[③] 此外,《中

---

① 张岂之主编:《中国儒学思想史》,西安:陕西人民出版社,1990年。
② 钱穆先生:《中庸新义申释》一文原载香港《民主评论》7卷1期,后收入《中国学术思想史论丛》一书。
③ 庄万寿:《〈大学〉、〈中庸〉与黄老思想》,《道家文化研究》第一辑,上海:上海古籍出版社,1992年。

庸》还出现反对复古的言论,这也是受了庄学和黄老之学的影响。《中庸》有言,"愚而好自用,贱而好自专,生乎今之世,反古之道,如此者,灾及其身者也"。劳思光先生曾就此指出:"此乃力反'复古'之言。孔子及其门人,包括后代之孟子在内,皆喜言尊古;与此段主张相反。"① 反对复古的言论,屡见于道家著作中,除《庄子·天运》篇明确提出过"应时而变"的主张外,在黄老作品中,这种论点也是十分鲜明的,如《黄帝四经》"宪古章物不实者死"(《十大经·三禁》),很明白地指出:泥古、华而不实,就会遭到败亡的命运;又如《十大经》末节"我不藏故,不挟陈,向者已去,至者乃新",明确地表示了弃旧迎新的决心。

　　纵观《中庸》一书,是为汉初儒道混合之作。劳思光先生说:"案淮南王书,向称杂家,其中儒道墨法之言并陈。然固以道家之言为主。而儒道之争,在先秦末期(如荀子著书之时),尚无缓和之象。儒道之说相混相容,亦在汉初。今《中庸》持说乃多与《淮南》相近,则其思想亦当属于此一儒道混合之阶段。"②《中庸》一书,多有盛赞道家之辞,如"宽柔以教……南方之强也"、"遁世不见知而不悔,唯圣者能之"等,前者是对老子治世方式的溢美,后者是对庄派生活态度的肯定。然而就总体来说,《中庸》传自稷下道家的成分最大,这一点是由于战国中后期出现了"百家争鸣,黄老独盛"的局面,稷下道家作为显学,成为时代的主要思潮所导致的。总之,从哲学的角度来说,早期儒家的道家化

---

①　劳思光:《中国哲学史》第二卷,香港:友联出版社,1981年。
②　劳思光:《中国哲学史》第二卷,香港:友联出版社,1981年。

是由于受到稷下黄老道家的影响,而后期的儒家则更多地受到老庄哲学的影响。在历史上,黄老道家对儒家的影响虽因汉代董仲舒"独尊儒术"而中断,但其伦理性的"心气论"的观点,在宋明理学的道家化过程中仍有着丝缕不绝的余音回响。

六、从哲学典籍文献看道家主干说

(一)道家人物著作为诸子之冠

1.《庄子·天下》篇为先秦最早的道家主干说作品

《天下》篇开首便标示着最高学问乃是探讨宇宙人生本原的学问("道术"),并提示内圣外王的理想人格形态。所谓"道术",就是对宇宙人生作整体性的把握的学问,其理想人物所谓"天人"、"神人"、"至人"、"圣人"就是能对宇宙人生的变化及其根源意义作整体性体认的人。《天下》篇隐喻老庄为体道之士,而"君子"、"邹鲁之士"则只是得道之余绪。《天下》篇对于"述而不作"的儒家仅一笔带过,文中专论了六个学派:①墨家;②宋钘、尹文;③彭蒙、田骈、慎到;④老聃、关尹;⑤庄周;⑥惠施。在其论述各个学派中除墨派、名家之外,其余都属道家学派。在道家各派中推崇关尹、老聃为"古之博大真人",阐扬庄周"独与天地精神往来"的人生最高境界。《天下》篇以老、庄为圭臬,并对稷下道家也给予了充分的重视。可以说,它是中国哲学史上第一篇以道家为哲学主干的论文。

2.司马谈《论六家要指》是两汉最早的道家主干说之作

司马谈《论六家要指》代表着汉代思想界对先秦百家之学

的总结观点。文中将先秦各种学说中最主要的六家即阴阳、儒、墨、名、法、道德。他推崇"道家使人精神专一,动合无形,赡足万物,其为术也,因阴阳之大顺,采儒墨之善,撮名法之要"。文中在陈述儒、法等各家的缺失的同时又一再肯定"道家无为,又曰无不为……其术以虚无为本,以因循为用"[①]。司马谈心中的道家事实上指的是黄老道家,这由他所强调的"与时迁移,应物变化"等主张可以为证。黄老道家援法入道,除了"撮名法之要"外,特别强调"因时"及"变化"的思想,所谓"因"("因循为用"、"因时为业"、"因物与合")要在"因人之情"(《管子·心术上》)即顺应民情;强调"时"("与时迁移"、"时变是守")要在因时制宜,掌握时机;而其主"变"乃是反对拘泥旧制,促进革新的理论基础。黄老的因时制宜的理论,不仅顺应时代的变化,而且推动了时代的变革,因此徐复观先生在《两汉思想史》中论及秦汉道家时说:"道家思想在四百年中,一直是一支巨流。"而观黄老之学从战国中后期直到汉初在政治制度和学术思想上所产生的巨大影响,都足以证明它是当时时代的主流思潮。

3. 典籍记载"道家独盛"的状况

作为先秦思想总结的《吕氏春秋》在叙说先秦名家特点时谓:"老聃贵柔,孔子贵仁,墨翟贵廉,关尹贵清,子列子贵虚,陈

---

① 这段话很易令人产生误解。冯友兰先生对这里所说的道家"无为"、"无不为"及"因循"等概念有简要而明确的解释,他说:"有为,是说他们都要做他们自认为有利的事,既然都做事,那就是有为。可是,他们做的这些事都是出于自愿,并不是出于勉强,所以也可以说是无为。照黄老之学的说法,让老百姓都做他们自认为是有利的事情,这就叫'因循'或'因'。"见冯友兰:《中国哲学史新编》第三册,页14。

骈贵齐,阳生贵己,孙膑贵势,王廖贵先,倪良贵后。"(《吕氏春秋·不二篇》)十家中有五家是道家。

《汉书·艺文志》列举各家各派的著作书目,所列道家文献著录37家、993篇,为诸子之冠。

《汉书·艺文志》的分类目录中,有一些著名的道家学者的著作被放置到他派,如:《宋子》18篇列入小说家,而班固注云"其言黄老意";《尹文子》列入名家,由现存《尹文子》残简来看,也应列入黄老之作;《吕氏春秋》这部以道家为主体的重要著作竟被误置于杂家;《慎子》42篇列入法家(按照《天下》篇的分类法,慎子属于道家;按《荀子·解蔽》则应列入法家,因此一些学者认为他是一位过渡人物。但由现存《慎子》残简来看,归入黄老之学较为恰切,正如司马迁《史记》所说"其言黄老义")。

《汉书·艺文志》所记载的托为黄帝之书的书目合计多达450篇(卷),其中以道家作品数量最多。哲学史家指出:"黄帝之书中学术理论著作以道家居多。"[①]

(二)哲学经典"三玄"属道家系统之作

中国哲学的经典著作《易》、《老》、《庄》被称为"三玄"。三玄之中,《老》、《庄》都是道家的正宗典籍,而传统把《易》与老庄联系乃是始于汉魏之后,是汉魏学者将易学予以道家化的结果。不过,自汉代"罢黜百家,独尊儒术"并置五经博士以来,在文化专制的背景下,逐渐将早于孔老的《易经》划归儒学范畴。又由于尊孔的司马迁的误导,千余年来遂视《周易》为儒家典籍。但

---

① 任继愈主编:《中国哲学发展史》,页99。

这种说法是典型的人云亦云,关于《周易》的学派归属问题在当时是没有经过任何论证的。

　　讨论《周易》必须要区分《经》和《传》,因为这二者在成书时间上相差数百年。《易经》只是一部占卜之书,它的卦爻辞中有些许哲理性的素材,例如《泰卦》卦辞"小往大来",《否卦》卦辞"大往小来",《乾卦》爻辞中"潜龙勿用"、"亢龙有悔"等语句,孕含了对立转换的辩证思想的萌芽。但是,关于"对立事物的相互转化"的系统性的辩证法思想是老子之后才建立和逐步完善的。《易传》形成于战国中后期,它必然地受到了当时在哲学思想上占主导地位的道家思想的影响。朱伯崑教授在《易学哲学史》一书中指出:《周易》本有两套语言,一为筮法语言,一为哲学语言,《周易》原属史巫系统的执掌范围,因此《易传》中包含着大量的筮法语言——如果从史巫系统来分析,实为一独特的学派,不属儒道任何一途。我们现在在筮法语言之外来讨论它的哲学内涵,就产生了学派性质归属的问题,因此我们认为《易传》主要是道家的作品。在这方面,我在近作《易传与道家思想》[①]一书中作了详细的论证,可供参考。

（三）百家争鸣总汇的《管子》及先秦时代总结的《吕氏春秋》均以道家思想为主体

　　《管子》一书,《汉书·艺文志》将其列入道家类是很确当的。《管子》汇集了不同时代、不同学派的作品而成书,记载了管子的遗说和战国中后期以道、法、阴阳等学派为主的论著,也

---

① 陈鼓应:《易传与道家思想》,台北:台湾商务印书馆,1994年。

间杂了农、名、儒、墨各家思想。由于它是战国中后期稷下学宫
"百家争鸣"言论的汇编,因而反映出各家思想的特色,但其核心
却是以老子的道论及其自然无为学说为主体的。晚近专家学者
对《管子》一书的性质有着相似的看法。顾颉刚先生认为,《管
子》是稷下先生遗留的作品的汇集,可称之为《稷下丛书》①。冯
友兰先生认为:"《管子》这部书,就是稷下学术中心的一部论文
总集。……这部书中,各家各派的论文都有,但中心是黄老之学
的论文。这部书还是稷下学术中心情况的反映。"②张岱年先生
认为:"《管子》一书是一部重要的学术著作。《管子》与管仲有
联系,但其大部分是战国时的著作。……《管子》的《心术》上
下等篇,虽非宋尹或慎到的著作,但其年代却可谓与宋尹与慎到
同时,当在《老子》以后,荀子以前。《心术》等篇中谈道说德,
是受老子的影响;而荀子所谓脱一而静演说又是来源于《心术》
等篇。"③刘蔚华先生认为:"在哲学思想中,《管子》把天理解为
自然之天,实即天道。还提出'水'为万物本原和'精气'的思
想,实际上都是'道'的体现。正如《老子》中以水喻道,又把道
说成中阴阳冲和之气一样,《管子》中的道、水和精气也是互通
的。……'道论'是《管子》宇宙观的核心。"④李居洋先生说:
"统观《管子》全书,虽涉及儒、墨、道、法、名、兵、农、阴阳等诸家

---

① 见《周公制礼的传说和〈周官〉一书的出现》,《文史》第六辑,北京:中华书局,
 1979年。
② 冯友兰:《中国哲学史新编》。
③ 《中国哲学史史料学》,北京:三联书店,1982年。
④ 《管子研究》第一辑。

思想,但以论'道'为最多、为核心。现存 76 篇中言道论道者有 65 篇,凡出现'道'字 486 处。"① 李学勤先生认为:"齐国追随于管子之后的学者,在不同时期受了一些学派的影响,特别是黄老道家一派的作用甚大,致使《管子》在《汉书·艺文志》列入道家。经世之法与黄老道术的结合,成为管子之后这一流派的显著特点。"② 上述专家学者的评介都说明了《管子》是以道家思想为主体的。

自郭沫若等学者指出《管子》四篇(《内业》、《心术》上下及《白心》)为稷下道家代表作品之后,越来越受到学界的重视。事实上,《管子》书中所保存稷下道家的作品不止是《管子》四篇,还有《水地》、《枢言》、《宙合》、《形势》、《势》、《正》、《九守》、《四时》、《五行》等篇均属稷下道家的作品(这些作品或推崇老子作为宇宙万物本原的道,或阐扬老子自然无为的观念)。从《内业》等篇不仅可以看出它们直接继承了老子的哲学观点,还反映了稷下道家与庄子学派在心学、气论等方面有着许多共同之处,并且由《内业》等篇可以看到后来对《孟》、《荀》、《学》、《庸》等著作产生了巨大影响的道家哲学思想。

作为百家争鸣言论总汇的《管子》,与另一部作为先秦时代总结的《吕氏春秋》之间也有着许多思想上的内在联系。

《吕氏春秋》过去曾被视为杂家,但这种观点是由于没有认识到该书的中心思想所导致的。事实上,早在东汉高诱所作的

---

① 载《管子与齐文化》,《管子学刊》编辑部编。
② 《多彩的古代地区文化》,《文史知识》1989 年第 3 期。

书序中就已指出：“此书所尚，以道德为目标，以无为为纲纪。”当代学者牟钟鉴教授强调了《吕氏春秋》和汉代道家代表作《淮南子》之间的内在关系，“两书的基本思想倾向一致，都推崇老庄哲学，并以其为主干，融合、贯串各家学说”、“两书的宇宙观和认识论，主要是继承和发展了先秦以老庄为代表的道家哲学”、“两书作者对老庄学派的评价高于其他诸子”①。其他学者如熊铁基、吴光等则指出《吕氏春秋》与道家黄老之学的关系②。最近出版的王范之先生遗著《吕氏春秋研究》，以详尽的史料为依据，论证该书是以道家思想为主体而兼合各家之说。王范之先生并说：“道家，在《吕氏春秋》里保存他的学说是最多的。从书中称引关于老庄书的文字的特别多这点来看，也就可以想见了。书中称引老庄书文，通通都没有指出他的出处。其中以引《庄子》书文的为最多，可以设想，吕氏门下道家定然是占有最大的势力，而且大概是以庄子的门徒为多。”③王先生指出了向为学界忽略的一点：他将《吕氏春秋》中称引的诸子言论一一罗列后，发现庄子的条目数量最多，即早在《淮南子》之前，庄子思想就已经产生了巨大的影响力。

　　不久前，我有幸得到王师叔岷先生四五十年前的未刊手稿多篇，文中对先秦诸子著作中引用《庄子》之处逐一列举，其中《吕氏春秋》中引用《庄子》之处多达 55 条，为诸子之冠。由此可见

---

①　牟钟鉴：《〈吕氏春秋〉与〈淮南子〉思想研究》，济南：齐鲁书社，1987 年。

②　熊铁基：《秦汉新道家略论稿》，上海：上海人民出版社，1984 年。吴光：《黄老之学通论》，杭州：浙江人民出版社，1986 年。

③　王范之：《吕氏春秋研究》，呼和浩特：内蒙古大学出版社，1993 年。

《庄子》在战国晚期最大学术活动中心《吕氏春秋》学派中的巨大影响。王师手稿中还列举了《管子》、《荀子》、《慎子》、《尹文子》、《鹖冠子》等先秦典籍中引用《庄子》之处,可见庄学绝非朱熹所说的"在冷僻处自说自话",早在战国晚期之前,便已成为显学。

《管子》、《吕氏春秋》、《淮南子》有着一个共同的特点,即综合了各家各派之作,反映了不同的历史时期各个学派的群体性的学术活动,而这种群体性的学术活动都是以道家思想为主导的。由此可证道家思想在古代哲学领域中的主干地位。

（四）从出土文献看道家思想的主导地位

近数十年来,地下出土了众多的文献,可以说从某种意义上补充和改写了中国古代思想史。从哲学思想的角度来看,道家文献的出土最令学界瞩目。1973 年,河北定县 40 号汉墓出土了黄老作品《文子》①,1984 年湖北江陵张家山出土了《盗跖》②（阜阳汉墓还出土了《庄子》的《则阳》、《外物》、《让王》等篇竹简）。在各处出土的文献中,尤以马王堆汉墓帛书最为引入注目:帛书《老子》甲乙本的出土,在中外学界都引起了震动;帛书《黄帝四经》在学术史上的地位最值得我们重视,关于此书我曾做了详细考订,发表长文论证此书成书于战国中后期,并对全书做了注译及研究③。我个人认为,这部佚失两千年之久的古佚书在以下几

---

① 《定县 40 号汉墓出土竹简简介》,《文物》1981 年 8 期。
② 《江陵张家山两座汉墓出土大批竹简》,《文物》1992 年 9 期。
③ 唐兰《关于帛书〈黄帝四经〉成书年代等问题的研究》一文,收在汤一介编《国故新知:中国传统文化的再诠释》中,北京:北京大学出版社,1993 年。陈鼓应:《黄帝四经今注今译》,台北:台湾商务书馆,1996 年。

个方面值得我们特别关注：

（一）该书引用《老子》的词、字、概念多达 170 余处，老子思想遍见于书中，为《老子》成书早期说提供了有力的新证，也可见老学在战国早中期的影响；（二）该书引用《国语·越语下》所记载范蠡言论约二十条，可见范蠡乃老学到黄老之学发展过程中的重要人物；（三）《管子》一书引用帛书《黄帝四经》多达二三十处，两者的内在联系至为鲜明；（四）《黄帝四经》作为黄老学说的代表作，不仅印证了《管子》书为黄老作品，更证实了司马迁所说的环渊、田骈、慎到、接子"皆学黄老道德之术"之说乃不疑的事实；（五）该书是现存最早的系统性的黄老著作，从《黄帝四经》开始，我们沿着《黄帝四经》——《管子》四篇——《尹文子》——《慎子》——《鹖冠子》及《文子》这样一条线索，可以清楚地看到黄老之学发展的脉络以及它在战国中后期之为显学的地位；（六）《易传·系辞》曾有多处称引《黄帝四经》中的文句，足证黄老作品对《易传》的影响（以上各论点详见拙著《黄帝四经今注今译》）。

马王堆出土的文献中，除帛书外，年前最新公布的帛书《系辞》也是一篇十分珍贵的历史文献。帛书《系辞》全文共 2900 余字，与今本对照，今本增加了近千字，而这近千字的内容都是较具儒家色彩的，如文王与易的关系以及"三陈九德"、"颜氏之子"等段落。我个人认为，今本《系辞》即是以道家为主体、掺杂了儒、墨、阴阳等家思想的作品，而出土的帛书本《系辞》更具道家特色（我曾论证它是现存最早的道家传本，文名《马王堆汉墓出土帛书〈系辞〉是现存最早的道家传本》，收入《易传与道家思想》)。

总之,帛书《老子》、帛书《黄帝四经》、帛书《系辞》等多种道家作品的出土都证实了先秦道家在哲学思想上的主干地位。

综上所述,我们可以得出以下的结论:

1. 作为中国哲学之父的老聃是本体论、宇宙论的第一位建构者,老子所提出的道论不仅仅是道家各派的最高哲学范畴,也成为整个中国哲学史各家最主要的范畴。由老子系统性地建立的辩证法思想体系成为中国传统哲学的基本思考模式,由人事以鉴天道以及托天道以明人事的一隐一显的双回向的思考方式也是由老聃开创的。此外,老子哲学中提出的概念如:"道"和"德"、"无"和"有"、"脱"和"实"、"动"和"静"、"常"和"变"、"损"和"益"与"自然"、"无为"、"阴阳"、"无极"、"抱一"、"混朴"、"恍惚微明"以及"玄"、"妙"、"一"、"同"、"象"、"精"、"观"、"复"、"明"、"隐"、"和"、"冲"等,都成为历代中国形上学、自然哲学的重要范畴。

2. 庄子将老聃开创之道赋予无限性、自由性与整全性,并融入其人生哲学的系统中。他将宇宙视为一生生不息的大生命,将个体生命放置于广大宇宙的生存背景之下。庄周那种"芒芴恣肆"的浪漫风格、那种艺术化的生命情怀、那种"极高明"的精神境界,都是空前绝后的。庄子所开创的内圣之学决定了整个中国哲学的主要性质和方向,成为中国哲学的主要内涵,他的心学、气论和天人之学为历代哲学所继承和发展。汉代最具代表性的道家作品《淮南子》可以说是庄子思想风格的再现,魏晋玄风将庄学思想放达的一面发展到了极致,禅宗可以说是庄学化的佛学。

3. 由先秦至魏晋,道家在哲学上的主导地位是明显的,其影响一直延伸到宋明,在宋明理学中可见老庄思想的投影。宋明的理学(或道学),从理论系统的建构到哲学思想的内核,都未脱老庄的巢臼。理学之"理"或道学之"道"正是作为万物本原的老庄之"道"。理学所讨论的重要范畴如"道"、"无极"、"太极"、"阴阳"、"动静"、"性命"、"主静"、"顺化"等,都与道家、道教密不可分。理学的开山祖师周敦颐实为道家、道教思想之拥趸,其"无极而太极"之说乃老子"无有"之变文,其倡言无欲、主静,更是老学的回声;张载"太虚集气"正是对庄子道、气学说的"照着讲"或"接着讲"(冯友兰语);二程"万理出于一理"之说乃庄子"万物殊理"、"道为公"(《则阳》)主张之变文;朱熹的"道难穷而知无涯",文义乃袭自庄子《秋水》篇和《养生主》。因此张岱年先生一再说,"伊川的理之观念,实是古代道家之道的观念之变形"、"伊川的理之观念,本是道的观念之变化,而朱子所谓太极,比理更接近于道了"[①]。陆王心学则更近于庄学。总之宋明关于形上学或宇宙论的哲学议题,乃是将道家的议题移花接木,其枝叶处出现儒家仁义礼智之说,但其根干则属道家。

(本文原刊于《道家文化研究》第十辑,北京:生活·读书·新知三联书店,1996 年 8 月。)

---

① 张岱年:《中国哲学大纲》。

从《吕氏春秋》到《淮南子》论道家
在秦汉哲学史上的地位

一、前言

在中国哲学史上，作为哲学之父的老子开创了中国形上学，并建立了以宇宙论为基础的人生论。老子的道论 [①] 成为中国古代哲学的核心部分，从而也决定了中国哲学的主要方向。他所建构的自然观及其思维方式，直接为《易传》所继承 [②]；他的道论为战国道家各派所发展。战国中期以后，道家内部崛起了两大

---

① 笔者在《老子》成书的问题上，一向主张早出说，认为《老子》五千言主要成于春秋末老子（老聃）之手，故而文中老子其人与其书互用。有关老子早出说，笔者论文有：《老学先于孔学》《老子与孔子思想比较研究》（两文收入拙著《老庄新论》，台北：五南出版公司，1993 年）、《论老子晚出说在考证方法上常见的谬误》（刊在陈鼓应主编《道家文化研究》第四辑，上海：上海古籍出版社，1994 年）。新近公布湖北郭店村战国中期楚墓出土竹简《老子》摘抄本，更有助于早出说。

② 详见拙著：《易传与道家思想》，台北：台湾商务印书馆，1994 年。

学派：一为南方楚道家庄子学派，另一为北方齐道家稷下黄老学派。庄学与黄老学各自建立了气化论来补充老子的道论，并将形上之道落实到人心，从而建立了战国道家的心学①。但两者间也有着十分不同的发展，庄子特出地开创了艺术境界的"内圣"之学，黄老道家则继承了老学经世致用的传统，由治身而治国，积极地投入现实社会，怀抱着强烈的入世情怀与使命感，他们以老子哲学做基础，依托于所谓黄帝之言为现实政治体制改革而立意。他们为老子的道论添增了新的面貌与时代意义，如稷下黄老道家除了提出一套精气论和心性说以扩充老学之外，他们还以更开阔的心胸，采百家之长，并援引礼法思想以入道。到了战国晚期，道家重要流派如老学、庄学及黄老之学相互汇合，赋予道家更大的生命力与活力，这体现在吕不韦主导的《吕氏春秋》学术活动群之中。

战国中晚期，学术思潮蓬勃竞起，一方面在百家争鸣中呈现激烈对立的现象，另方面又呈现出各家相互融合的倾向。在百家争鸣中，黄老思想脱颖而出，作为一股时代思潮，它兴盛于齐，随即扩散于晋楚而光大于秦②。

---

① 参看拙文：《管子四篇的心学和气论》，刊在《哲学论评》，台湾大学哲学系 1999 年发行。

② 黄老思想兴盛于齐，《史记》有明确记载，其代表性人物多有著作传世，惜汉独尊儒术之后渐遗失。如《史记》称环渊为楚人，著上下篇。慎到、田骈等，"皆学黄老道德之术"。田骈，齐人，《汉书·艺文志》载道家类《田子》二十五篇。慎到，《汉书·艺文志》著录《慎子》四十二篇，《史记》称"慎到著十二论"（明代仅存五篇，现存《慎子》七篇，为钱熙祚校本，附逸文）。接（捷）子，齐人，《汉书·艺文志》道家类载《捷子》二篇，已亡佚。

黄老思想扩散于楚，这由《庄子》外杂篇渗透不少黄老观念可以侧见，（转下页）

　　近十年来,笔者个人在先秦道家的研究中,越来越发现老庄之外的黄老道家,实乃显学中显学。笔者从授课到撰文,不时提出百家争鸣而黄老独盛的看法[①]。这一点从马王堆出土文献及近人研究中[②],也可以得到明证。

　　先秦诸子莫不具有浓厚关切人间的情怀,而道家所散发出来的时代精神尤为特殊。在百家竞言的知识群中,道家对社会的归趋有着最敏锐的透视,对人类的灾难有着深沉的反省;在统治阶级肆意扩张其权势以致无止境地造成涂炭生灵的惨状下,道家各派提出"无为"的主张,以遏制统治者的扩权滥权。在这方面,老学及黄老学是时代思潮的前瞻者,以《吕氏春秋》与《淮南子》[③]为代表的秦汉黄老道家,在"无为"的理念下,反对政治

　　(接上页)而马王堆帛书《黄帝四经》出土于楚土,以及《鹖冠子》之为战国晚期楚地黄老代表作,尤为明证。至于黄老思想之传入三晋,近人多以《文子》为论,此论固可商榷,然韩非等法家所受深刻影响可以见出。黄老思潮之会聚于秦,正反映于《吕氏春秋》巨著中。

① 前辈蒙文通先生在《杨朱学派考》及《略论黄老学》二文中先后宣称:"晚周以来,黄老大盛"、"黄老独盛,压倒百家"。以上二文均收于《古学甄微》,成都:巴蜀书社,1987年。

② 有关近人的黄老专著请参看张舜徽《周秦道论发微》,北京:中华书局,1982年;胡家聪《管子新探》及《稷下争鸣与黄老新学》,两书于1995、1998年先后由北京中国社会科学出版社印行;陈丽桂《秦汉时期的黄老思想》,台北:文津出版社,1997年;丁原明《黄老学论纲》,济南:山东大学出版社,1997年;白奚《稷下学研究》,北京:三联书店,1998年;陈鼓应《黄帝四经今注今译》,台北:台湾商务印书馆,1995年。

③ 本论文引用《吕氏春秋》之原文,根据陈奇猷先生《吕氏春秋校释》(上海:学林出版社,1984年;陈本以毕沅《吕氏春秋校正》本为底本,广集前人校注百二十余家,为迄今内容最翔实的集校本)。有关原文之语译,参考了朱永嘉、萧木《新译吕氏春秋》,台北:三民书局,1995年。《淮南子》则据刘文典《淮南鸿烈集解》,北京:中华书局,1980年。

独断及文化专制,有深刻的时代意义。《吕氏春秋》与《淮南子》不仅是秦汉道家之集大成者,而其代表秦汉间结群而起的士人中,为时代的走向与归趋,提出发人深省的慧见与呼声。

《淮南子》为汉代道家之集大成者,且为汉代新道家的重要代表,这在目前学术界较多论定,但《吕氏春秋》的学术地位及其学派代表性,则过于为学界所忽视。本文着重在对后者进行申论,文中略述战国晚期学术西移的概况及趋向,重点在于论证《吕氏春秋》为秦代具有道家思想特点的代表作,并申说其为秦道家之思想特色及时代意义。

二、秦道家代表作——《吕氏春秋》

《吕氏春秋》是以道家思想为主体并兼采阴阳、儒墨、名法、兵农诸家学说而贯通完成的一部晚周巨著[①]。

就先秦诸子而言,《吕氏春秋》以老聃容公精神融会自家精华而试着建构其规模宏伟的天人之学及其治身及于治国的经世理念。从周秦汉学术史来看,一方面,它是先秦时代思想的总结者;另方面,它所建构粗浅的阴阳五行之世界图式,却渗透到汉代各学派各思想领域。由这看来,它一方面为先秦百家争鸣作出总结,同时又为两汉天人之学开创了一番新局面,故而《吕氏春秋》这部巨著实有其划时代的意义。

---

① 牟钟鉴《吕氏春秋与淮南子思想研究》一书谓:"《吕氏春秋》是以老庄的天道观为基础,将阴阳、儒、墨等移植其上,从而形成自己的哲学理论。"济南:齐鲁书社,1987 年,页 34。

　　就道家内部而言,它融会老、庄及子华子学说①,而归本于黄老②。从道家思想史角度来看,它以老学为体,黄老为用,赋予原始道家以更强大的生命力,并为汉代新道家奠定了开阔而坚实的基础。

　　我们说《吕氏春秋》是一部以道家思想为主体的著作。这观点,早在东汉高诱的批注中已有所透露。高诱是中国古代第一位研究《吕氏春秋》和《淮南子》卓然有成的专家。他在批注了《孟子》、《淮南子》、《孝经》之后,再从事《吕氏春秋》的疏解。这位出入于儒道的学者,曾在序言中概括《吕氏春秋》全书中心要旨,谓:"此书所尚,以道德为目标,以无为为纲纪。""道德"、"无为"是老子首创而成为道家独特的哲学范畴。《吕氏春秋》以道家的"道德"为宗旨,并以老子的"无为"为纲纪,这在《吕》书中可以得到充分的印证。

　　然而高诱的慧见,在往后千余年间并未得到重视,反之,班固《汉书·艺文志》在目录学分类时,竟妄将秦汉道家重要著作划入"杂家"③,历代学者也多不知所从。这一思想视盲即连当

---

① 子华子学说曾见于《庄子·让王》,说他反对"愁身伤生",主重生,当属杨朱一派,《吕氏春秋》保存了不少子华子学说,见于该书《贵己》、《诬徒》、《知度》、《明理》、《审为》等篇。

② 据研究《吕氏春秋》专家王范之先生的考查,《吕》书征引道家之言,"从老子到詹何,一共是十一家"(见王著《吕氏春秋研究》,呼和浩特:内蒙古大学出版社,1993年,页3)。本文仅举其要者,并认为它归本于黄老。

③ "杂家"之"杂",本有错杂、归总之义,如《杂卦传》即是错杂众卦而总论其义。但《汉书·艺文志》的说法牵强且易于误导,例如它说:"杂家者流,盖出于议官。"所谓"出于议官",自然是不可靠的(侯外庐主编《中国思想通史》卷一,(转下页)

代杰出哲学史大家也难以幸免 ①。晚近牟钟鉴为文力斥"杂家"
之说 ②，熊铁基则倡言秦汉新道家之说 ③，王范之著《吕氏春秋研
究》详细论证《吕》书以道家为主。这几位专家的观点，渐受学
界关注。然而由于《吕氏春秋》学派性质问题长期混淆不清，因
而厘清《吕》书学派归属问题，乃为哲学史工作者首要任务。

　　以往，由于黄老道家著作大多亡佚，学者又多喜从老庄思想
概括先秦道家，以致不明白司马谈所谈"道家"何所指。自 1973
年马王堆汉墓出土大批珍贵文献，其中众多黄老古佚书陆续公
布 ④，才使学界对战国黄老思想重新认识与评估。只要我们将帛
书《黄帝四经》与《管子》四篇联系考察，再参照司马谈《论六家
要指》对道家的论述，那么我们对先秦黄老流派就有了清晰的轮
廓，这样来探讨《吕氏春秋》所呈现的晚周诸子学术思潮大势便

（接上页）已针对这点作了批评），接着《汉书·艺文志》便说"兼儒墨，合名法"，
　　究竟是谁去"兼"、"合"儒墨名法？《汉书·艺文志》却只字不提。且将《吕氏春
　　秋》和《淮南子》均列入"杂家"，而这两书都以道家为主体，《汉书·艺文志》亦
　　未论及。末了还说："及荡者为之，则漫羡而无所归心。"这话显然会引导人往杂
　　而无主方面去作判断。

① 如冯友兰先生认为《吕》书"没有一个自己的中心思想"、"用一种拼凑的方法加
　　以综合"（见《中国哲学史新编》第二册第二十四章，北京：人民出版社，1984 年
　　第 2 版）。

② 牟钟鉴主《吕氏春秋》崇尚黄老，力斥"杂家"之说，谓："先秦秦汉无杂家，隋唐
　　以下有杂著而无杂家。"又谓："杂家无主，何以称家？"故杂家之说根本不存在。
　　此说见《吕氏春秋道家说之论证》，刊在陈鼓应主编《道家文化研究》第十辑，上
　　海：上海古籍出版社，1996 年。

③ 熊铁基：《秦汉新道家略论稿》，上海：上海人民出版社，1984 年。

④ 马王堆汉墓出土众多黄老文献，如《经法》、《十大经》、《称》、《道原》（合称《黄帝
　　四经》）、《伊尹·九主》以及《易之义》、《要》、《二三子问》、《昭力》、《缪和》等秦
　　汉易说中渗透着黄老思想（《易之义》及《昭力》、《缪和》等五篇易说，首次刊在
　　陈鼓应主编《道家文化研究》第三辑及第六辑）。

能了然于心,而其学派性质也可迎刃而解。

现在我们对于《吕氏春秋》以道家为主体的观点,从它的原著中来进行多方面的论证。下文从该书指导思想及作品篇章比重等方面,来考察《吕》书的道家属性。

(一)从《序意》看《吕氏春秋》之著书宗旨

今本《吕氏春秋》分十二纪、八览、六论,全书共有 160 子篇。今本将十二纪移前,恐非原貌。根据《史记·吕不韦列传》及《十二诸侯年表序》所称顺序为八览在前,十二纪在后。司马迁所见当是原书的顺序,由于八览在前,故简称《吕览》。主持全书编纂工作的吕不韦,以其书具有通"古今之事"的史鉴意义,故号称"吕氏春秋"。置十二纪之末(亦即置全书之末)的《序意》,是古人著书的体例,以自述作书的旨意(如《庄子·天下》、《淮南子·要略》置于全书之末)。

今本《序意》是残篇,当代许多学者都指出这残篇明确表达了编撰者写作的立场是道家。《序意》开宗明意表述作者"法天地"的立意和"无为而行"及"平其私"的治国理念。其文曰:

> 文信侯曰:尝得学黄帝之所以诲颛顼矣,爰有大圜在上,大矩在下,汝能法之,为民父母。盖闻古之清世,是法天地。凡十二纪者,所以纪治乱存亡也,所以知寿夭吉凶也。上揆之天,下验之地,中审之人,若此则是非可不可无所遁矣。天曰顺,顺维生;地曰固,固维宁;人曰信,信维听。三者咸当,无为而行。行也者,行其数也。行其数,循其理,平其私。夫私视使目盲,私听使耳聋,私虑使心狂。三者皆私

设精则智无由公。智不公,则福日衰,灾日隆,以日倪而西望知之。

从这里,可以看到作者作书的宗旨是本于老学及黄老之学。

老子提出"人法地,地法天"(《老子》二十五章),《序意》从而引中出"法天地"的立意宗旨。《序意》并从"天曰顺"、"地曰固"、"人曰信"的"三者咸当"中,衍义出道家"无为而行"的原则。再则《序意》要人"平其私",它模仿《老子》(十二章)语气,批评"私视使目盲,私听使耳聋,私虑使心狂"。牟钟鉴教授曾指出:"《序意》所载吕不韦的言论,从头到尾浸润着道家的理念,主要是道家的无为论和贵公论。"从治国的理念上,"无为"和"贵公"思想是老学到黄老学一脉相承的重要主张①。

此外,细读《序意》,还可看出字里行间所流露出黄老学派的观念语言。如:"文信侯曰:尝得学黄帝之所以诲……。"《序意》崇尚黄帝,旨取老子,这已透露了黄老的气息。而"大圜在上,大矩在下",更是黄老的观念文字,这正是稷下黄老著作《内业》所谓"戴大圆而履大方"所表达顶天立地的精神气象,而《吕》书中《圜道》便是阐扬黄老天道观念及主术思想的重要篇章。至于《序意》所谓"上揆之天,下验之地,中审之人"则是在"法天地"外,又突出了"人"的地位,而天地人三者并立,也是黄老思

---

① 《老子》提出"公"的概念,战国黄老大加发挥,如帛书《黄帝四经·经法》强调"去私而立公"(《道法》、《四度》)、"精公无私"(《君正》)、"为公无私"(《名理》)等;《管子·内业》谓"一言定而天下听,公之谓也";《慎子·威德》谓"法制礼籍,所以立公义也,凡立公,所以弃私也";《鹖冠子》谓"废私立公"(《道端》)、"去私就公"(《度万》)。

想的特点之一。

（二）从主导思想看《吕氏春秋》之本于道家

我们进一步从《吕氏春秋》全书主体思想来考察，也可看出道家思想起着主导作用。它以老子道论为其哲学基础，吸收庄子与子华子"重己"、"贵生"思想，而归本于黄老经世致用之学。其全书以道家为主导思想立论，兹概述如后。

1.《有始》："天地合和"、"殊能异宜"

《吕氏春秋》哲学思想虽不及《淮南子》丰富，但它也具有道家学派的特征，即它着重的是现实政治人生，仍要依据于宇宙观以为立论基础。《吕》书哲学思想全本于道家，主要继承老子道论而补充以黄老天道观及精气之说。这方面的论述，见于《有始》、《圜道》、《大乐》等篇。

先秦诸子，除道家外，儒墨法等显学没有一家涉及万物生成问题。《吕》书《有始览》首篇便以"有始"为名，提出天地形成和万物演化的观念：

> 天地有始。天微以成，地塞以形。天地合和，生之大经也。以寒暑日月昼夜知之，以殊形殊能异宜说之。

老子说道生万物，说得简略而抽象，《吕》书则从较形象的天地开始，讨论万物的始源，认为天是由轻微之物上扬生成，地由凝滞之物充塞形成（"天微以成，地塞以形"）。《有始》与《淮南子·天文》对天地形成的说法都本于《列子·天瑞》："清轻者上为天，浊重者下为地。"《天瑞》篇此说紧接着的下一段便是："子列子曰：'天地无全功，圣人无全能，万物无全用。故天职生覆,地职形载,圣职教化,物职所宜。'"《有始》所谓"殊能异宜",正是《列子》"物职所宜"之说。《吕氏春秋》接着是要将这种理论牵引到《圜道》篇所谓的"万物殊类殊形,皆有分职,不能相为"——这里明显地导向黄老君臣上下异职分工的重要主张。

2.《圜道》:"万物殊类"、"皆有分职"

《圜道》提到老子"万物以为宗"的道("一"),但主旨乃在衍申黄老治道。《圜道》开宗明义宣说:"天道圜,地道方……精气一上一下,圜周复匝……万物殊类殊形,皆有分职。"这里以黄老精气流动,圆周复匝的天道观来论证"主道圜",并以"地道之方"来论证"百官各处其职,治其事以待主"。这种托天道以明人事的思维,正是黄老道家的一大特色。

《吕》书论治道的哲学基础,也见于《大乐》。该篇提出常为当代学者所称引的"太一生成说",并阐扬以道("一")治身与治国("以一治其身者……以一治其国者……成大化")。

治身与治国是道家重要的组成部分,也正是《吕氏春秋》全书的中心论题。

其治身论旨,要在吸收庄子与子华子的学说,而发扬其"贵生论",引申适欲安性之旨。《贵生》外,《本生》《重己》《情欲》等篇是为其代表作。

其治国论旨,要在由老子而转向黄老,而发扬其无为论,引申主道"要"、"约",君臣分职而治。这方面的论述,除《圜道》外,《君守》《分职》《审分》《先己》等篇为其代表作。

（三）从篇章内容考察《吕氏春秋》之道家比重优势

上面我们从《吕氏春秋》的主导思想：天道观及其治身与治国的理念等方面，论证其本于道家。再则，逐一对全书篇章内容进行学派倾向特征分析，也可看出《吕氏春秋》之立于道家。

1.《吕》书中黄老与各家之关系

牟钟鉴教授曾对《吕》书做过全面的学派特征倾向分类，去除部分学派属性模糊的篇章，统计出道家为主的篇章比重最大，其次是儒家、阴阳家、兵家、名家、农家及墨家等。对于这种各家思想并存的状况，该如何解释呢？这里有三个必须要解答的问题：第一、如何免于"杂家"的标签？第二、如何解答儒道主次的关系问题？第三、如何解释道家作品与其他各家并存的现象？接下来便就以上三个问题依次加以说明。

第一、我们认为它不是杂家的理由很简单，《吕氏春秋》绝不会流于像《汉书·艺文志》所说的"漫羡而无所归心"，也不是如冯友兰先生所说的"没有一个自己的中心思想"。反之，《吕》书有它的中心思想——亦即本文一再论述的黄老道家。

第二、据笔者对《吕》书逐篇考察，全书属于儒家作品的篇章不及道家的半数。这不只是数量的问题，特别是全书主导思想是道家而非儒家。

第三、关于道家作品和其他各家并存的现象，可以由两个角度来看。一是在整个以黄老为主体的架构下，将他家思想多元并存地容纳进来。这也就是司马谈《论六家要指》所说的"因阴阳之大顺，采儒墨之善，撮名法之要"。二是在以黄老思想为主体的规划下，将各家思想加以吸收、改造。例如儒家最强调忠孝，这有助于维系良好的人际关系（事实上，老子也宣扬"忠孝"德行，如《老子》三十八章强调"礼"要有"忠信"的内涵，十八、十九章再期望"民复孝慈"），故而黄老学派加以阐扬。

我们还应留意，《吕氏春秋》吸收黄老是偏重君道的角度，而儒家的忠孝观念则是站在臣道的立场。以《孝行》为例，该篇一面标示"务本莫贵以孝"，随即将儒家着重的"人臣之孝"转化为"天子之孝"。《劝学》亦然，该篇谓："忠孝，人君人亲之所甚欲也。显荣，人子人臣之所甚愿也。"本来儒家以忠孝为人臣之所必需，但在这里转化为人臣之所甚愿的"显荣"（此处可以看出吕门黄老吸收了法家的观点）。尤其值得注意的是《吕》书作者将"忠孝"引向"人君"的方向，并说成是"人君之所甚欲"。凡此皆可以见《吕氏春秋》有其主体性地吸收各家之长到他的体系中。

2.《吕》书中道家篇章之要旨

笔者曾多次对《吕氏春秋》全书逐篇考察，从内容上确认其属道家系统的为：《本生》、《重己》、《贵公》、《去私》、《贵生》、《情欲》、《尽数》、《先己》、《论人》、《圜道》、《用众》、《大乐》、《侈乐》、《适音》、《古乐》、《音律》、《决胜》、《审己》、《异宝》、《异用》、《士节》、《序意》、《有始》、《应同》、《去尤》、《务本》、《谕大》、《本味》、《首时》、《慎人》、《遇合》、《必己》、《慎大》、《下贤》、《报更》、《顺说》、《不广》、《贵因》、《察今》、《去宥》、《正名》、《君守》、《任数》、《勿躬》、《知度》、《不二》、《执一》、《重言》、《精谕》、《离俗》、《上德》、《用民》、《适威》、《为欲》、《长利》、《知分》、《达郁》、《观表》、

《察贤》、《审为》、《博志》、《贵当》、《似顺》、《别类》、《有度》、《分职》、《处方》、《慎小》、《士容》、《务大》等。

以上 70 篇属于道家作品,现在对上述归属道家各派的主要篇章,略作如下几点说明:

一、如果我们从道家治身和治国这两大课题来看,《吕氏春秋》在论治身部分主要是发挥庄子与子华子的思想,而治国的部分则由老子而黄老。《吕》书的中心意旨在申论治道,论治道则又以"君道"为核心,《淮南子》称为"主术",亦即《汉书·艺文志》所说"君人南面之术"。所谓"君人南面之术",就是给统治者提供一套治国的理想、原则与方案的学问。我们考察《吕氏春秋》一书内容的质量,都可看出它是以黄老为主体。

二、在治身方面,《吕氏春秋》的重要篇章有:《贵生》、《本生》、《重己》、《先己》、《情欲》、《审为》等,主旨在于申论重生轻物、尊生养性。如上所述,庄子和子华子的思想,在这些篇章里占了主要的成分。

三、哲学的道论是《吕氏春秋》哲学理论的基础,而《吕》书引用先秦诸子的言论则以《庄子》居冠①。然而老庄思想散在各

---

① 据王师叔岷《读庄论丛》辑先秦诸子所引《庄子》文字,可见《荀子》、《韩非子》、《尹文子》、《慎子》、《鹖冠子》及《吕氏春秋》均大量征引《庄》书文句,其中《吕氏春秋》引《庄》多达五十余条,"以见庄学在吕氏春秋学派中之巨大影响"(引自《吕氏春秋引用庄子举正》。叔岷师上述二文均刊在《道家文化研究》第十辑)。又:当代研究《吕氏春秋》专家王范之先生亦曾对全书进行详细考查,谓:"道家在《吕氏春秋》里保存他(庄子)的学说最多。……其中引《庄子》书文亦最多。"并说:"吕氏门下道家定然是占有最大势力,而且大概是以庄子的门徒为多。"(见王著:《吕氏春秋研究》,页 12。)

处,多融入以黄老为主旨的篇章中。由于一般学者对黄老学说不甚熟悉,所以在学派性质分类时常易导致混淆的情况。简言之,黄老学说有这几个基本特点:一是崇尚老子的道论。二是其学"以虚无为本,因循为用","贵因"说为黄老学所刻意倡导的。三是主时变。四是本于道家而兼采儒墨名法之所长(这几点容本文下一节由司马谈《论六家要指》来探讨其所谓的黄老道家时再来作较详细的论述)。从这些特点,我们可以看出《吕氏春秋》属于黄老的重要篇章,可概括如下:

(1)论君道之"要"、"约":《论人》开篇标示"主道约"。《当染》推崇老子(谓"孔子学于老聃"),但其主旨申论君佚、知要(谓"善为君者,劳于论人,而佚于官事")。这是黄老"主术"的重要主张。《察贤》篇旨亦同,强调君主"执其要",一则谓人君宜无为而治("尧之容若委衣裘,以言少事也",这是对无为而治的形象化描绘,描述理想的统治者不以政务劳身),一则谓治者当任贤使能("任人者逸")。这些论点,也就是《君守》篇所说的"大圣无事,而千官尽能"。

(2)论君道当"定分"、"定职":黄老强调君臣分工而治,不可越俎代庖。他们将老子"为无为"的主张,转化成君上无为而臣下有为。《吕》书中《圜道》、《分职》、《处方》、《审分》是表达这方面论点的重要篇章。如《圜道》提出"主道圜,臣处方"的命题;《分职》进一步由君执圜而要求"君者无任,而以职受任"——这是说君主不必事必躬亲,只需依据臣下的职能授予任务。《审分》谓:"凡人主必审分……人主好治人官之事,则是与骥俱走。"君臣各有分职,臣下职分一经确定,君主也不可侵越。《处方》视"定分"为治国之本,道理相同。

（3）吕氏门下的黄老派呼吁国君要礼贤下士,重用知识分子,《上节》《士容》等篇可为代表。《士容》描述国士的仪容风范:"不偏不党,柔而坚,虚而实",有鸿鹄之志而内心自砺(如谓"傲小物而志属于大","难动以物而必不妄折")。《士节》所推崇的士:"国君不得而友,天子不得而臣。"这类"士",《报更》称为"堪士"(即高士),谓"堪士不可骄恣而屈也",《下贤》篇并要求贤主要做到"士虽骄之,而己愈礼之",《吕氏春秋》学派所标榜的"士"或"国士",颇有庄子的风格。但黄老的思路仍很突出,例如说:"贤主劳于求人,而佚于治事。"求贤是黄老十分强调的(如《本味》谓:"其本在得贤。"),为适应时代的需要及新形势的发展,黄老在许多方面弥补了老庄的缺失。

（4）吕氏学派继承了稷下黄老而提倡知时、待时和贵因思想。《首时》《慎人》《遇合》等篇阐明知时、待时、遇时、遇人而后成之意。《贵因》《顺说》《不广》《察今》《任数》等篇,强调因时、因势、因人而行事的重要性。

　　上述各点意在说明《吕氏春秋》全书以黄老为主体的结构中,如何安排道家的地位,以及道家与其他各家作品的关系。接着我们要进一步探讨《吕》书中作为核心部分的道家作品——我称之为秦道家作品。以上是我对《吕》书中居于核心部分的道家作品之简要说明,这些部分的作品是我在第三章讨论秦道家思想特点的主要依据,以下先以司马谈《论六家要指》所论述的黄老道家的主要内容,来加强我们对秦汉黄老学派思想面貌的认识。

三、从司马谈《论六家要指》看《吕氏春秋》之归本 于黄老

以上，我们无论从全书主导思想或篇章内容之质量比重上，都可得到明确的论证，《吕氏春秋》是一部以道家为主体并融汇各家系统的完整巨著。《吕》书经世致用之旨较他书尤为明确，故在吸收道家各流派中归本于黄老[①]，这趋向也正是时代思潮的一种明显的反映。

黄老之学，自战国早中期兴盛于齐之稷下学宫，战国晚期学术西移，汇流于秦，其势如百川灌河，至汉初淮南王而顶盛，其势更如万川归海。自战国中期至汉代四百年间，黄老思潮一直成为思想界的一条重要主脉。《吕氏春秋》是为反映战国后期百家争鸣秋收期思想界之概况。当时学术界黄老思潮盛行，阴阳家学说刚崛起。司马谈《论六家要指》评各家得失，独推崇黄老道家，他的观点则是战国后期至汉初学术趋势的写照。而《论六家要指》所论述的"道家"特征，可以《吕氏春秋》为模板。《论六家要指》是秦汉道家主干说的重要典籍，也是我们了解黄老道家的重要文献。

《论六家要指》有关道家的论述，可归纳这几项特点：（一）"以虚无为本，因循为用"——这里谈到道家体用问题，可说

---

① 熊铁基曾指出："司马谈《论六家要指》所说的道家就是指《吕氏春秋》为代表的学派而言，其所说道家的'要旨'就是以《吕氏春秋》为代表而概括起来的，不可能是从《老子》或者《庄子》中得出的结论。"熊文：《论吕氏春秋的中心思想》，刊在陈鼓应主编《道家文化研究》第十四辑，北京：三联书店，1998年。

以老学为体,黄老为用。(二)"与时迁移,应物变化"、"时变是守"——这是突出道家贵时主变的特点。(三)"道家使人精神专一,动合无形"——这是阐扬道家治身的功能。篇末一段神形关系论是道家各派的特长,而文末最后一句("不先定其神〔形〕而曰'我有以治天下',何由哉")乃强调治天下当以治身为先。(四)"指约而易操,事少而功多"——这是对黄老治道("此务为治")优于各家的肯定。(五)"其为术也,因阴阳之大顺,采儒墨之善,撮名法之要"——这是专指黄老道家之兼容他家特长而言,尤合于《吕氏春秋》之旨。下面专就《论六家要指》所述道家特点:贵因、时变、主道约等来印证《吕氏春秋》之归本于黄老。

(一)贵因论

《论六家要指》谓道家:"其术以虚无为本,以因循为用。"这可说是黄老学说的第一个基本要义。《吕氏春秋》继承稷下黄老的体用说①,首次提出"虚无为本"的命题(语见《知度》篇),但重点则落在发挥"因循为用"的主张。

《老》书并未出现"因"的概念,但老子提出"以百姓心为心"(四十九章)的民本思想,实即是"因"的重要内涵。《庄》

---

① 稷下道家十分强调"虚无"之道和"因"之为用,如保存在《管子》书中的稷下黄老重要代表作《心术上》谓:"虚无无形谓之道,化育万物谓之德。"、"夫圣人无求之也,故能虚无。"、"虚者,万物之始也。"《心术上》倡言"因",如谓:"礼者,因人之情。"、"因也者,无益无损也,以此形,因为之名,此因之术也。"、"其应物也,若偶之,静因之道也。"又谓:"因也者,舍己以物为法者也。"、"因者,因其能者,言所用也。"

书"因"字屡见,多为因任自然之意①。到了稷下黄老,"因"成了独立的哲学概念(如《管子·心术上》谓:"因也者,舍己以物为法。"),由认识论而应用到政治运作的重要方略(如《心术上》提出"静因之道"及"因之术")。吕门黄老继之,更以"贵因"为题发表专论。

《吕》书"因"字150见,且有多篇专文申论"因"义。如《顺说》篇,意谓顺其势而行说;《不广》篇谓"因时举事";《察今》篇倡"因时变法";其代表作《贵因》篇宣扬因时、因势之外,尤在着重"因人之心"、"因民之欲"。为了强调"因"的重要性,晓谕施政者"因则功,专则拙",并断言"因者无敌"。"因"与"专"对立而言,耐人寻味。盖史迹昭彰,为政"专",则往往流于孤意独行,罔顾民意;"因"则顺从民性,体察民情。故而"因者无敌"的口号,深具时代意义。

(二)主时变

贵时主变为道家学说一大特点,黄老尤然。

老子强调"动善时",而庄子常是道家中的异调者②,亦曾说"知通有时"(《秋水》)、"应时而变"。稷下黄老尤重"时变",如《管子·内业》称"圣人与时变而不化",《白心》谓"以时为宝"、"随变断事也,知时以为度"。而《论六家要指》引文"故曰'圣人不巧,时变是守'"很可能直接引用黄老帛书《黄帝四经》中的语

---

① 如谓:"因之以曼衍"(《齐物论》)、"因其固然"(《养生主》)、"常因自然而不益生"(《德充符》)等。
② 《庄子》屡言:"安时而处顺"(《养生主》、《大宗师》)、"与时俱化"(《山木》)、"与时消息"(《盗跖》)。

句（《十大经·观》云："圣人不巧，时反是守。"）。《吕氏春秋》继承老学及齐楚道家重"时变"的积极精神，在《决胜》《察今》等篇，阐明"知时"。而《首时》（一作"胥时"）可为其代表作，申论"待时"、"见时"、"知时"、"遇时"之义。

（三）主道约

秦道家继承稷下黄老提倡"主道约"（《吕氏春秋·论人》），这是老子"无为"思想的衍义。老子"无为"原本为君权之肆意膨胀而设限，黄老将老子"无为而无不为"（原意是只要君主"无为"而不事干扰就没有什么事做不好）转化而为君臣职的理论，意谓君主只要掌握基本政策，择人用事，分层负责。这是战国黄老对春秋老学的改造，这也是时代发展使然——为应合战国官吏制度产生的时代需要，黄老主张国君不专权、不越俎代庖，"百官各处其职，治其事以待主"（《吕氏春秋·圜道》，下引同）。君臣之间，"皆有分职，不能相为"。并憧憬着"无为"之治的美好情景："乐备君乐而百官已治矣，万民已利矣。"（《吕氏春秋·先己》）

黄老的主术思想，深得司马谈赞许，谓其"旨约而易操，事少而功多"（《论六家要指》），同时评论说："儒者则不然。以为人主天下之仪表也，主倡而臣和，主先而臣随。如此则主劳而臣逸。"司马谈这段话不仅道出了儒道治道的不同，而且指出了儒者治道之弊。司马谈这个观点，在《吕》书中便有所论述。如《任数》以君主"好唱自奋"为乱之源，因此《审应》说"言不欲先"，要君主对臣民"人唱我和，人先我随"，这样才能聆听属下谏言而免于造成君权侵越的行为。"人唱我和，人先我随"，也就是收敛专断的领导意志而虚心聆听以了解客观状况的一种表述。司马谈对儒者"主倡而臣和,主先而臣随"的评语,用现代的话说就是指助长领导意志,唯领导是从,结果反倒弄得"主劳臣逸"。

君主之滥权是古代现实政治的一个突出现象,有识之士莫不忧心而计虑,大儒中虽不乏欲以道德理想来规范君权之任意扩张者,然而圣王少而恶君众,加之儒术的"领导意志",往往有意无意间纵容君权之无限膨胀;凡事专决于上,则"主劳而臣逸","臣逸"的后果则政事荒怠。司马谈的评语,不幸道破了历代专权者喜用儒术的原因,儒术之长期成为官方哲学,确与专制政体有其孪生同体的关联性。抚今思昔,中国"民主"道路之坎坷实有其深沉的文化根源。而黄老"主道约"、"百官分职"的主术思想,实有其深刻的时代义涵。"主道约"乃人君恭己南面之意,君权运用要在"约",即秉其要而不专权越权;"百官分职"则可发挥分层负责的效能治绩。黄老的政治理想,较切合大帝国分工而治的现实情势,同时在客观上,也较适用于民情民愿。

(四)兼采众说

司马谈对黄老道家采用众说之长的心胸,大加肯定。谓其:"道家使人精神专一……其为术也,因阴阳之大顺,采儒墨之善,撮名法之要……。"这里所说的"道家",显然不合于老庄,而专指黄老,尤其合于《吕氏春秋》一系。

我们只要将《管子》四篇与《吕氏春秋》作一对比,就可以看出稷下黄老与秦道家有许多共同的特点。如:贵因说、重时变以及形神关系论与君无为而臣有为等重要主张,均为同一思想脉络之发展。此外,在取百家之长方面,如"采儒墨之善,撮名法之要",亦同样怀抱涵容并蓄态度。唯独吸收阴阳家思想("因阴阳之大顺")一节,只见于《吕氏春秋》而不见于帛书《黄帝四经》与《管子》四篇,这就是由于阴阳学派之崛起晚于《四经》与四篇之后的缘故。

《吕氏春秋》之以黄老为本而吸收阴阳五行思想,实为战国晚期的时代思潮之反映。其时,黄老思潮独盛,有压倒百家之势,而阴阳家思想则因齐湣王称帝乃渐盛行于世。阴阳与五行思想原本是分流,彼此独立发展,如《黄帝四经》、《庄子》、《列子》均大谈阴阳而不及五行,到稷下各学说昌行而交会,阴阳与五行两者乃合流。反映在《管子》作品中,《幼官》和《四时》、《五行》、《轻重己》等篇,正成书于齐湣王称帝时期,此为稷下学士编造天子明堂之说以应合时需的产品。而《管子·幼官》等篇与《吕氏春秋·十二纪》成书,相隔约五十年,这半个世纪间出现邹衍五德终始之说,邹衍是否曾建构世界图式,无文献可征,但阴阳与五行思想合流于《管子》,则如前说与齐湣称帝之时代背景有关,这期间阴阳五行世界图式有重大发展[①]。而《论六家要指》在论及黄老选取众说时,将阴阳家列于首位,这不是基于学派发展的时序,而是依采撷学术思想的重要性进行排列。《吕氏春秋》以道家(黄老)为主体,而在兼采众说时,阴阳家学说在其体系中的重要性之超过儒墨名法,这由《十二纪》在全书中所占的

---

① 参看白奚:《稷下学研究》第九章第三节《管子中的阴阳五行思想》,北京:三联书店,1998 年,页 234—247。

显著地位可明证。

《吕氏春秋》十二纪所建构的天人同构的理论,虽失之粗糙,但其五行转次与生胜的理论架构,却在汉代发生巨大无比的影响。而吕氏学派在博采众说时,并非照单全收,而是有其根深蒂固的主体思想为依据,而对其他各家采取选择性地吸纳,并且进行创造性地转化。下面我们进一步论述秦道家思想的各个特点。

四、秦道家思想特点

近年来,我曾一再思考秦汉新道家之说能否成立这问题[①]。《淮南子》之为汉代新道家,较易为学者们接受,但《吕氏春秋》之为秦代新道家则需经一番细心的论证。笔者撰写本文的过程中,反复究习《吕》书,试图在这部集先秦道家之大成的巨著中,探讨它在哪些方面吸收原始道家及稷下黄老,并探寻它在哪些方面有着新的内涵。兹就秦道家思想特点,举其要者申述如下:

[①] 熊铁基提出"秦汉新道家"的称谓,颇有新义。但他所例举此说成立的三个理由(见《秦汉新道家略论稿》,页6—7),都有待商榷。第一个理由是"由批判儒墨变成了兼儒墨、合名法",这一特点在战国中期的稷下道家就已具备了。第二个理由是"由逃世变成了入世",其实"逃世"之说是对老庄最大的误解,尤其是以对老子为然。老庄特别是老子都是入世的,《老子》五千言就是谈治道,老庄都无彼岸世界的观念,对现实人生都是持肯定关切的态度。第三个理由是"发展了老子天道自然无为的思想,把它创造性地运用到人生和政治上去",并说"无为在老子思想中是消极的……"。事实上老子的"无为"并不消极,庄子把老子"无为"的政治概念导向提升人的精神意境,《吕氏春秋》所说的"无为"早在战国中期的稷下黄老已经很流行,无论是将法的思想引向无为,还是"君无为,臣有为",战国中期的黄老都已提出,所以熊著所列的三个理由都不能成立。

（一）贵生：适欲得情

秦道家思想的第一个特点是反对压制欲望，主张顺导情欲。

在道家重生、尊生的共同点上，秦道家提出人如何对待情欲的问题。吕氏春秋学派作《情欲》篇劈头便说："天生人而使有贪有欲，欲有情。"认为面对情欲，不必回避；也不同意"寡欲"的主张，而强调"六欲皆得其宜"（《贵生》）。这主张不同于原始儒、道对情欲之一味采取克制的态度，颇有助于个性的发展。

在治身与治国的两大课题上，秦道家主要目的虽在治国取天下，但却强调治身为先、为本，故《吕》书十二纪开卷便列示《本生》、《重己》、《贵生》、《情欲》、《先己》诸篇，以言治身之道，强调"凡事之本，必先治身"。

秦道家继承庄子之重视个体生命而提出"贵生"之说。"贵生"、"重己"要在形神之养，这是道家各派的共通点。故而秦道家也谈到养生之道，必使饮食得宜，精气流动，"精神安乎形"，得以延年益寿（《尽数》）。人活在世间，"莫不欲长生久视"。而"长生久视"之道，要在"神和"（《本生》）、"安性"（《重己》）。这也是道家各派的相同处，但"安性"就必先"顺性"，顺性则需顺导情欲，在这一人性基点上，就突显出秦道家的特点了。

首先，秦道家肯定情欲是与生俱来的，并认定"耳之欲五声，目之欲五色，口之欲五味，情也"。老子说："五色令人目盲，五音令人耳聋，五味令人口爽。"（十二章）以此老子要人"寡欲"，这主张影响到庄、孟①。但秦道家却认为耳目之欲五声、五色，乃人

---

① 孟子也强调"寡欲"（见《孟子·尽心》），可能直接源于老子或间接缘于稷下黄老。

情之常；无论圣与凡、七情六欲乃人之所同然。秦道家生动地举例说明情欲顺与逆的不同效果："使乌获疾引牛尾，尾绝力勯，而牛不可行，逆也。使五尺竖子引其棬，而牛恣所以之，顺也。"（《重己》，下引同）这生动的例子，晓谕人不当逆欲而行。"使生不顺者，欲也；故圣人必先适欲。"以此，秦道家首要提示吾人当正视情欲的正当性，并由顺欲而提出"适欲"的主张。

在《贵生》篇，秦道家进一步明快地提出"六欲得宜"的主张：他们引子华子之言："全生为上，亏生次之，死次之，迫生为下。"并对子华子的话给予新的诠释："所谓尊生者，全生之谓。所谓全生者，六欲皆得其宜也。所谓亏生者，六欲分得其宜也。……所谓迫生者，六欲莫得其宜也。……故曰迫生不若死。"这些话都说到人的心坎里，比起原始儒家以无欲克己，板起脸孔说圣人之教，要更为合情合理。人有欲，欲要有所顺[①]，但秦道家并没有走向纵欲的路子，他们一方面提示吾人当正视欲的需求及其正当性，同时由顺欲而提出"适欲"的主张。

"欲有情，情有节"，《情欲》篇认为情欲之动，必自贵生出动——"由贵生动则得其情"，"得情"之说，与庄子后学任情、达情（"任性命之情"、"达性命之情"）相通。总之，秦道家"适欲"、"得情"的主张，在先秦作品中是难能可贵的，我们读历代道书与儒书，寡欲、无情或恶情，甚而以性禁情之声，不绝于耳，颇有压抑个性的沉郁感，而秦道家适欲得情的主张，颇有助于个性张扬。

---

① 《吕》书《为欲》篇说："善为上者，能令人得欲无穷。"但还警惕着："令人得欲之道，不可不审。"认为得欲的确当方法，要"审顺其天而以行欲"，就是说要审慎地依顺人的本性去满足欲望。

（二）动静相养主动说

秦道家思想的第二个特点是强调生命之动出。

主虚静是为道家的重要标志之一，但秦道家则于动静相养中提出主动说。

老子认为一切事物都是相对的，如有无相生、虚实相涵、动静相养。"动"、"静"作为哲学一对范畴，和"有"、"无"一样，成为整个中国哲学史上的重要概念。一般人都知道老子主静（如谓"静为躁君"），但忽略他是以动静相养为前提。如《老子》十五章说："孰能浊以静之徐清，孰能安以动之徐生？"这句名言意谓动极宜静、静极宜动，这是动静相养的最佳说明。而老子重视"动"的一面，常为人所忽视，如他认为道体是恒动的（"反者道之动"、"周行而不殆"），他说天地之间是"虚而不屈，动而愈出"，这都说明"动"的重要性。然而，无论如何，老子之主静，已深入人心，而且对后世的影响也以主静为最①。

秦道家以其朝气蓬勃之势，在老子动静相养而主静的思维中，提出主动说。他们从精气之流动与会聚作论证。精气是一切生命的本原，精气之流动与会聚使一切生命焕发光辉，《尽数》篇说："精气之集也，必有入也。集于羽鸟与为飞扬，集于走兽与为流行，集于珠玉与为精朗，集于树木与为茂长，集于圣人与为夐明。精气之来也，因轻而扬之，因走而行之，因美而良之，因长而养之，因智而明之。"这里继承《内业》的精气说，但跨过稷下黄老静心以集气的主静观，而由气体之恒动以论证生命之动出：

---

① 如《管子》四篇中的《内业》，一直到宋明理学家的主静，都在老子的影响下。

"流水不腐，户枢不蠹，动也。形气亦然，形不动则精不流，精不流则气郁。"（《尽数》）秦道家由客观事物之"动而愈出"，说到生命需在动中维系其动力，生动中发挥其创造机能。

《达郁》则由人体生命的运行畅通（"精气欲共行也"、"血脉欲其通行"），申论国政民意之宜流传畅达（"庶人传语"、"宣之使言"）。精气郁结则恶疾滋生，自然界现象亦然，所谓"水郁则为污，树郁则为蠹，草郁则为黄"。国政亦有郁结："民欲不达，此国之郁也。"为政的决郁之道，在于广开言路，要人民"敢直言而决郁塞"。这是秦道家主动说延伸到现实政治层面的义涵。

（三）崇乐——道之乐以和心行适

秦道家思想的第三个特点是提倡乐教。

在礼乐文化领域里，秦道家突破了原始道家的局限，开辟了宽广的园地。

老庄对于礼乐是采取潜移默化的"不言之教"。老子论乐有其辩证观点，一方面直陈其流弊；另方面隐说其深义。但论者多只注视前者而罔顾后者。

老子说"五音令人耳聋"，这话广为人所引述，但他另外所说"大音希声"一类的话，却罕为人所论及。而秦道家则从老子论乐的正面义涵，加以扩充、提升。如老子谓："音声相和。"（二章）又说："乐与饵，过客止。道之出口，淡乎其无味，视之不足见，听之不足闻。"（三十五章）秦道家遂从老子"希声"之"大音"与"听之不足闻"的"乐"，提升而为道家的乐论，并将老子"音声相和"引入乐的教化作用。

秦道家论乐，有《大乐》、《侈乐》、《适音》、《古乐》、《音律》、《音初》、《制乐》等篇①，而《大乐》为其代表作。

一般学者多以《大乐》等论乐之作属儒家作品。陈奇猷先生却认为这些乐论是"乐家者流之言"，而非儒家之作。因为"儒家重乐，在于乐之实用"而不在乐论②。事实上，我们只要阅览一遍原文，就可一目了然。《大乐》之作，在内容上全属道家思想。

《大乐》首论音乐之所由来，谓音乐"生于度量，本于太一"。并申论说："太一出两仪，两仪出阴阳。阴阳变化，一上一下，合而成章。浑浑沌沌，离则复合，合则复离，是谓天常。天地车轮，终则复始，极则复反，莫不咸当。"这里，一方面追溯音本原于太一；另方面又导出道家的天道环周论③。接着《大乐》说："万物所

---

① 《大乐》在内容上全属道家思想，其乐理自老子道论引出，申说道家"公"、"平"、"和适"之意趣。此外，其他论乐各篇要旨：《侈乐》谓"俶诡殊瑰"的乐队，不用度量，纷繁杂乱，失乐之情。篇旨申论统治者侈乐，必招民怨，如桀、纣侈乐而亡，宋、齐、楚侈乐而衰，此为史鉴。本篇内容亦合儒家旨趣。《古乐》论述三皇五帝至殷周乐舞之由来，本篇作历史的追溯与继承并赋予阴阳之总义，《初音》论述古代东西南北各音调之成因。上述各篇为秦道家对乐文化之史的探义。而《音律》言音律相生之理，乃属秦道家吸收乐家理论之作。

② 见陈奇猷《吕氏春秋校释·大乐》注〔一〕。奇猷先生认为《音律》等篇属于乐家之言，而非儒家之作，这看法较可取，但他又认为它们属于"阴阳家治乐者"，奇猷先生在《吕》书中分篇认定其学派属性时，常将道家作品划归阴阳家，这就如同牟钟鉴所批评的："陈先生把阴阳家泛化了。"（《〈吕氏春秋〉道家说之论证》）。

③ 天道环周思想源于《老子》，如谓："反者道之动"、"周行而不殆"，郭店简本《老子》更有"天道员员"之语（相当于通行本十六章）。天道环周论至战国道家而炽盛，如马王堆帛书《黄帝四经》云："天稽环周"（《十大经·姓争》）、"周迁动作，天为之稽。天道不远，入与处，出与及"（《经法·四度》）、"极而反者，天之性也"（《经法·论》）等，而《吕氏春秋》此处及其《圜道》谓天地车轮之义，亦皆属道家天道环周论。

出,造于太一,化于阴阳。萌芽始震,凝寒以形。形体有处(虚),莫不有声。声出于和,和出于适。"乐由和心行适而定,这观点在《适音》篇再度申论("乐之务,在于和心,和心在于行适")。《大乐》在追溯乐之本原后,遂将乐提升到与天地和同的境界("凡乐,天地之和,阴阳之调也")。老学与黄老莫不喜好托天道以明人事,其论道或天地之道,目的乃在伸张人道[1],黄老尤然,其论乐亦然。故而在论述乐本于太一、和同于天地阴阳之后,随即就中说"大乐"要在用于治身与治国,"以成大化"。

《大乐》意为太一之乐,即道之乐。《大乐》与《适音》是秦道家乐论的两篇代表作,一着重体,一申说用。《适音》要在宣说"音乐通乎政",乐之用于治身,则使心和行适,心适则理胜,理胜则利于治国。"先王必托于音乐以论其教",乐以论教之说,也正是秦道家使儒、道会通之处。

(四)历史文化感:古典文化之援用与发挥

秦道家思想的第四个特点是具有浓厚的历史文化意识。

在道家各流派中,老庄思想独具开创性,他们不仅在哲学思想上开创出一番前所未有的新天地,而且在语言风格及其所突显的人格风范上也是独树一帜的。黄老道家在思想内涵上显然不及老庄的开创性,他们和孔孟一样,述而有作,无论齐道家或秦道家,其祖述老子却能掌握时代精神而援礼法以入道,如此为

---

[1] 学者多不明道家之托天道以明人事,其着意在人道。一般学者论述儒道之别时,往往以为儒家重人事而道家偏天道,割裂道家之天人关系,并误以为道家不重人道。

老学开辟了广大的伦理空间与法制领域。他们的特长乃在于具有宽厚的涵容性。黄老道家之述而有作，即在"述"中采撷百家之长，此即今人所谓"创造性的转化"，同时也在"述"中表现了他们难能可贵的历史文化感，这方面的特点在秦道家的著作中尤为显见。

齐道家已有倡导诗、礼、乐的言论，如《管子·内业》说："止怒莫若诗，去忧莫若乐，节乐莫若礼。"但从现存的文献中未见其体现的具体情况。在吕不韦的特殊地位与眼光所支持下编撰的《吕氏春秋》中，体现出秦道家不仅具有试图统一政局分裂的历史感，更且怀有深厚的历史文化意识。

老庄行文立意，不依傍古人，不攀援诗书，确与儒者论说习惯不同，但论者莫不以为道家无读经传统，亦不尽然；学者多以经学传统的传承与发展为儒者所独专，实属偏见。事实上，《诗》、《书》、《易》等古经为先秦诸子之公共文化资产，墨子、庄周无不熟读经书，汉武之后，官方独尊儒术，实行文化专制主义，经学思想生命遭儒生长期禁锢窒息，幸赖魏晋新道家（如王弼之以老庄思想注《易》等）赋予经学以新生命，而《吕氏春秋》、《文子》与《淮南子》则为其先行者。《吕氏春秋》之援引《诗》、《书》、《易》以为助证，开道家与经学关系之先河，这在道家思想史上具有划时代的意义，故而详引例证如下：

1.《贵公》阐发治道尚公，谓"治天下也，必先公，公则天下平矣"，引《老子》"大匠不斫"之意，谓"处大官者，不欲小察，不欲小智……故智而用私，不若愚而用公"。本文另一名言是："天下非一人之天下也，天下之天下也。"篇中将孔子和老子并举,认为老子的心胸能包容天地,评价高于孔子,而称赞"老聃至公",并引《老子》二章"成而弗有"句,以示"万物皆被其泽,得其利,而莫知其所由始"。本篇除了引老子言论外,篇首便引《尚书·洪范》:"无偏无党……无偏无颇……。"此引《尚书》文意以加强秦道家尚公的主张。

2.《先己》谓欲治国家当先治身,本篇二次引《诗经》以为助说。一次引自《曹风·鸤鸠》,曰:"'淑人君子,其仪不忒。其仪不贰,正是四国。'言正诸身也。"再次引《简兮》(亦见《大叔于田》),谓"《诗》曰:'执辔如组。'……圣人组修其身,而成文于天下矣。"并引孔子与子华子之言为说。本篇强调治身要在蓄养精气,并谓如行无为之治,则"乐备君道,而百官已治矣,万民已利矣"。这都是黄老的言论,故本篇作者属秦道家黄老派。

3.《务本》论先公后私,与《贵公》、《去私》篇旨相同。本篇征引《诗》、《书》、《易》以申说公而后私意旨,其引《诗·小雅·大田》"雨我公田,遂及我私"以论"三王之佑,皆能以公及私矣"。复引《诗经》:"上帝临汝,无贰尔心。"(《大雅·大明》)以言为臣无二心,当"知本"。本篇谓"本在于民",引《易经》:"复自道,何其咎,吉。"(《小畜·初九》)以言本在民,固本而动,则吉。

4.《谕大》即从事于大义。引稷下道家季子言论谓:"天下大乱,无有安国;一国尽乱,无有安家;一家尽乱,无有安身。"以言士人当从事于大义。本篇二引《尚书》以为助证,一引《夏书》:"天子之德广运……乃武乃文。"(《尚书·大禹谟》)"广运",以喻事大。再引《商书》曰:"五世之庙,可以观怪;万夫之长,可以生谋。"(此为逸《书》)以申论"凡谋物之成也,必由广大众多长久"。

5.《慎人》阐明遇时、遇人且须谨于人事之意。本篇与《首时》《遇合》等篇同属黄老尚时之作,篇中引《小雅·北山》以言遇时而慎于人事。

6.《慎大》阐明"于安思危,于达思穷,于得思丧"之义。篇中引《周书》曰:"'若临深渊,若履薄冰',以言慎事也。"再引《周易·履卦》:"履虎尾,愬愬,终吉。"晓喻戒惧从事,以化险为夷。本篇继承《易》《书》审惕之志而提示"于得思丧"之旨,这方面亦为儒道相合之处。

7.《君守》论述君上宜守清静无为之道。篇中引《尚书·鸿范》谓:"《鸿范》曰:'惟天阴骘下民。'阴之者,所以发之也。故曰:'不出于户而知天下,不窥于牖而知天道……。'""阴骘下民"即荫庇安定下民,此处引《鸿范》之文以证《老子》守静而能发挥其动出的效果;"不出于户"、"不窥于牖"是阴覆安定,"知天下"、"知天道"则是"所以发之"。

8.《适威》意谓君主立威宜适度,不足专恃。用民当依人之情性,并以仁义、爱利、忠信待民。文中引《周书》曰:"民善之则畜也,不善则雠也。"此引《周书》说明君主宜善待百姓,百姓就会亲和君主;否则就会视君主如仇敌。

9.《知分》意谓"达乎死生之分"。本篇阐发"知分"之士,当据义行事,豁达处之。本篇论述晏子能安然果敢而行义,并引《诗》以明志(引文见《大雅·旱麓》:"莫莫葛藟,延于修枚,凯弟君子,求福不回。")。

10.《行论》篇旨言时势不利，则事仇以求存，等待事便时成而举事，则功可成。文中一引《诗经》，述文王审慎事上以图存（引《大雅·大明》："惟此文王，小心翼翼，昭事上帝，尔聿怀多。"）。再引《诗经》论齐愍王骄横而致败（引逸《诗》曰："将欲毁之，必重累之；将欲踣之，必高举之。"这诗句与《老子》第三十六章义同）。

以上实例，足证《吕氏春秋》知识群对古典文化的喜好与探研，他们习于征引古代经学，以助其伸张经世立意而为说，这同时也反映了秦道家具有深沉的历史文化意识。

（五）弘扬士节

秦道家思想的第五个特点是高扬国士独立特行的风范。

先秦诸子多属"士"的阶层，故而莫不以士的立场发愿。至老子始标示"善为士者"的理想人格，或以"君子"、"大丈夫"期许 ①，自后孔、墨继之，并对士人有诸多寄望。重士之风，乃春秋战国时代知识阶层涌现之时势使然；重士言论，并非儒者独有现象，道、儒、名、墨各家皆然，唯各家所标示的人格形态互有差异，乃属同中之异。即或庄子言士，与老子也有差别。庄子那种"恣纵而不傥"（《庄子·天下》）的风格，所谓"警乎其未可制"（《大宗师》），这种高迈昂视的性格，为后学发展而为"天子不得臣，诸侯不得友"（《让王》）的高士，这种形态为孔儒所不苟同。而秦道家则接受《庄子》所倡言的耿介之士，转而要求统治者接受这

---

① "君子"之称见《老子》三十一章，"大丈夫"之称见《老子》三十八章。

群抗颉朝政、不拘于俗的异议分子,《士节》便倡言"士之为人,当理不避其难,临患忘利,遗生行义,视死如归。有如此者,国君不得而友,天子不得而臣"。这里所说的士人,前段显然融合了墨、孟士人的性格,而"国君不得而友,天子不得而臣"则是《庄子·让王》所倡导的。接着《士节》说:"人主之欲大立功名者,不可不务求此人也。贤主劳于求人,而佚于治事。"这里呼吁贤主要礼贤下士,吸纳体制外的异议分子到体制中来,这样的贤主,是黄老学者理想中的君主;"劳于求人,而佚于治事",正是黄老派的重要主张。《谨听》也要求当今治者"礼士",包括寻求这类体制外的异议人士。其言曰:"今周室既灭,而天子已绝……故当今之世,求有道之士,则于四海之内,山谷之中,僻远幽闲之所,若此则幸于得之矣。"《报更》也同样认为"士其难知,唯博之则可,博则无所遁矣",并要求世主对待高士("堪士")"不可以骄志屈也"。秦道家的这类言论,与黄老帛书《黄帝四经》正相吻合[①]。

(六)贵众说

秦道家思想的第六个特点是提出贵众之说。

春秋战国之动荡不安,祸根来自统治阶级。由于制造问题与解决问题端赖上层,故诸子多目光朝上提出诤谏、建言。在诤谏建言中出现民本思想。而诸子中墨派立场较关注"农与

[①] 帛书《黄帝四经》呼吁国君当尊有道者为国师,谓:"重上有师有道"、"王天下者,轻县国而重士……贱财而贵有知"(见《经法·六分》)。又曰:"帝者臣,名臣,实师也;王者臣,名臣,其实友也"、"不受禄者,天子弗臣也;禄泊(薄)者,弗与犯难"(《称》)。

工肆之人"(《尚贤下》)。老子已强调施政要"以百姓心为心"
(四十九章),并说"高以下为基"(三十九章),这就是要以百姓
的愿望为愿望,以百姓的意见为意见。秦道家一方面上承老子
"高以下为基"的思想,同时采纳庄子物各有所长的观点①,并直
接继承齐道家田骈"用众"的主张②。《用众》篇表达了秦道家难
能可贵的贵众说。其贵众说有以下几项特点:

一是取长补短之意。《用众》谓:"物固莫不有长,莫不有
短,人亦然。故善学者,假人之长以补其短。"这些话正反映了
司马谈《论六家要指》所说的黄老道家采众说之善的特长。《用
众》还譬喻说:"天下无粹白之狐,而有粹白之裘,取之众白也。"
这种掇取"众白"以成裘的方式,也正是《吕氏春秋》作者那种
涵容并包的风范的表现。《不二》篇也表达了相同的观点。它论
述了老聃、孔子、墨翟、列子、田骈等十家学说的精华,就是从诸
子的长处着眼,从而主张"齐万不同",以匡正百家争鸣时"以是
其所非,以非其所是"③的缺点。

二是提出"众知无畏乎尧舜"的特殊看法。《用众》说:"以
众勇无畏乎孟贲矣,以众力无畏乎乌获矣,以众视无畏乎离娄
矣,以众知无畏乎尧舜矣。"秦道家强调众勇、众力、众视、众知所
汇聚的力量之强大作用,这主张在道家或诸子中是极为特别的。
借用今日的话说,诸子不免都有"优异分子"的倾向,例如主张

---

① 如《齐物论》谓:"物固有所然,物固有所可。"
② 见《吕》书《用众》篇引"田骈谓齐主曰"之文。
③ 此处引文语见《庄子·齐物论》。前引"齐万不同"乃《不二》篇借用《齐物论》
"吹万不同"的话。

教化成德的孔子就认为"君子之德风,小人之德草,草上之风必偃"(《论语·颜渊》)。众人(小人)只像是随风吹动的小草。到了孟子,这个观点更上一层楼,他对人治夸大到"文王一怒而安天下之民"(《孟子·梁惠王》),认为圣王一出现,一切问题都可得到解决。孟子对于尧、舜、文、武一类"圣王"的个人作用之无限上纲,和《用众》"众知无畏乎尧舜"的主张,成了鲜明的对比,也纠正了儒家神化统治者个人功能的夸张性。同时,秦道家的贵众说也弥补了老庄思想中浓厚的个体意识。

贵众说的第三个特点是提出"君之立出乎众"的超时代意义主张。在古代,王位的取得及君权的来源等问题,总要染上天意授受一类的神话,即使在孔、孟思想中都不免透露出这痕迹。宗法世袭制行之已久,弊害显见,墨子对儒家主张的宗亲血缘政治做出猛烈的批评,如谓"骨肉之亲,无故富贵"(《尚贤下》),仅仅缘于"骨肉之亲",连白痴都肆居高位而享特权,因而禅让说的提出实已是对世袭制的一种挑战。战国黄老对王权的更替原来就有相当新颖而具突破性的主张,例如慎子便曾说出政权可以更易,国君可以改换的话①;再如稷下道家作品《白心》篇出现以武王伐纣比美政权篡夺的言论②。在稷下黄老的这种思想空气下,即使连孟子也曾说过这类出格的话③。这些言论在当时都是

---

① 见《慎子逸文》(《钱熙祚集》):"有易政而无易国,有易君而无易民。"
② 《管子·白心》:"子而代其父,曰义也;臣而代其君,曰篡也。篡何能歌? 武王是也。"这话可能是以武王伐纣比美田氏代姜齐。
③ 齐宣王的先祖篡夺了姜氏的政权,问孟子:"臣弒君,可乎?"孟子回答说:"闻诛一夫纣矣,未闻弒君也。"(《孟子·梁惠王》)这答话正合齐宣王心意。

富有"革命性"的意见。秦道家则进一步对君位来源及君民关系提出如此言简意赅的观点,《用众》说:"凡君之所以立,出乎众也。立己定而舍其众,是得其末而失其本。"这里,提出两个十分根本性的主张,一是君位出于民众的说法,另一是民为本、君为末的观念。后者比孟子民贵君轻之说更跨进一步,而君民为"本末"关系之说,这观念实具有划时代的意义。显然,《吕氏春秋》这种超时代的主张和秦始皇的理念根本截然对立,这类主张便足以使吕不韦招致杀身之祸。

笔者认为,本文以上所述有关秦道家之各项特点,足以作为所谓"新道家"成立之论证。

五、《吕氏春秋》与《淮南子》两书思想的内在联系

作为秦汉新道家代表作的《吕氏春秋》与《淮南子》,在思想上的内在联系已有学者专文讨论①。东汉高诱在注释这两本书时,即已注意到道家思想实乃它们的主体成分,如高诱序文中指出《吕》书所尚,以老子"道德为标的,以无为为纲纪"。他并在《淮南子·叙目》中指出:"其旨近老子,淡泊无为,蹈虚守静……物事之类,无所不载,然其大较归之于道。"以此,高诱在注解时,"参以经传道家之言"。兹将两书思想的内在联系,举要叙说如下:

(一)两书归本黄老

《吕氏春秋》和《淮南子》可说是在道家领域里同一思想脉

---

① 参考牟钟鉴:《〈淮南子〉对〈吕氏春秋〉的继承和发挥》,刊在《道家文化研究》第十四辑。

络的发展。它们都以老庄思想为其哲学理论建构的基石,落实到现实层面,则归本黄老。

(二)两书写作宗旨相同

从《吕》、《淮》两书的序文——《序意》和《要略》——可以看到它们自述写作的宗旨也近同。《十二纪》是《吕》书最主要的部分,《序意》标示其书之作是为了"上揆之天,下验之地,中审之人";《淮南·要略》也说明作者撰写论著的目的:"所以纪纲道德,经纬人事,上考之天,下揆之地,中通诸理。"两书所标示的写作宗旨相同,而且也都声言是从天人整体性的思维方式来"经纬人事"(《要略》)、"纪治乱存亡"(《序意》)。

若从哲学观点而论,两书都是以道家"法天地"为其本原,而以老子之"道"为最高范畴,并以道论为哲学理论基础。然而,黄老道家的关注点仍在治世,正如《淮南·要略》所说:"著书二十篇,则天地之理究矣,人间之事接矣,帝王之道备矣。"明显透露了它的中心思想正在于阐明帝王之道。

(三)两书中心论题是君道

《吕》、《淮》两书的中心思想是论述为君之道,也就是《汉书·艺文志》所说的"君人南面之术"①。《论六家要指》谓儒者

---

① 《汉书·艺文志》谓:"道家者流,盖出于史官,历记成败存亡祸福古今之道,然后知秉要执本,清虚以自守,卑弱以自持,此君人南面之术也。""盖出于史官",主要是说老子;"历记成败存亡祸福古今之道"以下内容,更切合秦汉黄老道家。如《吕氏春秋》谓"历记成败存亡祸福古今之道"云云,正标明作书的目的在于"所以纪治乱存亡也"(《序意》)。《淮南子》也表明著书用意为:"所以观祸福之变"、"通古今之事"(《要略》)。

"主倡而臣和,主先而臣随",这是由于儒家倡导臣道之故,道家则要在倡导君道,故以主道约及"其术以虚无为本,因循为用……时变是守"等说为其特点。而《吕》、《淮》两书中心论点正在于此。

(四)两书以道家为主体而兼采各家之长

《吕》书以道家思想为主体而兼容诸子百家学说,前文已详加论述,《淮》书尤为显著。在兼容各家方面,刘文典《淮南鸿烈集解》自序中已指出:"《淮南王书》博极古今……太史公所谓:'因阴阳之大顺,采儒墨之善,撮名法之要'者也。"牟钟鉴还说:"《淮》书直接继承和发扬了《吕》书以道为主,兼容儒墨的思想特色。"对于儒家在两书的地位问题,牟教授进一步指出:"儒家在《吕》书中的地位是局部的,作用是辅助的,不是贯彻始末的指导思想。儒家在《淮》书中的比重比《吕》书更大更突出……但《淮》书的主旨是'穷道德之义'(《要略》),是以《原道》阐述的大道为基础,来展开整个的贵身养生之说,故全书仍以道为主,以儒为辅,在这一点上与《吕》书基本相同。"[①]

至于阴阳学派在两书所占的地位,也值得关注。以阴阳五行所建构的世界图式的学说,置于《十二纪》前首,在《吕》书中居于显著而特殊的地位,故而如上文所论,以道家为主体的《吕》书在兼容其他各家时,阴阳家学说排列首位。《十二纪》的月令,上承《管子·四时》等篇,下启《淮南子·时则》,建立了天子施

---

① 牟钟鉴:《〈淮南子〉对〈吕氏春秋〉的继承和发挥》,刊在《道家文化研究》第十四辑。

政准则的明堂制。阴阳五行相配思想,散见于《天文》、《览冥》、《本经》等篇,但已不像《吕》书《十二纪》那样居于显赫的地位,而被融入《淮》书中成为支干的部分,而非全书主轴部分。

(五)两书对古典经学的吸收与发扬

《吕》、《淮》两书固以君道为其中心论题,因此在主道无为、秉要守约、因循应变以及掌握时变、强调用众等各方面,《淮》书对《吕》书都有直接承袭的关系。此外,最值得一提的则是两书对古典《诗》、《书》、《易》经学传统的吸收与发扬。自稷下黄老以来便重视礼乐与诗教,《吕氏春秋》对于《诗》、《书》、《易》等经典皆曾分别加以引用,全书引《易》计有 3 次,引《书》有 8 次,引《诗》则有 15 次,这极可能是道家学派的引经之始。《淮南子》对于诗、礼、乐等古典文化传统也极度重视,认为礼乐法度并非一成不变,须随各时代的不同情况与时变革。全书引《诗》有 20 次,引《书》有 3 次,引《易》及论《易》合计达 16 次之多①。《吕》、《淮》两书对古代经学的引用有以下几个特点:

一、从以上的统计我们可以发现,在《吕》、《淮》两书所引古经中,以《诗》的比例最高,尤以《淮》书为然。

二、《淮南子》不仅引《易》,并且在继承老庄思想的基础上,以黄老为本,进而对《易》之义也加以深论②,如《泰族》认为“清

---

① 有关《淮南子》的易学思想可参看周立升《淮南子的易道观》(《道家文化研究》第二辑,上海:上海古籍出版社,1992 年)。

② 易学史上有所谓淮南学派的九师易,据《汉书·艺文志》记载,《淮南子》有《道训》两篇,专门讨论易学,是道家易学传承之证。可惜已经亡佚。我们从《淮南子》现存的这十六条易说里,仅可见其易学思想之一斑。见陈鼓应:《先秦易学发微》,《道家文化研究》第十二辑,北京:三联书店,1998 年。

明条达者,《易》之义也",《要略》认为"《易》之乾坤足以穷道通意"。

三、《淮南子》对《诗》、《书》、《易》、《春秋》给予客观评论,认为它们各有得失,如《泛论》认为"《诗》、《春秋》学之美者矣";《修务》认为"诵《诗》、《书》者期于通道略物",对《诗》、《书》给予极高的评价;《泰族》则认为"《易》之失也鬼,《书》之失也敷,《春秋》之失也刺,《诗》之失也辟"。

四、《淮南子》认为《诗》、《书》、《易》皆能"通道",这意味着《淮南子》将经书提升至哲学的层次,与道论联系起来。中国哲学中的道论由老子开创,一直是道家哲学的主体部分,《淮南子》由道家哲学的角度解释经书,一方面下开魏晋道家王弼注经之先河,另方面也透过对古代经学的援引,充实道家哲学的内涵。《吕氏春秋》与《淮南子》的作者群对于经书抱持肯定的态度,一方面藉由对古代经学的研议开展道家读经的传统,另方面则透露出经世立意的历史文化感。秦汉新道家之所以有别于原始道家与稷下黄老,建立属于道家的读经、解经传统是一重要特点。

秦、汉之间的思想发展以黄老为联系,《吕氏春秋》是当时的知识群体首次以黄老为主导的重要思想结集。《淮南子》在此基础上加以发展,以道家黄老之学为主导思想,其内容与《吕氏春秋》有着紧密的内在联系,而其哲学思想绵密之程度则又更甚《吕》书。《要略》勾勒全书各篇要旨,特别提到《淮南子》成书的宗旨:"所以道德纲纪,经纬人事","观天地之象,通古今之事,权事而立制,度形而施宜"。由此可见《淮南子》的哲学思想是以宇宙论与治国术为最主要的部分,是故以下专就宇宙论与主术思想这两部分来加以探讨。

六、《淮南子》宇宙论体系的建构

"道"是《淮南子》哲学体系的最高范畴。《淮南子》的道论基本上依循着老子的哲学概念,而以赋体华丽的词藻和庄子的浪漫文风铺陈出来。至于对道体的应用,如无为、贵因、尚时以及强调自然之势等等,则是对黄老的发挥。从本体论意义上说,《淮南子》对道体的论述并无所突破,但在宇宙生成论和构成说方面,则大大跨越了先秦道家。

《淮南子》有关宇宙论问题的探讨,在《俶真》《天文》《精神》《诠言》《泰族》等篇,有着重要的阐发,兹依次申论。

(一)天地开辟至万物孕育

《俶真》对宇宙的始源和万物生成的过程,作了前所未有的论述。开篇系由《庄子·齐物论》的一段"有"、"无"问题作引子:"有始者,有未始有有始者,有未始有夫未始有有始者。有有者,有无者,有未始有有无者,有未始有夫未始有有无者。"老子说:"无名天地之始,有名万物之母。"又说:"天下万物生于有,有生于无。"(郭店简本则是:"天下之物,生于有、生于无。")庄子接着老子"有"、"无"的话题来抒发己见。通行本《老子》容易给人以"无"作为究极概念的解释,而《齐物论》显然不以"无"作为终极范畴,认为"无"之前,有未曾有"无"的"无",这之前,更有未曾有那"未曾有无"的"无"。也就是说,"无"之前有"无无","无无"之前有"无无无"……。不过,庄子在这里并不是要探讨宇宙始源的问题。因为《齐物论》曾说过："六合之外,圣人存而不论。"这就表示始源问题,不是我们人类认知能力所能及的,因此采取"存而不论"的态度。庄子在《齐物论》这里,只是藉"无"、"有"的话题,打开一个无穷无尽的时空系统,让我们的思想视野能进入到一个广漠无涯之境。而《俶真》则接着《齐物论》的话题,申论宇宙始源及其演化历程,层次分明而形象生动,这是周秦汉哲学史上有关宇宙论内容的一段珍贵文献,兹分段引述如下:

> 所谓有始者,繁愦未发,萌兆牙蘖,未有形埒垠塄,无无蠕蠕,将欲生兴而未成物类。

> 有未始有有始者,天气始下,地气始上,阴阳错合,相与优游竞畅于宇宙之间,被德含和,缤纷茏苁,欲与物接而未成兆朕。

> 有未始有夫未始有有始者,天含和而未降,地怀气而未扬,虚无寂寞,萧条霄霏,无有仿佛,气遂而大通冥冥者也。

这一大段描写天地形成之后,万物生成之前,它将万物的发生分为三个阶段,第一阶段是"有未始有夫未始有有始者",这似乎在写元气初成状态:上天的和气蕴含着而未下降,大地怀抱着气还没有散发("天含和而未降,地怀气而未扬"),天地间"虚无寂寞",只有作为万物原质的气畅行于冥冥之中("气遂而大通冥冥者也")。第二阶段是"有未始有有始者",这一阶段主要在于描述阴阳交错状态:上天的和气开始下降,大地的气开始上升,阴阳两气开始错合,但万物尚未形成征兆("天气始下,地气始上,阴阳错合……欲与物接而未成兆朕")。第三阶段是"所谓有始者",这阶段在描写物类萌动的情景。万物处于蓄积待发的萌芽状态("繁愦未发,萌兆牙蘖"),各类生命之质蠢蠢欲动("无无蠕蠕"),万物萌动而未形成具体的事物("将欲生兴而未成物类")。以上三个阶段描述了从天地开辟到万物孕育的经过,未涉天地产生之前和万物生成之后。

(二)从"无"到"有"之宇宙演化过程

《俶真》接着论述宇宙从无到有的演化过程:

> 有有者,言万物掺落,根茎枝叶,青葱苓茏,萑蔰炫煌,蠉飞蠕动,蚑行哙息,可切循把握而有数量。

> 有无者,视之不见其形,听之不闻其声,扪之不可得也,望之不可极也,储与扈冶,浩浩瀚瀚,不可隐仪揆度而通光耀者。

> 有未始有有无者,包裹天地,陶冶万物,大通混冥,深闳广大,不可为外,析豪剖芒,不可为内,无环堵之宇而生有无之根。

> 有未始有夫未始有有无者,天地未剖,阴阳未判,四时未分,万物未生,汪然平静,寂然清澄,莫见其形。

这一大段分四个层次描绘宇宙自"无"至"有"的演化历程。第一阶段是"有未始有夫未始有有无者",这一阶段描写天地未剖以前的宇宙状态。所谓"天地未剖,阴阳未判,四时未分,万物未生,汪然平静,寂然清澄,莫见其形",这时还没有天地阴阳及四时之分,更无万物的生长,只是平静、清澄、无形无象状

态。第二阶段是"有未始有有无者",谓宇宙广大深远("大通混
冥")而无限,其大无外,其小无内,孕含着天地,化育着万物,而
为产生有形之物和无边宇宙的根源("而生有无之根")。第三个
阶段是"有无者",宇宙的广大,"浩浩瀚瀚","望之不可极",在
空间上是无限的,由于这一实存体"视之不见其形,听之不闻其
声,扪之不可得也",故用"无"来形容宇宙的无限性和不可感触
性。第四个阶段是"有有者",前一阶段的"无",形容宇宙的无
限性和不可感触性,这一阶段的"有",是指多种存在物,由植物
"根茎枝叶,青葱苓茏"到动物"蠉飞蠕动,蚑行哙息",一派生机
蓬勃的景象,所谓"可切循把握而有数量",故以"有"来指称物
类是可以感触和加以衡量的。

（三）首次提出虚空与气之关系,并将元气引入宇宙论

《天文》也讨论宇宙的生成和演化,并将元气概念引入宇
宙论:

> 天坠未形,冯冯翼翼,洞洞灟灟,故曰太始[①]。道始于虚
> 廓,虚廓生宇宙,宇宙生元气,元气有涯垠[②],清阳者薄靡而
> 为天,重浊者凝滞而为地。清妙之合专易,重浊之凝竭难,
> 故天先成而地后定。天地之袭精为阴阳,阴阳之专精为四

---

① "太始"原作"太昭","昭"乃"始"字之误,据王引之校改。
② 通行本作"宇宙生气,气有涯垠",此据王念孙《读书杂志》校改。按《太平御览》
卷一引作"宇宙生元气",《吕氏春秋·应同》有"与元同气"之语,尚无"元气"
的名称。"元气"一词,或始见于《鹖冠子·泰录》:"天地成于元气,万物乘于天
地。""元气"之词为汉代宇宙生成论经常使用,指的是天地未分以前的统一体
或原质。

时,四时之散精为万物。积阳之热气久者生火,火气之精者为日;积阴之寒气久者为水,水气之精者为月。日月之淫气精者为星辰①。

上文对宇宙演化过程的理路说得很清楚:天地没有形成之前,是混沌未分、无形无象的状态,称为"太始"。道的最初状态是虚无空旷,道在虚廓中演化出宇宙,宇宙产生元气。《淮南子·天文》所建构的宇宙生成系统,有如下图:

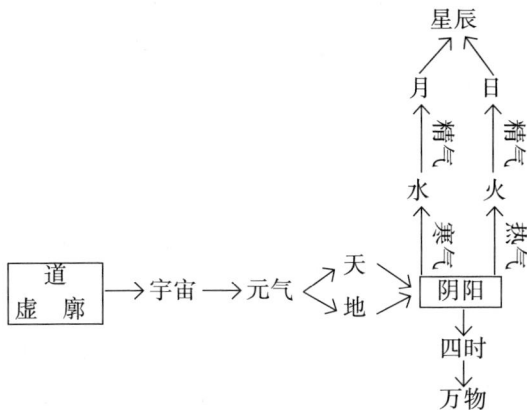

```
                            星辰
                             ↑↑
                          月    日
                          ↑精    精↑
                          气      气
                          水      火
                          ↑寒    热↑
                          气      气
  ┌────┐              天  ┌────┐
  │道  │──→ 宇宙 ──→ 元气 ⟨      │阴阳│
  │虚廓│              地  └────┘
  └────┘                    ↓
                          四时
                            ↓
                          万物
```

由上图可以清楚地看出《天文》叙说宇宙、天地、四时、万物及日月星辰之由道形成。在这宇宙万物生成的过程中,气化论起着关键的作用。天地是由元气形成的,而天地的精气相合形成阴阳之气,阴阳之气相互作用,阴阳的精华聚合起来形成四时,四时分散的精气形成万物。阳气中的热气积聚久了就生出

---

① "积阳之热气久者生火……积阴之寒气久者为水",通行本两句缺"久者",据王引之校补。"日月之淫气",通行本误为"日月之淫为",义不可通,亦据王引之校改。

火,火气的精华形成太阳;阴气中的寒气积聚久了就生出水,水气中的精华形成月亮,日月过度的精气分散开来形成星辰。天容纳日月星辰,地容纳水流尘土。《天文》篇中对天体运行的状况有着详尽的描述,作者吸收了上古天文学的大量知识及当时自然科学的丰富成果。

《天文》的宇宙生成论有几个重要的特点:一是论述宇宙、天地、四时、万物以及日月星辰如何由道演化而来,这是中国古代系统最为完整的宇宙生成说。二是提出虚空与气的理论,认为"虚廓"是先于气的世界本原,这观念或可溯源于稷下黄老(如《心术上》谓:"虚者万物之始者也。")。当然最早老子曾说过道体是虚状的(如《老子》四章:"道冲……","冲"训虚)。而虚在气之先,且为气之本,这说法则由《淮南子》首先提出。这论题一直延伸到宋代,张载把虚和气结合起来,提出"太虚即气"、"虚空即气"的命题。三是将元气概念引入宇宙论中,指出从元气中产生的阴阳是万物形成的两种基本材料,透过董仲舒《春秋繁露》与王充《论衡》[①]等的发扬,在汉代哲学史造成极大影响。四是认为万物由阴阳二气之聚散产生,强调了阴阳在万物生成的过程中所起的作用,这一点在《天文》中有着更详细的说明。

(四)以阴阳气化解释自然现象与人类的形成

万物生成论起源于老子,但老子在道与万物的关系之间缺少中介与说明,不免流于空泛。直到庄子才提出气化学说来弥

---

① 如《论衡·自然》谓:"万物自生,皆禀元气。"同书《论死》谓:"人未生,在元气之中,既死,复归元气,元气荒忽,人气在其中。"

补老子理论上的不足。庄子以气为生命的本原及万物的原质[①]。他的气化论提到阴阳与天地的关系,认为阴气源于天,阳气源于地,万物是由天所发出的阴气与地所发出的阳气互相交错而产生的[②]。庄子的阴阳气化学说整个为《淮南子》所接受并在构成说方面加以发展。《淮南子》还吸收了稷下道家的精气说,认为生物由气产生,气又有精粗之分,《精神》云"烦气为虫,精气为人",人由精气构成,其他生物则是气之粗者[③]。《精神》同时也对人的精神与形体有所论及:"精神天之有也,而骨骸者地之有也。"这显然是脱胎自《管子·内业》"天出其精,地出其形"的说法;至于"精神入其门,而骨骸反其根"则是对人死亡后归返天地的说明,实质上与庄子以死生为一气之聚散的理论相同[④]。

《天文》对阴阳的解释,继承庄子所讲的天地间阴阳交错的理论而加以深化[⑤],并进一步提出"阳施阴化"的理论来完整形塑其宇宙论的架构:

---

① 《至乐》记庄子妻死云:"察其始而本无生……杂乎芒芴之间,变而有气,气变而有形,形变而有生……"《知北游》谓:"人之生,气之聚也;聚则为生,散则为死。……故曰:'通天下一气耳。'"《大宗师》云:"阴阳于人,不翅于父母。"

② 《庄子·田子方》:"至阴肃肃,至阳赫赫;肃肃出乎天,赫赫发乎地,两者交通成和而物生焉。"《庄子》所说阴气出乎天、阳气发乎地的观点为《淮南子》所接受。《天文》说:"天不发其阴,则万物不生;地不发其阳,则万物不成。"

③ 《天文》观点亦同,它从天地形成分而为阴阳,讲到阴阳生成万物,而人类最贵("跂行喙息,莫贵于人")。

④ 牟钟鉴比较了与《淮南子》《管子·内业》与《庄子》的理论,指出《淮南子》有三点创新:第一是强调分化与进化,第二是着重粗精的差别,第三是提出清阳与重浊的不同。见《吕氏春秋与淮南子思想研究》,济南:齐鲁书社,1987年,页182。

⑤ 《淮南子·天文》:"天地以设,分而为阴阳,阳生于阴,阴生于阳,阴阳相错,四维乃通,或生或死,万物乃成。"

> 天道曰圆,地道曰方;方者主幽,圆者主明。明者,吐气
> 者也……幽者,含气者也……吐气者施,含气者化,是故阳
> 施阴化。天地之偏气,怒者为风。天地之合气①,和者为雨。
> 阴阳相薄,感而为雷,激而为霆,乱而为雾。阳气胜,则散而
> 为雨露;阴气胜,则凝而为霜雪。

这里所谓"阳施阴化"指的是:阳性给予生成万物所须的质
素,阴性禀受之而化育万物。《天文》透过"阳施阴化"之于万
物的主导作用来解释许多如日月星辰、风雨雷霆、雨露霜雪以及
飞禽走兽等自然事物的形成②,并由阴阳二气之作用,进一步说
明四时变化乃至万物盛衰等自然现象③。此外,《淮南子》还提出
"阴阳刑德"(以上见《天文》)及阴阴与四方相配(见《诠言》)等
论调④。

《淮南子》在宇宙论上的突破和重大发展,主要体现在其阴
阳气化的理论上,阴阳二气遵循"阳施阴化"的原则,交感和合,
反复运行,一方面继承老庄以来的宇宙生成论,同时也在构成说
方面建立了完整的规模。《淮南子》在宇宙构成说方面的发展,

---

① "天地之偏气……天地之合气",通行本作"天之偏气……地之含气",据王念孙
　校改。
② 其他如:"积阳之热气久者生火,火气之精者为日;积阴之寒气久者为水,水气之
　精者为月。日月之淫气精者为星辰。"、"毛羽者飞行之类也,故属于阳;介鳞者
　蛰伏之类也,故属于阴。日者,阳之主也,是故春夏则群兽除毛……。"(《天文》)
③ 如《天文》云:"夏日至则阴乘阳,是以万物就而死;冬日至则阳乘阴,是以万物
　仰而生。昼者阳之分,夜者阴之分,是以阳气胜则日修而夜短,阴气胜则日短而
　夜修。"
④ 《淮南子·诠言》:"阳气起于东北,尽于西南;阴气起于西南,尽于东北。阴阳之
　始,皆调适相似,日长其类,以侵相远,或热焦沙,或寒凝水……。"

使其突破原始道家之宇宙论主要限于生成说的樊篱,影响极巨,中国古代哲学之宇宙论自此确立完整的架构。

七、《淮南子》的主术思想

在《淮南子》最后一篇作为全书总序的《要略》中有这样的话:"言道而不言事,则无以与世浮沉;言事而不言道,则无以与化游息。"天道和人事的相互贯通是道家思想的特点,道家论道总要落实到世事,甚至还可以说,道往往是人事的愿望和理想的一种依托。在言"道"和言"事"的两大课题中,《淮南子》在道论方面远远超过了《吕氏春秋》,它在宇宙论上的成就,也大大跨越了先秦道家。

在言"事"方面,它继承老学的和战国黄老的治道而有着更成熟的表现。就落实到人事来说,从先秦原始道家开始,治身与治国就成为他们学说中两个重要的组成部分。《老子》五千言,主要论治道,但也兼谈治身。在许多章节中,两者并言,例如通行本第十章:"专气致柔……爱民治国。"五十四章:"修之于身……修之于邦。"五十九章:"治人事天莫若啬……是谓深根固柢,长生久视之道。"《庄子》一书,专注在治身,但也提出著名的"内圣外王"的理想,"内圣"属于治身,"外王"属于治国。以稷下道家著作《管子》四篇而言,《内业》主要谈治身,《心术上》主要论治国。《淮南子》和《吕氏春秋》的思路基本相同,虽强调以治身为本,但中心论题却在治国。

《淮南子》的编纂主持者刘安,正处在一个大有为的时代,因而他汲汲于向上进言,冀望实现其政治理想。在《淮南子》作者群看来,人主乃是能否实现理想政治的关键所在,故而提出一套完整的"主术"——统治者如何治理天下的理论,而《主术》即是这一理论的代表作。

(一)无为新说

《主术》是阐说君主治国的原则和方法。它的主导思想是道家的无为而治,并吸收转化了儒家和法家的一些主张。《主术》开篇便揭示说:"人主之术,处无为之事,而行不言之教;清静而不动,一度而不摇;因循而任下,责成而不劳。"这是说国君治理国家办法的关键在于"无为"。君主能无为,而实行潜移默化的教导;清静而不躁动,治理国家有统一的标准;因循既定规准而委任百官以发挥各自的作用,督促属下各自尽责而不必凡事躬亲烦劳身心。上文所说的"处无为之事,而行不言之教"乃取自《老子》二章,至于"因循而任下,责成而不劳"则是黄老的基本主张。因此,我们不仅可以在这里找出一条由老学发展至黄老的线索,同时更可以看出老子的"无为"观念是如何转向黄老。

"无为"作为哲学概念是老子首先提出,其用意在于限制或削减统治者的权力之过度伸张。有关"无为",老子还说:"为无为"与"无为而无不为"。前者是说"无为"的方式"为"之,主旨乃在于"为";后者则是说明"无为"可以达到"无不为"的效果。由这看来,老子的"无为"绝非一般人所理解的那种消极心态,反而有着积极的内涵。可惜老子"无为"、处"后"的理念到了汉代受到严重扭曲。《淮南子》一方面澄清误解,还原老子当初赋予"无为"的含义;另方面也应用"因"、"时"、"自然之势"等概念,对"无为"作出了新的诠释,这也反映了它所属的时代特性。

如《原道》说：

> 无为者，非谓其凝滞而不动也，以言其莫从己出也。
>
> 后者，非谓其底滞而不发，凝结而不流，贵其周于数而合于时也。

《淮南子》认为："后"的可贵，即在于方法适当（"贵其周于数"），同时合于时宜。而"无为"则以"莫从己出"作解。"莫从己出"即是要求统治者在施政时不可"专己"、"自恣"，这在《诠言》、《原道》都有发挥引申。例如《诠言》说：

> 何谓无为？智者不以位为事，勇者不以位为暴，仁者不以位为惠，可谓无为矣。

这里所说聪明的人不利用权位来处事、勇猛的人不利用权位来施暴、仁爱的人不利用权位来施惠，其实讲的便是要统治者"莫从己出"。而《原道》则以"不先物为"来对"莫从己出"给予进一步的诠释，同时还引进"因物"的概念：

> 所谓无为者，不先物为也；所谓无不为者，因物之所为；所谓无治者，不易自然也；所谓无不治者，因物之相然也。

"不先物为"即是说凡事不要抢在他人前头妄自作为，因为在还未完全了解事情的客观情况下，"先物为"容易流于专己、自恣，而所制定的决策也难免陷于狭隘的主观判断。故统治者在施政时首应了解客观局势与广大人民的心声，顺应人的本性去作为。这里所说的"因物"则是顺物之性，也就是顺人之情性而为。"不易自然"即是不改变事物的自然属性，相应的则是进一步要求治者施政时必须"因物之相然",也即顺应人的情性所适宜的方式去做。《淮南子》在此将战国黄老所习用的"因物"概念带进老子的"无为"。

《原道》给"无为"以"因物之所为"的新说之后,《修务》又给予"循理举事"、"权衡自然之势"等新的内容:

> 若吾所谓无为者,私志不得入公道,嗜欲不得枉正术,循理而举事,因资而立功,权自然之势,而曲故不得容者,事成而身弗伐,功立而名弗有。

这里要求统治者不得以个人的私心与公正的道理相混淆,施政时不要因个人过多的嗜欲而扭曲正当的途径。这是就统治者的狭隘心思与占有冲动立说的。而其积极面则在强调"无为"要在遵循事物的规律来办事("循理而举事"),权衡自然的态势("权自然之势"),如此才能依据客观因素来建立功业("因资而立功")。

简言之,"无为"就是要求统治者行事出于公心,克服主观性和一己之私;要求统治者因性任物,顺应自然势态及依凭客观条件来行事。这样,汉代新道家将原始道家"无为"的理念赋予了写有时代精神与活力的崭新内涵。

(二)因性守约

《淮南子》提出君主治理国家的方法除"无为"外,还有主道约简、因性任物、依法行事等项。

主道约简可说是"无为"思想的延伸。《主术》说"上操约省之分,下效易为之功",认为最高统治者的要务在于把握事情的根本,其他繁细的具体措施则应选择适合的官吏去担任,如此当可发挥分工的效能。这样,"约"便成为一种统治艺术,教导君主治理国政只须掌握要点,《主术》所谓"守其约以制其广",《要略》也有相同的话:"托小以苞大,守约以制广。"这都说明了"约"的关键在于掌握事情的枢纽。任何人想凭一己之力来治理天下是危险而不可能的,《说林》对此有生动的比喻:"以天下之大,托于一人之才,譬若悬千钧之重于木之一枝。"所以君主必须"操约省之分",而其中最重要的就是要懂得用人之道(《主术》:"得用人之道,而不任己之才。"),从而使臣下百官各守其职,发挥其能。

《淮南子》"主术"中所强调的主道约省与治道因循的课题,都是沿袭《吕氏春秋》而有所阐发。"因"是《主术》中十分重要的概念。《淮南》一书,"因"字 130 见,其中作为"因"的概念之论述,基本上是继承《吕》书《贵因》篇要旨而来,其要点即是《主术》所谓的"因物以识物,因人以知人"。总观其论"因"约可分为二层意涵:一是指主观面的"因人之心"、"因民之欲"。二是指客观面的依顺客观情势或规律,如"因水之利";而《主术》则尤在强调"因势利导"。篇中有一段十分生动的比喻:

> 今使乌获、藉蕃从后牵牛尾,尾绝而不从者,逆也;若指之桑条以贯其鼻,则五尺童子牵而周四海者,顺也。夫七尺之桡而制船之左右者,以水为资……故循流而下易以至,背风而驰易以远。

乌获拖牛尾与五尺童子牵牛鼻的顺逆比喻,引自《吕氏春秋·重己》篇，《吕》书是用来说明情欲宜顺不宜逆，《淮南子》引用同一故事却意在说明"因物之所为"、"因物之相然"。而桡制船的左右必以水为资的比喻，则要在强调"以众为势"的重要性①。至于"循流而下易以至，背风而驰易以远"，则正是道家"因自然之势"最为生动的比喻。

（三）法生于义，合于人心

除了"因"与"约"外，《主术》中还非常重视"法"。《淮南子》"主术"中对于法治重要性的强调，显然要比先秦黄老更加着意，这也是时代使然。《淮南》的作者群在面临统一的历史局势下，礼治已不足以有效治理一个庞大的帝国，法治思想乃运时而兴。战国早中期黄老道家率先援法入道②，及至战国晚期，《吕氏春秋》深刻地体现了此一趋势。但是《吕》书之所以接受法治思想，除时势的因素外，另有值得注意之处。

从《吕氏春秋》著书的背景来说，秦国本来就存在着一强大悠长的法治传统，秦孝公在位之时，即已有着十年法治的经验。商韩之法讲求公平，但一味捍卫君权，又过度严苛的法治主义不仅重罚轻赏，对人民的行为举止干涉过巨，同时也对思想进行严格管制，从而具有强烈的排他性③，思想格局显得过于狭隘。从

---

① 贵众、用众之说，在《主术》中有许多精辟的话，如"积力之所举，则无不胜也；众智之所为，则无不成也"、"乘众人之智，则无不任也；用众人之力，则无不胜也"。

② 如帛书《黄帝四经》开宗明义地宣称"道生法"。

③ 例如商鞅便时常流露他对礼乐教化的轻视，他批评礼乐、诗书、修善、孝弟、诚信、贞廉、仁义、非兵、羞战等德目为"六虱"（《商君书·靳令》），又说"礼乐，淫佚之徵也；慈仁，过之母也"（《商君书·说民》）。

《吕》书内容所表现的法家思想来看,它有着以下两个特色:第一是它一方面延续了秦法家的传统,力图建立法的"平"与"公",但是在另方面却广泛吸收各家之长,打破三晋法家排他性的思想格局。第二是引进齐法家重视教化的特点,避免了商韩之法的严苛性。

至于楚地的《淮南子》受到《吕氏春秋》的影响,继承《吕》书彰扬法治的公平精神,同时也避免了秦法家重刑主义与遂行思想控制的流弊。《淮南子》论法,首先排除法的严苛性。《原道》抨击了"峭法刻诛"的治国方式;《览冥》也批评商、韩之法是"背德之本",若以他们的主张来治理国家则有如"抱薪救火";《主术》更语重心长地认为"刑罚不足以移风"。《淮南子》的法治思想,除了公平性与消解法的严苛性两个特色外,另有二点值得注意:

第一、《主术训》论述了法律制定的基础:"法生于义,义生于众适,众适合于人心。"法的根本不能违背民情,必须合于人心,这是《主术》之法与商韩之法的根本区别。从前法律的制定由国君一人独断为之,严苛的法只是国君巩固政权的工具,正如《庄子·应帝王》所说:"君人者以己出经式义度,人孰敢不听而化诸?"《主术》却认为法既是衡量天下百姓的标准,同时也有着约束人主的目的。正因为法"非天堕,非地生,发于人间",是人所制定的,所以特别要求制定和执行法的人主"有诸己不非诸人,无诸己不求诸人",要能以身作则,使自己成为守法的表率。"所立于下者,不废于上,所禁于民者,不行于身","是故人主之立法,先以身为检式仪表",因此主张"尊贵者不轻其罚,而卑贱者不重其刑,犯法者虽贤必诛,中度者虽不肖必无罪"。更可贵的是《主术》特别明确指出:"法籍礼仪者,所以禁君,使无擅断也。"《主术》的以法"禁君"而"使无擅断"的思想即使在二千年后的今日看来,其超越时代的先知灼见仍令我们感到难能可贵。

第二,《主术》认为要想把国家治理好,除了必须具备完善的法治外,国君的个人修养也很重要。因此除了以法来"禁君",要求立法者率先守法外,还对人主提出了一系列的劝戒和要求,例如要求人主"贵正"、"尚忠"、"修身"、"俭约",劝戒人主举措要注意"慎"、"审",并且希望君主能节制嗜欲,体谅民情。其中最重要的是要求统治者行事出于公心,周视、周听,集天下之智和天下之力,克服主观性和一己之私;同时培养澹泊宁静的心境与宽大慈厚的心胸①。

八、结论

综览中国古代哲学史,无论是在宇宙论、本体论或建立在宇宙论基础上的人生论方面,许多重要议题和概念范畴(如道德、无有、本末、动静、虚实、阴阳、反复、一多等)都由老子所引发。庄子的内圣之学,如此引人入胜;他的自然观、天人关系论以及他那独特的生死观,对汉魏以至宋明以后的哲学家都产生了深远的影响。汉魏先哲以"三玄"为古典哲学之宝典,而三玄中的

---

① 《主术》说:"以天下之目视,以天下之耳听,以天下之智虑,以天下之力争。"又说:"人主之居也,如日月之明也……是故非澹薄无以明德,非宁静无以致远,非宽大无以兼覆,非慈厚无以怀众,非平正无以制断。"

《周易》，从哲学观点来看，其重要性不在《经》而在《传》，因此考察周秦汉哲学当以老庄为主，而兼及《易传》[①]。在《老》、《庄》与《易传》三者之外，另有三部巨著为研究周秦汉哲学史所不能不特别加以注意的，它们便是《管子》、《吕氏春秋》和《淮南子》，这三部著作反映着不同时代知识群的智能结晶。《管子》是战国中后期百家争鸣的一部论丛[②]，《吕氏春秋》则是以黄老为主体且作为先秦时代思想总结而融合各学派思想的一部巨著，《淮南子》不仅集周秦汉道家哲学之大成，而且是汉代新道家的最主要代表作。这三部巨著各自反映出它们特殊的历史意义。略作说明如下：

《管子》一书广收各家言论，保存了许多管仲遗说，同时也是汇集当时百家争鸣的稷下论丛。《管子》书中各家学说以法家的数量为最多，道家的比重居次，齐法家作品可以"三法"（《法法》、《任法》、《明法》）为代表，道家作品可以《管子》四篇（《心术上》、《心术下》、《白心》、《内业》）为代表。同时战国晚期流行的阴阳五行思想，也可溯源于《幼官》、《四时》、《五行》、《轻重己》等篇。

《管子》作为稷下学宫这一古代言论广场的重要论集，许多编著者皆属黄老学派。在议论辉煌的稷下学宫中，老子哲学成

---

① 考察先秦哲学，《易》的影响显然不及老庄，它的影响在汉以后才显现。《易》原是占筮之书，它的哲学化始于《易传》，《易传》是占筮和哲学的混合，它的哲学化是由于吸收了老子的道论、庄子的自然哲学以及黄老贵主变和推天道以明人事的思维方式等重要成分糅合形成的。

② 顾颉刚先生认为，《管子》是稷下先生遗留的作品之汇集，可称之为"稷下丛书"（见《周公制礼的传说和〈周官〉一书的出现》，刊在北京中华书局《文史》第六辑；蒙文通先生曾说："《管》书以道家汇之而沦于虚。"语见《古学甄微》，页67。

为当时学术思潮的主导思想,而其宽容精神也成为百家得以争鸣的精神指标。可惜当政者不能采纳众议,齐愍王后,学宫中的知识分子纷纷离开齐国,远走他方[①],不少稷下学士离开齐国转移到秦。秦丞相吕不韦广揽人才,集思广益,招集门客三千,"合其客人人著所闻",于是有《吕氏春秋》一书问世。

在秦国吕氏门下所汇集的知识群中,道家各派凝聚一处,在吕氏学派中起着关键性的作用。老子哲学思想在秦代复居于首要地位,或许和老聃本人晚年入秦著述讲学有关;再加之稷下人士西移,老学与黄老学遂成为吕氏各学派中的显学。

从典籍史书可以明显看出,相国吕不韦和秦始皇在政治观点与作风的截然不同。例如吕氏之书《贵公》指出"天下非一人之天下也,天下之天下也";《恃君》篇更表达违逆君道的君主应予废弃的主张("废其非君,而立其行君道者")。然而秦始皇统一中国后下诏:"朕为始皇帝,后世以计数,二世、三世至于万世,传之无穷。"(《史记·秦始皇本纪》,下引同)由此可以想见吕氏以天下为公的观点定不容于秦皇以天下为一家之私的心态[②]。其

---

① 《盐铁论·论儒篇》谓:"及愍王……矜功不休,百姓不堪。诸儒谏不从,各分散……慎到、接予亡去,田骈如薛,而孙卿适楚。"

② 《吕》书中这种以天下为贵的政治思想特别表现在对时君世主的抨击,如《达生》"今世之惑主,多官而反以害生"、《功名》"今之世,至寒矣,至热矣,而民无走者……"、《振乱》"当今之世,浊甚矣,黔首之苦,不可以加矣。天子既绝,贤者废伏,世主恣行,与民相离,黔首无可告诉"等等。明代方孝孺《读吕氏春秋》便曾指出:"……书皆诋訾时君为俗主,至数秦先王之过无所惮。"(见《逊志斋集》)另外《恃君》也说:"适君非以阿君也,适天子非以阿天子也。"《长利》也主张不能以一己一姓之私利而有损于天下之公利:"天下之士也者,虑天下之长利……安能长久,而以私其子孙,弗行也。"

次在主政的态度上，吕氏与秦始皇也与发生抵牾。秦始皇好专以己为，"天下之事，无大小皆决于上"；吕氏则持虚君思想，重视"众势"与"众能"，认为"大圣无事而千官尽能，此乃谓之不教之教，无言之诏"（《君守》），更进一步主张："君也者，以无当为当，以无得为得者也。当与得不在于君，而在于臣。故善为君者无职，其次无事。"（《君守》）最后是关于思想统一的问题，秦始皇接受李斯奏请，欲将百家争鸣的思想定于一尊[①]，这与《吕》书《不二》篇放任思想上的百家争鸣、齐万不同的看法相对立。

由于吕氏在政治观点与作风上和秦始皇之间的差异，使得性格专制而欲图思想统一的秦始皇选择和排斥异端最烈的法家李斯结合，最终导致《吕氏春秋》这一以道家思想为主体而拥有"宾客三千"的浩大学术群惨遭被整肃的命运。《史记》对于这段史实语焉不详，但也透露出一些政治权力迫害学术活动的讯息[②]。后人在其间惨烈的权力斗争中，实也不难窥见这场肇因于意识形态上的差异所导致的一场思想史上的悲剧。

汉兴以后，久战民愈的政局亟需道家思想来休养生息，于是稷下之风又吹进了淮南王刘安所领导的思想园地。据《史记·淮南衡山列传》记载，刘安"好读书鼓琴"，属于贵族阶级中少数具有人文素养和艺术气息的知识分子。刘安广集众议，为治国安邦献策，于是有了仿效《吕氏春秋》来编纂《淮南子》的

---

① 李斯建议始皇："天下有敢藏《诗》《书》、百家语者，悉诣守尉杂烧之；有敢偶语《诗》《书》者，弃世。"
② 《史记·吕不韦传》云："秦王十年十月，免相国吕不韦……诸侯宾客使者相望于道，请文信侯。秦王恐其为变……（吕不韦）恐诛，乃饮酖而死。"

计划。然而由文、景至汉武以来一连串压迫同姓诸侯的手段,使得刘安及其宾客在编纂《淮南子》这本巨构的同时,也深深浸染着一股政治上的危机感①。汉武帝时董仲舒举贤良对策,进言"独尊儒术"②,竟使历史又再度重演,这一汇集千人的汉代新道家的舆论阵地终于还是难逃遭受专制者摧毁的命运。我们从淮南王一再强调百家竞进"异声而和"(《缪称》),不难窥见其中端倪。

《吕氏春秋》和《淮南子》是展现古代知识群之时代精神及社会良知的辉煌作品,尤其是后者,体现出极宽广的思想包容性,这在中国古代的文化遗产中实属难能可贵。反观秦皇、汉武固然雄才大略,但是对思想的禁锢却如出一辙;《吕氏春秋》与《淮南子》汇聚各家之长,却同样遭受来自政治上的禁锢与摧残。自董仲舒提倡独尊儒术、罢黜百家之后,儒家学说与专制政体从此两相温存。这里,历史的教训留给我们的是多么沉重,多么深沉!抚今思昔,假若当时的主政者能接受《吕氏春秋》与《淮南子》知识群所体现的宽容开放的思想格局,而不是采取文化专制主义的手段,那么中国思想史与文化史必然会是另番不同的景象。

(本文原刊于《文史哲学报》第五十二期,2000 年6 月。)

---

① 有关《淮南子》著作时代的政治背景,请参看徐复观《两汉思想史》卷二《淮南子与刘安的时代》。
② 据《汉书·武帝纪》,武帝与董仲舒之间凡三问三对,其中第三策中说到:"今师异道,百家殊方,指意不同……臣愚以为凡不在六艺之科,孔子之术者,皆绝其道,使勿并进。邪辟之说灭息……。"

王弼体用论新诠

一、前言

以诠释《老子》闻名于世的玄学家王弼（226—249），英才早逝，虚岁不过二十四。中国哲学史上，从未出现过这般年轻而具有如此划时代影响的人物，即使世界哲学史上，也是仅见的。这位青年哲学家，以扭转乾坤之势，扫除了汉代积弊已久的繁琐学风，从而开启了魏晋玄学的新思潮[①]。其所开创的本体论哲学思

维及义理派之易学哲学,且深刻地影响宋明哲学①。

　　王弼的主要著作有《老子注》《周易注》《老子指略》《周易略例》②。《老子注》为其哲学之奠基作品,约成于正始四年(243),即王弼十七岁时③。《周易注》约在正始八年至十年之间④,《老子指略》是《老子注》完成后所写的一篇总论,两者为建立王弼本体学之代表作。王弼的易学著作,《周易略例》的哲学性远胜于《周易注》⑤。它不仅为易学哲学史上义理派的一部划时代作品,它更是完成道家《易》建构的不朽之作。此外王弼还对《论语》作了诠释,他的《论语释疑》是援老入孔而引儒说道的一种奇妙方式。

二、老子本原论至王弼本体论诠释的转向

　　王弼哲学思想的基本观点,略言之为"以无为本"、"崇本举

---

① 中国哲学之形上学——宇宙论、本体论均创始于老子,汉代哲学在宇宙构成论及生成论方面,有突出的继承与发展。王弼则系统性地建构了道家的本体论。纵览中国哲学史,历代哲学体系之建构,仍不脱道家宇宙论及本体论之骨架以及道家天道与人事双关的思维模式。这一哲学主干的根,一直伸展到宋明哲学。在易学哲学方面,王弼的易学思想亦深入地影响了宋明理学家的易学论点。如程颐易学中,提出"因象以明理"(《答张闳中书》)以及"体用一源"(《易传序》)之命题来诠释卦爻象与《易》理的关系,其理论基础即来源自王弼"寻象以观意",以及"由用以见体"之体用不离观点。

② 本文所引王弼著作,依据楼宇烈校释《王弼集校释》,北京:中华书局,1980 年。

③ 参看刘汝霖:《汉晋学术编年》卷 6,上海:上海书店,1991 年,页 159—161。

④ 参看王葆玹:《正始玄学》第 3 章第 6 节《王弼易老两注的先后》,济南:齐鲁书社,1987 年,页 165。

⑤ 《周易注》是对《易经》及《彖》、《象》、《文言》的注释,《周易略例》是讲《周易》的体例。有关《略例》易学的特色,朱伯崑作了较周详的论述,请看朱著:《易学哲学史》第 1 册第 4 章第 1 节,台北:蓝灯文化公司,1991 年,页 274—332。

末"①。"以无为本"即是"有"以"无"为本根。王弼并将"无"和"有"的关系,引申为"本"和"末"、"母"和"子"、"一"和"多"、"体"和"用"的关系。王弼有关有无本末关系的讨论,成为魏晋玄学的中心议题②。这哲学议题涵盖了形上本体和现象本性之间关系的问题,而现实世界有关"自然"与"名教"的切身课题,也隐约纳入其本末、母子关系的理论系统之中。

"有"、"无"成为哲学范畴,始于老子。《老子》书中不同的语境有着不同的涵义,最主要的有两层义涵:一是现象界中具体事物的存在或不存在——显相或隐相。如通行本第二章所谓"有无相生"及十一章所谓"有之以为利,无之以为用"。这两章的"有"、"无"是说现象界事物之相互对待及相反相成的。二是指道体的无形无名(简称为"无")及其实存性(故称为"有")。如通行本第一章所谓"无名天地之始,有名万物之母"及四十章所谓"天下万物生于有,有生于无"。这两章视"无"和"有"是指称形上界道体的状象。郭店本相当于通行本四十章的文本则是:"天下之物,生于有、生于亡(无)"。郭店简本更合老子原意——即"有"、"无"乃从不同面向来指称道体。王弼在第十四章注文中确切地解说了老子所以使用"无"、"有"来指称道体:

---

① "以无为本"见于王弼《老子注》四十章注,"崇本举末"见于三十八章注。

② 汤用彤在《魏晋玄学论稿》中一再提出:"玄学兴起……其中心问题,在辨本末有无之理"以及"夫玄学者,乃本体之学,为本末有无之辨"。(《魏晋玄学流派略论》,页44、53)也有学者认为魏晋玄学的中心议题是"自然"与"名教",但"名教"与"自然"的同异要到竹林七贤以后才成为重要的议题,而且玄学家称儒家礼教为"名教",原有贬义。详见王葆玹:《玄学通论》,台北:五南书局,1996年,页425—428。

"欲言'无'邪,而物由以成。欲言'有'邪,而不见其形。"这就是说:由于道体是"不见其形的",所以用"无"来指称它;由于道体是实存的而且万物都由它得以生成,所以用"有"来指称它。可见作为《老子》哲学最高范畴的"无"、"有"乃异名同实地指称道体。

然而,王弼在诠释《老子》第一章和四十章时,先是将老子形容道体之"有",下降为万有、万物,并将"无"和"有"之间诠释为母和子的关系,进而将"无"提升为天地万物之"本"、"体"。如第四十章王弼注谓:"天下之物,皆以有为生,有之所始,以无为本。将欲全有,必反于无也。"[①] 这是说天下万物,都是以有形之物而存在,万有之所以始成为万有,是由无形物作为它的本体。如果要成全万有,就必须返回来守住它本根的"无"。郭店简本这章的文本则为"天下之物,生于有、生于无。"这里具有本原论或本体论的义涵,但王弼所依据的传本则将"生于有、生于无"的对等句义,演为"有生于无"。"有生于无"这命题原本有宇宙生成的倾向,但王弼的诠释中转移了生成论的解答而强调无形母体之作为万有存在根据的论点上,提出了"以无为本"的重要命题,可见,王弼有意地把老子本原论和生成论的问题,转

---

① 余敦康指出这一段话说了三层意思:"第一是肯定了《老子》原文的宇宙生成论。第二是把宇宙生成论归结为本体论,认为'有之所始,以无为本'。第三是把'以无为本'转过来用于方法,使之成为解决各种具体问题的指导方针。这三层意思层层推进,而以第二层最为重要,因为'以无为本'就是王弼贵无论玄学的基本命题。"参见余著:《何晏王弼玄学新探》,济南:齐鲁书社,1991年,页229。

到本体论的方向 ①。

王弼以"无"为"有"之本母，即以"道"为"物"之本根，于此提出"以无为本"的命题。这一命题把存在根本的"无"，作为纷杂万象的共同根据。

三、老子生成论至王弼本根论的诠释

在《老子》第四十二章中，有一则著名的有关宇宙万物生成过程的论述："道生一，一生二，二生三，三生万物，万物负阴而抱阳，冲气以为和。"对于这则生成论的论述，王弼的诠释也同样看出他以"无"作为本体"道"的诠释，并努力去论证世界万物由具有本根性的——"无"（"道"），作为其本体来统一它们。王弼注曰：

> 万物万形，其归一也。何由致一？由于无也。由无乃一，一可谓无？……故万物之生，吾知其主……以一为主，一何可舍？

汉代哲学从《淮南子》开始，便极力使用经验事物去说明

---

① 老子的宇宙观，具有本原论又有生成论。如通行本二十五章"有物混成，先天地生"及第一章"无名天地之始，有名万物之母"，这是属于本原论的探讨。而四十二章"道生一，一生二，二生三，三生万物……"这是属于生成论的课题。至于四十章"天下万物生于有，有生于无"则有发生论的倾向，而郭店本"天下之物，生于有、生于无"则属本原论或其本体论的倾向。从通行本《老子》，王弼对"有生于无"的"生"作了特别的诠释，他只把"生"看作是"有"与"有"之间的关系，至于"无"对"有"，则不是一种"生"的关系，而是使全体的"有"得以存在的根据。参看冯达文：《王弼哲学的本体论特征》，《中山大学学报》（社科版）39.6（1999）：77—83。该文又收入冯著：《中国哲学的本源——本体论》，广州：广东人民出版社，2001年，页152。

"道生一,一生二,二生三,三生万物"这一由简至繁的万物生成论①。

而王弼在诠释老子"道生一,一生二,二生三,三生万物"这一生成问题时,却依然尽力回避生成论的思路,而将它转为说明万物万形统一性("归一")的问题。其主要论点是:把道与万物的关系,用一与多("万")来表述,而一与多的关系,不周旋于"生"的答案上,而着意于为个别殊散的存在物探求其统一性的根据("归一")。

王弼进而从万有的存在("万形")中,强调"以一为主"的宗旨。"何由致一? 由于无也",可见"以一为主"也就是"以无为本"的另一提法②。如是,王弼遂将生成论的问题,转向了本体论的进路。

王弼的本体论,要去探讨万殊之物的宗主、根本,进而运用这种本根的认识再去把握万物③,以此王弼提出"得本知末"的重要命题④。其次,王弼将道和万物之间以无和有关系本体和现象之关系来说明,并透过母和子、本和末、体和用的关系具体呈现其相互依恃及对待之理论意义。

---

① 参看拙文:《从〈吕氏春秋〉到〈淮南子〉论道家在秦汉哲学史上的地位》(本书第九篇)。

② 王弼始终将视域放在以"无"来统摄万有("有")的问题上,从而得出以一摄多、以寡统众的论点。

③ 本文使用"本根论",为"本体论"的换文。有关本根、本根与事物之关系,以及本根论或本体论中中西哲学的差异,可参看张岱年:《中国哲学大纲》第1篇第1章《中国本根论之基本倾向》,北京:中国社会科学出版社,1982年,页7—16。

④ 《老子》五十四章王弼注提出"得本以知末,不舍本以逐末"的主张;而"得本知末"的命题,已见于汉代《淮南子·要略》。

四、王弼体用观："以无为本"及"以无为用"

　　王弼认为道和万物之间是本体和末用的关系,而这正是透过"无"和"有"的对待关系表现出来。在本末关系上,他提出"崇本举末"、"崇本息末"之说[①]。在体用论上,他则提出"以无为体"、"以无为用"的主张。关于本末问题[②],学者讨论得很多,"崇本息末"之"息",解说尤为分歧[③];至于体用问题,则较少讨

---

① "崇本举末"说见《老子》第三十八章王弼注,"崇本息末"说见《老子》第五十七、五十八章注及《老子指略》。

② "本末"这一对概念,先秦时代已流行,但多无哲学义涵,一般用在农本商末、德本财末之说。儒家本末说侧重在伦理修养方面,如新近公布郭店战国楚墓简文《成之间之》云:"不求诸其本而攻诸其末,弗得矣。"儒简"穷源反本"说,乃就德性修己工夫而言。当代学者论及"本、末"这对范畴源起时,多引《大学》为例("物有本末,事有终始,知所先后,则近道矣"),而忽略《庄子》书中使用这对范畴,更富有哲学义涵。如《知北游》曰"物物者与物无际……彼为本末非本末",所谓"物物者"、"彼"指的是道;"物"指的是现象界,这里说的正是本体与现象关系的问题。可见王弼本末问题的探讨,其哲学思想的根源,可追溯到《庄子》。

③ "崇本息末"之"息"有止息与生息两个全然对反的意义,而且细读王弼的行文,似乎两种义涵都包含在内。如王弼说:"以道治国,崇本以息末"(五十七章注)、"崇本以息末,守母以存子"(《指略》),这里的"息"似有生、存之意;然王弼在《指略》申论"崇本息末"的语脉中又说:"淫之所起……息淫在乎去华……多巧利以兴事用,未若寡私以息华竞。"这里又明显地使读者将"息"引向休、止解释。因而引起王弼研究者有这正反不同的解读:(1)一些学者认为王弼"崇本息末"为崇本抑末之意。如王葆玹谓"息末"之"息",与"抑"同义。参见《正始玄学》第7章第1节《崇本息末和崇本举末》,页268—272;又如王晓毅谓"崇本以息末",即崇尚无为,抑制有为的政治手段。详见王晓毅《王弼"崇本息末"思想新探》,《齐鲁学刊》(曲阜师大学报)3(1991):9—12及氏著《王弼评传》第3章,南京:南京大学出版社,1996年,页265—275。(2)有的学者认为"息"字不作休、止、废解,而作生、存、全解。"息末"义即知末、存末。参见林丽真著《王弼》第3章第2节《崇本息末义》,台北:东大图书公司,1988年,页53—55。综合上述正反两说申论王弼本末理论者,另可参看林惠胜(转下页)

论,所论亦专就"体"义,"用"之涵义则较为忽略。王弼体用论中,实是既立其"体"亦重其"用",无"体"则用无以据,无"用"则体亦无由显。是故本文在王弼体用论的阐发上,将侧重讨论较为学界所忽略的"用"之义①。

王弼第三十八章注曰:"万物虽贵,以无为用,不能舍无以为体也。……以无为用,则得其母,故能己不劳焉而物无不理。"此处一面说"无以为体"("不能舍无以为体"),同时又说"以无为用"。如我们所熟知,王弼所谓"以无为本"、"无以为体"乃是强调万有以无形无名之道体为其"本"、"体"。那么王弼一再提出"以无为用"②又作何解?"以无为本"以及"以无为用"二命题似乎构成了矛盾。若不能就此加以厘清,则王弼的体用论难以阐明。

欲厘清此,正需透过"无"与"有"二范畴之关系。老子哲学体系中,形上与形下(形器)原本为一贯通之整体。其体用——道体与道用亦相互联系③。王弼实沿袭此一思想线索:一

（接上页）《王弼"崇本息末"说之义蕴及其开展》,收入《魏晋南北朝文学与思想学术研讨会论文集》第 2 辑,台北:文津出版社,1993 年。在诸家申说中,余敦康从王弼哲学的整体性考察作出这样的解释:"所谓'崇本息末',并不是说只要本体,不要现象,只是说本体比现象更重要,应该发挥本体对现象的统帅作用。"参见《何晏王弼玄学新探》第 4 章《王弼的解释学》,页 173—183。

① 余敦康认为,王弼在解释《老子》时着重于由体以及用,《周易注》则着重于由用以求体。参见《何晏王弼玄学新探》页 167、271。

② 王弼注《老》"以无为本"这一命题仅出现一次(第四十章注),而"以无为用"则出现多次,如第一章注云"凡有之为利,必以无为用";第十一章注云"有之所以为利,皆赖无以为用也";第三十八章注云"何以尽德?以无为用。以无为用,则莫不载也"。

③ 如《老子》第四章:"道冲而用之或不盈。"此言道体冲虚而其用不穷。又如第四十五章云:"大盈若冲,其用不穷。"其义相同。

方面他认为多样的世界万物是其共同本体的表现,因而强调万有("有")之"以无为本";但另方面,他也十分关注经验世界运作的实际面,是故又侧重于形上本体在经验层面的具体展现,而又提出"以无为用"的主张。

因此,在"有"、"无"的关系中,"以无为本"以及"以无为用"二命题,前者着重言"体",侧重阐明现象界以及价值层面的本体根据;后者则着重言"用",旨在就道体落实至现象界的具体展现而言。二者皆以道体之"无"为核心,一者显其为经验层面"有"("用")之"体";一者则明其透过经验界所显之"用",二者乃王弼体用思想之两面意义,实无矛盾可言。

王弼的体用论在"以无为本"以及"以无为用"之循本及显用的双向论述中,虽是体用双显、本末相依,不过"有"之"以无为本",在存在的根据上,"无"显出其理论优位;而"无"之透过"有"以显其用,此用虽展现在"有"之层面,却仍是以"无"为其本源。因此在其体用论中,仍透显出"无"作为其理论体系的根本地位。

只是"无"虽是根本,须透过"有"方得以显其义。王弼在释《系辞》"大衍"义时,提出"无不可以无明,必因于有"①的说法,阐明"无"作为万有存在的根本,并非脱离于万有自身。其作为万有存在之依据正是涵蕴在万有具体的存在样态中,"无"作为存在依据的本体意义,亦即伴随着万"有"的实际存在而显现。正因存在依据("无")寓托于存在样态("有")中,因此,欲

---

① 引自韩康伯《系辞注》,见楼宇烈《王弼集校释》,页248。

明存在依据("无")便不得不透过存在样态("有"),此亦即欲明"无"必"因于有"的涵义。归结而言,王弼在"明无必因于有"的体用论中乃呈现出"因有明无"、"由用见体"之主张。

这种由用以见体,因有而明无的体用论,正如"五音"与"大音"之关系。王弼于《老子指略》中云"五音不声,则大音无以至"。"五音"以喻现象界之具体存在物,皆各有其属而皆有其限。只有"大音"虽希声却全面而遍在,正似道体之"无"。不过大音本不得感知,若不透过五音众声之偏限,则大音之全体遍在亦无由相对而显。托五音以显大音,本体与现象之关系亦犹此。

当王弼申说"以无为用"时,总是和"有"相并提出,如第一章注云:"有之所以为利,皆赖无以为用。"这一方面肯定万有在现象界中发挥各自的功能("有之为利"),而万有的运作并不离体;就无形的常体来说,它创生天地万物之后,仍内在于万物,长之、育之,使各物实现出自身的价值而发挥出最大的作用。所谓"以无为用",即是说本体在经验世界中凭借"有"来发挥它的作用。

五、王弼体用观中的黄老思想

老子虽未直陈体、用,然而在其天道与人事双关之理论思维中,实已蕴含体用并重之意味。老学立体致用,而黄老之学用世之意更强;在老学的后续发展中,黄老之学虽亦直承老子道论,然而因其时代关注而使其用世思想格外明显。在其涵融各家思想的广度中,乃以老子道论为其思维主轴,以儒、墨、名、法等各家思想的汇入,而表现出强烈的治世倾向。黄老思想虽重治世之"用",然其理论仍以老学为其依归之"体"。

在王弼的体用观中,学者皆关注到老学在其中所具有的理论地位,却似乎忽略了王弼的体用论在"用"的方面,乃是以黄老思想的理论形态表现出来。

王弼的体用思维在以道体之无为其本,落实至人伦价值以及政治层面所展现的"用",正是以黄老汇纳百川之思想气势以及君臣分职、因循任物等具体为政原则来展现。老子有、无二范畴的对待关系是王弼体用论的形上依据,而王弼体用思维中"用"的层面在人事价值上之具体展开,则采用黄老思想作为其理论引导。

关于王弼体用论中的黄老思想,我们分两层面来论析。首先在思想广度上,透过与司马谈《论六家要指》之对应,阐明王弼以黄老"均其致"、"同其归"之旨批判、涵纳各家思想;其次,逐一分析出王弼在政治原则与人伦价值之"用"上,所发挥的黄老思想要旨。

(一)汉魏黄老思想的一条主线:《论六家要指》到《老子指略》

自汉武帝接受董仲舒建议"罢黜百家,独尊儒术"后,儒家获得独尊地位,其思想亦随之显出排他而封闭之一面。随着汉代经学成为利禄之途[①],其着重师法、家法之解经传承以及讲求

---

① 《汉书·儒林传》谓:"自武帝立五经博士,开弟子员,设科射策,劝以官禄,迄于元始,百有余年,传业者寖盛,支叶蕃滋,一经说至百余万言,大师众至千余人,盖禄利之路然也。"《汉书》卷八十八,北京:中华书局,1962年,页3620。

词章训诂之繁琐,逐渐使经学的生命枯竭。东汉末年政治势力崩解,复经魏晋特殊之政治局势,儒家难以再居一尊,传统解经的理论模式渐趋式微,解经思维模式之松解,思想界空气日趋活泼①,王弼遂在荆州学风②活络而开阔的学术环境中脱颖而出。

王弼的玄学开启了一个时代的新学风。自哲学史角度而言,最为突出的莫过于将以往的宇宙生成说为主体的思路,导向至以本体论为主体的方向上③,这是就形上学观点而论。若就政治哲学来看,王弼的"全释人事"④,乃是居于黄老道家的立场。

纵观汉代思想,儒学虽经皇朝提携而显扬于世,但就其宇宙生成论及构成说这一哲学主体思想而言,从淮南学派经严遵到王充这条哲学主轴,自哲学层面落实到政治层面,仍以黄老思想为主线。而其中从司马谈《论六家要指》到王弼《老子指略》,

---

① 汤用彤谓:"汉魏之际,中华学术大变,然经术之变为玄谈,非若风雨之骤至,乃渐靡使之然。……王氏之创新,亦不过经东汉以来自由精神之渐展耳。"又谓:"王弼……新义之生,源于汉代经学之早生歧异。远有古今之争,而近则有荆州章句之后定。"引自汤用彤:《魏晋玄学论稿·王弼之周易、论语新义》,页87—88。

② 汤用彤指出"王弼之学与荆州盖有密切之关系",并谓:"荆州学风,喜张异言义……而王弼之《易》,则继承荆州之风而自有树立者。"参见同上页89—90;王晓毅对荆州学派及荆州学风有较详的论述。参看氏著:《王弼评传》,页171—182。

③ 汤用彤谓:"玄学与汉学差别甚大。简言之,玄学盖为本体论而汉学则为宇宙论或宇宙构成论。"参见同上页68。

④ 唐代李鼎祚《周易集解序》评论郑玄和王弼的易学说:"郑多参天象,王乃全释人事。且《易》之为道,且偏滞天人者哉!"由于李氏推崇汉易,故有此论。而王弼的《周易注》,对卦爻辞的解释,并非"全释人事",其中也有讲天时变化的。请参看朱伯崑著《易学哲学史》第1册,页313。余敦康则在"全释人事"上,对王弼之基于现实需要、政治动因、时代课题方面作了大力的诠释。请参看《何晏王弼玄学新探》,页173、179、191、246;王葆玹也在"全释人事"的观点上作出解释。参看《玄学通论》,页490—493。

尤为明显标示出汉魏间黄老治道的政治理想及其思想发展之脉络。

司马谈在《论六家要指》中,评及阴阳、儒、墨、名、法各家之短长,唯言及黄老道家时,阐明其"因阴阳之大顺,采儒墨之善,撮名法之要",赞赏黄老兼容各家之长;黄老思想在理论包容度上,则为称赞"一致而百虑,同归而殊涂"的求同存异。司马谈所赞赏于黄老的这种精神,为王弼所承继。

王弼在《老子指略》中有一段文字提出对各家的评论与取舍,最后归结到取各家之长而途异致同,这观点正是直承司马谈《论六家要指》。王弼宣称:

> 老子之文……崇本以息末,守母以存子……此其大要也。而法者尚乎齐同,而刑以检之。名者尚乎定真,而言以正之。儒者尚乎全爱,而誉以进之。墨者尚乎俭啬,而矫以立之。杂者尚乎众美,而总以行之。夫刑以检物,巧伪必生;名以定物,理恕必失;誉以进物,争尚必起;矫以立物,乖违必作;杂以行物,秽乱必兴。斯皆用其子而弃其母。物失所载,未足守也。然致同涂异,至合趣乖,而学者惑其所致,迷其所趣……夫途虽殊,必同其归;虑虽百,必均其致。

这番重要的论说,向为研究王弼的学者所忽视。把王弼这论点和司马谈《论六家要指》联系起来,可以看出其间显现出这样一个重要的意义:即它们形成了汉魏黄老思想发展的一条主线。

王弼在体用问题上,侧重以老学为体,以黄老为用。而黄老政治哲学的理念,成为司马谈到王弼一条密切联系的思想通道——这且反映了汉魏时代士人执持与憧憬的一条思想主脉。

(二)《论六家要指》与《老子指略》同中之异

若将《论六家要指》和上引《老子指略》对照,王弼在"殊途同归"以及"对各家取长去短"两方面,继承司马谈《论六家要指》之精神遗产,以致二者于此呈现出相侔之意旨。

在"殊途同归"方面,司马谈以《易·系辞》"天下一致而百虑,同归而殊涂"为视野,在总瞰各家"务为治"之学说后,指出黄老道术由治身到治国之一贯,最是"指约而易操,事少而功多",最合于治世之道;王弼承司马谈之视野,以老学道论为规准,以母(道)、子(立说)关系评各家学说乃"皆用其子而弃其母",是竞驰立说而失却其本(道),唯有老学乃"守母(道)以存子(立说)",其道论正为各家学说之根源依据。

在"对各家取长去短"方面,司马谈阐明黄老道家援引儒、墨、名、法众家之长以补充老子道论的融摄精神;而王弼继此思路,以老子道论对各家之偏失提出批评,同时又以为"夫途虽殊,必同其归;虑虽百,必均其致。而举夫归致以明至理,故使触类而思者,莫不欣其思之所应,以为得其意焉。"(《指略》)众家学说之旨趣,探其根本,皆以老学道论为其归致。换句话说,老学道论本已汇聚众家之长了。

不过,王弼在继承司马谈《论六家要指》而与之表现出相通的意旨中,基于不同的哲学思考以及时代背景之异,于同中亦呈现出相异的思想旨趣,以下析论:

1. "以虚无为本"与"以无为本"之异

司马谈与王弼哲学立论之根基均尚"虚"、"无",然而二者思路有别。司马谈所论黄老道家之"以虚无为本",其中之"虚无"既有承自老子宇宙生成论中万物存在根源之义涵;同时更具有认识论上,要求人去除主观成见,以开阔之心胸观察外界事物之客观情态的认识方法,而这认识方法又进一步成为主政者正确行事的重要基础。整体而言,亦即《论六家要指》所云"以虚无为本,以因循为用","虚无"即是去除主观成见,"因循"即是随顺事物客观情态而为。司马谈所阐发的"以虚无为本",结合"因循"之术而为"贵因"之说,乃为黄老道家政治哲学的核心思想。

至于王弼"以无为本"之说,则已如前文所言,将老子宇宙观中的"无"转化至本体层面,说明现象("有")以本体("无")为其存在之依据,而欲了解本体("无")则又需透过现象("有")来呈现,阐明了本体("无")与现象("有")乃为不可分割的有机整体。

基于此,在价值层面,王弼提出"崇本息末"、"崇本举末"的命题。所崇之"本"即是作为存在及价值根源的"无",亦及老学之"道";而"息末"之"息"既是生息之义,以道为归本发扬各家之长,此义即通乎"举末";同时亦可理解为"止息",对于违失道的各家学说之偏失予以扬弃。

司马谈"以虚无为本"之说,为黄老政治哲学的核心思想;王弼"以无为本"之说,则是使道家形上思想,既朝向"贵无"方向发展,同时也将道家本体与现象不可分割的有机整体形上思想,结合着价值层面之落实而予以阐扬。

2."殊途同归"中的不同思维

在殊途同归以及对各家取长去短两方面,《论六家要指》与《老子指略》表现出意旨相侔之处,直契黄老道家兼容并蓄的精神。然而在相同的意旨中,却也因时代环境之差异而有着各自不同的思路。

司马谈阐扬黄老道家殊途同归之意旨,是在汉代独尊儒术之思想空气中的不同发声,以上承战国稷下道家百家争鸣的自由精神,将黄老道家海纳百川之思想气度,落实至涵容异议,宽容百家的学风倡扬中,藉此与尊儒之主流思想,做出另类的反思;而王弼则在排除异己、滥杀无辜的历史教训中,对于曹魏政权之强调名法之治,以刀锯鼎镬待天下异议之士,对于即将出现的一场士林浩劫,由老学的道论为根本,对各家学说进行批判与兼容,以对执政者排挤异说之狭隘心胸提出批判。司马谈与王弼在这不同思想氛围以及政治空气中,所展现出的不同反思,由其对各家取长去短思想中的差异,更清楚表现出。

3."对各家取长去短"中的不同反省

细审《论六家要指》与《老子指略》二者对各家之评论,有一细微却极其重要之差异,显示出司马谈与王弼在不同时代环境下的不同反省。

司马谈对儒、墨、名、法、阴阳各家皆有批评,但以儒家为主要批评的对象;而王弼在对各家"用其子而弃其母"的评论中,却以法家为其批评之首。这细微的差异其实反映了二者不同的思维。司马谈批评儒家之治术乃"主劳而臣逸",重点落在儒者的治世之方。王弼则身处曹魏好用刑名法术之时代，汉代以礼教为主体的儒学之治，历经东汉末年政治上外戚、宦官之干政，而知识阶层间更爆发了两次惨重的党锢之祸，士人对当政者之失望，由效忠政权转而求生命、个性之保全。汉魏之际，社会动荡，旧有秩序土崩瓦解，魏武用人唯才，兼施刑法待天下之异己，士人生命多有旦夕之危。王弼鉴于刑治之酷烈，故将法家列为批评之首，正是藉此省思时代的特殊气氛。

从历史发展而论，专制之弊皆在为政者与儒家及法家之结合。司马谈阐明黄老思想兼采各家之长，于扬弃其短时以儒家为批评之首；王弼则以老学道论为母，立此本、母以容存各家之长，而于短其偏失时则以法家为批判之首。二者不同时代不同侧重，然却合而显示出儒、法思想之偏失，常是专制政权兴翻政治浩劫之滥觞。

六、《周易注》中的黄老治世思想

为了广开言论，博采众议，王弼在《老子指略》中提出"同趣异旨"的宗旨。在这宗旨下，它援儒法以大道；在"道化无为之事"的原则下，王弼又在《周易注》中提出"同理异职"的治国方案①。而"同理异职"的治国原则，乃是黄老思想中的一种法制观念的体现②。王弼体用思想在"用"的层面上，体现了黄老的积极

---

① "道化无为之事"语见王弼《周易注》之注《晋》卦，"同理异职"的主张见于《睽》卦注。

② 儒家推崇礼制，"礼"以别"异"，但儒家的别异主要是建立在宗法血缘的基础上，以德治而非法治为其依准。

内涵。比如他将老庄"自然"、"无为"的顺性意涵转化而为"各定其分"、"委物以能"的主要内涵,就是一个显例。

王弼的"同理异职",即是君臣分职的一个政治理念。而君臣分工、各司其职乃黄老政治哲学的核心思想。如《管子・心术上》云:"心之在体,君之位也;九窍之有职,官之分也。"以心与九窍之关系,阐明君臣分职之义。

在君臣分职的法则下,国君透过任贤使能不以私见干预,掌握简要的治国原则,以达致主逸臣劳的局面。君王以静制动,故能总揽全局发挥枢纽地位的关键作用。王弼的政治思想,特别在君道方面,明显地表露出黄老思想的成素。兹以王弼《周易注》为本,证说如下:

(一)各定其分

"自然"、"无为"为道家学说的重要标志,老庄的"自然"在于倡导各物自性的发挥[①]。"自然"一词之义涵,经汉魏新道家赋予新的内涵而有着两次重大的转化。先是汉初淮南学派着意强调"自然之势",而赋予"自然"以客观条件之重要因素;其后为王弼将"自然"转化而为"各定其分"的政治内涵。

在《周易注》中,王弼一方面仍依老子的原始义涵释"自然"(如《坤》卦注云:"任其自然,而物自生;不假修营,而功自成。");但另方面则将"自然之质"转化而为"各定其分"的政治内

---

① 老子提出"道法自然"的命题,使"自然"一词成为老学中至为醒目的概念。然"道法自然",其义乃道性自然;《老》书"自然",均为"自己如此"之意,庄子对各物自性的发挥,更胜于老子。

涵①,这观点对郭象有重大的影响②。

王弼对"无为"观念的诠释,其黄老思想的成分就更加显明。如王弼在《临》卦注与《蒙》卦注中均以"委物以能"作为"无为"的主要内容;在《晋》卦注中,王弼又强调君主"无为"行事,需遵行"各有其司"、"不代下任"的规准。

(二)任贤使能

君臣分工的政治原则首先即含蕴君王之任贤使能,使一己免于政事之劳瘁。王弼深明此项治国原则而倡明尚贤之要,其注《大畜》卦曰:"有大畜之实,以之养贤,令贤者不家食。"畜养贤人正是君王壮大自我实力之要件。当然养贤也需养德,君王既需任用贤人,也需对自身责以德性之涵养,因此王弼于注《颐》卦即强调了"养德施贤"之要。

另外王弼于《比》卦注云"比不失贤",强调君王以亲贤就能为要;又如其注《未济》卦曰"夫以柔顺文明之质,居于尊位,付与于能,而不自役",说明君王适切任使贤能,委以政事,以免事必躬亲之自役;而"所任者当,则可信之无疑,而己逸焉"(《未济》卦注),能恰当任使贤者而信之无疑,君王自可安逸无虞。

---

① 《损》卦注云:"自然之质,各定其分,短者不为不足,长者不为有余,损益将何加焉!"和王弼注《老子》观点完全一致。《老子》第二十章王弼注:"夫燕雀有匹,鸠鸽有仇;寒乡之民,必知旃裘。自然已足,益之则忧。故续凫之足,何异截鹤之胫?"王弼这两处都引用《庄子·骈拇》文句,《骈拇》原意是物之长短乃出于本然之性,各物率性而为即可。

② 如郭象强调万物"各有定分"(《逍遥游》注)、"各冥其分"(《齐物论》注)、"各据其性分"(《齐物论》注)、"任其至分"(《养生主》注)。

（三）处不失位

君臣分工的政治原则欲具体展开,在明确划分君臣职分后,各处其位以司其职,不逾越权分而相互夺能,亦即《心术上》所言"毋代马走,毋代鸟飞"之"不夺能",正是为政之关键处。

王弼对于此项为政原则多所阐明。《乾》卦注曰:"纯修下道,则居上之德废;纯修上道,则处下之礼旷。"君、臣之间须各明职分,并依位以处事[①]。

在君道方面,如《晋》卦注曰:"能不用察,不代下任也。"君王于臣下之职事能放手委任而不越俎代庖,则臣下宛如君王手足耳目,何劳君王苦心明察? 而臣道方面,《无妄》卦注云:"代终已成而不造也,不擅其美,乃尽臣道。"为臣之道,正在能不代君位而擅政,苦心焦虑谋事而持之以终,劳苦自任而功绩归美上位。

君臣职分既明,各自守分处位不相逾夺,则"君无为而臣有为"之为政条理始得展现。王弼反复申述此,《比》卦注言及"处不失位",明处守其位之要;《恒》卦注亦曰"分无所定,无恒者也"以及"恒于非位,虽劳无获也",阐明处事有恒与处乎其位二者须兼备。

（四）二主必危

君臣分职的政治思想除了达致主逸臣劳的效果,透过权分的区判,君主的地位亦足以彰明与巩固。

---

① 楼宇烈注曰:"此处意在说明,应按位尽德尽礼,不得逾越。"见《王弼集校释》,页318。

　　黄老强调君主地位的优越与不可取代，君主之权力若重出，则一国将陷入危境。《黄帝四经》即言："大臣逾分，二主必危。"（《经法》、《六分》）一国若出现二主主事之局面，则政事将如双头马车，国之乱亡无日。王弼深明于此，于《坤》卦注即明言"二主必危"而以之为戒。

　　由"二主必危"之戒即明尊君之要，王弼于《乾》卦注即曰："万国所以宁，各以有君也。"君位能够尊显，邦国方能安宁。

　　然而黄老强调尊显君位并不是无限扩大君王威势，而是要求君位与君德兼备交养；不是主张君王恃其威势以严施酷刑峻法，而是强调君王执道循理、润以恩泽而怀柔感化。王弼对此正深有阐发：《观》卦注曰"不以刑制使物，而以观感化物者也"，而《贲》卦注亦曰"止物以文明，不可以威刑"，《临》卦注则言"不恃威制，得物之诚，故物无违也"。皆申明君王施以恩德令百姓观其德而感化，无须恃刑罚以威吓。

　　总结而言，王弼体用论在"用"的层面，正以黄老思想加以体现出。除了在"同趣异旨"之殊途同归思想中，展现黄老广大包容、汇纳百川的思想气度；其于政治伦理层面展现的"同理异职"观，亦是黄老政治哲学的体现。

七、结语

　　王弼的体用论，辅以其"本末"思想，涉及了存在层面以及价值层面之哲学义涵。就存在层面而言，现象层面之"有"以无形无名之道（"无"）为其存在依据，同时无形无名之道（"无"）又需透过现象层面之"有"方得呈显，本体与现象之间构成了相依存之关系。依此,王弼之体用论即一方面就现象界之存在依据而言"以无为体",同时就现象层面乃形上之道的作用及展现而言"以无为用"。

王弼的体用论在哲学史上有开创之功,但其建立在将"无"与"有"厘定为本体与现象关系的理论前提,却是对老子道体说的误解。老子的"无"与"有"是描述道体既超越又实存之一体两面,并非本体与现象之分,王弼却将"无"等同于形上之道,而将"有"降为现象层面。王弼在注《老》时突出"无"而略去"有",却又未赋予"无"以积极的内涵,导致当时及后代学者给予其"贵无"的称号,此为其理论缺失所致。

就价值层面而言,王弼体用论以老子形上之道作为万物价值层面之本体依据,同时透过"母"与"子"、"本"与"末"之关系,以"守母以存子"以及"崇本以举末"之道体在价值层面的落实与展现,来诠释其"用"。而此"用"乃以黄老思想的理论内涵呈显出来。一方面黄老"同趣异旨",包容众说的思想广度,成为王弼以老子道论为基础涵纳众家的学术反省,是王弼切合时代局势的深沉省思;同时黄老"同理异职"的政治思维,强调君臣之各司其职,君王之德位交养,在在成为王弼检讨曹魏名法之治的有力反省。

（本文原刊于《汉学研究》第二十二卷第一期,总第四十四号,2004 年 6 月。）

论周敦颐《太极图说》的道家学脉关系

——兼论濂溪的道家生活情趣

一、前言

　　周敦颐继承了隋唐五代以来儒释道三教融合的开阔学风。从他的人生历程来看,他既有儒家入仕传统的一面,也有由庄子所开启的文人传统的一面[①]。作为一位由士入仕的儒者,周敦颐支持范仲淹的庆历新政和王安石的熙宁变法,而这些事迹都被朱熹及宋明以后的儒者刻意掩盖[②]。周敦颐在个人生活情趣和精

[①] 周敦颐的诗作有三十余首,称著于世的文章只有《爱莲说》一篇,此文由于编入语文教科书,流传最为广泛。他在《爱莲说》中表达了融合儒家君子与道家达士的精神境界。其中之重要文句"出淤泥而不染,濯清涟而不妖,中通外直,不蔓不枝,香远益清",流露出道家的意境,而其核心观点"出淤泥而不染"、"中通外直",则更近庄子的义蕴。

[②] 蒲宗孟所撰《周敦颐墓碣铭》,曾记载了周敦颐在临终之前表达支持王安石熙宁变法的心愿:"上方兴起数百年,无有难能之事,将图太平天下,微才小(转下页)

神意境上,则近于庄周风格,其文人生活更像魏晋士人,雅好山水,吟诗论道。周敦颐结交三教友人,初则和佛教人士组织"青松社",晚则与道人拟组"逍遥社"①,这些事迹更为朱熹及历代怀有道统意识的儒者所讳言。②

周敦颐在学术思想上,以《太极图说》为例,其世界观源自老子宇宙生成论的范式,体现出老子智性的哲学思维;在生活情趣上,则展现出"光风霁月"的艺术境界③,流露出魏晋庄子式的文人风格。而这两者又是密切相关的,也就是说,周敦颐的哲学理论正是他的生活情趣及精神意境的体现。德国哲学家尼采曾经说过,每一个伟大的哲学都是创立者的自白书。当代哲学家

（接上页）智苟有所长者,莫不皆获自尽。吾独不能补助万分一,又不得窃须臾之生,以见尧舜礼乐之盛,今死矣,命也!"然而,这一段重要的史实却被朱熹所刻意删除(参见《周敦颐集》,陈克明点校,北京:中华书局,1990年,页85、87)。这段史料的可靠性,已有学者做了中肯的论述(参见梁绍辉:《周敦颐评传》,南京:南京大学出版社,1998年,页2—27)。

① 参见张昭炜:《周敦颐与庐山"青松社"考》,《赣文化研究》第12期,2005年,页107—120;《周敦颐在蜀"澄静源"心境之形成》,《赣文化研究》第13期,2006年,页41—54。

② 《周敦颐墓碣铭》是了解周敦颐生平事迹的第一手资料。但到了朱熹手上,为了凸显周敦颐作为宋明理学开山祖的纯儒性格,而特意回避了周敦颐支持新政的态度,以及其喜好游览山水、与方外人士交往的事实。这些被刻意删除的文句主要有四段:(1)"生平襟怀飘洒,有高趣,常以仙翁隐者自许。尤乐佳山水,遇适意处,终日徜徉其间。"(2)"乘兴结客,与高僧道人,跨松萝,蹑云岭,放肆于山巅水涯,弹琴吟诗,经月不返。"(3)"语其友曰:'今日出处无累,正可与公等为逍遥社,但愧以病来耳。'"(4)"然至其孤风远操,寓怀于尘埃之外,常有高栖遐遁之意,则世人未必尽知之也。"(《周敦颐集》,页85—88)

③ 黄庭坚称濂溪"人品甚高,胸中洒落,如光风霁月"(《濂溪诗序》,见《山谷集》卷一,文渊阁《四库全书》集部别集类)。诚如钱穆先生所说:"时人形容濂溪人品如光风霁月,那是艺术境界非道德境界。"(钱穆:《中国思想史》,香港:新亚书院,1962年,页103)

金岳霖先生也指出：哲学的观念模式是哲学家内心中的一个信念体系，甚至他的哲学就是他的传记[1]。周敦颐之所以能够改造道教的《太极图》，建构出老学思维模式的宇宙演化体系，正与他人生历程中展现出的道家文人风格相互印证。然而朱熹为了建立儒学单一化传承学谱，却刻意将周敦颐塑造成理学的开山祖、宋代儒学的开创者。但我们从周敦颐的诗文和哲学论著中看到的，却是他胸怀道家有容乃大的生命特质，他所展现的是儒释道兼容并包的思想格局而非狭隘的道统意识。

　　本文将首先从周敦颐的诗文入手，论析他的道家思想生活渊源，接着论证《太极图说》与道家学脉的关系，并联系其诗文中所流露出的老庄生活情趣及美学意境，整体展现周敦颐的学术思想与其道家生活意境之间的关联。

二、周敦颐的道家生活意境

　　据南宋度正《周敦颐年谱》记载，周敦颐对山水的喜爱贯穿其一生，自幼便常钓游于乡里濂溪之上，吟风弄月（参见《周敦颐集》，页 91—108）。该《年谱》所记周敦颐治理州县、修学办学的士人生活是他为仕弘道的一面，而他的大量诗文则记载了他拜访道观寺庙、游览山水抒写情怀的文人生活的一面，它们共同交织成周敦颐一生洒落恢弘的气象。以下从其诗歌入手，讨论周敦颐的道家精神意向。

---

[1]　参见金岳霖：《金岳霖学术论文选》，北京：中国社会科学出版社，1990 年，页351—362。

（一）"吟余小立阑干外，遥见樵渔一路归"——闲适恬静的渔樵志趣

周敦颐"性好山水"，在自然景色之中寻求一种超脱放达的生活。游览山水在周敦颐诗中处处可见，如"到官处处须寻胜，惟此合阳无胜寻"（《游赤水县龙多山书仙台观壁》，本文所引周敦颐诗文均见《周敦颐集》），"青山无限好，俗客不曾来"（《题寇顺之道院壁》），"云树岩泉景尽奇，登临深恨访寻迟"（《和费君乐游山之什》），"公程无暇日，暂得宿清幽"（《宿大林寺》）等等。山水不但能引发周敦颐恬淡自然的情怀，还能引发其对生命本真的思考，如"关上罗浮闲送目，浩然心意复吾真"（《题惠州罗浮山》）。可见山水既可以让周敦颐寄身于其中，又可以让他获得恬淡洒落的情怀，而复归老庄真情本性的生活方式。

寓居山水，与山水同生共乐的，莫过于渔翁和樵夫。于是，渔樵便成为了中国古代文人对山水自然生活的寄托和向往[1]。周敦颐在游览山水中，时时流露出对渔樵生活的想象，比如"秋风扫尽热，半夜雨淋漓。绕屋是芭蕉，一枕万响围。恰似钓鱼船，蓬底睡觉时"（《书窗夜雨》）。在夜雨之中怡然自适，仿佛自己已在钓鱼船中，睡于蓬底之下。"钓鱼船好睡，宠辱不相随。"在钓鱼船上过夜，体会到不被宠辱所扰的境界。此处"宠辱不相随"正是承接《老子》第十三章"宠辱若惊，贵大患若身"的文义而来。"吟余小立阑干外，遥见樵渔一路归"（《春晚》），自然山水所带来的恬淡生活，使得周敦颐感慨"久厌尘坌乐静缘，俸

---

[1] 参见刘康德：《论中国哲学中的"渔翁"和"樵叟"》，《复旦学报》第2期，2003年。

微犹乏买山钱"（《宿山房》），欣羡能于山林中做一樵夫的生活。"久厌尘坌乐静缘"中对"静"的强调以及对"尘坌"的厌倦，都显示出老庄式的超脱和智慧。周敦颐在山水之中所体悟到的"静缘"与他人性论思想中提出的"主静"是一脉相承的。

（二）"争名逐利千绳缚，度水登山万事休"——超脱放达的精神境界

周敦颐淡薄名利，不追求物质享受，将得失、成败、荣辱都看做身外之物。如此，其内心就不会被外物所牵累束缚，不会终日忙于争名逐利而丧失自我。道家提倡少私寡欲、不事名利的幽隐生活，并不是单纯对富贵贪婪的厌恶、对朴素甚至贫穷的追求，而是希望通过对欲望的自我节制，达到内心超脱放达的精神境界。这一点在周敦颐诗中可见一斑："朝市谁知世外游，杉松影里入吟幽。争名逐利千绳缚，度水登山万事休。野鸟不惊如得伴，白云无语似相留。傍人莫笑凭栏久，为恋林居作退谋。"（《同石守游》）周敦颐对山水的眷恋，正是他对"游方之外"的向往。与市朝中争名逐利、尔虞我诈的生活相比，度水登山正是远离人事纷争、归于自然的方外之游。虽然周敦颐生活中有着为官入世的一面，但他仕途平淡，几乎一直在地方为官，"为恋林居作退谋"，对名利的厌倦和对山水的喜好是他一贯的生活态度，更是他超脱放达的精神追求。

周敦颐对名利的超脱，对"方外"生活的向往，在其诗文中随处可见。"公暇频陪尘外游，朝天仍得送行舟"（《香林别赵清献》），"寻山寻水侣尤难，爱利爱名心少闲"（《喜同费长官游》），"闻有山岩即去寻，亦跻云外入松阴。虽然未是洞中境，且异人

间名利心"(《同友人游罗岩》)等诗句,都展现出其不事名利的品性和对尘外生活的喜好。周敦颐此种情怀不仅展现在他的诗文之中,更是他切实的生活形态。

周敦颐在各地游览寺庙道观时,留下了多篇使用"洞中境"、"洞府深"等语辞的诗文,透露出他对于道教"真境"的向往①。在诗作中他还使用了大量老庄风格的语词来表达其心思与心境,如"无事"、"冥默"、"无音"、"静"等源自《老子》,"天机"、"隐几"、"倚梧"、"达士"等则与《庄子》有关。在周敦颐会通三家思想的胸襟中,这些用以表达人生生存意境的特殊用语,正表现出他内心不时流露出的道家生活情趣的一面。

在周敦颐的三十余首诗文当中,从哲学角度来看,最值得注意的是《题大颠壁》一诗:"退之自谓如夫子,《原道》深排释老非。不识大颠何似者,数书珍重更留衣。"这首诗一方面明确表达出周敦颐反对韩愈力排佛老的狭隘心胸,另一方面也表现出周敦颐拒斥韩愈所倡导的道统论调,他不受门户束缚的开阔胸怀于此可见。

(三)"始观丹诀信希夷,盖得阴阳造化机"——信道悟道的情怀

心怀道家恬淡自然、超脱放达精神意境的周敦颐,对道教理论和信仰也有着深入的了解。嘉佑元年(公元 1056 年)至嘉佑五年(公元 1060 年),周敦颐在四川任合州通判期间,为道教所

---

① "洞中境"、"洞府深"、"真境"等语辞为道教理想境地。道教将其理想境地分为十大洞天、三十六小洞天以及七十二福地。

吸引，游览绵竹山、平都山等道观 ① 并为之赋诗。最为著名的是在平都山作的三首诗，其一为《题酆州仙都观》："山盘江上虬龙活，殿倚云中洞府深。钦想真风杳何在，偃松乔柏共萧森。"其二为《宿山房》："久厌尘坌乐静缘，俸微犹乏买山钱。徘徊真境不能去，且寄云房一榻眠。"其三为《读英真君丹诀》："始观丹诀信希夷，盖得阴阳造化机。子自母生能致主，精神合后更知微。"从中可见周敦颐内心深处与道教思想的契合，特别是第三首，在学术史上一向为专家学者们有意无意地忽略。

周敦颐在《读英真君丹诀》中，展现出他对道教内丹典籍的了解和对道教养生思想的领悟。首句"始观丹诀信希夷"之"丹诀"即指英真君 ② 丹诀，"希夷"乃陈抟的字，这里周敦颐明确表达了自己因观丹诀而信仰陈抟之道。第二句"盖得阴阳造化机"，道教注重阴阳之道，阴阳配合而成丹，周敦颐受其启发而领悟宇宙造化之理。此处"阴阳造化机"事实上就是整个《太极图说》宇宙生成论的主旨。第三句"子自母生能致主"，子母相生是道教炼丹的核心问题。最后一句"精神合后更知微"，意谓精神统一之后方能领会道的境界。从上述诗文可以看出，周敦颐的身心沉浸于对道教"真境"的体悟和眷恋中。

---

① 绵竹山在成都北部，为道家琼华夫人掌管，周敦颐曾游览此山并作诗云："紫霄峰上读书台，深锁云中久不开。为爱此山真酷似，冠鳌他日我重来。"平都山位于重庆市丰都县东北部，亦称酆都山。相传汉代王方平、阴长生两人曾先后在此山之中修道成仙。

② 英真君也作阴真君，为汉代人，据葛洪记载，英真君升天之前，在嵩山、大华山、蜀经山各封函留丹经一通，并合为一卷，"付弟子，使世世当有所传付"（参见葛洪《神仙传》卷四，文渊阁《四库全书》子部道家类）。

　　如前所说，在生活志趣、精神境界上，周敦颐有着浓厚的道家色彩，这与他的学说思想是一致的。反复阅读《太极图说》，就会发现它与老学及道教易之间存在着思想上不可分割的内在联系，而和"理学"没有直接的关联。

三、《太极图说》源自道家学脉

　　周敦颐的哲学著作仅有《太极图说》与《通书》，一般都以《太极图说》为《通书》的纲领，而《通书》则是《太极图说》的开展。如朱熹所说"盖先生之学，其妙具于《太极》一图，《通书》之言，皆发此《图》之蕴"（《周子太极通书后序》）；又言"盖先生之学之奥，其可以象告者，莫备于《太极》之一图。若《通书》之言，盖皆所以发明其蕴"（《再定太极通书后序》）。这个观点一直延续到现代，如吕思勉在《理学纲要》中对二者关系作了扼要的说明："《通书》与《太极图说》相贯通，《通书》者周子之人生观，《太极图说》则其宇宙观也。人生观由宇宙观而立。废《太极图说》，《通书》已无根柢。"①

　　今本《太极图说》是经过朱熹的整理而流传下来的，而周敦颐的《太极图说》，实有《图》和《说》两部分，《说》是对《图》的解说；若要了解《太极图说》，就必须先探究《图》的易学来源问题。

（一）《太极图》源自道教系统

　　《易》的卦爻辞约于西周末年编辑成册，形成我们今日所谓

---

① 参见吕思勉：《理学纲要》，上海：商务印书馆，1931 年，页 36。

的《易经》。《易》本是占筮之书,在诸子思潮的激荡下,于战国中后期出现了众多解《易》的学说,这些学说被汇编成《易传》诸篇;而《易传》的哲学化,则主要是受到了老子的辩证思维和天道观的影响①。易学进入汉代以后,形成了儒家易、道家易、道教易三个流脉。基本上说,汉唐时代儒道两家易学在论及万物生成问题时,大致脱离不了由《老子》"道生德畜"及《彖传》"乾元"生物、"坤元"成物这一思路,而道教易则侧重养生而扩及宇宙论。周敦颐的思想由《图》而《图说》乃至于《通书》,流露出道教易、道家易与儒家易的思维,正反映了三家易的交融与会通。

《太极图》究竟出自何处?南宋以来大抵出现过四种主张②,虽然说法不一,但都认为此图的范本脱离不了道教的影响。当代易学家朱伯崑先生指出,周敦颐《太极图》的渊源有二:一是道教的先天太极图,一是陈抟所传的无极图,二者孰先孰后虽已不可考,但"皆属于道教解易的系统"③。《太极图》之源自道教这一事实,已获得学界广泛的认可,当代学人都从不同角度作过详

---

① 参见陈鼓应:《易传与道家思想》,台北:台湾商务印书馆,1994 年。
② 一是朱震所提倡的出自陈抟之"先天图"(《宋史·朱震传》);二是黄宗炎认为此图来自于道教描述炼丹的"无极图",由周敦颐将图首尾颠倒,更名为"太极图";三是毛奇龄认为周敦颐解说的"太极图"就是《道藏》中的"太极图";四是朱熹早先提倡周敦颐自创说,后又认为张咏(曾受学于陈抟)有关阴阳的论述与周敦颐《太极图说》相合,因而推断周敦颐可能受张咏的启发,得之于心,遂作《太极图》以阐明天地万物之理。(参见梁绍辉:《周敦颐评传》,页 103—114)
③ 参见朱伯崑:《中国易学史》第 2 卷,台北:蓝灯文化公司,1991 年,页 106。

细的论述 ①。束景南对于周敦颐《太极图》和道教的关联做了最为详尽的考订,值得参考 ②。

清代毛奇龄曾对《太极图》与《周易参同契》的关系具体地指出:"乃其所传者,则又窃取魏伯阳《参同契》中《水火匡廓》与《三五至精》两图,而合为一图。"(《太极图说遗议》,见《周敦颐集》,页 130—154)《水火匡廓图》是根据《参同契》"坎离匡廓,运毂正轴"两句所绘制,而周敦颐《太极图》第二图式以坎离图式表述阴阳互含之象、与《图说》中阴阳"一动一静,互为其根"的观点,正源于此。《三五至精图》在于说明五行化为

---

① 近代哲学史家中,以冯友兰《中国哲学史》的论述最早(参见冯友兰:《中国哲学史》下册,台北:台湾商务印书馆,1993 年,页 820—824)。劳思光也有相近的论点(参见劳思光:《新编中国哲学史》,台北:三民书局,1993 年,页 126、130、141)。当代哲学家方东美、牟宗三皆同意此观点。特别是方东美犹为精辟,方先生认为周濂溪的"太极图"不是缘自《周易》(参见方东美:《新儒家哲学十八讲》,台北:黎明文化事业公司,1989 年,页 64—65)。方先生更在其书第七讲中直接以"谈濂溪太极图源出于道教非儒家道统之传"作为标题(同上,页 103、110—116)。钱穆亦不否认濂溪"太极图"与道教图像的关系性(参见钱穆:《论太极图与先天图之传授》,见钱穆《中国学术思想史论丛》〔五〕,台北:兰台出版社,2004 年)。而牟宗三更不讳言:"《太极图》可能来源自道教。"(牟宗三:《心体与性体》〔一上〕,上海:上海古籍出版社,1999 年,页 305)

② 束景南的研究归为以下五点:(1)周氏"太极图"思想渊源于道教,是易家"剽窃"了道教的道图,而不是道徒"改造"了易家的易图。(2)道教逆施成丹的"无极图"与顺行造化的"太极图"是一图二用,由此可揭开周氏太极图"无极而太极"思想之谜。(3)周敦颐的《太极图说》是借道图论述生生不已的"变易"思想,是一部论易理之书;他也仿道图作了正反顺逆的解说,因此他的图也可正反顺逆看。(4)无极太极图起源于唐五代,不是出于周敦颐的发明,它是道教内丹学兴起的产物;宋代的太极图本自五代以前的太易图,从中可以看到两大修炼图系统的演变之迹。(5)宋人说的太极图的传授源流是可信的,陈抟的太极图经寿涯、张伯端传给周敦颐。(参见束景南:《中华太极图与太级文化》,苏州:苏州大学出版社,1994 年,页 187—233)

一气的过程,此为周敦颐《太极图》第三图式以水、火、木、金、土呈现五行交错之象的渊源,只是周敦颐在《图说》中将"三五之精"改为"二五之精","二"指一阴一阳,"五"指五行之气①,由第二、第三图式进而说明万物生成的演化历程,此其独到创见之处。诚如卢国龙所言,《太极图》不符合此前儒家易学之传统,应当由《周易参同契》丹道在唐及五代的发展来理解周敦颐《太极图》之所以然②。这股道教易学风潮,一直延续到朱熹之注《周易参同契》。

　　总之,从易学的象数史来看,周敦颐的《太极图》其来有自,绝非宋明道统论者所谓"得圣贤(孔孟)不传之学"(《宋史·道学传》序)。周敦颐《太极图》渊源于道教:道教所传之图旨在说明炼丹修养方法并扩及宇宙生成论,而周敦颐则用以表达其宇宙论并下贯于人生论,这是两者的不同之处。以下再进一步论证周敦颐《太极图说》宇宙生成论思想之属于道家学脉。

(二)《太极图说》源自老子宇宙生成的基本范式

　　《太极图说》可分成两大部分,前半部论述万物化生的过程,乃老学宇宙生成论的谱系;后半部论及人道思维,乃濂溪综合易、老人生观的阐述。《图说》仅 264 字,文义精到,征引全文如下:

---

① 冯友兰认为:"《太极图》的前身是《无极图》。因为《无极图》在这一层上是'五气朝元',所以《太极图》不用八卦而用'五行'了。"(冯友兰:《中国哲学史》下册,页58)

② 参见卢国龙:《周敦颐〈太极图〉渊源辨》,《国际易学研究》第2辑,北京:华夏出版社,1996年,页158—179。

　　无极而太极①。太极动而生阳,动极而静;静而生阴,静
极复动。一动一静,互为其根。分阴分阳,两仪立焉。阳变
阴合,而生水火木金土。五气顺布,四时行焉。五行,一阴
阳也。阴阳,一太极也。太极本无极也。

　　五行之生也,各一其性。无极之真,二五之精,妙合而
凝。乾道成男,坤道成女。二气交感,化生万物。万物生
生,而变化无穷焉。

　　惟人也得其秀而最灵。形既生矣,神发知矣,五性感动
而善恶分,万事出矣。圣人定之以中正仁义(自注:圣人之
道,仁义中正而已矣),而主静(自注:无欲故静),立人极焉。

　　故圣人与天地合其德,日月合其明,四时合其序,鬼神
合其吉凶。君子修之吉,小人悖之凶。故曰:"立天之道,曰
阴与阳;立地之道,曰柔与刚;立人之道,曰仁与义。"又曰:
"原始反终,故知死生之说。"大哉易也,斯其至矣!(《周敦
颐集》,页3—8)

从"无极而太极"至"万物生生,而变化无穷焉",是论述宇
宙生成过程的部分。依据文本内涵,周敦颐认为宇宙的生成是
有阶段性的:首先,是"无"的阶段,故言"自无极而为太极"(朱
熹定为"无极而太极");其次,是"有"的阶段,"太极动"(即
元气动)而"分阴分阳";再次,由阴阳两仪衍生出"五行"之气

---

① 《太极图说》首句定本问题是学界的一个公案。朱熹时代《太极图说》已有多种
版本:一为宋史馆所修《国史》本"自无极而为太极",二为九江本"无极而生太
极",三为朱子依据延平本删定为"无极而太极"。此处姑且采用朱熹"无极而太
极"版本。

（"阳变阴合,而生水火木金土"）;最后,透过五行之气的流布推动春夏秋冬"四时"的运行（"五气顺布,四时行焉"）。

　　周敦颐在标出"无极→太极→阴阳→五行→四时"之宇宙生成过程后,再一次由顺生而逆推地指出:五行之气是阴阳变合的衍生（"五行,一阴阳也"）,阴阳则是太极动静的衍生（"阴阳,一太极也"）,五行、阴阳、太极的本质（"气"）是相同的,而其"本"皆根源自"无极"（"太极本无极也"）。

　　周敦颐描绘出的宇宙演化阶段,乃继承老子宇宙论的基本范式,和老子所说"道生一,一生二,二生三,三生万物"的过程很相似:如《图说》首句"无极而太极",即如老子所说"道生一";"太极动而生阳、生阴",即是"一生二";"阳变阴合,而生水火木金土",即是老子的"二生三";《图说》后文说"无极之真,二五之精……化生万物",则是老子"三生万物"。要之,周敦颐"无极而太极"的思维,乃源于道家老子"有生于无"的观点以及"道生一"的宇宙生成范式。正如陈少峰所说:"周敦颐的学说正是承接道家老子的思想而来的。"①

　　老学形上道体的思维,为历代讨论宇宙观及本根论者所承续,例如北宋初期的哲学家李觏就曾经说:"吾以为天地之先,强名太极,其言'易有太极',谓有此名曰太极者耳,非谓太极便有形也。如老子之言,恍惚中有物、有象,不可一见有字,便指为实物、实象也"。（《直讲李先生文集》卷四）显然,周敦颐的思路和

---

① 参见陈少峰:《宋明理学与道家哲学》,上海:上海文化出版社,2001年,页43、47—48。

李觏是一致的,都遥承老子道体思想而来。

　　然而,长期以来学界对周敦颐《太极图说》的理解,几乎都不由自主地纳入到朱熹理学的观念框式里。《太极图说》首句原为"自无极而为太极",朱熹删减为"无极而太极"之后,便作出不合周敦颐文本原义的解读,如谓"非太极之外,复有无极也"(《周敦颐集》,页 3),朱熹试图将《太极图说》作为最高哲学范畴的"无极"消解掉。其后,朱子又将"无极而太极"诠释为"无形而有理"(《周子之书》,见《朱子语类》卷九十四)。朱熹将"无极"视为形容词,在消解它的同时又以"理"来解释"太极",并试图将《太极图说》纳入理学的范畴。朱熹这样牵合己意的诠释,全然不符合周敦颐的原意。

　　我们只要翻阅《太极图说》这篇短文,就不难看出朱熹的解读是如此地不能自圆其说,例如在这篇短文中,"无极"的概念和它形成的命题共出现三次之多,如何能消解掉! 更紧要的是,"无极"之为宇宙最终的本原或本体乃是作为其人道观的"主静"说之形上根据的,故消解了周敦颐"无极"之范畴,则会将周敦颐的形上与形下的完整体系弄得面目全非。再者,《太极图说》论述万物化生的部分是属于气化宇宙论,"太极"即"元气",而"理"的概念在《太极图说》全文中未得一见。因此,以下两点是我们特别要关注的 :

　　1.《太极图说》属道家之气化宇宙观,与程朱理学不相干涉

　　上文征引的《太极图说》文本,从"无极而太极"到"万物生生,而变化无穷焉",主旨在于论述太极的元气在动静之中分化为阴阳("太极动而生阳,动极而静;静而生阴,静极复动"),阴阳两

气相互交错而化生万物（"二气交感，化生万物"）。由此可见，《太极图说》的主题即在于彰显历代道家、道教的气化宇宙观。周敦颐的气化宇宙观与张载的"太虚即气"的观点甚为相近，他们的气化宇宙论和程朱高扬"理"而贬抑"气"的理本论，正相对反。所以可以明确地说，周敦颐《太极图说》的气化宇宙论与程朱主张"理先气后"、"理本气末"的理本论，是全然不相关涉的。

2."无极"是"主静"的形上依据

"无极"在周敦颐思想中具有不可替代的意义。周敦颐《太极图说》首句"无极而太极"，有着老子的道体同时蕴涵"无"、"有"两面相同的思维。"无"与"有"为道体之一隐一显之称谓，周敦颐《太极图说》中"无极"与"太极"亦然。在朱熹和陆九渊关于"无极而太极"的争辩中，陆九渊指出"无极"并非儒家本有①，所言虽是，然而，我们不能拘泥于朱陆之争的狭隘观念中②。

南宋以后，无论理学或心学，皆如方东美先生所指陈的"对内争正统，对外攻异端"③。无论朱陆，都在排斥佛老的前提下，因

---

① 《陆九渊集》卷十五《与陶赞仲》："《太极图说》，乃梭山兄辩其非是，大抵言无极而太极是老氏之学，与《周子通书》不类。《通书》言'太极'不言'无极'，《易大传》亦只言'太极'不言'无极'。若于'太极'上加'无极'二字，乃是蔽于老氏之学。又其《图说》本见于朱子发附录。朱子发明言陈希夷太极图传在周茂叔，遂以传二程，则其来历为老氏之学明矣。"

② 方东美在《新儒家哲学十八讲》中敏锐地指出："两宋诸儒……都自称为孔孟真传，而不免互斥异端，彼此攻讦起来，丝毫不留余地……对内争正统，对外攻异端……今天，有些研究宋明儒学的学者们，也据《宋史·道学传》的观点如法炮制，以为宋明儒果然是上接孔孟真传，为学术之正统。"（方东美：《新儒家哲学十八讲》，页2—3）

③ 参见方东美：《新儒家哲学十八讲》，页3。

着"蔽于老氏之学",特意回避周敦颐"无极"的概念。然而,"无极"在《太极图说》中出现了三次之多:"无极而太极","太极本无极","无极之真,二五之精……化生万物"。如上文所说,"无极"既不可少,也不能作为形容词。"无极"可以有形上角度的两种解读:一方面,从"无极而太极"的语境意义来看,它主要是从生成论来论述"太极本(于)无极",就如同老子以"有生于无"说明宇宙发生之时间与逻辑先后顺序一般。另一方面,"无极之真"一段,明确地从本体论提示出"无极"作为道体之"无"的实在性("真",reality)。而"无极之真"实际上蕴含了"太极之真","无极"与"太极"同为万物的本原与本根。由此可见,朱熹将"无极而太极"强解为"无形而有理",以"无极"为形容词,实非周敦颐原意。

"无极"对应"无"的层面,"太极"对应"有"的层面。无极之"无"不可或缺,因为它作为与有形之物相对的"无",与下文"主静"之"静"有关。"主静"的形上依据,即为"无极"之"无",这一点在《通书》中可以找到根据:"静无而动有,至正而明达也"(《诚下第二》);"动而无静,静而无动,物也。动而无动,静而无静,神也。动而无动,静而无静,非不动不静也。物则不通,神妙万物"(《动静第十六》)。从"静无而动有"可以看出,"静"对应"无","动"对应"有"。因而"无极"之"无"即为"静"的形上根据,而"太极"之"有"则为"动"的形上理据。

要之,周敦颐《太极图说》的主题思想从宇宙生成论、万物化生论,到主静立人极,我们能清楚地看到其中深受老子哲学的影响。在思维方式上,其天人一贯的思维方式,如形上与形下为一有机的联系体、天道与人道相互含摄的整体性思维，及其推天道以明人事的思路，都属于先秦道家所开创的独特思维方式。由此，也可论证《太极图说》之属于道家学脉一系，而与程朱理学所谓"不传之学"的道统思想无关。

如果再从《太极图说》所使用的道家观念丛来解析，可以更深一层了解它与道家的学脉关系。

四、《太极图说》中的道家观念丛

哲学观念丛中的概念与命题是表述学术理论的核心思想，尤其是命题的形成。这里列举《太极图说》中由概念组成的几个重要的命题：

（一）"无极而太极"、"太极本（于）无极"

在《太极图说》的短文中，"无极"概念出现三次之多，"太极"则出现四次。如前所说，周敦颐以"无极"与"太极"作为世界本原的最高范畴，一如《老子》以道体之"无"、"有"作为宇宙本原的最高范畴。而"无极"概念创始于《老子》，"太极"概念则创始于《庄子》。这两个重要的概念在孔、孟的著述中都不曾言及。

先秦道家著作中，《老子》最先使用"无极"（第二十八章："复归于无极。"），用以描述形上道体。其后，《列子·汤问》"物之终始，出无极已。始或为终，终或为始，恶之其纪"，此乃探讨宇宙无限性问题。《庄子》书中曾多次提到"无极"，主要用于表述人之无限开阔的精神境界。但最引人关注的还是《庄子·大宗师》提出"太极"的概念，此概念之后为《易传·系辞》提升到易学最高范畴。两汉之后，一般都把"太极"规定为元气，如东汉郑玄解释"太极"为"淳和未分之气"（王应麟辑《郑氏周易注》）。唐代孔颖达则将"太极"直接解释为"元气"，如《周易正义》："太极为天地未分之前元气混而为一。"周敦颐准确地把握了先秦到汉唐这一思想观念的历史流脉，吸收了道家和道教有关"无极"之作为世界本原以及"太极"元气说，从而提出"无极而太极"及"太极本（于）无极"的哲学命题，这在哲学史上具有十分独特的见解。

（二）"太极动而生阳"、"静而生阴"

如前文所说，《太极图说》首句的"无极"乃是宇宙最终本原，而"太极"则为浑沌未分的元气。接着便说太极在一动一静中生阳生阴："太极动而生阳，动极而静；静而生阴，静极复动。一动一静，互为其根。"此处蕴含了太极元气说以及阴阳动静的观点。

"太极阴阳动静"观中"太极动"的论点，可对应于《老子》的"道之动"（第四十章）。《老子》在论及"道生万物"时，还提及阴阳的观点，但过于简略，到庄子提出气化论时得到充实。庄子说"通天下一气耳"（《庄子·知北游》），《庄子》的"一气"相当于汉以后的"元气"概念。《淮南子·天文》已经有"元气"分化阴阳之气的观念，而阴阳动静说则最早见于《庄子·天道》："静与阴同德，动与阳同波。"

总之，周敦颐将先秦及汉以后道家经常讨论到的太极、元气、阴阳、动静等概念，有序地组成宇宙生成的过程。在这化生万物的有序生成过程中，周敦颐所说"太极动"正是本于汉唐以来的"太极元气说",此说最值得我们关注。这一点结合《太极图说》与《通书》来看则更为清晰。《太极图说》中说到"五行,一阴阳。阴阳,一太极",而《通书》在解释太极元气时说了这样可堪注意的话:"五行阴阳,阴阳太极。四时运行,万物终始。混兮辟兮,其无穷兮。"(《动静》)其中"混兮",指太极中阴阳二气未分;"辟兮",指太极已分为阴阳二气。诚如朱伯崑先生认为的,这是本于汉唐以来的"太极元气说"①。朱伯崑更进一步指出,在《通书·理性命》中"一实万分"这一重要命题中,所谓"一实"正是"太极元气",此语是在这样的语境意义下说的:"二气五行,化生万物。五殊二实,二本则一。是万为一,一实万分。万一各正,小大有定。"此说与《太极图说》正相一致:"五行,一阴阳也。阴阳,一太极也。太极本无极也。五行之生也,各一其性。无极之真,二五之精,妙合而凝。乾道成男,坤道成女。二气交感,化生万物。"其中"二气五行,化生万物"指的是阴、阳与水、火、木、金、土的精微质素的妙合而凝;"五殊二实"是说五行的各一其殊性为"殊"与阴阳之"实";而"二本则一"则用以指称阴阳二气实乃一太极之动静变化("阴阳,一太极也"),又"太极本无极也",故万物实际上是太极所化生的,同时其存在根源便是来自于"无极";"是万为一,一实万分"是指"万物皆来于太极元气,太极元气又分化为万物"(同上,页118)。由此可见,周敦颐论及"太极"隐含了"元气"的观点,而非朱子所言的"理"。

---

① 参见朱伯崑:《易学哲学史》,页114。

（三）"主静立人极"、"无欲故静"

周敦颐在《太极图说》下半部论及人道思想时说："圣人定之以中正仁义（自注：圣人之道，仁义中正而已矣），而主静（自注：无欲故静），立人极焉。"这里濂溪在论及人伦之道时，引入儒家"仁义中正"说，但最终还是提出"主静立人极"为做人最高标准。因而吕思勉说："'主静'是周子学脉也。"[①] 而"主静"正是继承老子学说而来。正如钱穆先生所说："濂溪转主静，究竟不脱道家味。"[②] 其实，二程也早就说过："主静乃老氏之学也。"（《河南程氏粹言》卷一）

在"主静"字下周敦颐还自注"无欲故静"，这一观点在《通书·圣学》中又进一步加以申说："'圣可学乎？'曰：'可。'曰：'有要乎？''有。''请闻焉！'曰：'一为要。一者，无欲也。无欲则静虚动直。静虚则明，明则通；动直则公，公则溥。明通公溥，庶矣乎！'"这与《老子》第十六章"至虚极，守静笃"是一致的。《通书》这里所说的修养方法，正是《太极图说》说的"无欲故静"。

"无欲"是老子的一个特殊用语，《老子》第五十七章在要求统治者以朴实的作风为民表率时，说了这样一句名言："我无欲而民自朴。"周敦颐谈到无欲的修养工夫时，还写了一篇《养心亭说》。这篇短文起笔便批评孟子所说的寡欲，而后说："予谓养心不止于寡焉而存耳。盖寡焉以至于无，无则诚立、明通。诚

---

① 参见吕思勉：《理学纲要》，页 43。
② 参见钱穆：《濂溪百年横渠之理学》，《中国学术思想史论丛》（五），页 53。

立,贤也;明通,圣也。"《养心亭说》"无欲"的观点与《太极图说》《通书》是一致的。周敦颐的"无欲故静"说虽引起戴震之后不少学者的评论①,然而它确实是其思想的核心观念。周敦颐的"主静"说既有理论上的渊源,同时也表现在其生活态度上。就理论渊源而言,周敦颐在人道论上提出的"主静"说是与其作为宇宙本原的"无极"说相互对应的;而由其诗句"久厌尘坌乐静缘"(《宿山房》),则可以看出"主静"之说在周敦颐现实生活中的体现。

五、结语

众所周知,北宋中期学派林立,所谓"庆历之际,学统四起"(《宋元学案·序录》),如周敦颐的"濂学"、张载的"关学"、王安石的"新学"、三苏的"苏学"、二程的"洛学",呈现出百家争鸣的盛况。到了南宋之后,朱熹却将儒释道相互会通的宋学,逐步塑造成儒学单一化的传承学谱②。

---

① 戴震批评周敦颐的"无欲"主张为"老、庄、释之说"(参见《戴震集》,上海:上海古籍出版社,2009年,页274—275)。方东美先生对于周敦颐的"无欲故静"说也有所批评(参见方东美:《新儒家哲学十八讲》,页187—205)。

② 朱熹将北宋广义的道学群体有步骤地狭隘化,例如1173年他编著《伊洛渊源录》和北宋五子的学说时,已将王安石的"新学"、苏东坡的"苏学"排除在外。其后,约1175至1178年,在吕祖谦协助下完成《近思录》的整编,进一步排除邵雍的学说,将张载的"关学"边缘化,同时凸显周敦颐和二程的关系,从而将周敦颐标示为理学的开山祖、宋代新儒学的创始人。关于这方面的探究,请参照美国学者田浩(H.C.Tillman)的《儒学研究的一个新指向:新儒学与道学之间差异的检讨》一文。(田浩编:《宋代思想史论》,杨立华、吴艳红等译,北京:社会科学文献出版社,2003年,页77—97)

朱熹建立的儒学单一化的传承学谱，到现代引起了不少中外学者的评论，例如：方东美先生的《新儒学十八讲》阐扬"学统"而强烈批评"道统说"。西方著名汉学家葛瑞汉（A.C.Graham）在《中国的两位哲学家》一文中曾指出："新儒学的这个传授谱系出自朱熹的《伊洛渊源录》，现代学者虽然对此提出过一些疑问，但仍然继续认定周敦颐是宋学的开山宗师；认定宋学的发展是一条直线，从周敦颐经二程到达朱熹。"[①] 田浩教授在《朱熹的思维世界》的绪论中也指出："目前对宋代儒学发展的研究大致仍反映传统中国、日本学者所取得的成果，传统的观点和方法仍占据研究的主导地位，亦即以朱熹的道统为主线……这种传统的观点可以上溯到元人编纂的《宋史·道学传》。这部官修史书为道学界定的范围很狭窄。"[②] 近日夏长朴撰写专文，也指出了这一点[③]。

总之，朱熹对"无极而太极"作出"无形而有理"的解释，把《太极图说》纳入理学的范围，而遍查周敦颐的著作，可以发现"理"不仅不是他的最高范畴，并且在《太极图说》中，"理"的概念一次都没有出现，反而"无极"的概念在他短短的文章中反复

---

① 参见葛瑞汉：《二程兄弟的新儒学》，程德祥等译，郑州：大象出版社，1999年，页224。

② 参见田浩：《朱熹的思维世界》，西安：陕西师范大学出版社，2002年，页1。

③ 夏长朴说："自《伊洛渊源录》之后数百年……提到宋代学术谱系时，几乎都继承朱熹的这个观点……甚至民国以来的近人著作，较知名者如冯友兰《中国哲学史》、侯外庐《宋明理学史》、劳思光《中国哲学史》、陈来《宋明理学》等书，也都全盘接受。足见朱熹所建构的这个儒学传承谱系不仅是学术史的主流，且已成为学术界的普遍共识。"（夏长朴：《"发六百年来儒林所不及知者"——全祖望〈宋元学案〉的学术史意义》，《台大中文学报》第34期，页2）

出现。此外,《周敦颐墓碣铭》本是了解周敦颐生平事迹的第一手重要资料,但其中记录周敦颐支持王安石变法和反映他富有道家生活志趣的性情以及与佛道方外人士密切交往的事迹,都被朱熹大量删除。历代学者对于经典的诠释也或多或少地参杂己意,删改原典,这些都严重违背了学术的真诚性。因此,本文依据周敦颐有关文献,将他源自道家的学术面貌和精神气度呈现出来,以此展现七八百年来被朱熹以及历代道统论者所扭曲的周敦颐的原貌。

(本文原刊于《哲学研究》,2012 年第 2 期。)

张载的理论建构及其道家观念丛

一、前言:宋初开阔学风与儒道思想会通

　　长期以来,朱熹的"道统说"、"理本论"被后世研究者用来作为理解北宋五子的基础框架,《宋史·道学传》也继承了其道统谱系①。但是这样的看法是否符合历史事实? 北宋初期的学术

---

① 《宋史·道学传》:"孔子没,曾子独得其传,传之子思,以及孟子,孟子没而无传。两汉而下,儒者之论大道,察焉而弗精,语焉而弗详,异端邪说起而乘之,几至大坏。千有余载,至宋中叶,周敦颐出于舂陵,乃得圣贤不传之学,作《太极图说》、《通书》,推明阴阳五行之理,命于天而性于人者,了若指掌。张载作《西铭》,又极言理一分殊之旨,然后道之大原出于天者,灼然而无疑焉。仁宗明道初年,程颢及弟颐实生,及长,受业周氏,已乃扩大其所闻,表章《大学》《中庸》二篇,与《语》《孟》并行,于是上自帝王传心之奥,下至初学入德之门。融会贯通,无复余蕴。迄宋南渡,新安朱熹得程氏正传,其学加亲切焉。大抵以格物致知为先,明善诚身为要,凡《诗》《书》六艺之文,与夫孔、孟之遗言,颠错于秦火,支离于汉儒,幽沉于魏、晋、六朝者,至是皆焕然而大明,秩然而各得其所。此宋儒之学所以度越诸子,而上接孟氏者欤。"[元]脱脱等撰:《宋史》卷四百二十七,北京:中华书局,1985年,页12709—12710。

是否能简化为儒学一家独大而排除道、佛等其他学派思想？北宋五子各有各的思想特点，理本论是否足以包罗收纳他们的思想差异？

细察历史文献，北宋初期继承了隋唐以来儒释道会通的开阔学风①，北宋五子也受到这一学风的影响，思想多有吸收道家理论之处，并非仅仅是单一的儒学思维。如周敦颐、邵雍的思想明显受道教陈抟的影响，而张载"太虚即气"的主题思想则多有吸收庄子思想之处，程颢为人及其诗文也颇具道家风采②。唯有程颐为理学派的代表。

所谓"庆历之际，学统四起"（《宋元学案·序录》），但这一学术盛况却被南宋程朱学派有步骤地塑造成单一化的儒学传承谱系。随着港台儒家一些学家将"道统说"和"理本论"意识形态化，更加使得上述单一化的知识视域得到进一步的巩固。事实上，"道统说"③是宋儒单一化思维所虚构。钱穆早已指出，"道

① 在北宋，三教并存是客观的历史事实。道教的《道藏》——《云笈七签》、佛教的《大藏经》都刊刻于宋代。"北宋的时代思潮就是在三教并行及其相互吸取的基础上展开的。"参看冯达文、郭齐勇主编：《新编中国哲学史》（下册），北京：人民出版社，2004年，页5—11。另外可参看李祥俊：《道通于一：北宋哲学思潮研究》，北京：北京师范大学出版社，2002年，页37—76。

② 陈寅恪先生早就注意到宋学与道教的关系，即："凡新儒家之学说，似无不有道教或与道教有关之佛教为之先导。"参见陈寅恪：《审查报告三》，载冯友兰《中国哲学史新编》下册，台北：台湾商务印书馆，页1207。朱伯崑先生也认为："陈抟的易学可以说是宋代易学哲学的先驱。"参见朱伯崑：《易学哲学史》第二卷，台北：蓝灯文化公司，1991年，页28。

③ 严格来说，朱熹的道统说上接韩愈，韩愈在《原道》中排佛并宣扬儒家之道："不塞不流，不止不行。人其人，火其书，庐其居，明先王之道以道之，鳏寡孤独废疾者有养也，其亦庶乎其可也。"正如冯友兰所言："自韩愈提出'道'字，又为道统之说。此说孟子本已略言之，经韩愈提倡，宋明道学家皆持之，而道学（转下页）

统"源于禅宗 [①]，方东美先生也曾大声疾呼："我们千万不能够凭借狭隘的卫道精神，虚构一个不十分健全的道统观念，让他在那作祟！"[②] 因此，我们应该依据历史事实，恢复北宋学术"儒释道会通"的原貌。

北宋五子中，张载的核心地位近年来日益受到关注 [③]。张载之所以重要，在于其理论为北宋儒学的气化宇宙论奠定了基础，并将宇宙论与人生境界结合在一起，提出"民胞物与"。进一步而论，张载注重解释心、性、命等重要范畴的意义，并由此来阐发儒家道德伦理的价值依据，而这立论主要是建立在"气化论"之上。

气化宇宙论贯穿了张载学说，其心性论、境界论都与气化有关。张载认为宇宙之间充塞着气，也就是说太虚之中本即是气，气的聚散促使万物产生生灭变化。而心、性、命等意涵，也离不开气。总之，张载的气化宇宙论，以及由此衍生出的心性论和境界论，对宋代儒学形上学的建构深具贡献。然而，因其气化论与朱熹的理本论脉络两相对立，因此朱熹便弱化了张载气化论在宋代儒学的地位。从历史事实来看，宋明儒学有理学派与气学

（接上页）亦遂为宋明新儒学之新名。由此三点言之，韩愈实可为宋明道学家之先河。"请见冯友兰：《中国哲学史新编》下册，台北：台湾商务印书馆，页 803—804。

① 参见钱穆：《中国学术思想史论丛》（五），台北：东大图书，1978 年，页 84。

② 方东美：《方东美先生演讲集》，台北：黎明文化事业公司，1979 年，页 119。

③ 如方东美《新儒家哲学十八讲》，北京：中华书局，2012 年，页 264；余敦康《中国哲学的起源与目标》，北京：首都师范大学出版社，2016 年，页 196；杨立华《中国哲学十五讲》，北京：北京大学出版社，2019 年，页 204。

派两条主线,程颐、朱熹一派为理学,张载、王夫之一派为气学。因此,研究北宋五子应该超越"理本论"的框架,正视儒学气化论一派,并考虑到儒学对道家或佛学的吸收。

从张载思想原著中,我发现张载对老庄哲学进行了创造性转化。例如,庄子哲学内容极其丰富,举其大者,主要包含心学、气论和天人合一的境界①。而张载哲学涵盖气化宇宙论、"大其心"的心性学说、"民胞物与"的境界论,与庄子哲学的结构颇为类似。首先,他提出"太虚即气"、"有无混一之常"、"一物两体"等命题,阐发了作为中国哲学之主流的气化宇宙论。其次,在心性论上,他创造性地提出"大其心,则能体天下之物"、"心统性情"、"有性则有情"等重要哲学命题。最后,他融合哲学的道家和文化的儒家提出影响深远的"民胞物与"说。下面将顺着这三个角度来考察张载理论对道家思想的继承与转化,挖掘张载理论中的道家因素,并还原张载在宋明儒学的重要地位。

二、张载的气化宇宙论

张载的理论建构以"气"为主轴,主要依循庄子的气化论而来,而其由气化宇宙论所展开的观念丛,也与老子、庄子思想有着密切的联系。以下先简要回顾中国气化宇宙论。

气化宇宙论是中国哲学史上的一条洪流,以"气"谈天地的渊源甚早,如西周太史伯阳父说"天地之气,不失其序",并用阴阳之气失序解释地震(《国语·周语》)。直到老子始将"气"的

---

① 参看拙文:《道家在先秦哲学史上的主干地位》(本书第八篇)。

概念哲学化，如《老子》第四十二章："道生一，一生二，二生三，三生万物。万物负阴而抱阳，冲气以为和。"这里谈宇宙的演化、生成，以为万物含有阴阳之气，实已隐含气化说，而老子气化宇宙观点在庄子与黄老得到了具体的、充实的发展。

庄子在老子宇宙生成论的架构下凸出"气"与万物生成消散的关系，如《庄子·至乐》："杂乎芒芴之间，变而有气，气变而有形，形变而有生。"《庄子·则阳》："是故天地者，形之大者也；阴阳者，气之大者也；道者为之公。"《庄子·知北游》："人之生，气之聚也，聚则为生，散则为死。……故曰：'通天下一气耳。'圣人故贵一。"庄子认为气充塞于天地之间，以为气聚而有个体生命的产生。庄子以"气"解释万物生成、变化、消散的说法，并总结具有生成变化能力的"气"乃通天下之"一气"，创立气化宇宙论的雏形。

《管子》四篇《心术》上下、《内业》、《白心》属于黄老之学的作品，其说主要以心本论、心气说为核心，并发扬精气论，成为稷下学宫的突出贡献。《管子·内业》："凡人之生也，天出其精，地出其形，合此以为人。"又说："精也者，气之精者也。"这里用精气说明道如何生化万物，而精气是气最精粹者，是联系形上之道与形下之万物者。《管子》中的"气"有自然之气与社会属性，如阴阳、云气、风等为自然之气，精神、信念、智能等为社会属性，《管子》以气统摄自然生命与道德生命，因此气与身、心、道、仁义等都能联系起来，可以由治气、治心进而治国。而孟子提出"浩然之气"，宣称"气，体之充也"（《公孙丑上》)，其所谓气是指构成身体的东西,是从道德属性言气,可能也受到稷下学宫的影响 ①。

可以说,气化宇宙论是由战国中晚期至整个汉代流行的黄老道家之特色。《淮南子》提出关于气较详细的理论,如"道始于虚廓,虚廓生宇宙。宇宙生气,气有涯垠"(《天文训》)。这里以"道"为天地万物的根源,并以阴阳之气解释万物的生灭变化,不论是天体和气候的变化,还是万物的多样性,都是由阴气和阳气的轻浊差异而来,而人也是阴阳二气所构成。

到了北宋,张载除了继承道家气化说之外,也对"气"的观念有新发展。和《淮南子》认为气出于虚而虚非即气不同,张载把气与虚统一起来,建立比较明确的气一元论 ②。张载的气化宇宙观与道家关联颇深,其"太虚即气"之说,源自庄子;"有无混一之常",与《老子》第四十章"天下之物生于有、生于无"之义合;"一物两体"说继承了老子"有无相生"的辩证思维,以下分述之。

(一)"太虚即气"源自庄子

张载提出"太虚即气"③,以"太虚"作为形上思想的最上层

---

① 《孟子》的内容从与《管子》的关联来看,是吸收了黄老道家的内容。参见(日)小野泽精一等:《气的思想》,上海:上海人民出版社,2014年第2版,页55。

② 本段论述综合张岱年《中国古典哲学概念范畴要论》(北京:中华书局,2017年,页35—45)、小野泽精一等《气的思想》(上海:上海人民出版社,2014年第2版,页225)和曾春海《中国哲学概论》(长春:吉林出版公司,2009年,页50—57)、张丽珠《中国哲学史三十讲》(台北:里仁书局,2017年,页120—124)。

③ 学界对"太虚即气"中的"即",有两种不同的理解。一种以张岱年、陈来、杨立华等为代表,将"即"解读为"是",为等同义。另一种则以牟宗三、丁为祥等为代表,将"即"读成"相即不离"。参看杨立华:《气本与神化:张载哲学述论》,北京:北京大学出版社,2008年,页37;杨立华:《宋明理学十五讲》,北京:北京大学出版社,2015年,页130。

义,亦为"气"之本体①。就概念源流来说,"太虚"一词出于道家,见于《庄子·知北游》:"不过乎昆仑,不游于太虚。"此后,"太虚"一词成为道家、道教、玄学经常使用的术语,涵义有二:一指虚空;另一指世界的本原,即太极。张载将这两种涵义糅合在一起,认为作为世界本原的气,充满广大虚空,但其本性则清虚而无形②。

张载说:"太虚即气","太虚不能无气,气不能不聚而为万物,万物不能不散为太虚",而后归结为:"太虚无形,气之本体,其聚其散,变化之客形尔。"(《正蒙·太和》)张载的"太虚"虽看不见,但不是什么都没有,其中蕴含着"气",气的聚散变化形构世间万有,一切存在都是由气的变化而来。以此,张载将"气"指称为宇宙万物生化的本原。

张载以气来解释万物之生成与消散,有着显著的庄子哲学影响的印迹。《庄子·知北游》:"人之生,气之聚也,聚则为生,散则为死。……故曰:'通天下一气耳。'"此即隐含有气为万物本原之义,只是在《庄子》,道与气关系不明,直至张载明白地将道与气化相互解释。

另外,张载又以"太和"言道,说:"太和所谓道,中涵浮沉、升降、动静相感之性,是生氤氲、相荡、胜负、屈伸之始。"(《正蒙·太和》)所谓"太和"实即"太虚",亦是指气化整体而言。张

---

① 详细论述请参考高怀民:《宋元明易学史》,桂林:广西师范大学出版社,2007年,页29—32。

② 参看朱伯崑:《易学哲学史》(卷二),北京:昆仑出版社,2005年,页347—348。

载哲学中的"太和",取意于《庄子》的痕迹比取意于《易传》更明显。《易·乾·彖》"保合太和",其意谓纯阳刚健,从这种本意中,或可引申出阳刚、阴顺的结论,但不像《庄子》那样明显。《庄子》讲"太和",明显以一清一浊的阴阳调和为义,张载的"太和"也同样包含浮沉、升降、动静、相感之性①。

（二）"有无混一之常"合于老学原旨

张载还提出"有无混一之常"的重要命题,曰:"知虚空即气,则有无、隐显、神化、性命通一无二,顾聚散、出入、形不形,能推本所从来,则深于《易》者也。若谓虚能生气,则虚无穷,气有限,体用殊绝,入老氏'有生于无'自然之论,不识所谓有无混一之常。"（《正蒙·太和》）

根据这段文本,张载认为虚空中充满了气,虚空无限,气亦无限。如果以气为虚空所生,那么气则成为有限之物,此是将体用割裂,即以无限为体,以有限为用②。这里张载对老子的批评,其实是在批评"有生于无"割裂了"有"与"无"的关系,因而无法解释如何从无穷之"虚"产生个别具体之"有"。在张载看来,"无"、"有"只是气之聚散的两种状态,"有"指气聚而成具体之物,"无"指气散而归于无形之气;万物的根源并非不可捉摸的"无",而是作为聚散之根本的"气"。张载想建构一种不同于"有生于无"说的"气一元论"。

然而,尽管张载极力批评老子的"有生于无"之说,其所批

---

① 详细论述请见卢国龙:《宋儒微言》,北京:华夏出版社,2001年,页278—279。

② 参看朱伯崑:《易学哲学史》(卷二),北京:昆仑出版社,2005年,页316—317。

评者,却是魏晋以来误解老子"有生于无"为虚无生万物的说法。张载所提倡的观点,"无为"、"无形"而非"虚无",却正是《老子》之原旨。

"有生于无"出自通行本《老子》第四十章"天下万物生于有,有生于无"。《老子》第四十二章接着说:"道生一,一生二,二生三,三生万物。"据此,"无"指"道",而"有"则包含"一"、"二"、"三"之内涵。"无"既然指"道",则在《老子》就不是什么都没有的无,而是蕴含了万物的生命力。此外,前引通行本第四十章,郭店简本为"天下之物,生于有,生于无"。从老子整体思想来看,当以简本为是;通行本"有生于无"的命题,疑为后出[1]。

(三)"一物两体"承自老子"有无相生"的辩证思维

张载在《正蒙·太和》提出"有无混一之常"的重要命题之后,又在《正蒙·参两》中称说"一物两体,气也",《易说·说卦》中提出"一物两体者,气也"、"一物两体者,其太极之谓欤"。这是以"一物两体"为太极。体,指体质;两体,意谓兼有对立的两方面[2]。

张载认为,天之所以能够造化万物,道之所以会运行不止,其根源就在于"气"自身是一个对立面的统一体。其对立的两个方面"阴阳"、"动静"、"屈伸"、"聚散"、"虚实"、"清浊"等互相作用,"推行于一",推动了整个宇宙"无有终始首尾",永恒向前

---

[1] 陈鼓应:《老子注译及评介》,北京:商务印书馆,2003年,页226—228。事实上,将老子的"有生于无"说视为万物都是从虚空中产生,这并非老子本义。参看陈鼓应、白奚:《老子评传》,台北:文史哲出版社,2002年,页113。

[2] 朱伯崑:《易学哲学史》(卷二),北京:昆仑出版社,2005年,页332。

发展。

张载"一物两体"之说,阐明了事物同时兼有既对立又统一的两面,这正是承接老子"有无相生"之辩证思维而来。《老子》第二章说:"有无相生,难易相成,长短相形,高下相盈,音声相和,前后相随。"就是认为一切现象都是在相反对立的状态下形成的。因此,任何事物都有其对立面,相反相成的作用是推动事物发展变化的力量。

张载说"不有两则无一","乾坤毁则无以见易","两"的存在是绝对的、普遍的。从"无感无形"的宇宙本体到"客感客形"的天地人物,处处都是"对"或者"两"。这很明显与老子的思想观念相符。

但是张载强调"两"却是为了进一步肯定"一"。张载说:"两不立,则一不可见;一不可见,则两之用息。"如果没有对立面,就不能构成统一体;反之,如果没有统一体,对立面就失去了互相联系、共同依存的根据,也就失去了对立面的作用。"两"之间的对立作用,主要表现为"相荡"、"相揉"、"相兼"、"相制"、"互藏"而相互"合异"。"两"之所以能"感"而"合异",归根结底还是由"湛一,气之本"(《正蒙·诚明》)这个宇宙统一体所决定的[①]。

由上可见,张载"太虚即气"源自庄子,而"有无混一之常"、"一物两体"的重要命题源于老子学脉。

---

① 参考陈俊民:《张载哲学思想及关学学派》,北京:人民出版社,1986年,页119—120。

三、心性学说:"心统性情"

人性论是中国哲学的重要议题之一,由先秦诸子开其端,大体可分为两条主线:一属自然质性者,如道家、道教;另一属道德价值者,如儒家。这两条主线历来是思想家谈论人性的焦点,并对其有所发展。汉儒多持自然质性及为政施教的观点,即气以言性,并将人性分品级,作为选举任官的依据;到了魏晋,自然质性与道德价值之性的讨论更发展成"才性之辨",人性论成为重要的哲学论辩议题。

宋初各学派并起,王安石"新学"引领风潮,钱穆更指出荆公心性之学于宋代学术思想之演进具有重大意义[1]。王安石尤其对心性之学有独特见解,时人言:"自王氏之学兴,士大夫非道德性命不谈。"[2] 王安石人性论,可说是围绕着孟子性善说而发,有赞同亦有批评。王安石一生不断在人性善恶的争论辩证,其人性论包含性善、性有善有恶、性无善无恶三部分,主张"性情一也",而苏轼的人性论兼有自然质性与道德价值之性。王安石与苏轼的人性观点与性情说兼采各家之说,接续庄子"性情不离"观点,而未偏于一方。

张载的心统性情说,综合原始儒家道德价值之性与道家自然质性,兼有儒家与道家脉络。一方面,在心、性情关系上,张载总结性地提出"心统性情"(《性理拾遗》)的命题。朱熹对此高度评价,他说:"横渠云'心统性情者也',此语极佳","惟心无

---

① 钱穆:《宋明理学概述》,台北:中国文化大学出版社,1980年,页15。
② 黄宗羲、全祖望:《宋元学案》,第四册,卷100,页3322。

对,‘心统性情’,二程却无一句似此切”,“性、情、心,惟孟子、横渠说得好。仁是性,恻隐是情,须从心上发出来”(《朱子语类》卷五)。另一方面,“大其心则能体天下之物”是理解张载哲学的钥匙。冯友兰先生认为:“大其心”是张载的哲学方法,也是他的修养方法;“其”是指做修养功夫的人;《西铭》讲的“民胞物与”,是“体天下之物”的注解①。

要言之,张载的人性论多有吸收先秦道家之处,“大心”概念出自先秦道家原典,“天地之性”和“气质之性”的表述吸收道教张伯端之说,并传承庄子“性情不离”的命题。以下分别讨论张载哲学中的“心”、“性”、“情”,提示其和道家哲学的关联。

(一)“无心”、“虚心”、“大心”承自老庄

追溯“心”在原始儒、道的演变,《论语》谈到“心”只有 6 处,《老子》谈到“心”也只有 10 处。在《论语》、《老子》中,“心”的范畴并未形成独立的议题。到了战国中期的孟庄时代,心由隐含性的题材发展为显题化的哲学议题。“心”在《孟子》中出现 120 次,在《庄子》中则出现 187 次。以孟、庄为代表的儒道两家,皆专注于主体修心、养性、持志、养气的工夫实践。但在工夫修为上,孟子所呈现的伦理特色与庄子所呈现的艺术精神②,正反映出儒道两家在“道德境界”与“天地境界”的不同③。

张载的“无心”、“虚心”、“大心”之说,对道家多所借鉴。其

---

① 冯友兰:《中国哲学史新编》下册,北京:人民出版社,2007 年,页 132、171、134。
② 陈鼓应:《庄子人性论》,北京:中华书局,2017 年,页 7。
③ 借用冯友兰先生的说法。冯先生在《新原人》中提出人生的境界可分为四种:自然境界、功利境界、道德境界、天地境界。

一,张载说"人本无心,因物为心"(《张子语录下》),继承自《老子》"圣人常无心,以百姓心为心"(第四十九章)。其二,张载接受老庄"成心"与"虚心"之区分。《庄子·齐物论》中的"成心"是指个人的偏见,张载以为"成心"为"私意","成心忘,然后可与进于道","化则无成心矣","无成心,时中而已矣"(《正蒙·大心》),都是说成心除然后能合天心。与成心相反的是"虚心",虚心也是合天心的工夫,"心虚则公平,公平则是非较然易见,当为不当为之事情自知"(《经学理窟·学大原上》)。心若不存偏见,则能虚心而体察天心,对世间是非则能了然于心。其三,张载的"大其心则能体天下之物",继承自《管子·内业》所言"大心而放,宽气而广"的思想。方东美先生精当地指出,张载的"大心",就是道家的"公心";张载为宋代思想找到了主脑,这个主脑在生命的体验,以心为中心而"大其心",然后才把这"心"的来源追溯到"天",所谓掌握了"天心",才可以了解这世界一切的一切[①]。

张载的"无心"、"虚心"、"大心"与道家思想相通,都是一种开阔的心胸、开放的心灵,因为无成心偏见的执著,心灵始终保持虚静、开放,因而能涵容天下万物,进而能体察民心,达到民胞物与的境界。

(二)"天地之性"与"气质之性"二分,是转化张伯端之说而来

就"性"而言,张载认为"性"兼具"有无虚实",包含人伦与

---

① 　方东美:《新儒家哲学十八讲》,北京:中华书局,2012年,页83、277—278。

自然两个层面,如谓:"有无虚实通为一物者,性也"(《正蒙·乾称》),"仁义理智,人之道也,亦可谓性"(《张子语录中》),"饮食男女,皆性也"(《横渠易说·系辞上》)。可见张载认为人性中有自然质性与道德价值之性两个层面。

张载还提出"天地之性"和"气质之性"之说,曰:"形而后有气质之性,善反之,则天地之性存焉。故气质之性,君子有弗性者焉。"(《正蒙·诚明》)他认为人性由气构成,但有两重性:一是由气的清虚本性形成的道德本能;一是由气之阴阳形成的生理和心理的性能,此即"合虚与气,有性之名"(《正蒙·太和》)①。

张载对"天地之性"和"气质之性"的表述是对道教张伯端内丹学说的创造性转化。先秦儒家并没有"气质之性"的观念。尽管朱熹曾说:"气质之说起于张、程,极有功于圣门,有补于后学,前此未曾说到。"然朱熹此说与历史事实不符,事实上张伯端已有此说②。

稍长于张载(1020—1077)的张伯端(约983—1082),曾系统论述"先天之性"(天地之性)和"气质之性"。张伯端说:"夫神者,有元神焉,有欲神焉。元神者,乃先天以来一点灵光也。欲神者,气质之性也。元神者,先天之性也。形而后有气质之性,善反之,则天地之性存焉。"③老子主张道生万物,则万物都有

---

① 参看朱伯崑:《易学哲学史》(卷二),北京:昆仑出版社,2005年,页346。

② 据此,钱穆也指出:"宋儒亦知他们所说与先秦孔孟有异。"钱穆:《中国思想史》,北京:九州出版社,2012年,页181。

③ [宋]张伯端撰、王沐浅解:《悟真篇浅解》,北京:中华书局,1990年,页230—231。

得道成仙的可能性。但是人在成形以前有虚静灵妙的本性,成形以后却丧失了这种道性。那么丧失了虚静道性后成为一种什么样的性呢?张伯端认为就是气质之性。人的精神有两种,一是元神,一是欲神。欲神,就是气质之性,这是在父母构我形体之时就形成的;元神则是先天以来一点灵气,是先天之性,这是将要出生的时候才进入我的身体的。而张载本人研习道教多年后才返归六经,对此理论应当非常熟悉。张载双重人性论的具体文字,与张伯端高度相似。

张伯端区分先天之性、气质之性,是为了展开对元神、欲神的论述;此外,他还使用了先天气、后天气,元精、后天精等两两相对的概念,用以论述如何通过后天精气神的修炼以返归先天本元 ①。这和张载在修为方法上的主张一致:"为学大益,在自求变化气质。"(《经学理窟·义理》)张载认为要通过学习,克服气质的偏差,复归天地之性。

李申曾指出,"气质之性"恰恰是道教炼养理论顺理成章发展的结果。起初,方士们说的仙人是肉体不朽且能飞升变化之人。当这种修仙目标可望不可即时,金丹派和服气派又希望通过服食,摄取元气,使自己变成元气,以达到不死不朽的目的。当这种愿望也实现不了时,实际的物质修炼过程就转为了心性修养。张伯端更是明确说,只要能"明心见性",即使不加修炼,也能顿超彼岸,得道成仙。这样,原本的复归元气修炼理论,也

① 参看张广保:《道家、道教哲学与北宋儒学的复兴》,陈鼓应主编《道家文化研究》第二十六辑,北京:三联书店,2012年。

变成了仅仅只是复归元性而已[①]。

由上可见,张载"天地之性"、"气质之性"的概念体系和"变化气质"的修为方法,是对张伯端等人道教内丹修炼学说的创造性转化。

(三)"心统性情"呼应庄子"性情不离"

"心统性情"是张载提出的重要命题。其言:"心统性情者也。有形则有体,有性则有情。发于性则见于情。"(《性理拾遗》)认为情根源于性,是性之发动显露于外的表现。在解释《周易·乾·文言》"利贞者,性情也"时,张载说:"情尽在气之外,其发见莫非性之自然,快利尽性,所以神也。情则是实事,喜怒哀乐之谓也,欲喜者如此喜之,欲怒者如此怒之,欲哀欲乐者如此乐之哀之,莫非性中发出实事也。"(《横渠易说》)认为情是性的自然发显,是性中发出的实事,性和情是一致的[②]。张载的观点和《庄子》的"性情不离"观遥相呼应。

在中国哲学史上,"情"的概念及其论题之被显题化始于《庄子》。《庄子》中"情性"并举,多达15处。且在"性情"、"情性"等复合词的使用中,不断地发出"反其性情"、"反汝情性"的呼声。真情的流露,即是本性的回归,这是《庄子》人性论中最感人之处[③]。

---

① 李申:《气质之性源于道教说》,陈鼓应主编《道家文化研究》第五辑,上海:上海古籍出版社,1994年。

② 参看杨立华:《气本与神化:张载哲学述论》,北京:北京大学出版社,2008年,页117。

③ 陈鼓应:《庄子人性论》,北京:中华书局,2017年,页100。

　　后来魏晋玄学对庄子性情说多所发展，"圣人究竟有情还是无情"成为清谈论辩的重要论题。王弼认为圣人与凡人一样皆有情，但是圣人能够"性其情"，有情却不陷溺于主观情感之中，再如竹林七贤王戎更说："圣人忘情，最下不及情，情之所钟，正在我辈。"（《世说新语·伤逝》）重视人性中情感的表露。宋代王安石认为："喜、怒、哀、乐、好、恶、欲未发于外而存于心，性也；喜、怒、哀、乐、好、恶、欲发于外而见于行，情也。性者情之本，情者性之用，故吾曰性情一也。"（《性情》）而苏轼的人性论兼有自然质性与道德价值之性，认为情是性的一部分："情者，性之动也，溯而上，至于命，沿而下，至于情，无非性者。性之与情，非有善恶之别也，方其散而有为，则谓之情耳；命之与性，非有天人之辨也，至其一而无我，则谓之命耳。"（《东坡易传》）以上都是对《庄子》情性观点的继承与发展。

　　庄子"性情不离"的重要命题与程朱学派扬性抑情而导致情性割裂的偏颇学说形成鲜明对比。程朱理学在理气二元论的理论架构下，提出"存天理，灭人欲"的主张，产生"尊性黜情"的严重后果[①]。与程朱理学泯灭"情"的人性论功用不同，北宋的张载、王安石和苏轼等思想家，传承《庄子》"性情不离"的议题，为"情"营造出积极而丰满的话语空间。

　　要言之，人性论由心性论和情性论组成。若仅有心性论而欠缺情性论，则人性论未能完足，如同生命中欠缺血气活力而衰变成为干枯的生命。就个体生命而言，情是源头活水，是生命创

---

① 张丽珠：《中国哲学史三十讲》，台北：里仁书局，2007年，页48。

造的潜能与动力。若人性论只局限于心性而不及情,就成了残缺的人性论①。就此而言,张载的"心统性情"说传承了《庄子》的"性情不离"观,比较健全。

四、"民胞物与":融合儒道的境界论

《西铭》一文结合了哲学的道家和文化的儒家,把宇宙论贯彻到人生论,成为张载思想的缩影,体现出万物一体的境界。这种境界实际上源自庄学,其社会伦理价值则继承先秦儒家。考察《西铭》"万物一体"思想,取法《庄子》颇深,如钱穆言:"周(敦颐)始直观宇宙大化而言万物一体……然《西铭》大理论,只说万物一体,其实此论并非儒家言。"②

首先,张载在《西铭》中,将创生宇宙万物的根源比喻为人之父母,开篇言"乾称父,坤称母",这是继承了《老子》"道生之,德畜之"(第五十一章)、《庄子》"天地者,万物之父母也"(《达生》)、以及战国晚期《易传》"乾,天也,故称乎父;坤,地也,故称乎母"(《说卦传》)等说法。之所以会言乾坤是父母,是因为张载认为气的凝聚而使万物有了形体、赋予生命。乾坤代表的是阴阳二气,故而言乾坤为父母,其实便是说阴阳是万物的父母,这即是《庄子》所言"阴阳于人,不翅于父母"(《大宗师》)。

钱穆阐释《西铭》时指出:"人生从宇宙来。譬诸家庭,宇宙

---

① 陈鼓应:《庄子人性论》,北京:中华书局,2017年,页97—98。
② 钱穆:《中国学术思想史论丛》(卷五),合肥:安徽教育出版社,2004年,页65。

是父母,人生是子女。横渠把先儒的孝悌之道推扩到全宇宙,把人生论贯彻到宇宙论,这是《西铭》宗旨。"①《西铭》是顺着气化论讲"民胞物与"、一本万殊的:"天地之塞,吾其体;天地之帅,吾其性。"②前半句是说充满了天地之间的气是构成人身体的东西,后半句是说气的本性即天地之间的领导因素,就是人的本性。正因为天地万物皆由一气所构成,而"一气"的概念源于庄子《大宗师》和《知北游》篇,所以张载提出"民,吾同胞;物,吾与也"的视万物为一体的观点,这种观点正与庄学的精神相符合。

《庄子·齐物论》首次提出万物一体的观点,曰:"道行之而成,物谓之而然……物固有所然,物固有所可;无物不然,无物不可。……恢诡憰怪,道通为一。……凡物无成与毁,复通为一。"从"道"的角度看,万物都有它是、可的道理,也都有它不是、不可的道理。举凡一切东西,从道的角度来看,都可以通而为一。庄子认为:"人之生,气之聚也;聚则为生,散则为死。若死生为徒,吾又何患!故万物一也。"(《知北游》)人的形体、生命都是气所产生的,气的集聚产生了生命,消散则生命消失,因此,死生不过是气的变化,从这个角度而言,则"万物一也"。正因为抱着这种"道通为一"的观点,庄子做出了"天地与我并生,万物与我为一"(《齐物论》)的结论。

这种"与万物为一"的观点是孔孟儒家所没有的。孔子言

---

① 钱穆:《中国思想史》,北京:九州出版社,2012年,页182。
② 参看中国科学院哲学研究所中国哲学史组编:《中国哲学史资料选辑》(宋元明之部),北京:中华书局,1962年,页119。另外《孟子·公孙丑上》亦有云:"夫志,气之帅也;气,体之充也。"

"鸟兽不可与同群"（《论语·微子》），孟子则区分人禽之别。可见张载"民胞物与"的观点，实渊源于庄学，而非孔孟之学。对此，钱穆分析道：程门说《西铭》详说人生与物同体之理。其实先秦儒并无此说。孟子只主张推扩人类之同情心，并不言万物一体。孔子言仁，亦指人心言，亦不是说万物一体。庄周始直观宇宙大化言万物一体。惠施则从分析名言所指异同归纳到万物一体①。

　　而就《西铭》后半部分的文本（"大君者，吾父母宗子；其大臣，宗子之家相"等）来看，张载在社会制度上倾向于"宗法制度"，而在伦理价值取向上则强调"仁"、"孝"，这正是孔孟儒学所强调的观点。张载从老庄道家中提取哲学资源，正是因为孔孟专就人类的仁孝之心来建立人伦规范，由此区分人与其他万物之别，却未言及宇宙论的相关问题。因此，张载不得不透过老庄道家的宇宙大化观来建构儒学的宇宙论，替儒学建立起"万物一体"的境界哲学。

五、结论

　　本文之作希望能唤起学术界重新思考宋代儒学，引起对宋代气本论的重视，并正视张载对宋代儒学形上学的建构乃借助于先秦道家的老庄思想。

　　张载为儒家气化宇宙论奠定了基础，而张载的气化思想取自于道家思想。气化宇宙论贯穿了张载理论建构，其心性论、境

---

① 钱穆：《中国思想史》，北京：九州出版社，2012年，页182。又可参看钱穆：《中国学术思想史论丛》（卷五），合肥：安徽教育出版社，2004年，页61—62。

界论都与"气"息息相关:首先是从气化到心性论,张载以宇宙万物的生成变化为基础,转入人的道德价值为张载学说重点,这在《正蒙》中非常明显,他说:"天所以长久不已之道,乃所谓诚。仁人孝子所以事天诚身,不过不已于仁孝而已。故君子诚之为贵。"(《诚明》)张载以天运行长久之道比喻君子应行仁孝,这就是诚,就是有始有终。其次,从气化到境界论:因为人与宇宙万物有共同本源"气",这是人与宇宙万物的共通点,推出万物一体;而大其心能体天下之物,善于体察万物,体认天道,这样才能进一步达到民胞物与的境界。可以说,张载以气化宇宙论建立起儒家仁孝、诚信的形上根源,吸收道家思想为儒家道德价值建立形上理论根据[①]。

经由以上讨论,可知宋代儒学发展并非如朱熹所塑造的单一化道统,事实上是新学、关学、洛学并盛;而张载气本论还被程朱理学一派误解,试图将气本论边缘化,这些都与历史事实不符,而朱熹这样的安排违背了孔子相容并蓄的开放心灵。先秦时代的孔子为知礼求道而多次问学于老子,张载为了替儒家建立宇宙论与万物一体的境界哲学吸收并转化道家哲学。首先张载提出"太虚即气"、"有无混一之常"、"一物两体"等命题,建立儒学气化宇宙论。其次,在心性论上,张载承袭张伯端之说,创

---

① 冯达文认为:"张载借气化论来论证道德信仰的普通性,明显地见之于他的《正蒙》一书的整体结构中。《正蒙》一书之前五篇,均主要地致力于讨论宇宙生化及其规则,然第六篇《诚明篇》之后,才转入以探究成德论依据,认知方式以及社会事理为主。"参见冯达文:《重评张载由气化论证立的成德论》,李志刚、冯达文主编《从历史中提取智慧》,成都:巴蜀书社,2005 年。

造性地提出"大其心,则能体天下之物"、"心统性情"、"有性则有情"等重要哲学命题。最后,融合哲学的道家和文化的儒家,提出"民胞物与"说。以上都可以看出张载理论建构中道家思想的因素。可以说,若把《易》、《老》、《庄》三玄思想抽离出来,则张载理论架构无从建立。

后来,二程更对老庄思想与张载哲学多有所吸收,由此可见张载对于宋代儒学的重要性。首先,张载提出的"太虚即气"、"造化生气"、"一物两体"、"物无孤立之理"、"万物一体"等哲学命题,启发和影响了二程哲学,张载提出的一些命题,经二程的扩充、发展,成为理学思想体系的最基本的、最重要的命题[①]。其次,张载气化宇宙论下开宋明以后儒学的气论一派,王廷相、罗钦顺、黄宗羲、王夫之、戴震等,皆接续张载的气化宇宙论主张而有所补充,将"气"当作宇宙万物的本原或本体,而"气"的作用形构宇宙世间一切,并由此展开成德之教,由此可见张载气化宇宙论在宋明儒学的重要性[②]。

更重要的是,张载的"民胞物与"、"为天地立心,为生民立命,为往圣继绝学,为万世开太平"(《横渠语录》)凸显了知识分子对国家社会的责任感,与老子和孔子恢复天下有道的盼望遥相呼应[③]。

---

① 侯外庐认为:很难看出张载对二程的因袭之处,相反,"二程从张载那里吸取了不少东西"。参看方光华:《张载与二程的学术交往》,《中国社会科学报》2018 年 1 月 5 日。
② 参看林乐昌:《张载理观探微——兼论朱熹理气观与张载虚气观的关系问题》,《哲学研究》2005 年第 8 期。
③ 参看林乐昌:《为天地立心——张载"四为句"新释》,《哲学研究》2009 年第 5 期。

道家思想在现代

一、近现代道家思想的兴起

中国传统文化常常被简化为儒家文化,这主要缘于它在官方支持下罢黜百家,长期居于独尊地位。然而,时至近现代,随着政治与社会的动荡、科举制度的废止以及新思潮的冲击,儒家文化的特权地位渐渐丧失,随之而来则出现了诸子学复兴的局面。在这一局面中,道家因其特有的价值,扮演了极为重要的角色。在我主编的《道家文化研究》第二十辑中,主要探讨近现代学者对道家传统的重视与发展。这种理解可以分作三个阶段。

第一,今文经学者魏源(1794—1857)以为儒学不足以救弊,遂将老学视为治国安邦的宝典,他在所著《老子本义》中称《老子》为"救世之书",力图发挥老子革新救弊的积极作用。其后曾国藩(1811—1872)又提出"以老庄为体,禹墨为用"的主张,代表了这一代知识分子试图寻求老学经世致用的努力。

　　第二,西学东渐,在自由、民主思潮的激荡下,严复(1854—1921)一再强调,"《老子》者,民主之治之所用也"。欲以道家文化为中介,沟通中国与西方、传统与现代。这是试图通过对道家传统进行新解释,使之适应现代社会之要求。与此相近的还有章太炎(1868—1936),他在《齐物论释》中引出自在平等之说。

　　第三,"五四"以后,学界的道家思想更见兴旺,除了出现众多老庄校释学者,在时代思潮的联系上,如吴虞视老庄为反专制的"消极革命派";胡适认为老子创造一种"革命的政治哲学",并特意推崇老子"无为"理念,以为无为合于现代民治主义思想。而这一时期最值得重视的,则为新道家及儒道兼容的哲学家的产生。

　　近现代的中国(1840—1949)是一个极其动荡的时代,政局的不安在带给人们苦难的同时,也带来了创造的热情与动力,在哲学领域内尤其如此。这一时期出现了不少可以称为哲学家的学人。这一代学人多怀抱深厚学养和宽广的胸襟,试图融汇儒释道思想而建立自己的理论体系,在他们建构哲学体系所凭借的哲学观念和思维方法中可以看出道家思想的巨大影响,有些是具有道家情怀的哲学史家(如汤用彤、蒙文通),有些属于儒道融通的哲学家(如冯友兰、熊十力),有些则堪称当代新道家(如金岳霖、方东美、宗白华)。

二、现代新道家的崛起

　　董光璧教授于1991年发表《当代新道家》,主要介绍国际上

具有科学人文主义精神的"当代新道家"李约瑟（Joseph Need-
ham）、汤川秀树（Yukawa）、卡普拉（Fritjof Capra），认为他们所
代表的这一支"发现了道家思想的现代性和世界意义，并发展出
它的现代形式"，所以称之为"当代新道家"。此书出版后，引起
了学界的关注，学者们在感受到道家文化已成为世界性的文化
遗产这一事实的喜悦之情时，不禁要问：在当代中国学人中间，
是否也有新道家存在？

当代有没有新道家人物？道家研究的学者们似乎没有对这
个问题作出立即的响应。董文刚发表，我们就创办了《道家文化
研究》，本刊自问世至今，我们的目光较多地集中在对古代文化
遗产的发掘与诠释，出土的丰盛文献更加强了我们这方面的工
作，现在《道家文化研究》已经编完十九辑，在这一辑中，我们才
开始对道家思想在当代的影响提出初步的探讨。

这个课题经过了一两年审慎的规划和组稿，并配合"1996
北京道家文化国际研讨会"的召开，邀请了一些专家学者在会议
的小组中进行专题讨论。在这个会议上，首次提出"当代新道
家"的称呼，一些青年学者发表了有关的学术论文并宣称严复、
章太炎、金岳霖、方东美等学人为当代新道家。现在我将本刊作
者同仁和个人的观点略述如下：

首先要说明的是，我们的关注主要在哲学领域。不过我们
也由哲学的领域延伸到思想史、文化史的领域。其次，我们认为
无论新儒家或新道家，必须要建立有自己的理论体系，或者在思
想观念上有突破、有创新的见解，以此为准，我们认为以下几位
可以称为新道家：

严复是中学与西学结合的第一位杰出的划时代的思想家，他引进进化论和天赋人权的观念，同时并试图在道家文化的土壤上嫁接新的民主思想的种子。他将庄子思想与天演联系，将老子"安"、"平"、"太"观念释为自由、平等、合群。他抨击君权而伸张民权，指出："君主之利器，其为儒术乎？"在批评儒学成为官方利器的同时，一再指出老子涵藏着"民主"思想的倾向，他挖掘自由主义的传统资源，标示着道家思想和时代精神的结合，严复的努力为道家思想开辟了广阔的新天地，赋予道家思想新的时代意义。

严复在介绍西方思想的时候，主要侧重于政治思潮，较少涉及到哲学思想，晚于严复的王国维比严复在哲学的见解上较为深刻。王国维早年沉醉于叔本华和尼采，三十岁以后"渐由哲学而移于文学"。他遗留的著作中，最为人熟知的《人间词话》以庄学忘我之境阐发诗词创作的境界说，此说引人入胜，历久弥新。如果说严复是政治思想领域里的新道家，王国维可说是文学领域中的新道家。

在哲学领域中的新道家人物，论思想的严谨性和独创性，当首推金岳霖。

金岳霖（1895—1984），其主要著作为《逻辑》、《知识论》、《论道》，前者对哲学界的影响远超过后者，而他对中国传统哲学进行全新思考的《论道》，晚近才得到胡军等中青年学者的阐释，引起学界的关注。在《论道》中，金岳霖仍视老庄之道为最上和最高范畴，老子以无有的概念来指称道，金岳霖则以式和能的概念解析道。论者谓：中国哲学中，道的形上学有两次重大的突破

（王中江文，《道家文化研究》第八辑），先是老子将常识意义的道赋予形上本体或实体的意义，千百年来，形上之道虽经王弼、张载、程朱等大哲的细致探讨，但内容仍不出老庄的基本范畴，一直到有浓厚西方现代哲学训练的金岳霖，才在"旧瓶"中装上了"新酒"，将老子的形上之道赋予全新的内涵，他将原始道家所创发的概念，如无极、太极、动静、无有、混沌等范畴组成一个严密的逻辑系统，全新地改变了传统形上道论的内涵和面貌。《论道》在理论系统的建构上，其开拓性和严密性远超过同时代其他的新道家和新儒家。

与金岳霖同时代的方师东美（1899—1977），具有深厚的西方传统哲学素养，他从儒释道汇通处来把握中国哲学的精神，推崇原始道家，肯定《周易》哲学精神，但贬抑《论语》，认为《论语》既无宇宙论又无本体论，只是"格言学（Moralogy）"（《新儒家哲学十八讲》）。他力斥当代新儒学的道统说，认为先秦名法墨道皆显学，"显学时代，不谈道统，只谈学统"，指出学弊起于道统。方先生的哲学思想主要植根于传统的易、老庄及华严哲学，从他晚年大量演讲录音记录和英文著作（*The Chinese View of Life*、*Creativity in Man and Nature*、*Chinese Philosophy : Its Spirit and Its Development*）中，随处可见他发扬易老的积极精神，在论述中国哲学中，常引述西方哲学来对比，强调中国先哲的宇宙是一个价值的境界，其中含藏着无尽的美意，而字里行间总是洋溢着庄学的生命情调和艺术情怀。

曾和方东美同事的美学大师宗白华，也当在新道家之列，我们只要读他的《美学散步》就可明晓，他的观点与方东美多有相通之处,都推崇庄子的生命情调与艺术精神,但他更多是从"诗画同源"的角度进行阐发,从而细腻地传达出中国人的艺术心灵和宇宙情调。

在现代哲人中,另外一些不同于方、宗的学者,他们具有深厚的学术史的功底,对学术流脉有着清晰的把握,从严格的学院式的论著中重建道家在学术史上的特殊地位。这些具有道家情怀的学者中最为突出的莫过于汤用彤和蒙文通。蒙文通对南北道家分统和重玄理论的历史挖掘方面有着特殊的贡献,汤用彤则不仅是一位敏锐而有深邃思想性的哲学史家,他在魏晋玄学之本体论的建构上的重大突破,亦堪称当代新道家。

在这一时期还产生了一些影响更为广大的儒道兼容的哲学家,如冯友兰、熊十力,他们一向被视为新儒家的代表人物,但其哲学理论的内涵实际上主要是凭借道家来建构的,这方面的影响却一向被掩盖了。

冯友兰在谈到中国哲学传统时引用老子"为学"、"为道"的区别,认为哲学属于为道的范畴,在于提高心灵的境界,而他在谈到人生意义时认为最高的境界是天地境界,他自己也承认天地境界即是老庄的"道德境界"。他论及哲学方法时特别提到负方法的重要性,而也说明负方法道家早已有之,在其哲学体系的建构上倚重宋明理学,但他对宋明理学是接着讲而不是照着讲,而且经陈晓平、张斌峰的深入分析和仔细论证,其"接着讲"的,不是宋明理学的儒家部分,而是道家部分。

熊十力的思想体系依三玄建构,以"体用不二"来立宗,他对老庄道家的诠释也是"体用不二",熊著中道家的成分比冯先生更为显著,不过这是另外一个问题。

总之,在近现代中国思想史的发展过程中,可以看出原始道家的强大生命力,这一点无论在一般知识群还是在学院派中都有鲜明的体现。

三、道家的政治智慧、人生境界及形上思辨

道家文化在当代受注意的程度显示了这一传统的生命力。这种生命力来自于道家传统的内在生命与时代精神相契合,道家的内在生命通过其蕴含的智慧而表现,这智慧至少可以从三方面去了解:

(一)政治智慧 就汉代人对道家的了解来说,从司马谈到班固,主要强调的是其政治智慧。从老子到黄老,被看作道家正宗。道家的政治智慧通过无为与自然两个观念开展,无为是对君主的要求,它主张收敛个人权力欲的过度扩张,一切循道依理而行。自然则是要求休养生息,尊重臣民的权利与责任,这种政治智慧在汉初付诸实施,造就出史称"文景之治"的太平景象。

(二)生活智慧 以庄子为代表,道家著作中所含藏的生活智慧取之不尽。庄子一方面寻找处世的方法或技艺,另一方面,如庖丁解牛故事所表现的,又将此种技艺提升到道之层次,从而赋予苦难的生活以艺术的精神,在与世俗处的同时保持心灵的独立、自由与静定。

(三)思辨智慧 与其他各家相比,道家把社会政治及人生问题置于宇宙的背景下思考,并不是局限于现实的世界,从而在时间与空间上都大大拓展了人类的心灵。在把世界从有形之域

推向无形之域的同时,思想本身也由浅近而趋于玄远。道家认真地思考天地万物的本源问题,试图从此出发寻找社会政治及人生的根据,这种思考开创了中国文化中的形上学传统,中国形上学的主要概念范畴,如道、理,有、无,虚、实,动、静,常、变等多来自于道家,正是通过对这些范畴的解释,中国哲学才呈现出丰富的思辨色彩。

四、道家传统在当代复兴的契机

道有传统内蕴的这些智能显示出对宇宙、社会人生的独特理解,并因其深刻而具有普遍价值。尽管汉武帝独尊儒术使得道家只能行于民间,但它仍被许多士人用来作为批判儒家经学及现实政治的主要资源,并给处在困境中的人们提供生存动力。

(一)批判意识　道家思想给古代和现代人们的一个深刻印象,就是它所具有的强烈批判意识。这种印象来自于道家传统中根深蒂固的对现实社会与价值的批判。道家从老子开始,就极力强调与世俗的区别,到老子那里,真与俗的关系更成为一个重要的问题。这种对"真"的追求使得世俗社会中的一切始终处在被反省、批判的状态之中,政治权力、政治伦理等更是首当其冲。在历史上,代表着主流政治文化的儒家传统经常面临着来自道家的挑战,并在很多次的危机之中,借助于道家的批判智慧而得以延续发展。历史表明,这种批判意识乃是文化发展与社会进步不可缺少的因素。在当代社会,随着世俗化的进一步发展,道家的批判意识可以让人们在喧哗的闹市中保持心灵的

自主与独立,并不断审视各种现存的价值与秩序,这有助于个人
到社会的平衡、和谐发展。

(二)社会秩序　道家具有批判意识并没有使它成为一个
否定者,同时,它也针对现存世界提出新的价值和秩序学说。道
家绝不只是消极的,它同时也是社会秩序的建设者。老子的道
本身就是人间秩序的象征。后来黄老学说主张"道生法",就是
在道的基础上建立起不同于儒家的新的秩序。与儒家诉诸于人
情,主张亲亲不同,道家更偏重于天道的方面,应将"公"、"正"、
"无私"等理解为秩序的精神。这种精神更易于和当代社会民主
法治的理想相适应。相对于儒家而言,道家在对于当代社会秩
序和价值的促进方面,具有更为重要的资源。

(三)宇宙精神　与其他传统相比,道家对天道的重视给人
们的思考开辟了更广阔的空间,对人事的思考不限于人类,而
扩大到整个宇宙的范围。这种宇宙精神使道家传统中容纳了更
多的可以适用于当代社会的话题,诸如人和自然的关系等问题。
道家从自然秩序中维系人间秩序,视自然界为人类生存的基础,
并把人类看作自然界的一部分。这种理解显然更能形成人和自
然界的一体关系。对于当代社会普遍重视的人与自然界的和谐
相处显然是积极的思想资源。

(四)生命意境　道家传统通过形上的思维,引导人们以有
形的世界超越到无形的世界。在这种超越之下,人们的生命具
有了不同的意义。譬如摆脱人们通常对有用的执着,而发展无
用之用的智慧。这使得人们的生命可以超越功利的追求,而具
有审美和艺术的灵魂。这种对个人生命的提升,对于处在当代

社会的人们来说,显然具有重要的意义。

　　(本文是 1997 年 10 月应德国阿德诺基金会邀请
所作演讲的文稿。后刊于《道家文化研究》第二十辑,
北京:生活·读书·新知三联书店,2003 年 9 月。)